UTB FÜR WISSEN SCHAFT

UTB **1886**

Eine Arbeitsgemeinschaft der Verlage

Wilhelm Fink Verlag München
A. Francke Verlag Tübingen und Basel
Paul Haupt Verlag Bern · Stuttgart · Wien
Hüthig Fachverlage Heidelberg
Verlag Leske + Budrich GmbH Opladen
Lucius & Lucius Verlagsgesellschaft Stuttgart
Mohr Siebeck Tübingen
Quelle & Meyer Verlag Wiebelsheim
Ernst Reinhardt Verlag München und Basel
Schäffer-Poeschel Verlag Stuttgart
Ferdinand Schöningh Verlag Paderborn · München · Wien · Zürich
Eugen Ulmer Verlag Stuttgart
Vandenhoeck & Ruprecht in Göttingen und Zürich
WUV Wien

Uwe Schimank

Theorien gesellschaftlicher Differenzierung

2. Auflage

Leske + Budrich, Opladen

Die Deutsche Bibliothek – CIP-Einheitsaufnahme
Ein Titeldatensatz für diese Publikation ist bei
Der Deutschen Bibliothek erhältlich.

ISBN: 3-8100-2970-X

NE: UTB für Wissenschaft/Uni-Taschenbücher

Gesamtherstellung: Presse-Druck, Augsburg
Einbandgestaltung: Atelier Reichert, Stuttgart
Printed in Germany

ISBN: 3-8252-1886-4 (UTB-Bestellnummer)

Inhalt

Vorwort zur 2. Auflage

Die vorliegende Fassung dieses Buches entspricht, von ganz wenigen, stillschweigend berichtigten Fehlern abgesehen, der Erstveröffentlichung. Der Verzicht auf eine inhaltliche Überarbeitung soll freilich nicht heißen, daß die differenzierungstheoretische Diskussion stehen geblieben wäre. Ganz und gar nicht! Ich erwähne hier nur Niklas Luhmanns 1997 erschienenes gesellschaftstheoretisches Hauptwerk *Die Gesellschaft der Gesellschaft* (Frankfurt/M.: Suhrkamp). Für wichtige zusätzliche Hinweise auf die theoretischen Wurzeln der Idee gesellschaftlicher Differenzierung verweise ich insbesondere auf Hartmann Tyrells eingehende Auseinandersetzung mit meinem Buch (*Zur Diversität der Differenzierungstheorie – Soziologiehistorische Anmerkungen*. In: Soziale Systeme 4/1998). Auch einige thematische Facetten haben an Bedeutung gewonnen, die im vorliegenden Buch noch kaum angesprochen worden sind – so das Phänomen der „Weltgesellschaft", die Probleme von Inklusion und Exklusion oder Fragen des Verhältnisses einer funktional differenzierten Gesellschaft zu ihrer natürlichen Umwelt. Schließlich sollte das Potential differenzierungstheoretischen Denkens für soziologische Gegenwartsdiagnosen mehr genutzt werden, bzw. implizit differenzierungstheoretische Denkfiguren solcher Diagnosen könnten stärker herausgearbeitet werden. Ich habe Überlegungen zu diesen verschiedenen Punkten in einigen neueren Arbeiten aufgegriffen, von denen ich nennen möchte:

- *Funktionale Differenzierung und soziale Ungleichheit: die zwei Gesellschaftstheorien und ihre konflikttheoretische Verknüpfung*. In: Hans-Joachim Giegel (Hrsg.), Konflikt in modernen Gesellschaften. Frankfurt/M. 1998: Suhrkamp.
- *Funktionale Differenzierung und Systemintegration der modernen Gesellschaft*. In: Jürgen Friedrichs/Wolfgang Jagodzinkski (Hrsg.), Soziale Integration. Sonderheft 39 der Kölner Zeitschrift für Soziologie und Sozialpsychologie. Opladen 1999: Westdeutscher Verlag.
- *Gesellschaftliche Differenzierung*. Bielefeld 1999: Transcript (mit Ute Volkmann).
- *Soziologische Gegenwartsdiagnosen 1: Eine Bestandsaufnahme*. Opladen 2000: Leske + Budrich (hrsg. mit Ute Volkmann).

Trotz des Fortgangs der Diskussion, wie er sich in den genannten und weiteren Publikationen widerspiegelt, bietet das vorliegende Buch auch weiterhin einen Überblick über die Grundlagen differenzierungstheoretischen Denkens, der an die aktuellen Forschungsfragen heranführt.

Hagen, Mai 2000 Uwe Schimank

Kapitel 1
Die differenzierungstheoretische Perspektive in der soziologischen Gesellschaftstheorie

Thema dieses Buches sind die Theorien gesellschaftlicher Differenzierung. Es geht, wie der Plural bereits andeutet, nicht um eine einheitliche Theorie, sondern um ein Bündel von durchaus unterschiedlich angelegten Theorien. Trotz vieler Unterschiede ähneln sie einander jedoch in der grundsätzlichen Perspektive. Das rechtfertigt es, diese Theorien im Zusammenhang miteinander zu sehen.

Die differenzierungstheoretische Perspektive ist ohne Zweifel ein Hauptstrang soziologischer Gesellschaftstheorie. Sie findet sich schon bei den soziologischen Klassikern des letzten Jahrhunderts und zieht sich bis in die aktuellsten gesellschaftstheoretischen Diskussionen durch. Alles deutet darauf hin, daß diese Perspektive auch zukünftig von zentraler Bedeutung für das soziologische Nachdenken über die moderne Gesellschaft bleiben wird. Von daher erscheint es mir geboten, in einer Überblicksdarstellung das Themenspektrum und die Entwicklung der differenzierungstheoretischen Perspektive von den Klassikern bis heute darzustellen.

In diesem einleitenden Kapitel möchte ich im Vorfeld der Auseinandersetzung mit bestimmten Theorien gesellschaftlicher Differenzierung drei Dinge erläutern. Erstens soll angedeutet werden, was der Gegenstand der differenzierungstheoretischen Perspektive ist und welchen Status sie in der soziologischen Gesellschaftstheorie innehat. Zweitens werde ich in einer kurzen Vorschau angeben, welche Theoretiker ich im einzelnen behandeln werde. Drittens schließlich will ich einige Überlegungen dazu anstellen, welche Funktionen eine abstrakte Theorieperspektive wie die differenzierungstheoretische für die soziologische Gesellschaftsforschung, die sich letzten Endes stets mit konkreten empirischen Phänomenen beschäftigt, haben kann. Dieses Kapitel soll also verdeutlichen, worüber in diesem Buch etwas zu erfahren ist und in welcher Weise das Erfahrene bei Untersuchungen zu spezifischen gesellschaftstheoretischen Fragen nützen könnte.

1.1 Der Gegenstand differenzierungstheoretischer Analysen

Die Soziologie im allgemeinen und die soziologische Gesellschaftstheorie im besonderen sind, wissenssoziologisch reflektiert, Produkte der modernen Gesellschaft.[1] Die Soziologie entstand im 19. Jahrhundert, als sich die charakteristischen Strukturen der Moderne unübersehbar in allen gesellschaftlichen Bereichen herausbildeten. Aus diesem Entstehungskontext heraus ist die Soziologie bis heute oftmals als „Krisenwissenschaft" charakterisiert worden. Damit ist gemeint, daß die Soziologie zu denjenigen Wissenschaften gehört, mit denen die in die Moderne geworfenen Menschen vorrangig die Schattenseiten dieses Vorgangs bilanzieren – ganz anders als vor allem die Wirtschaftswissenschaft, die in ihren vorherrschenden Theorien die Herausbildung einer kapitalistischen Marktwirtschaft geradezu feiert. Gesellschaftliche Herrschaft und soziale Ungleichheit, Verelendung, Traditions- und Gemeinschaftsverlust, Entfremdung, Anomie: Das waren demgegenüber Aufmerksamkeitsschwerpunkte der frühen soziologischen Gesellschaftstheorie.

Dabei wurde im Gefolge der industriellen Revolution zunächst vorrangig die *Ungleichheit* der gesellschaftlichen Lebensverhältnisse ins Visier genommen. Zwar war der Tatbestand als solcher überhaupt nichts Neues. Doch alle vormodernen Gesellschaften verfügten über eine akzeptierte kulturelle Legitimation der bestehenden Ungleichheiten. Erst die Moderne riß auch in dieser Hinsicht gesellschaftliches Sein und kulturell projektiertes Sollen auseinander.[2] Das Gleichheitspostulat wurde zu einer Leitidee der Moderne (vgl. Parsons 1970), die sich daran messend nur ungerecht und dringend verbesserungsbedürftig vorkommen konnte. Hieraus ist dann in der soziologischen Gesellschaftstheorie der bis heute fortbestehende Strang der Ungleichheitstheorien hervorgegangen: von den marxistischen Klassentheorien über Schichtungstheorien bis zu neueren Theorien über Milieus und Lebensstile (vgl. Hradil 1987; Geißler 1992; Müller 1992).

Die Grundvorstellung der ungleichheitstheoretischen Perspektive auf die moderne Gesellschaft besteht darin, daß unterschiedliche soziale Lagen bessere oder schlechtere Lebenschancen vermitteln. Als Lagedeterminanten kommen dabei Beruf, Bildung, Ein-

---

1 Siehe dazu Eisenstadt/Curelaru (1976).

2 Generell zu diesem Merkmal der Moderne vgl. Münch (1995: 13-36).

kommen, aber auch Geschlecht, ethnische Zugehörigkeit oder Wohnregion in Betracht. Weil die Menschen in der modernen Gesellschaft ihre jeweiligen sozialen Lagen miteinander vergleichen und als relativ bevorzugt bzw. benachteiligt einstufen und dies vor dem Hintergrund des kulturellen Gleichheitspostulats geschieht, kann die soziale Ungleichheit zum Ursprung tiefgreifender gesellschaftlicher Verteilungskonflikte werden. Die ungleichheitstheoretische Perspektive sieht darin die wichtigste Triebkraft gesellschaftlichen Wandels. Zwar teilt heute niemand mehr die Auffassung von Karl Marx, daß ausschließlich der Klassenkonflikt zwischen den Kapitalisten und den Proletariern den weiteren Gang der Weltgeschichte bestimmen werde. Doch daß Auseinandersetzungen über Lebenschancen zwischen den relativ Benachteiligten und den demgegenüber Bevorteilten die gesellschaftliche Entwicklung folgenreich prägen, wird in der ungleichheitstheoretischen Perspektive nach wie vor behauptet.[3]

Daneben gab es von Anfang an, allerdings erst etwas später eine markante Kontur gewinnend, eine weitere gesellschaftstheoretische Perspektive, die die zunehmende *Ungleichartigkeit* der Bausteine der modernen Gesellschaft hervorgehoben hat. Dies ist die hier interessierende *differenzierungstheoretische Perspektive*. Sie hat zwei andere Aspekte der gesellschaftlichen Modernisierung – zunächst wiederum anknüpfend an Begleiterscheinungen der industriellen Revolution – ins Licht gerückt. Das eine war die rapide fortschreitende berufliche Arbeitsteilung infolge der vor allem technisch vorangetriebenen Spezialisierung von Arbeitstätigkeiten. Diese zuerst in der Wirtschaft auftretenden und beobachteten Sachverhalte fanden sich bald auch in anderen Gesellschaftsbereichen – insbesondere dort, wo große Organisationen bestanden, etwa beim Militär, in der öffentlichen Verwaltung oder im Gesundheits- und Bildungswesen. Soziologisch läßt sich dies als *Rollendifferenzierung* fassen und dann z.B. auch auf die zunehmende Spezialisierung der Geschlechtsrollen innerhalb von Familien anwenden.

Die Rollendifferenzierung wurde als zwiespältig erfahren. Man sah in vielen Bereichen enorme Effizienz- und Effektivitätsgewinne der Spezialisierung. Man erkannte weiterhin, daß zunehmende Spezialisierung oft auch zunehmende Unersetzbarkeit nach sich zieht, was eine wachsende Abhängigkeit der Gegenüber von einem Spezialisten, für diesen also einen Zuwachs an sozialem

3 Reinhold Kreckel hat dies zuletzt nachhaltig bekräftigt (Kreckel 1992).

Einfluß bedeutet. Im Zusammenhang damit lernte man, daß das Zusammenführen der spezialisierten Teiltätigkeiten einen großen Koordinationsaufwand mit sich bringt, der den Nutzenzuwachs durch Spezialisierung manchmal übersteigt. Man registrierte, daß die Rollenvielfalt dem einzelnen oftmals Wahl- und Kombinationsmöglichkeiten bietet, die ihm die Ausbildung von Individualität ermöglichen. Entsprechend dem bekannten Aphorismus, daß der Spezialist jemand ist, der immer mehr über immer weniger, letztlich alles über Nichts weiß, mußte man schließlich auch verzeichnen, daß Spezialisierung Weltverlust bedeutet. Immer mehr Gesellschaftsmitglieder schlagen sich mit immer beschränkteren „Tunnelblicken" durchs Leben; und wer hat dann eigentlich noch den Überblick über die Ordnung des gesellschaftlichen Ganzen?

Gesellschaftliche Differenzierung wurde aber noch in einer ganz anderen Hinsicht entdeckt. Wiederum zunächst an der kapitalistischen Wirtschaft wurde den Zeitgenossen gewahr, daß die Durchsetzung der modernen Gesellschaft eine – wie Karl Polanyi es genannt hat – „great transformation" bedeutete (vgl. Polanyi 1944). Der radikale Wandel bestand darin, daß wirtschaftliches Handeln nicht länger in andere gesellschaftliche Bezüge – etwa religiöser, familiärer oder politischer Art – eingebettet, sondern nunmehr gleichsam dafür freigesetzt war, nur noch dem eigenen Leitwert der Gewinnerzielung zu folgen. Das manifestierte sich vor allem in Gestalt der moralischen Indifferenz wirtschaftlichen Handelns, das den normativen Zumutungen aus anderen Gesellschaftsbereichen – etwa der kirchlichen Soziallehre – nicht länger unterworfen war. Mit Befremden und Erschrecken wurde vor allem zur Kenntnis genommen, daß die „Kapitalisten" ihre Arbeiter skrupellos ausbeuteten, weil es zwischen beiden gesellschaftlichen Gruppen nur noch den „cash nexus", aber keinerlei Solidargemeinschaft mehr gab. Vergleichbare Vorgänge, die differenzierungstheoretisch als *teilsystemische Ausdifferenzierung* spezialisierter gesellschaftlicher Handlungslogiken gefaßt werden, ließen sich dann sukzessiv auch in anderen Bereichen beobachten: etwa eine nur auf Machterwerb fixierte Politik, eine allein auf Wahrheitssuche ausgerichtete Wissenschaft oder eine einzig am Schönen interessierte Kunst.

Dieser die Rollendifferenzierung überlagernde Vorgang teilsystemischer Ausdifferenzierung wurde ähnlich ambivalent gesehen. Die Rationalitätsgewinne der perspektivischen Spezialisierung wurden als Ergebnis einer Befreiung vieler Gesellschaftsbereiche von überkommenen, als einengend empfundenen Rücksichten auf Gesichtspunkte, die ihnen äußerlich sind, begrüßt. So wurde z.B. die Freisetzung des wissenschaftlichen Erkenntnisstrebens von religiösen Dogmen als Grundlage eines selbstbestimmten und dann rasch voranschreitenden Erkenntnisfortschritts begriffen; und kein anderer als Marx betonte immer wieder, daß das freigesetzte Gewinnstreben des „Kapitalisten" Voraussetzung der ungeheuren Produktivitätssteigerung der modernen Wirtschaft ist. Derartiges war zentrales Ingredienz gesellschaftlicher Fortschrittsvorstellungen. Zugleich sah man allerdings auch die gesellschaftlichen Kosten einer gleichsam monomanischen Verselbständigung der verschiedenen Gesellschaftsbereiche. Eine alles überwölbende gesellschaftliche Ordnung schien verlorenzugehen, das gesellschaftliche Ganze in beziehungslos nebeneinander stehende oder sogar gegeneinander arbeitende Teile zu zerfallen. Das Gegeneinander erschien um so dramatischer, als jede der spezialisierten Handlungslogiken, dem ihnen allen gemeinsamen Fortschrittsdrang folgend, offenbar eine immer größere Anpassung der gesamten Gesellschaft an die jeweils eigene Leitidee verlangt.

Diese skizzenhaften Andeutungen, die bei der Behandlung der einzelnen Theorien gesellschaftlicher Differenzierung jeweils vertieft werden müssen, sollen vorerst genügen, um die konstitutive Leitvorstellung der differenzierungstheoretischen Perspektive vorwegzunehmen. Es ist die Vorstellung einer nicht beseitigbaren *Zwiespältigkeit der Moderne*. Die Differenzierung der modernen Gesellschaft hat schon als Rollendifferenzierung, erst recht aber als teilsystemische Ausdifferenzierung fundamental ambivalente Effekte. Diese Zwiespältigkeit besteht sowohl für die einzelnen Gesellschaftsmitglieder als auch für das gesellschaftliche Ganze. Selbstverwirklichung von Individualität auf der einen – Entfremdung und Orientierungslosigkeit auf der anderen Seite: Das sind die beiden Pole aus der Sicht einzelner Gesellschaftsmitglieder. Rationalisierung der Teilsystemlogiken und Desintegration der Gesellschaft: Das sind die beiden Pole aus der Sicht des gesellschaftlichen Ganzen.

Wäre die gesellschaftliche Differenzierung als Ganze intendiertes Resultat des Handelns irgendeines Akteurs, müßte man diesem eine große Risikofreudigkeit attestieren. Tatsächlich hat es eine solche über Jahrhunderte und gesellschaftlich flächendeckend angelegte „Differenzierungspolitik" natürlich nicht gegeben – allenfalls manche Differenzierungsvorgänge, und nicht die grundlegenden, gehen auf entsprechende Absichten gesellschaftlicher Akteure zurück. Zwar ist sowohl die Rollendifferenzierung als auch die teilsystemische Ausdifferenzierung, wie alle sozialen Strukturen, durch das handelnde Zusammenwirken von Akteuren produziert worden; und diese mögen auch durchaus zielorientiert, also nicht bloß normkonform, affektgetrieben oder routinemäßig gehandelt haben. Aber ihre Ziele richten sich oft nicht darauf, ein bestimmtes Differenzierungsmuster herbeizuführen, zu verhindern oder gegen Veränderungstendenzen aufrechtzuerhalten. Wenn sich ein solcher Effekt einstellt, ist er dann lediglich ein jenseits des Zielhorizonts der Akteure angelegter, von ihnen erst im nachhinein wahrgenommes Resultat ganz anders motivierten Handelns. Und selbst im Fall „differenzierungspolitischen" Handelns von Akteuren ist keineswegs sichergestellt, daß sich die beabsichtigten Differenzierungsvorgänge auch tatsächlich einstellen. Da strukturelle Effekte stets auf das Zusammenwirken mehrerer, oft sehr vieler Akteure mit nicht selten stark divergierenden Intentionen zurückgehen, kann sehr leicht etwas ganz anderes als das von irgendeinem der Akteure Gewollte geschehen.

So gesehen ist gesellschaftliche Differenzierung weitgehend als schicksalhaft einzustufen: Wir bringen sie zwar hervor, aber wir wissen dabei nur selten, was wir tun bzw. was herauskommen wird. Damit sind wir also durch eigenes Tun, aber ungewollt in die höchst zwiespältige Moderne hineingeraten und können aus ihr auch nicht mehr heraus. Diese Situation des modernen Menschen ist es, womit sich die differenzierungstheoretische Perspektive soziologisch beschäftigt.[4] Sie fragt zum einen danach, aufgrund welcher Ursachen bestimmte Differenzierungsvorgänge sowohl im Übergang von der Vormoderne zur Moderne als auch innerhalb letzterer erfolgt sind und ihren jeweiligen Verlauf genommen haben. Was sind die *Triebkräfte* gesellschaftlicher Diffe-

4 Wie sich noch zeigen wird, hat die differenzierungstheoretische Perspektive ihre Aufmerksamkeit keineswegs nur auf moderne Gesellschaften beschränkt, sondern ist in den meisten Theorievarianten auch auf vormoderne Gesellschaften angewandt worden. Dies ist freilich zumeist letztlich in zwei Weisen auf die Moderne bezogen geblieben. Es hat zum einen einem Vergleich gedient, der im Kontrast mit vormodernen Gesellschaften die Eigentümlichkeiten der Differenzierung moderner Gesellschaften besser hervortreten lassen soll. Zum anderen ist es dabei um die Ursprünge moderner in vormodernen Differenzierungsmustern und den Übergang von letzteren zu ersteren gegangen. Prinzipiell kann die differenzierungstheoretische Perspektive zwar genauso gut auf vormoderne Gesellschaftsformen als Gegenstand für sich angewandt werden. Dieser Forschungsstrang bleibt hier jedoch unberücksichtigt – siehe als Beispiel Shmuel Eisenstadts Untersuchung der „bürokratischen Großreiche" (vgl. Eisenstadt 1963).

renzierung? Und welche *Richtungen* schlägt sie ein? Zum anderen wird nach den Auswirkungen von Differenzierungsvorgängen auf die Gesellschaft und ihre Mitglieder gefragt. Was sind die *Folgen* gesellschaftlicher Differenzierung?

Mit dieser allgemeinen Umschreibung ihres Gegenstandes ist zugleich klargestellt, was die differenzierungstheoretische Perspektive nicht ist. Sie ist keine umfassende Gesellschaftstheorie. Das zeigt sich bereits daran, daß es neben ihr mindestens noch die ganz anders ausgerichtete ungleichheitstheoretische Perspektive gibt. Es handelt sich bei der differenzierungstheoretischen Perspektive also um eine neben anderen Perspektiven. Sie hebt selektiv einen bestimmten – zweifellos äußerst wichtigen – Aspekt der modernen Gesellschaft hervor und vernachlässigt mit dieser analytischen Fokussierung viele andere Aspekte. Die differenzierungstheoretische Perspektive ist damit eine Gruppe von Werkzeugen unter mehreren solcher Gruppen im Werkzeugkasten des soziologischen Gesellschaftsforschers. Wie ich verdeutlichen möchte, handelt es sich um eine vielfältig und vielseitig einsetzbare Gruppe von Werkzeugen, die vielleicht sogar unentbehrlich bei der Betrachtung jeglichen spezifischen gesellschaftstheoretischen Untersuchungsgegenstands sind. Aber die differenzierungstheoretischen Werkzeuge machen keineswegs alle anderen überflüssig. Man sollte also als soziologischer Gesellschaftsforscher einerseits zweifellos über die differenzierungstheoretische Perspektive verfügen – aber andererseits nicht nur über sie!

1.2 Die schrittweise Entfaltung der differenzierungstheoretischen Perspektive

Ich habe schon erwähnt, daß die differenzierungstheoretische Perspektive im soziologischen Nachdenken über die moderne Gesellschaft von Anfang an präsent gewesen ist. Es handelt sich also um eine Theorieperspektive, die über mittlerweile mehr als hundertfünfzig Jahre kontinuierlich entwickelt und genutzt worden ist. Diese kollektive Theoriearbeit vieler Generationen von Soziologen läßt sich mit einem kontinuierlich fließenden, mal begradigten, mal deltaartig ausufernden Ideenstrom vergleichen. Ihn in all seinen Windungen, plötzlichen Knicks, Verengungen, Stromschnellen, Untiefen und seichten Bänken nachzuzeichnen wäre ein heroisches Unternehmen – jedenfalls viel zu viel für eine Überblicksdarstellung wie die vorliegende. Hier müssen Konturen überzeichnet werden, damit dieser Ideenstrom eine prägnante Gestalt gewinnt. Für Feinheiten und Seitenarme ist dabei kaum Platz. Das mag bedauern, wer primär ideengeschichtlich an dieser Theorieperspektive interessiert ist. Denn um ihr als Ganzer Prägnanz zu geben, werde ich einzelnen Differenzierungstheoretikern an vielen Stellen Unrecht tun müssen. Meine Rechtfertigung dafür lautet, daß ich diese Perspektive eben nicht ideengeschichtlich betrachte, sondern instrumentell als eine Gruppe von Werkzeugen soziologischer Gesellschaftsforschung – und dafür ist Prägnanz unabdingbar.

Mit dieser Leitlinie läßt sich die Entfaltung der differenzierungstheoretischen Perspektive in vier große Schritte einteilen. Der erste Schritt wurde durch die entsprechenden Bemühungen der europäischen soziologischen Klassiker getan. Hierzu sind insbesondere die Beiträge von Karl Marx, Georg Simmel, Emile Durkheim und Max Weber zu zählen. Den zweiten Schritt machte Talcott Parsons im Rahmen seiner Systemtheorie der Gesellschaft. Mit dem dritten Schritt schloß sich, wiederum systemtheoretisch, Niklas Luhmann an. Im vierten Schritt folgten schließlich verschiedene akteurtheoretische Varianten. Hier ist als ein früher Vertreter Norbert Elias anzusprechen; die beiden aktuellen Varianten werden von den „Neofunktionalisten“ in den Vereinigten Staaten und von einigen deutschen Soziologen repräsentiert.

Die Auflistung läßt bereits erahnen, daß es sich bei diesen aufeinanderfolgenden Schritten tatsächlich um eine Fortentwicklung – wenngleich mit Brüchen und Abwendungen – handelt. Die genannten Klassiker haben alle nachfolgenden Theoretiker beeinflußt; Parsons' Theorie hatte große Bedeutung für Luhmanns Überlegungen; und die deutschen und amerikanischen Akteurtheoretiker setzen sich intensiv mit Parsons bzw. Luhmann auseinander. Derartige Bezugnahme der Späteren auf Frühere dient immer zweierlei: der Herstellung von Kontinuitäten einerseits, Diskontinuitäten andererseits. Es werden Gemeinsamkeiten herausgestellt: geteilte Fragestellungen, Konzepte, theoretische Grundannahmen, Erklärungsmodelle und Entwicklungseinschätzungen. Zugleich werden Unterschiede, und zwar als theoretische Fortschritte, reklamiert. Beides muß ausbalanciert sein, damit eine Perspektive sich herausbildet und weiterentwickelt.

In diesem Sinne stellt sich die differenzierungstheoretische Perspektive, wie deutlich werden wird, als recht gut ausbalanciert dar. Die einzelnen Theoretiker identifizieren immer wieder sowohl wichtige Gemeinsamkeiten als auch wichtige Unterschiede zwischen sich selbst und anderen. Natürlich muß jeder, da er ja nur für Originalität wissenschaftliche Reputation erhält, vor allem die Unterschiede betonen: was er selbst besser macht als die anderen. Aber dieser egozentrierten Selbsteinschätzung kann ein distanzierter Beobachter entgegenwirken, der die Entwicklung der differenzierungstheoretischen Perspektive als Ganzer Revue passieren läßt und dem dann auch die vielen oft nicht deutlich gemachten Gemeinsamkeiten ins Auge fallen.

Mit einer solchen Leitlinie will ich hier die Entwicklung der differenzierungstheoretischen Perspektive nachzeichnen. Ich werde also zum einen die Gemeinsamkeiten der behandelten Theorien hervorheben. Ich behaupte damit, daß es einen weitgehend geteilten Kernbestand differenzierungstheoretischen Denkens gibt – trotz tiefgreifender Unterschiede, etwa zwischen system- und akteurtheoretischer Fundierung oder zwischen einer eher optimistischen und einer eher pessimistischen Einschätzung der Zukunft der Moderne. Zum anderen soll bei den Unterschieden vor allem das, was sich aus heutiger Sicht als theoretischer Fortschritt herausgestellt hat, betont werden. Es kommt mir also nicht darauf an, buchhalterisch die vielen Irrwege und Sackgassen der einzelnen Theoretiker aufzulisten. Ich kümmere mich sozusagen vorrangig um die „weiterführenden Fehler“: also um solche Blickverengungen und Einseitigkeiten einer bestimmten Theorie, die eine andere zu einem für deren Ausarbeitung prägenden Widerspruch provoziert haben. Auf seine Weise ist so etwas im Vergleich zu einer Idee, die in irgendeiner der Theorien einmal formuliert wurde, aber weder zustimmend noch ablehnend irgendwo anders je wieder aufgenommen worden ist, auch eine Gemeinsamkeit.

Diese beiden Leitlinien verhelfen meiner Nachzeichnung ganz von selbst zu der angestrebten Prägnanz. Durch die Fokussierung auf Kontinuitäten und konstruktive, damit wiederum kontinuitätsstiftende Diskontinuitäten zeichne ich ein zweifellos überintegriertes Bild der Entwicklung. Es zeigt mehr Zusammenhang zwischen den differenzierungstheoretischen Ideen, als tatsächlich besteht, weil alle losen Fäden weggelassen werden.

Während ich so mit dem Ziel der Prägnanz den Zusammenhang zwischen den Beiträgen der verschiedenen Theorien zur Entwicklung der Perspektive als Ganzer enger darstelle, als er tatsächlich oftmals gewesen ist, will ich zugleich aufzeigen, daß die Konzepte und Modelle der Perspektive in einer anderen Hinsicht durchaus nur locker miteinander verknüpft ist. Einzelne differenzierungstheoretische Konzepte und Modelle lassen sich nämlich ohne viel Rücksicht auf den Gesamtzusammenhang dieser Perspektive relativ isoliert herausgreifen und für die Zwecke soziologischer Gesellschaftsforschung nutzen. Die differenzierungstheoretische Perspektive nötigt kein „Alles oder Nichts" auf. Man muß diese Gruppe von Werkzeugen sozusagen nicht als Paket kaufen, sondern kann einzelne Werkzeuge für sich erstehen. Das ist ebenso wie die Prägnanz eine wichtige Voraussetzung für den hier favorisierten instrumentellen Umgang mit der differenzierungstheoretischen Perspektive. Wie immer wieder an Beispielen deutlich werden wird, lassen sich differenzungstheoretische Vorstellungen mit Vorstellungen aus anderen Theorieperspektiven verknüpfen – sei es, daß differenzierungstheoretische Vorstellungen in andere Perspektiven, sei es, daß andere Vorstellungen in die differenzierungstheoretische Perspektive eingebaut werden.

1.3 Abstrakte Theorieperspektiven und empirische Gesellschaftsforschung

Ich habe bereits mehrfach deutlich werden lassen, daß ich die differenzierungstheoretische Perspektive als ein Werkzeug soziologischer Gesellschaftsforschung auffasse. Bei welchen inhaltlichen Fragen der Gesellschaftsforschung dieses Werkzeug im einzelnen nützlich sein kann, muß sich später erweisen. Worin diese Nützlichkeit allerdings, sieht man von spezifischen Inhalten ab, generell besteht, möchte ich doch im vorhinein darlegen. Die Klärung dessen, was man von einer abstrakten Theorieperspektive wie der differenzierungstheoretischen erwarten kann, dient auch dazu, sie vor falschen Erwartungen zu bewahren.

In einer groben Einteilung lassen sich vier *Abstraktionsstufen gesellschaftstheoretischer Analysen* unterscheiden:

- Auf der ersten und untersten Stufe geht es um die soziologische Analyse *spezifischer historischer Vorgänge* in bestimmten Gesellschaften – z.B. der nationalsozialistischen Machtübernahme in Deutschland oder der gegenwärtigen Transformationsprozesse in Mittel- und Osteuropa. Hier kommt die soziologische Gesellschaftstheorie in engen Kontakt mit historischer Forschung. Arbeiten auf dieser Stufe werden dementsprechend auch als „historical sociology" (vgl. Abrams 1982) rubriziert.

- Auf der zweiten Stufe findet man Bemühungen, soziologische Theorien *bestimmter gesellschaftlicher Entwicklungsphasen* zu formulieren. Dabei wird zumeist ein einzelnes Merkmal der Gesellschaftsstruktur als zentral angesehen. Beispiele hierfür wären etwa Theorien der „postindustriellen Dienstleistungsgesellschaft" oder der „Risikogesellschaft". Mit derartigen Analysen ist die mindestens implizite, zumeist aber auch explizite Behauptung verbunden, von diesem einen Merkmal her wesentliche Phänomene dieser gesellschaftlichen Entwicklungsphase begreifen zu können. Es geht hier darum, die Eigenart einer gesellschaftlichen Entwicklungsphase zu erfassen.
- Auf der dritten Abstraktionsstufe bewegen sich soziologische Analysen, die die *generellen Merkmale einer der großen Entwicklungsstufen menschlicher Gesellschaften* herauszuarbeiten versuchen. Wurde eine Zeitlang nur mit einem Zweierschema von modernen und vormodernen Gesellschaften gearbeitet, so ist mittlerweile ein Dreierschema verbreitet, das die vormodernen Gesellschaften nochmals in zwei Stufen – archaische und hochkulturelle Gesellschaften – unterteilt.[5]
- Eine vierte und höchste Abstraktionsstufe soziologischer Gesellschaftstheorie ist schließlich dann erreicht, wenn man sich darum bemüht, universell verwendbare Konzepte und Modelle für die Analyse *jeglicher Art von gesellschaftlichen Strukturen und Dynamiken* zu gewinnen. Ein Beispiel hierfür stellen etwa die – später noch behandelten – Versuche der Strukturfunktionalisten dar, gesellschaftliche „functional prerequisites", also Bedingungen der Möglichkeit der Reproduktion von Gesellschaft überhaupt, zu identifizieren. Auch das daran anschließende AGIL-Schema, mittels dessen Parsons Gesellschaftssysteme analytisch zu erfassen versucht, gehört auf diese Abstraktionsstufe. Soziologie gerät hier, teilweise auch schon auf der dritten Abstraktionsstufe, in die Nähe der Sozialphilosophie.

Diese Stufenfolge läßt erkennen, daß soziologische Gesellschaftstheorie in einem Spannungsverhältnis steht, das sie ausbalancieren

5 Manche behaupten inzwischen, daß auch die Moderne bereits Vergangenheit und in die Postmoderne übergegangen sei. Das bleibt jedoch bislang größtenteils soziologisch wenig ergiebiges kulturkritisches Gerede, das den in der Kunsttheorie vielleicht noch einigermaßen präzisen Begriff der Postmoderne willkürlich inflationiert.

muß – was nicht immer einfach ist. Auf der einen Seite stehen die konkreten historische Ereignisse, die empirisch gegeben sind und beschrieben werden können. Auf der anderen Seite stehen sozialphilosophisch zu bestimmende Wesensmerkmale von Gesellschaft überhaupt. Beide Bemühungen, die historische ebenso wie die sozialphilosophische, haben ihr gutes Recht; und von ihnen sind auch immer wieder wichtige Einflüsse auf die soziologische Gesellschaftstheorie ausgegangen. Aber diese muß, wenn sie ihren eigenen Platz zwischen Geschichtswissenschaft und Sozialphilosophie einnehmen will, darauf achten, in keine der beiden Richtungen abzurutschen. Angesichts dessen ist es für die soziologische Gesellschaftstheorie am besten, sich keinem der beiden Einflüsse zu verschließen, sondern vielmehr beide als antagonistische Kräfte auf sich wirken zu lassen. So kann die soziologische Gesellschaftstheorie sozialphilosophische Spekulation durch historische Fakten kontrollieren und historische Beschreibungen durch philosophische Ideen in größere Zusammenhänge stellen. Soziologische Gesellschaftstheorie gewinnt ihre Identität dann daraus, im Überschneidungsfeld der Einflüsse von Geschichtswissenschaft und Sozialphilosophie beide gegeneinander auszuspielen: jeweils die eine zu nutzen, um sich die andere vom Leibe zu halten. Das gegenüber Geschichtswissenschaft und Sozialphilosophie Eigene der soziologischen Gesellschaftstheorie ist, so gesehen, nichts anderes als das Resultat dieses – martialisch formuliert – fortwährenden Zweifrontenkrieges.

Die hier behandelten Theorien gesellschaftlicher Differenzierung sind auf der dritten dieser Abstraktionsstufen angesiedelt. Es geht nicht um gesellschaftliche Differenzierung überhaupt, sondern um die Differenzierung einer bestimmten gesellschaftlichen Entwicklungsstufe: der modernen Gesellschaft. Damit bewegt man sich bereits auf einer hohen Abstraktionsstufe. Soziologische Gesellschaftsforscher, deren Untersuchungsthemen auf den beiden darunterliegenden Stufen angesiedelt sind, könnten geneigt sein zu fragen: Wozu braucht man überhaupt solche doch immer wieder in die Philosophie abgleitenden, jedenfalls nicht im strengen Sinne empirisch prüfbaren Theorien wie eben die Theorien gesellschaftlicher Differenzierung? Sollte sich die Soziologie als Erfahrungswissenschaft nicht damit begnügen, spezifische historische Phänomene und raumzeitlich eng umrissene Entwicklungsphasen von Gesellschaft zu erklären?

Solche Fragen stehen vor dem Hintergrund einer in der Soziologie schon häufig artikulierten Skepsis gegenüber zu abstrakt und zu umfassend angelegten Theorieperspektiven. Daß eine solche Skepsis immer wieder aufkommt, hängt freilich damit zusammen, daß ihr Gegenstand offensichtlich unausrottbar in der Soziologie verankert ist. Wir haben bis heute die „grand theories" – und nichts spricht dafür, daß sie sich bald überlebt haben werden. Die Theorien gesellschaftlicher Differenzierung, die ich in diesem Buch behandeln werde, sind allesamt im Rahmen solcher übergreifender soziologischer Theorieperspektiven oder in Auseinandersetzung mit diesen entstanden. Entsprechend stehen auch die Theorien gesellschaftlicher Differenzierung stets mit unter Verdacht, wenn die „grand theories" wieder einmal skeptisch beäugt werden.

Die eine Art von Skepsis, von der auch die Theorien gesellschaftlicher Differenzierung betroffen sind, wurde in den vierziger Jahren von Robert K. Merton mit Blick auf die „grand theories" von Pitirim Sorokin und insbesondere Talcott Parsons formuliert (vgl. Merton 1949c; 1968). Merton sah in den Bemühungen Sorokins und Parsons' eine große Gefahr:

> To concentrate solely on the master conceptual scheme for deriving all sociological theory is to run the risk of producing twentieth-century equivalents of the large philosophical systems of the past, with all their suggestiveness, all their architectural splendor and all their scientific sterility. (Merton 1949c: 166)

Allerdings zog Merton aus dieser Befürchtung nicht den Schluß, daß die Soziologie künftig nur noch mit den von ihm propagierten „theories of the middle range" voranschreiten solle. Wichtig sei vielmehr eine geeignete Verbindung der verschiedenen Abstraktionsebenen:

> Sociological theory must advance on these inter-connected planes: through special theories adequate to limited ranges of social data and through the evolution of a conceptual scheme adequate to consolidate groups of special theories. (Merton 1949c: 166, Hervorh. weggel.)

Damit benennt er eine wichtige Funktion generellerer Theorieperspektiven: die Zusammenführung von ansonsten unverbunden nebeneinanderstehenden spezifischeren und konkreteren Theorien. Auf die hier zur Debatte stehenden Theorien gesellschaftlicher Differenzierung bezogen heißt dies: Eine ihrer Funktionen für die soziologische Gesellschaftsforschung besteht darin, *integrativ* die Vielzahl von theoretischen Bemühungen auf den beiden unteren der angesprochenen Abstraktionsebenen zusammenzufügen.

Eine weitere Funktion genereller Theorieperspektiven sprechen David G. Wagner und Joseph Berger in Überlegungen über unterschiedliche Arten des Erkenntnisfortschritts in der Soziologie an (vgl. Wagner/Berger 1985). Sie unterscheiden verschiedene Abstraktionsebenen der soziologischen Theoriebildung und benennen die oberste dieser Ebenen als „orienting strategies" (vgl. Wagner/Berger 1985: 700-702). Zu diesen „orienting strategies" zählen Wagner und Berger in der allgemeinen Soziologie beispielsweise die strukturfunktionalistische, die konflikttheoretische, die austauschtheoretische oder die ethnomethodologische Perspektive. Im Bereich der soziologischen Gesellschaftstheorie wäre die differenzierungstheoretische Perspektive sicherlich so einzuordnen. Wagner und Berger behaupten nun einerseits, daß gerade auf dieser theoretischen Abstraktionsebene „... we do not find much growth" (Wagner/Berger 1985: 701). Hier sei also der soziologische Erkenntnisfortschritt sehr gering. Diese skeptische Einschätzung ruft Mertons zitierte Haltung gegenüber den „grand theories" in Erinnerung. Dennoch betonen Wagner und Berger die wichtige *heuristische* Funktion dieser theoretischen Abstraktionsebene:

> ... theories of this sort provide guidelines or strategies for understanding social phenomena and suggest the proper orientation of the theorist to these phenomena ... (Wagner/Berger 1985: 700)

Als „orienting strategies" lenken die Theorien gesellschaftlicher Differenzierung also den Blick des Gesellschaftsforschers auf interessante Fragen an seinen je spezifischen Gegenstand und versorgen ihn mit begrifflichen Unterscheidungen, die eine Konturierung des Gegenstandes entsprechend diesen Fragen ermöglichen.[6]

Damit kommen selbst Skeptiker nicht umhin, abstrakten Theorieperspektiven bedeutsame integrative und heuristische Funktionen zuzusprechen. Dies beides für die differenzierungstheoretische Perspektive immer wieder zu demonstrieren, wird eines der Hauptanliegen meiner Darstellung sein. Die Konzepte und Modelle dieser Perspektive sind eben kein Selbstzweck, sondern theoretische Instrumente der empirischen Gesellschaftsforschung; und der Wert der Perspektive bemißt sich daher letztlich daran, was sie zum Verständnis konkreter gesellschaftlicher Vorgänge beitragen kann.

---

6 Letzteres wurde auch bereits von Hans L. Zetterberg in Anknüpfung an Merton herausgestellt. Zetterberg hob insbesondere den Wert theoretischer Taxonomien, wie sie von Parsons en masse produziert wurden, „... as a kind of ‚shopping list'..." hervor, die dem Soziologen die wichtigen Aspekte eines Untersuchungsgegenstandes vor Augen führe (vgl. Zetterberg 1963: 21-29, Zitat: 25).

Der Eindruck von Wagner und Berger, daß auf der Ebene der „orienting strategies“ kaum ein Erkenntnisfortschritt stattfindet, trifft auf die differenzierungstheoretische Perspektive nicht zu. Von den Klassikern über Parsons und Luhmann bis zu den neueren akteurtheoretischen Ansätzen sind vielmehr erhebliche Lernschritte zu verzeichnen. Die späteren haben sich ausführlich auf die früheren Theorien bezogen, und zwischen gleichzeitig entwickelten Theorien haben intensive Dialoge stattgefunden. Dadurch, daß jede der Theorien sich derart mit ihren Vorgängerinnen und mit ihren zeitgenössischen Alternativen auseinandergesetzt hat, ist zum einen, wie bereits angesprochen, die Kontinuität der differenzierungstheoretischen Perspektive sehr hoch. Gleichzeitig gab es aber auch ein ebenso hohes Maß an *konstruktiver* Diskontinuität. Theoretische Konzepte und Modelle sind im Laufe der Zeit präzisiert, modifiziert, differenziert und relativiert worden. Auch dies wird im folgenden zu demonstrieren sein.

Theorien gesellschaftlicher Differenzierung haben allerdings noch mit einer zweiten Art von Skeptizismus zu rechnen, der ebenfalls durch ihren Abstraktionsgrad genährt wird. Da sie sich mit gesellschaftlicher Entwicklung – hier: der Herausbildung und Weiterentwicklung moderner Gesellschaften – befassen, müssen sich Theorien gesellschaftlicher Differenzierung vor einer höchst suspekten sozialphilosophischen Denkweise besonders hüten: der Geschichtsphilosophie. In diesem Zusammenhang ist vor allem Karl Poppers Kritik des „Historizismus“ nach wie vor von großer Bedeutung (vgl. Popper 1957). Popper kritisierte die besonders durch Georg Wilhelm Friedrich Hegel und Karl Marx, aber auch beispielsweise durch Herbert Spencer oder Auguste Comte innerhalb der Sozialphilosophie und Soziologie verbreitete Vorstellung, daß die Entwicklung von Gesellschaften universell gültigen kausalen Ablaufschemata, den sogenannten Geschichtsgesetzen, folge. Da die differenzierungstheoretische Betrachtung moderner Gesellschaften diese nicht als statische Gebilde sieht, sondern ein Hauptaugenmerk auf deren Dynamiken legt, steht sie zumindest in der Versuchung, ebenfalls universelle, unaufhaltsam einer bestimmten Linie folgende Entwicklungstrends zu behaupten.

Die Betrachtung der verschiedenen Theorien gesellschaftlicher Differenzierung wird zeigen, daß diese Versuchung eine sehr reale war und teilweise immer noch ist. Popper sieht genau hierin „den Kardinalfehler des Historizismus“:

Seine „Entwicklungsgesetze“ erweisen sich als absolute Trends. Wie die Gesetze sind sie nicht von Randbedingungen abhängig und reißen uns unwiderstehlich in eine bestimmte Richtung in die Zukunft. Sie bilden die Grundlage von unbedingten Prophezeiungen, die den bedingten Prognosen der Erfahrungswissenschaften gegenüberstehen. (Popper 1957: 101, Hervorh. weggel.)

Dieser Suche nach gesetzmäßigen „absoluten Trends" liegt für Popper eine fehlgeleitete Sicht dessen zugrunde, was die Naturwissenschaften an Erkenntnissen hervorbringen; und diese angeblichen Erkenntnisleistungen der Naturwissenschaftler werden dann nachzuahmen versucht. Popper weist demgegenüber darauf hin, man müsse „... sich darüber im klaren sein, daß praktisch keine Folge von beispielsweise drei oder mehr kausal verknüpften Ereignissen nach einem einzigen Naturgesetz abläuft...":

> Wenn der Wind einen Baum schüttelt und Newtons Apfel zu Boden fällt, dann wird niemand leugnen, daß diese Ereignisse mit Hilfe von Kausalgesetzen beschrieben werden können. Es gibt jedoch nicht ein Gesetz wie das der Schwerkraft, nicht einmal ein bestimmtes System von Gesetzen, das die tatsächliche, konkrete Sukzession kausal verknüpfter Ereignisse beschreiben würde. Außer der Schwerkraft müßten wir die Gesetze des Winddrucks berücksichtigen, dazu noch die Schüttelbewegungen des Zweiges, die Spannung im Stengel des Apfels, die Quetschung des Apfels beim Aufprall, die chemischen Prozesse, die aus der Quetschung des Apfels resultieren usw. (Popper 1957: 92, Hervorh. weggel.)

Auch die Naturwissenschaften können also, recht besehen, bei der Erklärung konkreter empirischer Vorgänge nichts anderes tun, als eine mehr oder weniger große Anzahl unterschiedlicher Gesetze *fallweise* miteinander zu kombinieren – wobei es keinerlei Metagesetz gibt, das Regeln für die richtige Kombination vorgibt. Diese ergibt sich vielmehr aus der Beschaffenheit des jeweiligen Untersuchungsgegenstands und der Selektivität des auf ihn gerichteten wissenschaftlichen Erkenntnisinteresses.

Raymond Boudon hat Poppers Zurückweisung von Geschichtsgesetzen aufgegriffen und dessen Kritik der klassischen Geschichtsphilosophien in eine Kritik der zeitgenössischen soziologischen Theorien sozialen Wandels umgemünzt (vgl. Boudon 1984).[7] Boudon gelangt – in einer polemisch zugespitzten Formulierung – zu einer „no-theory of social change" (Boudon 1983). Auch sein Schluß lautet: „So we must accept the obvious: there are not and cannot be any general theories of social change." (Boudon 1984: 189, Hervorh. weggel.) In einer Auseinandersetzung insbesondere mit den soziologischen Modernisierungs-

7 Ähnlich die Schlußfolgerungen von Mayntz (1995b).

theorien der fünfziger und sechziger Jahre beharrt Boudon vor allem darauf, daß soziale Vorgänge in starkem Maße durch „Cournot-Effekte“ geprägt werden: also durch voneinander unabhängige Kausalfaktoren, deren Zusammenwirken koinzidentiellen Charakter hat (vgl. Boudon 1984: 173-179). Diese Effekte sind im strikten Sinne Zufälle – so wie das Ereignis, daß der Wind einen Dachziegel genau in dem Moment löst, in dem auf dem Bürgersteig vor dem Haus ein Passant vorbeigeht, dem der Ziegel dann auf den Kopf fällt. Daß die in sich sehr komplexe Kausalreihe „Wind löst Dachziegel“ und die Kausalreihe „Mann geht den Bürgersteig entlang“ sich so verzahnen, daß das Ergebnis „Dachziegel fällt Mann auf den Kopf“ herauskommt, ist ein kontingentes Ereignis. Es ist weder unmöglich noch notwendig. Manchmal sind derartige „Cournot-Effekte“ hochgradig unwahrscheinlich. In anderen Fällen können sie auch sehr wahrscheinlich sein. Letzteres ist beispielsweise dann der Fall, wenn einer der Ursachenfaktoren gewissermaßen über lange Zeit latent „auf der Lauer liegt“ und es nur eine Frage der Zeit ist, bis er irgendwann mit dem anderen Ursachenfaktor koinzidiert. Vielleicht sind an einem Hausdach ja viele Ziegel lose, und der Bürgersteig vor dem Haus wird von vielen Fußgängern passiert, und es gibt immer wieder einen sehr windigen Tag.

Gesellschaftliche Vorgänge wimmeln geradezu von solchen „Cournot-Effekten“, wovon bereits ein kurzer Blick in Geschichtsbücher oder auch in die Tageszeitung überzeugt. „Giving disorder its due“, Boudons Plädoyer gegen eine zuviel Ordnung in den gesellschaftlichen Wandel hineindeutende Theorieperspektive, ist daher äußerst bedenkenswert. Weder Popper noch Boudon ziehen aus ihren Zurückweisungen des „Historizismus“ allerdings den radikalen Schluß, daß uns bei der Betrachtung gesellschaftlicher Entwicklungen nichts anderes übrigbleibt als deren historische Nacherzählung. Beide sehen eine legitime und unverzichtbare Rolle für abstrakte Theorien, also für die beiden oberen der von mir unterschiedenen Analyseebenen der Gesellschaftsforschung. Diese Theorien dürfen eben nur nicht darauf aus sein, angebliche universelle Entwicklungstrends zu behaupten. Sehr wohl muß die Soziologie aber – ganz wie jede Naturwissenschaft auch – sich darum bemühen, theoretische Modelle zu entwickeln, die jeweils immer wieder vorkommende Teilmomente konkreter historischer Vorgänge abstrakt zu erfassen vermögen. Die empirische Analyse spezifischer gesellschaftlicher Entwicklungen geht dann um so leichter von der Hand, je mehr Aspekte dieser Vorgänge mit bereits ausgearbeiteten und bewährten theoretischen Modellen dieser Art, die dann wiederum fallweise miteinander verknüpft werden müssen, erklärt werden können.

Man darf sich zwar nicht der Illusion hingeben, daß der soziologische Erkenntnisfortschritt jemals dahin führen könnte, daß sämtliche Teilmomente eines konkreten gesellschaftlichen Vorgangs durch solche Modelle erfaßt werden könnten. Insofern wird es stets genügend Raum für rein historische Betrachtungen geben – ganz abgesehen davon, daß die Verknüpfung der theoretisch modellierten Teilmomente immer kontingent und damit auch nur historisch erzählbar ist. Aber das Bemühen soziologischer Gesellschaftsforschung muß eben auch dahingehen, auf den beiden oberen Abstraktionsebenen Modelle bereitzustellen, die auf den beiden unteren Abstraktionsebenen angesiedelte Analysen anzuleiten vermögen. An genau diesem Anspruch müssen sich auch die Theorien gesellschaftlicher Differenzierung messen. Ich werde daher bei der Nachzeichnung der verschiedenen Theorien besonderen Wert darauf legen, aufzuzeigen, wo solche Theoriemodelle bereits vorliegen oder entwickelt werden könnten; und ich werde immer wieder versuchen, die Anwendbarkeit solcher Modelle in konkreten empirischen Analysen zumindest anzudeuten.

Damit ist in einer programmatischen Vorschau geklärt, worin die Funktionen der differenzierungstheoretischen Perspektive für die soziologische Gesellschaftsforschung liegen können. Ob und wie die verschiedenen Theorien gesellschaftlicher Differenzierung diesen Funktionen gerecht geworden sind, wird sich im folgenden zeigen.

Kapitel 2
Differenzierungstheoretische Ideen der soziologischen Klassiker

Wie in der Einleitung angekündigt, beginne ich meine Nachzeichnung der differenzierungstheoretischen Perspektive bei den soziologischen Klassikern. Dabei werde ich mich auf vier von ihnen konzentrieren: Emile Durkheim, Georg Simmel, Max Weber und Karl Marx. Andere Klassiker wie etwa Herbert Spencer oder Ferdinand Tönnies, die man durchaus auch hätte behandeln können, werden nur in Randbemerkungen gestreift. Die Konzentration auf die vier Genannten erklärt sich ganz einfach daraus, daß sie diejenigen unter den soziologischen Klassikern sind, deren differenzierungstheoretische Ideen bis heute am nachhaltigsten fortgewirkt haben.[1]

Für dieses Kapitel gilt in besonderem Maße, was ich aber auch für meine Nachzeichnung der weiteren Entfaltungsschritte der differenzierungstheoretischen Perspektive betonen muß. Es geht mir nicht darum, die Arbeiten der behandelten soziologischen Theoretiker umfassend darzustellen. Hier interessiert allein derjenige Ausschnitt der jeweiligen Werke, der sich mit Gesellschaftstheorie beschäftigt – und noch enger: mit Überlegungen zur Differenzierung der modernen Gesellschaft. Anderes wird nur insoweit einfließen, wie es zum Verständnis der differenzierungstheoretischen Überlegungen erforderlich ist. Auch diese kann ich jeweils nur ausschnitthaft behandeln. Ich greife mir bei jedem der Klassiker solche Überlegungen heraus, die für die Entfaltung der differenzierungstheoretischen Perspektive besonders prägend gewesen sind. Angesichts der Unmenge oftmals erheblich differierender Deutungen, die jeder der in diesem Kapitel behandelten Klassiker in der Folgezeit erfahren hat, muß ich dabei von vornherein bekennen, daß ich sehr direkt an die Klassiker herangehe. Ich lasse sie größtenteils selbst zu Wort kommen und ziehe Interpretationen nur höchst selektiv ergänzend heran.

Im folgenden werde ich mit Durkheims Ideen über gesellschaftliche Differenzierung als Arbeitsteilung beginnen. Es folgen

1 Von daher bleibt jemand wie George Herbert Mead hier deshalb außer Betracht, weil er zur differenzierungstheoretischen Perspektive nichts beigetragen hat.

die Überlegungen Simmels zur gesellschaftlichen Differenzierung als Ursache der Individualisierung von Personen. Daran schließt sich die Darstellung von Webers Sicht der gesellschaftlichen Differenzierung als einer Pluralisierung von „Wertsphären“ mit je eigener Rationalität an. Schließlich gehe ich auf die Sichtweise von Marx und die in vieler Hinsicht ähnliche Simmels ein. Beide sehen anhand der kapitalistischen Wirtschaft, wie gesellschaftliche Differenzierung zur Verselbständigung von Handlungssphären führt. Diese Vorschau läßt bereits erkennen, daß nicht die Chronologie das Gliederungsprinzip meiner Behandlung der Klassiker ist. Denn schließlich war Marx der früheste von ihnen. Es geht vielmehr darum, eine sukzessive logische Entfaltung von differenzierungstheoretischen Ideen nachzuzeichnen. Die Chronologie der Theorieproduktion entspricht eben nicht immer einer nachträglich erkennbaren sachlichen Logik.

2.1 Emile Durkheim: Herausbildung und Problematik „organischer Solidarität“[2]

Daß die allmähliche Herausbildung der modernen Gesellschaft als eine weitreichende Veränderung gesellschaftlicher Differenzierungsmuster vonstatten ging, wurde den Zeitgenossen zunächst an entsprechenden Veränderungen von Berufsrollen gewahr. Auch das Mittelalter kannte bereits eine beträchtliche Spezialisierung von insbesondere handwerklichen Berufen, wie die Vielfalt der Zünfte in den mittelalterlichen Städten zeigt. Jedes dieser Handwerke umfaßte allerdings noch ein komplexes berufliches Tätigkeitsfeld. Die industrielle Revolution des ausgehenden 18. und beginnenden 19. Jahrhunderts führte demgegenüber mit der zunächst noch manufaktur-, dann fabrikförmigen Arbeitsorganisation ein bis dahin ungekanntes, sprunghaft erhöhtes Niveau der Zerlegung von Arbeitstätigkeiten ein. Die Faszination dieser neuen Art von Arbeitsorganisation läßt sich an Adam Smith’ klassischer Schilderung der manufakturförmigen Herstellung von Nadeln unverkennbar ablesen:

> Ein Arbeiter, der die Nadelherstellung ... nicht erlernt hat ..., kann an einem Tag selbst mit größtem Fleiß vielleicht kaum eine Nadel und sicherlich nicht zwanzig Stück produzieren. Aber in der Form, in der die Na-

2 Allgemein zu Durkheim siehe Nisbet (1975), Giddens (1978).

delherstellung jetzt betrieben wird, stellen nicht nur die Produktion als Ganzes, sondern gleicherweise auch die Mehrzahl ihrer Teiloperationen besondere Gewerbe dar. Ein Arbeiter zieht den Draht, ein anderer richtet ihn, ein dritter zerschneidet ihn, ein vierter spitzt ihn zu, ein fünfter schleift das obere Ende, damit der Kopf angebracht werden kann. Dessen Herstellung erfordert auch zwei oder drei bestimmte Operationen. Seine Befestigung ist ein besonderer Arbeitsgang, das Reinigen der Nadeln ein anderer. Sogar das Verpacken der Nadeln ist ein eigener Tätigkeitsbereich. Auf diese Weise zerfällt das wichtige Gewerbe der Herstellung einer Nadel in etwa 18 besondere Operationen, die in einigen Manufaktoren alle von verschiedenen Arbeitern verrichtet werden ...

Smith' Beschreibung der neuen Strukturen enthält sogleich eine funktionalistische Bewertung: Das höhere Niveau der beruflichen Arbeitsteilung ermögliche – trotz eines relativ geringen Qualifikationsniveaus der Arbeiter – eine entsprechend höhere Arbeitseffizienz und -effektivität. Hinsichtlich der Effizienz zieht Smith einen Vergleich am Beispiel der zehn Beschäftigten einer kleinen Manufaktur:

Hätten sie aber alle einzeln und unabhängig voneinander gearbeitet, ... sie hätten gewiß nicht den zweihundertvierzigsten und vielleicht auch nicht einmal den viertausendachthundertsten Teil dessen produziert, was sie jetzt im Ergebnis einer zweckmäßigen Teilung und Kombination ihrer verschiedenen Operationen herstellen können. (Smith 1776: 10/11)

Aber die fortgeschrittene Arbeitsteilung bringt nicht nur Produkte derselben Güte mit größerer Schnelligkeit und Zuverlässigkeit hervor, sondern erhöht weiterhin die Güte der Produkte. Denn Spezialisierung bedeutet, daß jeder einzelne Arbeiter seine Teiltätigkeit immer weiter zu perfektionieren vermag – siehe auch Karl Marx' „Virtuosität des Detailarbeiters" (Marx 1867: 359).

Explizit spricht Smith hier über die innerorganisatorische Arbeitsteilung. Implizit ist aber bereits bei ihm und erst recht bei späteren Verfechtern dieser Idee auch die gesellschaftliche Arbeitsteilung gemeint. Letztere kann in der Sprache der heutigen Soziologie als zunehmende Spezialisierung sozialer Rollen umschrieben werden.[3]

Wenn Emile Durkheim die gesellschaftliche Differenzierung als Arbeitsteilung begreift, geht das auf diese zu seiner Zeit bereits über hundert Jahre alte Vorstellung zurück. Weiterhin knüpft er an einen heute weithin in Vergessenheit geratenen soziologischen

3 Für eine anschauliche Gegenüberstellung von „simple" und „complex role systems" siehe auch Banton (1965: 1-20).

Klassiker an: an Herbert Spencer. Spencers denkerische Ambitionen waren ähnlich umfassend wie diejenigen Hegels. Die einheitsstiftende Leitvorstellung von Spencers Denken ist eine evolutionistische.[4] Spencer greift aus der deutschen Naturphilosophie die insbesondere bei Johann Wolfgang von Goethe sowie bei vielen Romantikern zu findende Vorstellung auf, daß sich sowohl in der naturgeschichtlichen Abfolge von „niederen" zu „höheren" Stufen des Lebens als auch in der Entwicklung jedes einzelnen Lebewesens von der Geburt zur Reife das Prinzip einer zunehmenden Differenzierung zeige. Spencer nannte dies das „law of organic progress" und behauptete:

> Whether it be in the development of the Earth, in the development of Life upon its surface, in the development of Society, of Government, of Manufactures, of Commerce, of Language, Literature, Science, Art, this same evolution of the simple into the complex, through successive differentiations, holds throughout. From the earliest traceable cosmical changes down to the latest results of civilisation, we shall find that the transformation of the homogenous into the heterogenous, is that in which Progress essentially consists. (Spencer 1857: 40)

Er brachte diese Idee auch auf die Kurzformel, daß alle Entwicklung „from incoherent homogeneity to coherent heterogeneity" voranschreite (zitiert bei Rüschemeyer 1985: 167).

Dieses allgemeine Entwicklungsprinzip der Welt findet Spencer auch in der gesellschaftlichen Entwicklung wieder. Als evolutionärer Vorgang vollzieht sich die fortschreitende gesellschaftliche Differenzierung in einer Vielzahl kleiner, aufeinander aufbauender Schritte. Spencer faßt diese graduelle Entwicklung dennoch in einer dichotomen Unterscheidung von zwei aufeinanderfolgenden Gesellschaftsformen, die sich durch ihr Differenzierungsprinzip voneinander unterscheiden. Den „militant-hierarchischen" Gesellschaften der Vergangenheit stellt er die „industriellen" Gesellschaften der Gegenwart und Zukunft gegenüber. Der graduelle Vorgang zunehmender gesellschaftlicher Differenzierung bringt also an einem bestimmten Punkt einen Wechsel der Gesellschaftsform mit sich, Quantität schlägt in Qualität um. Allerdings charakterisiert Spencer die beiden Gesellschaftsformen dann nicht mehr in differenzierungstheoretischen Kategorien, wie bereits aus den zitierten Bezeichnungen hervorgeht. Die „militant-hierarchische" Gesellschaftsform ist durch eine Dominanz des

---

4 Zu Spencers Bedeutung für die differenzierungstheoretische Perspektive siehe Rüschemeyer (1985: 164-170).

Staates geprägt, der gesellschaftliche Ordnung aufrechterhält, während die „industrielle" Gesellschaft sich durch das freie Spiel der gesellschaftlichen Kräfte selbst reguliert. Hier übernimmt Spencer Grundpositionen liberalistischer politischer Ideologien, die dem als Einschränkung individueller Freiheit empfundenen Obrigkeitsstaat die „unsichtbare Hand" der Marktkoordination als überlegenen Mechanismus gesellschaftlicher Integration gegenüberstellen.

An diesem Punkt ging Durkheim entscheidend über Spencer hinaus. Denn Durkheim charakterisierte den Unterschied zwischen vormodernen und modernen Gesellschaften als erster in rein differenzierungstheoretischen Kategorien. Er unterscheidet „einfache" von „höheren" Gesellschaften nach ihrem Differenzierungsprinzip (vgl. Durkheim 1893).

Die „einfachen" archaischen Gesellschaften sind *„segmentär"* differenziert. Sie bestehen aus vielen gleichartigen Segmenten in Gestalt von Familien, Clans, Horden oder Stämmen. Zwischen diesen Segmenten gibt es relativ geringe soziale Interdependenzen. Denn jedes Segment ist in hohem Maße autark, vermag also das, was es zum eigenen Fortbestand benötigt, weitgehend selbst zu bewerkstelligen. Das gilt etwa für die Beschaffung von Nahrungsmitteln, sei es durch Jagen und Sammeln, sei es durch Anbau und Viehzucht, für die biologische Vermehrung und die Sozialisation der Heranwachsenden, für die soziale Kontrolle abweichenden Verhaltens und auch für die Verteidigung gegen äußere Feinde. Die Sozialstruktur solcher „segmentärer" Gesellschaften ist damit durch „near decomposability" (Simon 1962) gekennzeichnet. Der Ausfall bestimmter Segmente, beispielsweise durch eine Naturkatastrophe oder durch kriegerische Verluste, läßt die Übriggebliebenen relativ unberührt.

Allenfalls für die Verteidigung gegen äußere Feinde kann es wichtig sein, daß eine solche „segmentäre" Gesellschaft möglichst groß ist. Auch dies beruht aber gerade nicht auf Arbeitsteilung, sondern auf einer rein additiven Bündelung der Kräfte. Innerhalb der einzelnen Segmente gibt es demgegenüber ein gewisses Ausmaß an Arbeitsteilung. Sie ist allerdings wenig elaboriert und vor allem statisch, nimmt also im Laufe der Entwicklung nicht zu. Diese Arbeitsteilung folgt rein askriptiven Kriterien des Alters und des Geschlechts. Kinder, junge Erwachsene und alte Erwachsene nehmen andere Aufgaben wahr; und Frauen und Männer kümmern sich um unterschiedliche Dinge. Die Kombination beider Kriterien führt zu einem gewissen Maß von Rollendifferenzierung, das aber in allen Segmenten gleich ist und von daher auch die Gleichheit der Segmente untereinander nicht ins Wanken bringt.

Dieser Differenzierungsform ordnet Durkheim einen bestimmten Typus von „Solidarität" zu, also eine bestimmte Form der gesellschaftlichen Integration. Hieran ist zunächst festzuhalten, daß Durkheim die Frage des „Zusammenhangs von Differenzierung und Integration" (Tyrell 1985: 180) aufwarf. Intuitiv läßt sich diese Frage leicht einsichtig machen. Wenn man ein Ganzes daraufhin betrachtet, wie es in Teile zerlegt ist, liegt die Rückfrage auf der Hand: Und wie fügen sich die Teile überhaupt zum Ganzen zusammen? Jenseits dieser logischen Herleitung hatte und hat diese Frage für die Menschen in der modernen Gesellschaft eine hohe alltagsweltliche Relevanz. Weil eben die moderne Gesellschaft aufgrund ihres noch näher zu kennzeichnenden besonderen Differenzierungsprinzips in höchst heterogene Teile zerfällt, was sich immer wieder in konkreten Phänomenen der Verselbständigung einzelner Teile – im 19. Jahrhundert vor allem der kapitalistischen Ökonomie – gegenüber dem Ganzen manifestiert, muß man sich Sorgen darüber machen, daß das Ganze auch völlig zerfallen könnte. Der Zusammenhalt der Gesellschaft als Ganzer wird in der Moderne alles andere als selbstverständlich.[5]

Durkheim war nicht der erste, der die Frage nach der Art der Integration moderner Gesellschaften stellte. Doch er verknüpfte theoretisch aufs engste die Charakterisierung vormoderner bzw. moderner Gesellschaften durch ihr unterschiedliches Differenzierungsprinzip mit der Beantwortung der Frage, welches Integrationsprinzip jeweils dazugehört. Damit nahm Durkheim eine grundlegende analytische Weichenstellung für die Ausarbeitung der differenzierungstheoretischen Perspektive vor. Er formulierte mit seiner *Zuordnung von Differenzierungs- und Integrationsprinzip* ein zentrales Erkenntnisinteresse dieser Theorieperspektive.[6]

---

5 Auch die ungleichheitsstheoretische Perspektive ging ursprünglich von einer Zerfallsproblematik aus, die allerdings vertikal strukturiert war. In dieser Perspektive fragte man sich, wie Arm und Reich in derselben Gesellschaft auf Dauer zusammenleben konnten. Die entsprechende Sorge fand eine sehr prägnante und prominente Formulierung als Problem der einander feindlich gegenüberstehenden „two nations" – die doch eigentlich eine Nation zu bilden hätten – im Titel eines sozialkritischen Romans („Sybil, or The Two Nations", 1845) des englischen konservativen Staatsmannes Benjamin Disraeli.

6 Wie Hartmann Tyrell anmerkt, sind lediglich die differenzierungstheoretischen Überlegungen Georg Simmels nicht von dieser Leitfrage affiziert (vgl. Tyrell 1985: Fußn. 1).

„Segmentären" Gesellschaften ordnet Durkheim als Integrationsprinzip die *„mechanische Solidarität"* zu. In einer physikalischen Analogie vergleicht er diesen Typus von „Solidarität" damit, wie sich Moleküle gänzlich ohne Eigenwillen nur gemäß den Gesetzen des ihnen übergeordneten Ganzen – z.B. eines Gases – bewegen. Die einzelnen Mitglieder „segmentärer" Gesellschaften sind dementsprechend hinsichtlich ihrer kognitiven, normativen und evaluativen Orientierungen sehr gleichartig. Sie sehen die Welt anhand der gleichen Deutungsmuster und Wahrnehmungsschemata, haben dieselben Sollens-Regeln verinnerlicht und sind auch in ihrem Wollen auf dieselben Arten von Erstrebenswertem fixiert. Die Gesellschaft ist eine „... Gesamtheit von Glaubensüberzeugungen und Gefühlen, die allen Mitgliedern der Gruppe gemeinsam sind ..."; „mechanische Solidarität" ist also eine „... Solidarität, die aus der Ähnlichkeit entsteht." (Durkheim 1893: 181) Am wichtigsten hierfür ist die Religion als das von allen geteilte Glaubenssystem, das die natürliche und soziale Welt und die Stellung des Einzelnen in ihr handlungsinstruktiv und verbindlich interpretiert. Im Bereich des Rechts entspricht das Strafrecht, das alle Gesellschaftsmitglieder den gleichen Normen und Sanktionen unterwirft, der „mechanischen Solidarität" am stärksten. Denn durch derartige rechtliche Regelungen wird in für die gesellschaftliche Ordnung wichtigen Hinsichten eine Gleichartigkeit des Handelns aller erzeugt. Das moderne Strafrecht wird also von Durkheim als Fortführung der schon in archaischen „segmentären" Gesellschaften angelegten normativen Basis gesellschaftlicher Integration gedeutet. Das bedeutet auch, daß die moderne Gesellschaft, obwohl sie keine „segmentär" differenzierte mehr ist, dennoch weiterhin einen gewissen Unterbau an „mechanischer Solidarität" besitzt und offenbar auch benötigt. Implizit vermittelt Durkheim hiermit die Auffassung, daß die moderne Gesellschaft gewisse Strukturmuster ihrer Vorgänger fortführt und fortführen muß. Der Übergang zur Moderne ist somit nicht durch eine vollständige Diskontinuität gesellschaftlicher Strukturen gekennzeichnet.

Den „segmentär" differenzierten „einfachen" Gesellschaften stellt Durkheim die „höheren" Gesellschaften gegenüber. Die modernen Gesellschaften sind dabei die höchstentwickelten der „höheren" Gesellschaften. Was die „höheren" von den „einfachen" Gesellschaften unterscheidet, ist das Ausmaß an *gesellschaftlicher Arbeitsteilung*. Überspitzt kann man sagen, daß die Arbeitsteilung zwischen den einzelnen Segmenten der „einfachen" Gesellschaften gleich Null war. Alle taten genau das gleiche: sich um den jeweils eigenen Fortbestand zu kümmern. Dies ist die idealtypisch stilisierte Kontrastfolie, vor der Durkheim das entscheidende Charakteristikum „höherer" Gesellschaften – und dabei insbesondere moderner Gesellschaften – herausarbeitet. Der Untertitel der ersten Ausgabe seiner hier behandelten Analyse lautet: „Studie über die Organisation höherer Gesellschaften". Das stellt unmißverständlich klar, daß Durkheim weder die Absicht verfolgte, ein detailliertes Bild archaischer Gesellschaften zu entfalten, noch eine detaillierte Analyse der Genese „höherer" Gesellschaften aus ihren „einfachen" Vorläufern anstrebte. Auf letzteres ist noch genauer einzugehen. Ersteres hebt noch einmal ins Bewußtsein, daß es Durkheim primär darum ging, die Eigenart moderner durch den Vergleich mit vormodernen Gesellschaften zu ergründen.

War die Arbeitsteilung zwischen den Segmenten der „einfachen" Gesellschaften gleich Null, so ist die Arbeitsteilung innerhalb moderner Gesellschaften sehr hoch. Durkheim wählt zur Verdeutlichung diesmal eine biologische Analogie. Moderne Gesellschaften gleichen in ihrer Struktur einem höheren Lebewesen, insofern sie ein „... System von verschiedenen Organen, von denen jedes eine Sonderrolle ausübt und die ihrerseits aus differenzierten Teilen bestehen ...", darstellen (Durkheim 1893: 237). Die Teile des Ganzen sind hier also, anders als die Segmente „einfacher" Gesellschaften, nicht gleichartig, sondern ungleichartig, nämlich jeweils auf eine besondere Funktion für die Erhaltung des Ganzen spezialisiert. Im menschlichen Körper beispielsweise nimmt jedes Organ eine besondere Funktion wahr und ist in dieser Hinsicht sowohl unersetzbar als auch hochgradig abhängig vom Funktionieren der jeweils anderen Organe. Was der Magen leistet, kann nicht durch das Herz oder die Niere ersetzt werden; doch die Leistungsfähigkeit des Magens setzt ein leistungsfähiges Herz und eine leistungsfähige Niere voraus.

Diesem arbeitsteiligen Kooperationszuammenhang zwischen den spezialisierten Organen eines höheren Lebewesens gleicht Durkheim zufolge die gesellschaftliche Arbeitsteilung in der Moderne. Auch er denkt dabei, wie Smith, zuallererst an die Spezialisierung von Arbeitstätigkeiten. Denn an ihnen wird am augenfälligsten, wie sich die dauerhafte Reproduktion des gesellschaftlichen Ganzen als komplexes Zusammenwirken einer Unzahl hochgradig spezialisierter Rollenträger vollzieht. Das, was Smith in der eingangs zitierten Passage für das Innenleben einer Organisation herausstellt, überträgt Durkheim auf die Gesellschaft. Anders als Smith' Darstellung läßt aber Durkheims Vergleich mit den „segmentär“ differenzierten „einfachen“ Gesellschaften nicht nur die Zugewinne, sondern auch die Kosten erkennen, die mit der hohen gesellschaftlichen Arbeitsteilung verbunden sind. Die bereits erwähnten Leistungsvorteile arbeitsteiligen Zusammenwirkens gehen nämlich mit einem Verlust an Autarkie der Teile des gesellschaftlichen Ganzen einher, wodurch auch dessen „near decomposability“ verlorengeht. Moderne Gesellschaften können den Verlust irgendeines ihrer spezialisierten Teile ebensowenig verkraften wie der menschliche Körper den Ausfall eines seiner Organe. Leistungssteigerung durch Spezialisierung zieht also eine Vervielfachung von Gefährdungspunkten nach sich.

Die Idee, daß Modernität einen „gemischten Segen“ darstellt, ihre unbestreitbaren Segnungen also einen gewichtigen Preis haben, findet sich in fast allen Theorien gesellschaftlicher Differenzierung. Dabei sind im Laufe der Ausarbeitung der differenzierungstheoretischen Perspektive sehr unterschiedliche Arten von Kosten identifiziert worden. Schon bei Durkheim ist jedenfalls, und nicht nur in der angesprochenen Hinsicht, die Vorstellung einer differenzierungstheoretisch festmachbaren *Ambivalenz der Moderne* angelegt.

Durkheim interessierte sich nicht sonderlich dafür, die spezifischen Ausprägungen gesellschaftlicher Arbeitsteilung in der Moderne näher zu untersuchen. Diesbezüglich vertraute er auf die Evidenz der Alltagserfahrungen. Ihn beschäftigte vielmehr die Frage, wie die Integration eines gesellschaftlichen Ganzen zustande kommt, das aus einer Vielzahl ungleichartiger, weil spezialisierter Teile zusammengesetzt ist. Durkheim sieht sehr klar, daß das hohe Maß an gesellschaftlicher Arbeitsteilung die frühere „mechanische Solidarität“ unwiderruflich stark zurückdrängt. Denn eine – um es nochmals zu zitieren – „... Solidarität, die aus der Ähnlichkeit entsteht...“, erodiert mit zunehmender Unähnlichkeit der Gesellschaftsmitglieder, die wiederum das Ergebnis der Spezialisierung gesellschaftlicher Rollen ist. Die Rollendifferenzierung bringt eine Pluralisierung von Deutungsmustern, Normen und Interessen hervor; und diese Pluralität fügt sich nicht mehr einem übergreifenden, allen gemeinsamen Zusammenhang kognitiver, normativer und evaluativer Orientierungen. Wenn aber dieses gesellschaftsweite „Kollektivbewußtsein“, das es bei „segmentärer“ Differenzierung gab, weitgehend verlorengeht, muß man nach anderen Quellen der „Solidarität“ suchen.

Durch das gesamte 19. Jahrhundert hindurch zogen sich entsprechende Verlusterfahrungen und Bemühungen zur Wiederbelebung eines derartigen „Kollektivbewußtseins". Man denke nur an die Romantiker, die dem durch die katholische Religion integrierten Mittelalter nachtrauerten und davon träumten, ein neu geeintes und alle einigendes Christentum wiederzubeleben (Novalis 1799). All diese nostalgischen Ideen tat Durkheim nicht nur als illusionär, sondern auch als unnötig ab. Derartige Vorstellungen liefen ja darauf hinaus, die Integration der neuen Art von Sozialstruktur durch die althergebrachte Kultur zustande bringen zu wollen – wenn man nicht, wie einige Romantiker, auch die Sozialstruktur wieder in den alten Zustand zurückführen wollte. Hinter solchen rückwärts gewandten Sehnsüchten stand im Grunde die Angst, daß die moderne Gesellschaft aus sich heraus integrationsunfähig sein könnte. Dem stellte Durkheim eine zuversichtliche Position gegenüber. Für ihn rühren all die genannten Befürchtungen der Zeitgenossen daher, daß sie weiterhin nach einer kulturellen Integration der modernen Gesellschaft suchen. Demgegenüber „... ist es seine bis heute 'provozierende' These, daß die ... Solidarität arbeitsteilig-komplexer Gesellschaften nicht mehr kultureller Natur ist ..." (Tyrell 1985: 209, Hervorh. weggel.).[7]

Gegenüber allen bis heute verbreiteten „kulturalistischen" Vorstellungen über die Integration moderner Gesellschaften behauptet Durkheim, daß die gesellschaftliche Arbeitsteilung ihre Integration aus sich selbst heraus zu schaffen vermag – und daß dies zwar kein sich zwangsläufig einstellendes, wohl aber das einzig mögliche Integrationsprinzip ist. Konsequenterweise nennt er es die *„organische Solidarität"*. Durkheim stellt sich damit dezidiert in eine prinzipiell optimistische Denktradition, für die „... der Begriff der Arbeitsteilung – der Teilungskomponente in ihm zum Trotz – seit seinen Anfängen bei Adam Smith assoziiert war nicht mit Trennung und Dissoziation, sondern im Gegenteil mit Vorstellungen der Verbindung der Menschen, ja der Stiftung von Sozialität schlechthin." (Tyrell 1985: 189) Alle, die sich mit diesem Konzept Durkheims näher befaßt haben, stimmen allerdings darin überein, daß seine Analyse gerade hier große Unklarheiten aufweist.

Durkheims zentrale Intuition geht dahin, daß dauerhafte Leistungsabhängigkeiten zwischen den spezialisierten Akteuren in

7 Hans Peter Müller und Michael Schmid werfen Durkheim als methodischen Fehler vor, daß er die gesellschaftliche Integration für den einen Gesellschaftstyp kulturell, für den anderen sozialstrukturell ansetzt (vgl. Müller/Schmidt 1988: 512). Genau darin besteht aber in dieser Frage Durkheims entscheidender theoretischer Erkenntnisgewinn.

der modernen Gesellschaft deren Zusammenhalt sichern. Denn wer auf die Leistungen anderer angewiesen ist, muß auch in gewissem Maße an deren Wohlergehen interessiert sein und sich selbst entsprechende Rücksichten auferlegen. In einer solchen nicht altruistischen, sondern durch einen rationalen Egoismus nahegelegten wechselseitigen Rücksichtnahme auf die Interessen der Gegenüber ist das zentrale Integrationsmuster moderner Gesellschaften aufzuspüren.

Dies ist freilich so noch nicht mehr als die aus der liberalen Denktradition stammende Idee einer „antagonistischen Kooperation" (Kliemt 1986). Dem entspricht, daß Durkheim auch diesen Typus der „Solidarität" anhand eines bestimmten Rechtsgebietes vorführt: des Privatrechts, in dem Individuen als einander gleichberechtigte Partner Verträge miteinander abschließen, die beiden Seiten entsprechend deren jeweils andersartiger Interessenlage Nutzen bringen (vgl. Durkheim 1893: 256-286). Einer der wichtigsten Punkte in Durkheims Auseinandersetzung mit Spencer besteht allerdings darin, daß dies allein als Mechanismus gesellschaftlicher Integration nicht ausreicht. Durkheim mißtraut der Integrationskraft von Eigeninteressen:

> Denn wo das Interesse allein regiert, ist jedes Ich, da nichts die einander gegenüberstehenden Egoismen bremst, mit jedem anderen auf dem Kriegsfuß, und kein Waffenstillstand kann diese ewige Feindschaft auf längere Zeit unterbrechen. Das Interesse ist in der Tat das am wenigsten Beständige auf der Welt. Heute nützt es mir, mich mit Ihnen zu verbinden; morgen macht mich derselbe Grund zu Ihrem Feind. Eine derartige Ursache kann damit nur zu vorübergehenden Annäherungen und zu flüchtigen Verbindungen führen.

Angesichts dessen stellt Durkheim die Frage: „Ist das tatsächlich der Charakter der Gesellschaften, deren Einheit aus der Arbeitsteilung resultiert? Wenn dem so wäre, dann könnte man an ihrer Stabilität wirklich zweifeln." (Durkheim 1893: 259/260).

Aufgrund dieser Einschätzung, daß nicht schon bloße Interesseninterdependenzen die „organische Solidarität" hervorbringen können, muß sich Durkheim nach zusätzlich erforderlichen integrationsstiftenden Mechanismen umschauen. Im einzelnen kommt er auf mehrere zu sprechen, die er jedoch hinsichtlich ihres Stellenwerts und ihres Zusammenhangs untereinander alles andere als befriedigend klärt. Damit bleibt die Natur der „organischen Solidarität" insgesamt weitgehend ungeklärt.

Durkheim berücksichtigt zunächst, wie bereits kurz angesprochen, daß auch in hochgradig differenzierten modernen Gesellschaften die „mechanische Solidarität" noch in gewissem Maße fortbesteht. Er sieht lediglich ein „... fortschreitendes Übergewicht der organischen Solidarität ..." (Durkheim 1893: 200), aber keine völlige Substitution des Integrationsprinzips „einfacher" Gesellschaften. Insofern muß die „organische Solidarität" die Last gesellschaftlicher Integration nicht ganz allein bewältigen. Durkheim betont weiterhin entgegen liberalistischen Auffassungen, daß die Rolle des Staates als Garant gesellschaftlicher Ordnung keineswegs abnehme, sondern sogar gewachsen sei (vgl. Durkheim 1893: 276-283). Ohne Thomas Hobbes direkt anzusprechen, dürfte Durkheim wohl in Übereinstimmung mit diesem meinen, daß das staatliche Gewaltmonopol ein unerläßlicher gesellschaftlicher Integrationsmechanismus bleibt. Über den spezialisierten Teilen stehend trägt der Staat durch Zwangsmaßnahmen zur „organischen Solidarität" bei.

Diese beiden Integrationsmechanismen sind der gesellschaftlichen Arbeitsteilung äußerlich. Theoretisch weiterführend sind zwei andere von Durkheim angesprochene Integrationsmechanismen, die in der Arbeitsteilung moderner Gesellschaften selbst angelegt sind, aber eben mehr ausmachen als Interesseninterdependenzen. Diese beiden Mechanismen sind es, die Durkheim vom „moralischen" Charakter der Arbeitsteilung sprechen lassen.

Der eine dieser beiden Mechanismen beruht darauf, daß die gesellschaftliche Arbeitsteilung bei weitem nicht so weit geht, daß jede Person ein Monopolist für eine bestimmte Leistung ist. Vielmehr gibt es stets zahlreiche Träger derselben Rolle, die dann untereinander in dieser Hinsicht ähnlich sind. Damit entspricht jede Gruppe von Trägern derselben Rolle intern der Struktur einer „einfachen" Gesellschaft und kann dementsprechend eine Binnenintegration über „mechanische Solidarität" hervorbringen. Durkheim hat hier insbesondere die Berufsgruppen im Blick, deren verbandsförmige Zusammenschlüsse er vor allem im Vorwort zur zweiten Auflage seiner Untersuchung nachhaltig als Instanzen hervorhebt, die zur gesellschaftlichen Integration beitragen (vgl. Durkheim 1902). Seine Überlegungen über die Rolle der Berufsverbände gehen in eine Richtung, die später in der politischen Soziologie und politikwissenschaftlichen Verbändeforschung eingeschlagen worden ist. Zwischen dem Individuum und dem Staat angesiedelte intermediäre Organisation werden dort als unverzichtbare Integrationsmechanismen hochkomplexer Gesellschaften angesehen. Denn diese Organisationen bündeln auf der einen Seite die Vielfalt individueller Interessen – und diese Bündelung ist immer auch eine gesellschaftliche Integrationsleistung, weil Interessen aufeinander abgestimmt werden. In der anderen Richtung verfügen solche Organisationen über eine Verpflichtungsfähigkeit gegenüber ihren Mitgliedern, was wiederum bedeutet, daß die Vielfalt der Mitgliederinteressen in gewissem Maße gebändigt wird.[8]

Dieser Integrationsmechanismus nutzt also die Tatsache, daß die Rollendifferenzierung immer auch neue, spezifische Ähnlichkeiten der Träger der gleichen Rollen schafft. Damit sind freilich noch nicht die Differenzen zwischen den verschiedenen Rollen überbrückt. In dieser Hinsicht geht Durkheim davon aus, daß dann, wenn zwischen unterschiedlichen Rollen dauerhafte Interaktionen aufgrund wechselseitiger Leistungsabhängigkeiten entstehen, eine eigentümliche Kooperationsmoral aufkommen kann. Deren Entstehung könnte man sich zum einen sozialpsychologisch zu erklären versuchen. Wenn es zutrifft, daß zumindest die Wahrscheinlichkeit wechselseitiger Sympathie mit zunehmender Interaktion steigt, würde die Interesseninterdependenz gleichsam affektiv unterfüttert werden.[9] Eine andere Deutung dessen, was Durkheim als Kooperationsmoral ausmacht, könnte auf längerfristige reflexive Interessen von Akteuren rekurrieren. Durkheim hat zwar recht, wenn er spezifische substantielle Interessen von Akteuren als höchst instabil und damit gerade nicht integrationsfördernd charakterisiert. Er übersieht allerdings, daß die Verfolgung solcher spezifischen Interessen in der Regel unter Beachtung übergeordneter reflexiver Interessen stattfindet (vgl. Schimank 1992a: 261-268). Dazu gehört ein Interesse an basaler sozialer Erwartungssicherheit. Kein Akteur will in eine anomische Orientierungslosigkeit fallen. Ein anderes reflexives Interesse ist das Interesse an der Aufrechterhaltung wechselseitigen Vertrauens. Kein Akteur will ständig befürchten müssen, daß sein Gegenüber ihn hintergeht oder getroffene Vereinbarungen nicht einhält. Schließlich gibt es drittens stets ein reflexives Interesse an Besitzstandswahrung, also daran, die eigene Situation nicht zu verschlechtern.

---

8 Kurt Meier hat Durkheims entsprechende Überlegungen in den Zusammenhang der zeitgenössischen Korporatismustheorien gerückt (vgl. Meier 1987).

9 Diese These legt George Homans' Austauschtheorie sozialen Verhaltens zugrunde (vgl. Homans 1961). Wer häufig – und sei es auch gezwungenermaßen – mit einem anderen zu tun hat, ist eher dazu geneigt, ihn zu mögen, um die Interaktionen als so angenehm wie möglich zu erfahren. Man könnte diesbezüglich von der – möglichen, nicht zwangsläufigen – Geburt der Sympathie aus der Angewiesenheit aufeinander sprechen.

Diese drei reflexiven Interessen lassen es Akteuren oftmals äußerst rational erscheinen, ihre spezifischen substantiellen Interessen zurückzustellen oder doch erheblich zu mäßigen, um ein „geordnetes Zusammenleben" mit den eminenten Vorteilen von Erwartungssicherheit, Vertrauen und Besitzstandswahrung nicht zu gefährden. In vielen sozialen Beziehungen unterschiedlichster Art sorgen diese reflexiven Interessen dafür, daß sich eine, dann auch normativ als Kooperationsmoral sedimentierte, gesellschaftliche Integration einstellt.[10] Da sich alle Akteure insbesondere klarmachen können, daß eigene Verletzungen der Kooperationsmoral von seiten der davon betroffenen Gegenüber oder auch von seiten dies beobachtender anderer, mit denen man zukünftig zu tun haben könnte, durch deren Kooperationsverweigerung geahndet werden würde, kommt diesen reflexiven Interessen eine beträchtliche integrationsstiftende Bedeutung zu.

Durkheim selbst ist also nicht zu einer befriedigenden Klärung der Grundlagen „organischer Solidarität" gelangt. Er hat aber zumindest das Problem durch die Ablehnung einer „kulturalistischen" Antwort entscheidend vorstrukturiert. Daß die Lösung des Integrationsproblems, das das neue gesellschaftliche Differenzierungsprinzip aufwirft, in diesem selbst liegen könnte, war eine wegweisende theoretische Intuition.

Durkheim hat sich schließlich auch mit der Frage beschäftigt, auf welche Ursachen die immer weitergetriebene gesellschaftliche Arbeitsteilung zurückgeht – welche *Triebkräfte* also das für moderne Gesellschaften typische Integrationsproblem überhaupt erst hervorbringen. Durkheims Antwort auf diese Frage identifiziert einen bestimmten sozialen Zwangsmechanismus, der Akteure in die Spezialisierung hineintreibt, so daß sie, ohne dies gezielt anzustreben, die gesellschaftliche Differenzierung vorantreiben.

Noch ohne diesen Mechanismus näher vor Augen zu haben, fällt bereits auf: Durkheim erklärt zunehmende Differenzierung nicht aus gesellschaftlichen Effizienz- und Effektivitätsvorteilen. Eine solche Erklärung wäre funktionalistisch. Eine bestehende Struktur kann aber nicht einfach durch ihre Funktionalität erklärt werden (vgl. Nagel 1956; Hempel 1959). Denn als erst zukünftige

---

10 Genauere Überlegungen machen zwar klar, daß auch das Vorhandensein dieser reflexiven Interessen nicht unter allen Umständen zur Kooperation anhält und so „organische Solidarität" stiftet (vgl. Schmid 1989). Aber sofern man diesen Mechanismus nicht als die einzige Quelle „organischer Solidarität" ansieht, ist das kein Einwand dagegen, daß er nicht selten zu dieser beiträgt.

Wirkung der Struktur kann deren Funktion nicht unmittelbar selbst die – zeitlich stets vorausgehende – Ursache des Entstehens der Struktur sein.

Auf zweierlei Weisen können Funktionen allenfalls mittelbar ursächlich wirken. Erstens könnten Akteure die Funktion als Wirkung der Struktur antizipieren und gutheißen und daher die Struktur gezielt herstellen. Eine solche intentionale Herbeiführung von Arbeitsteilung zur Effizienz- und Effektivitätssteigerung findet zweifellos häufig innerhalb von Organisationen statt. Der Taylorismus beispielsweise zielte genau darauf ab. Voraussetzung dafür ist allerdings, daß es einen Akteur bzw. eine Koalition von Akteuren gibt, die über genügend Macht verfügen, um ihre diesbezügliche Zielsetzung auch durchsetzen zu können. Auf der Gesellschaftsebene ist gerade diese Voraussetzung von „Differenzierungspolitik" wohl nicht sehr oft gegeben.

Zweitens könnte die Funktionalität einer Struktur auch dadurch ein ausschlaggebender Erklärungsfaktor für deren Entstehung sein, daß alle Strukturalternativen demgegenüber weniger funktional sind und daher nicht aufkommen können bzw. schnell wieder ausgemerzt werden. Funktionalität kann insbesondere in Konkurrenzkonstellationen als nicht-intentionaler Faktor der Selektion einer bestimmten Struktur aus einem Pool von Alternativen wirken. Dies ist auf der Gesellschaftsebene durchaus vorstellbar; spätere Theorien gesellschaftlicher Differenzierung legen diese Idee zugrunde. Durkheim allerdings zieht ein solches Argument nicht heran. Das liegt auch daran, daß er die Unterstellung nicht teilt, zunehmende Arbeitsteilung wirke stets effizienz- und effektivitätssteigernd. Hiermit hat Durkheim recht. Die Organisationsforschung thematisiert seit längerem verschiedene Arten von Effizienz- bzw. Effektivitätsverlusten, die teils als unvermeidliche Kosten organisatorischer Differenzierung, teils aber auch als Dysfunktionen zu starker Differenzierung auftreten können (vgl. Schimank 1985: 423). Beispielsweise nimmt der Koordinationsaufwand zu; und dies lohnt sich nicht immer. Solche Sachverhalte ließen sich auch auf der Gesellschaftsebene wiederfinden. Zudem muß man sehen, daß gesellschaftliche Differenzierung oftmals auf ganz andere Beweggründe der involvierten Akteure zurückgeht als auf Effizienz- und Effektivitätserwägungen. Dies wird insbesondere bei der Betrachtung der akteurtheoretischen Analysen gesellschaftlicher Differenzierung im Kapitel 5 noch herausgestellt werden.

Durkheim läßt sich also nicht auf derartige funktionalistische Erklärungen der gesellschaftlichen Arbeitsteilung ein. Für ihn ist diese vielmehr ein unintendierter Aggregationseffekt einer bestimmten Akteurkonstellation (vgl. Durkheim 1893: 314-343). Zunehmende Arbeitsteilung ist letztlich darauf zurückzuführen, daß in einem begrenzten Raum die Bevölkerung und damit die „soziale Dichte“ immer mehr zunimmt – wie es etwa in Europa seit dem Mittelalter der Fall war. Dies führt in vielen Lebensbereichen zu einer Intensivierung von Konkurrenz. Durkheim zieht, um die Folgen dessen zu verdeutlichen, unter Berufung auf Charles Darwin eine biologische Analogie heran:

Darwin hat zurecht bemerkt, daß die Konkurrenz zwischen zwei Organismen um so heftiger ist, je ähnlicher sie einander sind. Da sie die gleichen Bedürfnisse haben und die gleichen Ziele verfolgen, rivalisieren sie überall. ... Ganz anders verhält es sich dagegen, wenn die zusammenlebenden Individuen verschiedenen Gattungen oder Arten angehören. Da sie sich nicht auf dieselbe Weise ernähren und nicht dasselbe Leben führen, belästigen sie sich gegenseitig nicht; was dem einen zugutekommt, ist für die anderen wertlos. (Durkheim 1893: 325)

Arbeitsteilige Differenzierung vermindert also den Konkurrenzdruck, der aus zunehmender „sozialer Dichte“ erwächst. Diese Überlegung überträgt Durkheim auf Gesellschaften und gelangt so zu dem Schluß, daß die eine arbeitsteilige Differenzierung herbeiführende Spezialisierung von Akteuren eine Strategie der Suche nach ökologischen Nischen im Konkurrenzkampf sein kann. Gesellschaftliche Differenzierung ist dann das Resultat von *Konkurrenzvermeidung*: „Die Arbeitsteilung ist also ein Ergebnis des Lebenskampfes, aber in einer gemilderteren Form. Dank der Arbeitsteilung brauchen sich die Rivalen nicht gegenseitig zu beseitigen, sie können im Gegenteil nebeneinander existieren.“ (Durkheim 1893: 330)

Dietrich Rüschemeyer kritisiert hieran, Durkheim übersehe, „... daß es sich bei beruflicher Spezialisierung nicht um eine Spezialisierung von Ansprüchen auf eine gegebene Ressourcenumwelt handelt, sondern um eine Differenzierung der Produktion.“ (Rüschemeyer 1985: 174) Aber auch Anbieter von Leistungen – beispielsweise Berufsrollen – befinden sich natürlich in einer Konkurrenz um die knappe Nachfrage bzw. die knappen Ressourcen der Nachfrager. So gesehen ließe sich Durkheims Überlegung beispielsweise – geht man auf die Ebene korporativer Akteure – auf die Diversifikationsbestrebungen von Unternehmen beziehen, die ihren Konkurrenten durch das Angebot neuartiger Produkte aus dem Weg zu gehen versuchen, anstatt sich in einer Preis- oder

Qualitätskonkurrenz zu zerreiben. Ähnliches spielte bei der Differenzierung der staatlich finanzierten außeruniversitären Forschung in Deutschland nach dem Zweiten Weltkrieg mit (vgl. Hohn/Schimank 1990). Die etablierten Forschungseinrichtungen wie z.B. die Max-Planck-Gesellschaft waren bestrebt, ihre Domänen hinsichtlich bestimmter Typen von Forschung zu wahren. Newcomer wie die Fraunhofer-Gesellschaft mußten daher in einem längeren Suchprozeß eine Nische für sich auftun. So ergab sich in gewissem Maße eine „friedliche Koexistenz" von Forschungseinrichtungen, die auf jeweils andere Forschungstypen spezialisiert sind: die Max-Planck-Gesellschaft etwa auf anwendungsferne Grundlagenforschung, die Fraunhofer-Gesellschaft hingegen auf anwendernahe Auftragsforschung. Als nach der deutschen Vereinigung die ostdeutsche Akademie der Wissenschaften schließlich aufgelöst wurde, lag das in erheblichem Maße daran, daß sie für sich im nunmehr gesamtdeutschen Forschungssystem keine Nische zu finden vermochte und keine der etablierten Einrichtungen die Akademie in ihrer eigenen Domäne dulden wollte (vgl. Mayntz 1994).

Wenn Durkheim allerdings die zunehmende Arbeitsteilung auf ein Bevölkerungswachstum zurückführt, behält Rüschemeyer schließlich doch recht. Denn dann ist nicht plausibel, wieso überhaupt eine Konkurrenzzunahme unter Leistungsanbietern stattfinden sollte, weil schließlich auch „ein Ansteigen der Nachfrage" (Rüschemeyer 1985: 174) vorliegt. Nur wenn die durch das Bevölkerungswachstum ausgelöste Nachfragesteigerung geringer ist als die Angebotssteigerung von seiten der betreffenden Berufsrollen, ist Durkheims Argumentation schlüssig. Das kann unter bestimmten Umständen so sein, aber ganz offensichtlich nicht als allgemeine Erklärung zunehmender gesellschaftlicher Arbeitsteilung gelten. Ein aktuelles Beispiel, auf das Durkheims Erklärung zutrifft, findet sich im Rechtssystem. Dort spezialisieren sich Rechtsanwälte, um Klienten anzuziehen, immer stärker auf bestimmte Rechtsgebiete. Hintergrund dessen ist die Tatsache, daß seit den siebziger Jahren immer mehr Juristen ausgebildet worden sind und die Rechtsfälle zwar ebenfalls, aber nicht so stark zugenommen haben. Die Folge: „Der Feld-Wald-und-Wiesen-Advokat stirbt in den großen Städten allmählich aus. Eine Chance hat nur, wer eine Nische findet oder in die neuen Bundesländer geht." (DIE ZEIT 22/1995: 6) Letzteres deutet auf einen weiteren Faktor in Durkheims Erklärungsmodell hin: Nur bei fehlenden Exit-Optionen drängt der Konkurrenzdruck die Akteure in die Spezialisierung und erzeugt so arbeitsteilige Differenzierung.

Hinter der Suche nach ökologischen Nischen durch entsprechende Spezialisierung kann auch ein ganz anderes Interesse der jeweiligen Akteure stehen. Spezialisierung läuft immer auch auf eine bestimmte Art von sozialer Schließung der betreffenden Rolle hinaus. Je spezialisierter die Rollentätigkeit ist, desto größer sind oft die Zugangsbarrieren, weil das Erlernen der durch Spezialisierung perfektionierten Tätigkeit entsprechend aufwendig geworden ist. Soziale Schließung ist ein Mechanismus der Konkurrenzausschaltung. Selbst wenn es keine formellen Zugangsregelungen gibt, die festlegen, daß nur diejenigen, die die betreffende Rolle ausüben, darüber entscheiden dürfen, wer in ihren Kreis aufgenommen wird, und so die Anzahl der Rollenträger regulieren können, wirkt allein schon der erforderliche Lernaufwand zugangshemmend. Es kann sich eben nicht jeder von einem Tag auf den anderen dazu entschließen, eine hochgradig spezialisierte Rolle zu übernehmen. Wichtiger ist jedoch, daß eine solche soziale Schließung den Rollenträgern auch Autonomie gegenüber Einwirkungen anderer verschafft. Über das, was die Spezialisten zu tun und zu lassen haben, können legitimerweise in hohem Maße nur noch sie selbst aufgrund ihres Sonderwissens entscheiden. Die Kehrseite dessen ist eine „Enteignung" der Nachfrager der von dieser spezialisierten Rolle erbrachten Leistungen. Nachfrager werden zu mehr oder weniger inkompetenten Laien degradiert. All das läßt sich sehr gut an der Ausdifferenzierung der Professionen – prototypisch: Ärzte und Rechtsanwälte – nachvollziehen (vgl. Freidson 1982).

Spezialisierung kann also eine sehr wirkungsvolle Strategie sein, mittels derer Akteure ihr reflexives Interesse an *Autonomiesteigerung* befriedigen können; und als Aggregationseffekt dieses Spezialisierungsstrebens ergibt sich dann eine zunehmende Rollendifferenzierung. Dieses Erklärungsmodell führt, wie Durkheims, arbeitsteilige Differenzierung nicht auf ein darauf gerichtetes Streben der betreffenden gesellschaftlichen Akteure zurück. Differenzierung wird vielmehr als unbeabsichtigtes Nebenprodukt des Zusammenwirkens eines andersartig motivierten Handelns Vieler gesehen. Anders als bei Durkheim wird hier allerdings nicht ein auf den Akteuren lastender Druck ausgemacht, der sie zur Spezialisierung treibt. Sondern eine zunehmende Bevölkerung bietet lediglich die Gelegenheit dazu, die Rollenspezialisierung voranzutreiben und dadurch das Interesse an Autonomie zu befriedigen. Diese beiden Typen von Erklärungen gesellschaftlicher Differenzierung – aus strukturellem *Druck* oder aus strukturell gebotenen *Gelegenheiten* – werden auch in den weiter zu schildernden Theorien gesellschaftlicher Differenzierung immer wieder vorkommen, wobei manche Theorien eher Druck, andere Gelegenheiten akzentuieren.

Resümiert man Durkheims differenzierungstheoretische Bemühungen, muß man vor allem hervorheben, daß er drei Leitfragen, die eine differenzierungstheoretische Betrachtung der modernen Gesellschaft behandeln muß, aufgeworfen hat. Er hat sich erstens der Frage zugewandt, wie das Differenzierungsprinzip der modernen im Unterschied zu vormodernen Gesellschaften beschaffen ist. Zweitens hat sich Durkheim damit beschäftigt, wie diese Form der Differenzierung entstanden ist. Dies ist die genetische Frage, bei der die gesellschaftliche Differenzierung die abhängige Variable bildet. Drittens schließlich hat sich Durkheim darum bemüht, zu klären, welche Art von gesellschaftlicher Integration zu diesem Differenzierungsprinzip paßt. Bei dieser Frage ist die gesellschaftliche Differenzierung die unabhängige Variable. Durkheims Antworten auf alle drei Fragen lassen mehr oder weniger zu wünschen übrig. Zwar finden sich wichtige begriffliche Unterscheidungen und für Erklärungen nützliche Ideen. Doch die angesprochenen begrifflichen Unschärfen und Erklärungslücken sind zu gravierend, um von einer überzeugenden Theorie gesellschaftlicher Differenzierung sprechen zu können.[11] Mit seinen Fragen hat Durkheim allerdings die Agenda der weiteren Ausarbeitung der differenzierungstheoretischen Perspektive entscheidend vorgeprägt.

2.2 Georg Simmel: Die Entstehung des modernen Individuums[12]

Die Mitglieder moderner Gesellschaften sind gewohnt, sich als Individuen zu begreifen. Diese Gewohnheit ist uns so in Fleisch und Blut übergegangen, daß wir oftmals völlig unterschiedslos von „Person" und „Individuum" sprechen. Aber die Personen wa-

---

11 In Jonathan Turners abstrakter Rekonstruktion von Durkheims Differenzierungstheorie stellt sich das auf den ersten Blick anders dar (vgl. Turner 1990). Turner geht elegant über alle Schwächen Durkheims hinweg, die aber dann bei genauerem Hinsehen auch in Turners formaler Modellierung hervortreten.

12 Allgemein zu Simmel siehe Bevers (1985), Ebers (1995: 47-153).

ren nicht immer Individuen. Einem mittelalterlichen Menschen wäre das damit heute von uns gemeinte Selbstverständnis ganz fremd gewesen. Das Neue des modernen Individualismus der Person war verständlicherweise gerade denjenigen Menschen noch sehr bewußt, die eben erst dabei waren, sich vom überkommenen Selbstverständnis des mittelalterlichen Menschen zu lösen. Jacob Burckhardt zeichnete in seinen Studien zur Renaissance nach, wie zu jener Zeit eine historische Semantik entstand, die die Personen des Mittelalters als unentwickelte Menschen, erst „halbwach“ unter einem Schleier, „... gewoben aus Glauben, Kindesbefangenheit und Wahn...“, träumend, bedauerte und demgegenüber das neue Individuum der Renaissance als zum wahren Menschsein erhobenes deutete (vgl. Burckhardt 1860 – Zitate: 123). Und die Renaissance war erst der Anfang auf dem Weg zum heutigen Kult des Individuums.

Auch Emile Durkheim sah – worauf ich hier nicht näher eingehen kann – in seinen differenzierungstheoretischen Überlegungen sehr genau, daß mit dem Voranschreiten der gesellschaftlichen Arbeitsteilung die Individualität der einzelnen Gesellschaftsmitglieder immer mehr zunimmt. Er stufte dies als einen positiven Sachverhalt ein. Dabei dachte er nicht so sehr daran, daß mit Individualität ein Zugewinn an Lebenschancen für den einzelnen verbunden sein könnte. Mit Bezug auf die gesellschaftliche Integration erschien ihm wichtiger, daß Individualität die „organische Solidarität“ stärke: „Die Moral arbeitsteiliger Gesellschaften entwikkelt sich ... in dem Maß, in dem sich die individuelle Persönlichkeit verstärkt“. (Durkheim 1893: 286) Damit ist Durkheim nahe daran, Individualität der Person als ein funktionales Erfordernis der Integration moderner Gesellschaften zu behaupten. Diese bei ihm weitgehend postulativ gebliebene Aussage wird später – siehe Kapitel 3.3 und 4.5 – von Parsons und Luhmann aufgegriffen und ausgearbeitet werden.

Gleichzeitig mit Durkheim betrachtete Georg Simmel im Rahmen seiner differenzierungstheoretischen Überlegungen die Individualisierung von Personen näher. Simmel sieht wie Durkheim, daß der moderne Individualismus ein Resultat gesellschaftlicher Differenzierung ist. Doch Simmel stellt den grundlegenden Mechanismus, durch den Individualität aus der Differenzierungsform moderner Gesellschaften hervorgeht, als *„Kreuzung sozialer Kreise“* viel deutlicher heraus als Durkheim (vgl. Simmel 1908: 305-344).

Um diese Überlegung Simmels zu verstehen, muß man sich zunächst vergegenwärtigen, was eigentlich gemeint ist, wenn man von der Individualität einer Person spricht. Genauer besehen geht es dabei vor allem um zwei Sachverhalte.[13] Bereits im Sprachgebrauch des Alltags sprechen wir von Individualität zum einen im Hinblick darauf, daß eine Person in ihrem Auftreten unverwechselbar und dadurch einzigartig auf uns wirkt. Zum anderen zeigt sich uns die Individualität einer Person darin, daß diese uns in ihrem Handeln trotz aller sozialen Einflüsse selbstbestimmt erscheint. Dieses Zusprechen von *Einzigartigkeit* und *Selbstbestimmtheit* geschieht je nach Person und Situation in unterschiedlichem Maße. Wir bescheinigen verschiedenen Personen in beiden Hinsichten unterschiedliche Grade von Individualität. Manche Personen sind unverwechselbarer und selbstbestimmter als andere. Zugleich berücksichtigen wir, daß die Individualität auch situativ mehr oder weniger stark zur Geltung kommen kann. In manchen Situationen können Personen ihrer Einzigartigkeit und Selbstbestimmtheit mehr Ausdruck verleihen als in anderen. Trotz dieser Abstufung von Individualität beharren wir jedoch stillschweigend – und in bestimmten Fällen auch explizit – darauf, daß jeder Mensch in der modernen Gesellschaft prinzipiell jederzeit sowohl Individuum zu sein hat als auch einen Anspruch darauf genießt, als solches behandelt zu werden.

Das Ausleben ebenso wie die Gewährung von Einzigartigkeit und Selbstbestimmung sind in der modernen Gesellschaft zu universellen Wollens- und Sollensprinzipien geworden. Diese Regel wird gerade an den Ausnahmen deutlich: etwa an Mönchen, die sich freiwillig entindividualisieren, oder an Soldaten, die unfreiwillig entindividualisiert werden; oder an solchen Verwaltungsbeamten, die die Trennung zwischen Person und dienstlicher Rolle soweit treiben, daß sie nur noch als bürokratische Roboter erscheinen; oder wenn wir als Patienten in ein Krankenhaus eingewiesen werden und dann am eigenen Leibe verspüren, wie unsere Individualitätsansprüche durch die vereinheitlichenden und einengenden Regeln und Prozeduren dieser Organisation systematisch mißachtet werden.[14] Derartige gar nicht so seltene Verletzungen von Individualität darf man gerade nicht so deuten, daß der moderne Individualismus eben nur ein Privileg bestimmter gesellschaftlicher Gruppen und ansonsten eine ideologische Verbrä-

---

13 Siehe zum Folgenden auch die äußerst hilfreiche Darstellung der historischen Semantik von „Individualismus" bei Stephen Lukes (1973).

14 Besonders anschaulich, weil drastisch, ist die Entindividualisierung durch „totale Institutionen" wie psychiatrische Anstalten oder das Militär (vgl. Goffman 1961).

mung der gesellschaftlichen Konformitätszwänge ist, die auf fast allen lasten. Daß solche Abweichungen von Individualitätsansprüchen als Verletzungen derselben irritieren, zeigt vielmehr, wie sehr die Ansprüche auch kontrafaktisch aufrechterhalten werden.

Wie ist nun ein solches, Einzigartigkeit und Selbstbestimmung betonendes Selbst- und Fremdbild der Person durch zunehmende gesellschaftliche Differenzierung entstanden? Hierzu hat Simmel ein überzeugendes Erklärungsmodell vorgelegt. Diese Erklärung nimmt ihren Ausgangspunkt bei folgender Beobachtung:

> Wenn der moderne Mensch zunächst der elterlichen Familie angehört, dann der von ihm selbstgegründeten und damit auch der seiner Frau, dann seinem Berufe, der ihn schon für sich oft in mehrere Interessenkreise eingliedern wird (z.B. in jedem Beruf, der über- und untergeordnete Personen enthält, steht jeder in dem Kreise seines besonderen Geschäfts, Amtes, Bureaus usw., der jedesmal Hohe und Niedere zusammenschließt, und außerdem in dem Kreise, der sich aus den Gleichgestellten in den verschiedenen Geschäften usw. bildet); wenn er sich seines Staatsbürgertums und der Zugehörigkeit zu einem bestimmten sozialen Stande bewußt ist, außerdem Reserveoffizier ist, ein paar Vereinen angehört und einen die verschiedensten Kreise berührenden geselligen Verkehr besitzt: so ist dies schon eine sehr große Mannigfaltigkeit von Gruppen ... (Simmel 1908: 311)

Diese Liste ließe sich natürlich noch fortsetzen, und man kann sich leicht die entsprechenden Rollen für einen zeitgenössischen Menschen vorstellen. Die zunehmende Rollendifferenzierung in der modernen Gesellschaft hat also dazu geführt, daß sowohl die Anzahl als auch die Verschiedenartigkeit unterschiedlicher Rollen immer größer geworden ist. Während in vormodernen Gesellschaften eher diffuse, kaum getrennte Gemengelagen unterschiedlichster Betätigungen in wenigen Rollen konzentriert waren, tendieren moderne Gesellschaften zu immer spezialisierteren Rollen. Jede dieser Rollen gehört zu einer bestimmten sozialen Gruppe bzw. einem sozialen „Kreis" – die Rolle des Vaters beispielsweise zur Familie und die Rolle des Amateurfotografen zum Kreis derer, die demselben Hobby frönen.

Betrachtet man die einzelne Person, läßt sich feststellen:

> Die Gruppen, zu denen der Einzelne gehört, bilden gleichsam ein Koordinatensystem, derart, daß jede neu hinzukommende ihn genauer und unzweideutiger bestimmt. ... je mehr es werden, desto unwahrscheinlicher ist es, daß noch andere Personen die gleiche Gruppenkombination aufweisen werden, daß diese vielen Kreise sich noch einmal in *einem* Punkte schneiden. (Simmel 1908: 312)

Genau daraus ergibt sich die Einzigartigkeit der Person. Denn „das Spezifische der Individualität" wird durch nichts anderes als „...

durch die *Kombination* der Kreise gewahrt ..." (Simmel 1908: 325). Dabei ist zu bedenken, daß mit zunehmender Anzahl von in der Gesellschaft vorhandenen Rollen die Anzahl möglicher Rollenkombinationen exponential steigt. Gesellschaftliche Differenzierung sorgt aber durch Rollenspezialisierung für eine starke Zunahme unterschiedlicher Rollen. Entsprechend sinkt die Wahrscheinlichkeit einer auch nur annähernd gleichen Rollenkombination zweier Menschen gegen Null.

Wichtig dabei ist, daß es auch immer weniger soziale Vorgaben für bestimmte Rollenkombinationen gibt. Tendenziell läuft das darauf hinaus, daß jede Rolle mit beinahe jeder anderen kombiniert sein kann – was weder ausschließt, daß es häufigere und seltenere Kombinationen gibt, noch, daß auch weiterhin manche Kombinationen ausnahmsweise ausgeschlossen bleiben, ein katholischer Priester beispielsweise kein Ehemann und Familienvater werden kann. Doch die Beweislast ist immer mehr umgekehrt worden. Lange Zeit mußte begründet werden, daß eine bestimmte Rollenkombination *nicht* illegitim und wider die Natur sei. Bekanntlich gab es z.B. zähe Debatten über die politischen Beteiligungsrechte Besitzloser. Heutzutage ist hingegen zunächst einmal alles zugelassen, es sei denn, man begründete, *daß* es illegitim sei. Aber „... je weniger das Teilhaben an dem einen Kreise von selbst Anweisung gibt auf das Teilhaben an einem anderen ..." (Simmel 1908: 318), desto stärker kann sich nicht bloß die Einzigartigkeit, sondern auch die Selbstbestimmung der Person entfalten.

Selbstbestimmung äußert sich zum einen in der Wahlfreiheit, die die Person in bezug auf immer mehr Rollen erhält. Das gilt für die Berufswahl ebenso wie für die Wahl des Familienstandes, der politischen oder religiösen Zugehörigkeiten und der Freizeitaktivitäten. Zum anderen verfügt die Person aber gerade durch die mannigfaltige „Kreuzung sozialer Kreise" zusätzlich auch über eine operative Selbstbestimmung im Vollzug vieler ihrer Rollen. In jeder einzelnen Rolle ist die Person ja mehr oder weniger strikten Rollenerwartungen ausgesetzt, die als sozialer Konformitätsdruck auf ihr lasten und zunächst einmal Selbstbestimmung beschneiden. Dieser Konformitätsdruck wird jedoch erstens entscheidend dadurch gemildert, daß die Person bei vielen ihrer Rollen über eine Exit-Option verfügt, die Rolle also aufgeben kann, wenn sie sich nicht länger den an diese adressierten Erwartungen beugen will. Wer etwa mit der Rolle des Ehemanns nicht zurechtkommt, kann sich heute scheiden lassen und fortan ledig bleiben. Das trägt möglicherweise dazu bei, daß die relevanten Bezugsgruppen in ihren Erwartungen rücksichtsvoller werden, weil sich sonst im Extremfall bald niemand mehr finden würde, der bereit ist, die entsprechenden Rollen einzunehmen. Zweitens können Personen auch immer wieder auftretende Interferenzen zwischen verschiedenen Rollen dazu benutzen, die Anforderungen der einen Rolle gegen die der anderen auszuspielen, und sich so Freiräume schaffen. So kann jemand beispielsweise in seinen Rollen als Vater und Ehemann von seiner Frau bezüglich seiner ehelichen Pflichten Rücksichtnahme darauf erwarten, daß er in seiner Berufsrolle den Erwartungen seiner Vorgesetzten gerecht werden muß. Da seine Frau diese Erwartungen nicht im einzelnen kennt, kann er sie ihr gegenüber auch übertrieben darstellen, um sich noch weniger um Haushalt, Kinder und Gattin kümmern zu müssen. Wären wirtschaftliche Produktion und Familienleben hingegen, wie in vormodernen Gesellschaften, in ein und derselben sozialen Einheit vereinigt, fielen solche Strategien der Selbstbestimmung nicht so leicht. In diesem Sinne kann man in der modernen Gesellschaft „... the complexity of roles as a seedbed of individual autonomy..." ansehen (vgl. Coser 1975).

Simmel läßt nicht unerwähnt, daß „... durch die Mehrheit der sozialen Zugehörigkeiten Konflikte äußerer und innerer Art entstehen, die das Individuum mit seelischem Dualismus, ja Zerreißung bedrohen ..." (Simmel 1908: 313). Im günstigsten Fall laufen solche Inter-Rollenkonflikte für die Person darauf hinaus, daß sie einen erheblichen psychischen Aufwand und entsprechende psychische Belastungen auf sich nehmen muß, um aus den sie hin- und herreißenden sozialen Einflüssen eine klare Linie des eigenen Handelns zu finden. Sofern derartiger Rollenstreß in vielen Handlungszusammenhängen, in denen die Person steht, auftritt, kann sie gravierende psychische und psychosomatische Leiden davontragen. Der Rollenstreß kann aber sogar noch zwei extremere Formen annehmen. Wenn es der Person auf keine Weise gelingt, die Widersprüche zwischen den unterschiedlichen Rollenerwartungen zumindest situativ aufzulösen, wird sie entweder völlig hilflos zwischen ihnen zerrieben; oder dieses unauflösbare Gegeneinander führt zu einer totalen wechselseitigen Entkräftung der Rollenerwartungen, wodurch die Person in eine Sinnleere verfällt, die daher rührt, daß das Handeln der Person durch keinerlei von ihr als gültig erfahrene soziale Orientierungen strukturiert wird.

Wie auch Durkheim erkennt Simmel also klar die tiefgreifende Ambivalenz der durch zunehmende Rollendifferenzierung hervorgebrachten Individualität der Person: „Der moralischen Persönlichkeit erwachsen ganz neue Bestimmtheiten, aber auch ganz neue Aufgaben, wenn sie aus dem festen Eingewachsensein in *einen* Kreis in den Schnittpunkt vieler Kreise tritt. Die frühere Unzweideutigkeit und Sicherheit weicht zunächst einer Schwankung der Lebenstendenzen ...“ – aber „... je mannigfaltigere Gruppeninteressen sich in uns treffen und zum Ausdruck kommen wollen, um so entschiedener wird das Ich sich seiner Einheit bewußt.“ (Simmel 1908: 313) Auf der einen Seite sind Einzigartigkeit und Selbstbestimmung hochgradig positiv besetzte Leitorientierungen moderner Lebensführung. Ein völlig austauschbares und total außengesteuertes winziges Rädchen im gesellschaftlichen Getriebe zu sein: Das ist zweifellos eine Schreckensvorstellung für jeden modernen Menschen. Andererseits gibt es aber auch das Schreckbild völliger Orientierungslosigkeit und Sinnleere des Lebens. Durkheims Typ des anomischen Selbstmordes, der aus dem Fehlen sinnstiftender Bindungen resultiert, ist die extremste Äußerung dieser Kehrseite moderner Individualität (vgl. Durkheim 1897: 241-276).

Neben dieser von Simmel und vielen anderen – man denke auch noch an Karl Marx' Konzept der „Entfremdung“ (vgl. Marx 1844: 149-164) – gesehenen Kehrseite moderner Individualität für die Person selbst könnte man weiterhin auch zunächst annehmen, daß ein derartiges Selbstverständnis der Gesellschaftsmitglieder erhebliche desintegrative Folgen für die Gesellschaft hat. Das Ausleben von Individualität wird ja im Alltagsdenken nicht selten als Gefährdung sozialer Ordnung begriffen. Der „Individualist“ ordnet sich nicht ein, will für sich eine „Extrawurst“ gebraten bekommen oder weicht vielleicht sogar zwanghaft von den Normen ab, um immer wieder sein Anderssein zu demonstrieren. Dies ist allerdings, wie man bereits von Durkheim und Simmel lernen kann, eine Sichtweise, die differenzierungstheoretisch unreflektiert ist. Beide Klassiker weisen nämlich darauf hin, daß die Individualität der Person geradezu zum unersetzbaren gesellschaftlichen *Integrationsmechanismus* wird, wenn die Rollendifferenzierung immer weiter voranschreitet. Ohne das gesellschaftliche Desintegrationspotential von Individualität zu leugnen, macht die differenzierungstheoretische Perspektive damit auf den viel wichtigeren Sachverhalt aufmerksam, daß die Individualität der Person ein funktionales Erfordernis fortschreitender gesellschaftlicher Differenzierung ist. Pointiert formuliert: Daß jeder von uns sich selbst als einzigartig und selbstbestimmt begreift und dementsprechend handelt, ist weniger ein Gefährdungspotential als vielmehr ein unerläßlicher Garant der Ordnung moderner Gesellschaften.

Von dieser bei Durkheim und auch bei Simmel nur an einigen Stellen angedeuteten Feststellung führt ein gerader Weg zu bestimmten Einsichten, die sowohl in der strukturfunktionalistischen Rollentheorie als auch in deren Kritik durch verschiedene interaktionistische Perspektiven gefunden worden sind.[15] Rollenhandeln ist immer wieder situativen Akkordierungsproblemen ausgesetzt. Ganz abgesehen davon, daß die Rollenerwartungen längst nicht immer hinreichend klar sind, muß jemand sowohl mit den konfligierenden Erwartungen verschiedener Bezugsgruppen an sein Rollenhandeln als auch mit den unter Umständen in sich widersprüchlichen Erwartungen ein und derselben Bezugsgruppe zurechtkommen. Zudem kann es Komplementaritätsprobleme des aufeinander bezogenen Rollenhandelns verschiedener Akteure geben. Schließlich sind auch bereits angesprochene Inter-Rollenkonflikte zwischen den verschiedenen Rollen einer Person möglich. Derartige Probleme der situationsgerechten Umsetzung der Rollenerwartungen können zum einen durch sozial normierte Standardlösungen bewältigt werden. Dies ist jedoch nur so lange möglich, wie die Mehrzahl der Akkordierungsprobleme sich auf relativ wenige, typische Konstellationen verteilt, was wiederum eine wenig differenzierte gesellschaftliche Rollenstruktur voraussetzt. Die hochgradige Rollendifferenzierung moderner Gesellschaften schafft hingegen eine unbestimmbare Vielfalt möglicher Problemkonstellationen, die häufig sehr ausgefeilte, einzelfallspezifische Lösungen verlangen. Damit lassen sich nicht länger für jede spezifische Problemstellung soziale Regelungen normieren. Dann bleibt als einzige Möglichkeit der Problemlösung übrig, sich für diese vielfach erforderlichen und äußerst vielfältigen Feinregulierungsleistungen auf die Person selbst zu verlassen. Die Person, vordem bloß ein gelegentlicher Störfaktor der sozialen Ordnung, avanciert zu deren umsichtigen Hüter und Reparateur.

Es sind also die beteiligten Personen als Individuen und nicht als bloße Rollenhandelnde, die unter kritischen Umständen soziale Ordnung aufrechterhalten. Diesbezüglich bildet sich etwa die Fähigkeit zur Empathie, also zum verständigen Beobachten des anderen und Sich-hineinversetzen in dessen Lage, heraus. Die soziale Umsicht, der Überblick über lange und verzweigte soziale Interdependenzketten, wächst. Auch Fähigkeiten wie Takt entwickeln sich. Soziale Kompetenzen dieser Art sind es, die die Person

---

15 Als theoretische und empirische Überblicke hierzu siehe Krappmann (1969), Goffman (1971: 282-388), Stokes/Hewitt (1976), Zurcher (1983), Schimank (1983: 94-101).

in die Lage versetzen, soziale Ordnung nicht länger bloß als gleichsam mechanische Anwendung fertiger Regeln zu exekutieren, sondern situativ intersubjektiv herzustellen. Was das konkret bedeutet, kann man sich gerade an Benimmbüchern, die ja oft als schematische Regelkataloge für den sozialen Umgang fehlgedeutet werden, vergegenwärtigen. „Kein vollständiges System, aber Bruchstücke ...", keine Rezepte, sondern „... Stoff zum weiteren Nachdenken ..." versprach bezeichnenderweise schon 1788 der Freiherr von Knigge in der Einleitung seines damals erstmalig erschienenen Werkes „Über den Umgang mit Menschen". Knigge kam in der Begründung dieser Selbstbeschränkung gegenüber früheren Behandlungen des Themas auf die gerade im damaligen zersplitterten Deutschland so überaus große Mannigfaltigkeit und Unterschiedlichkeit der Erziehungsarten, Religionen, politischen Gruppen, ständischen und landsmannschaftlichen Besonderheiten zu sprechen, ahnte also durchaus den zugrundeliegenden Zusammenhang zunehmender gesellschaftlicher Differenzierung (vgl. Knigge 1788: 25-28). Statt eines „Systems" wollte Knigge eine Kunstlehre des zwischenmenschlichen Umgangs anbieten. Er wollte also keine schematisch zu vollziehendenen Regeln ohne persönlichen Dispositionsspielraum lehren, sondern ganz im Gegenteil für zweierlei sensibel machen: erstens dafür, daß soziale Situationen entsprechend den unterschiedlichen Positionen und Persönlichkeiten der Beteiligten und Dritter unter ganz verschiedenen Gesichtspunkte betrachtet werden können; und als Konsequenz daraus zweitens dafür, daß ein Gelingen wechselseitig abgestimmten Handelns von jedem einzelnen Handelnden erfordert, sich in die Perspektiven der anderen hineinzuversetzen. Auch wenn Knigge in der Durchführung seines Vorhabens nicht immer dieser Absicht treu blieb, weisen doch die Ermessensspielräume seiner Regeln sowie die zahlreichen Ausnahmen, die er benennt, auf seine grundsätzliche Einsicht in die neue Problemlage hin.

Die Person muß also in der modernen Gesellschaft, soll sie die bei zunehmender Rollendifferenzierung erforderlichen sozialen Kompetenzen ausbilden, zum einen die Einzigartigkeit der eigenen Kombination von Rollen im Vergleich zu allen anderen Personen in Rechnung stellen. Zum anderen muß die Person daraus die Konsequenz ziehen, ihr Rollenhandeln nicht rigide an äußeren Kriterien und Modellen zu orientieren, sondern es situativ flexibel selbst zu gestalten und zu verantworten, was voraussetzt, daß sie sich als selbstbestimmt begreift. Damit wird klar, daß Individualität und Rollendifferenzierung in der modernen Gesellschaft in doppelter Hinsicht untrennbar miteinander zusammenhängen. Die Individualität der Person ist zugleich zwangsläufiges Resultat zunehmender Rollendifferenzierung und funktionales Erfordernis zur Bewältigung der aus dieser hervorgehenden gesellschaftlichen Integrationsprobleme. Simmel hat ersteres mit seinem Modell der „Kreuzung sozialer Kreise" klar herausgearbeitet. Letzteres läßt sich, wie angedeutet, aus der Fortführung von Simmels Überlegungen durch die moderne soziologische Rollentheorie entnehmen. Damit wird zugleich eine weitere Teilantwort auf die Frage gegeben, die Durkheim aufgeworfen hatte, ohne sie befriedigend beantworten zu können: Wie ist „organische Solidarität" möglich?

Was ich bisher anhand der differenzierungstheoretischen Überlegungen Durkheims und Simmels entwickelt habe, ist analytisch auf die Ebene der Rollendifferenzierung bezogen. Ganz andere Phänomene kommen in den Blick, wenn man sich nun anhand von Weber und Marx der Ausdifferenzierung gesellschaftlicher Teilsysteme zuwendet. Sowohl die Auswirkungen dessen auf die Individuen als auch die Problematik gesellschaftlicher Integration stellen sich bei einem solchen analytischen Fokus ganz anders dar. Es wäre freilich unangebracht, eine dieser beiden Betrachtungsebenen gegen die andere auszuspielen. Auf jeder der beiden Ebenen sind wichtige Einsichten zu gewinnen.

2.3 Max Weber: Die Differenzierung gesellschaftlicher „Wertsphären"[16]

Im soziologischen Vokabular von Emile Durkheim, Georg Simmel oder auch Herbert Spencer ist Differenzierung ein zentrales Konzept. Max Weber hingegen benutzte diesen Begriff nur beiläufig. Daraus darf aber nicht geschlossen werden, daß ihn gesellschaftliche Differenzierungsvorgänge wenig interessierten. Er beschäftigte sich allerdings nicht mit der zunehmenden Spezialisierung von Rollen in allen gesellschaftlichen Lebensbereichen. Einer solchen Betrachtungsweise gerät, wie bei Durkheim deutlich wird, die Vielfalt von Mikro-Differenzierungen zwischen den verschiedenen Rollen in den Blick. Webers Aufmerksamkeit galt

16 Allgemein zu Weber siehe Bendix (1960), Bader et al. (1976), Schluchter (1988a; 1988b).

demgegenüber den sich parallel dazu in der modernen Gesellschaft herausbildenden Makro-Differenzierungen zwischen verschiedenen gesellschaftlichen Teilbereichen. Diese Makro-Differenzierungen begriff Weber als Folge des „okzidentalen Rationalismus“. Damit rückte er, wiederum anders als Durkheim, kulturelle Leitideen ins Zentrum der Analyse.

Die unterschiedlichen Herangehensweisen Durkheims und Webers werden bereits daran deutlich, wie sie die moderne Gesellschaft charakterisieren. Beide tun dies mit Hilfe von Vergleichen. Dabei bedient sich Durkheim eines historisch äußerst vage gehaltenen Vergleichs zwischen „einfachen“ und „höheren“ Gesellschaften. Auf konkrete Vorgänge in bestimmten Ländern geht er allenfalls illustrativ ein. Entsprechend will er auch keine konkreten gesellschaftlichen Entwicklungen beschreiben und erklären. Durkheim interessiert sich vielmehr für die abstrakte Logik von Differenzierung und Integration moderner Gesellschaften; und er arbeitet diese Logik dadurch heraus, daß er ihr eine ebenso abstrakte andere Logik vormoderner Gesellschaften gegenüberstellt. Weber hingegen beschäftigt sich mit einem konkreten historischen Vorgang: Was hat den „spezifisch gearteten ‚Rationalismus‘ der okzidentalen Kultur“ (Weber 1920: 20) hervorgebracht? Er will also wissen, warum nur im Westen, also in Europa und später in Nordamerika, jene Art von Gesellschaft entstanden ist, die wir aufgrund noch näher zu bestimmender Merkmale als modern bezeichnen. Zum Vergleich zieht Weber dabei solche Gesellschaften heran, die bis zu einer bestimmten historischen Entwicklungsphase gewissermaßen mit der Entwicklung des Westens Schritt gehalten hatten, ihm teilweise sogar in manchen Hinsichten voraus waren, dann aber zurückgeblieben sind – und zwar so sehr, daß sie spätestens durch den Imperialismus des 19. Jahrhunderts vom Westen überrollt wurden. Insbesondere China und Indien hat Weber immer wieder vergleichend herangezogen.

Im Unterschied zu einem gerade zu seiner Zeit noch völlig ungebrochenen westlichen Selbstbewußtsein, demzufolge die Heraufkunft und Weltherrschaft der westlichen Moderne ein sich zwangsläufig einstellender weltgeschichtlicher Fortschritt sei, betonte Weber die Unwahrscheinlichkeit des „okzidentalen Rationalismus“. Anders als ein Evolutionismus unterstellt, dem Spencer, Durkheim und auch Marx jeder auf seine Weise anhängen, stößt Weber darauf, daß die westliche Moderne das koinzidentielle Resultat eines durchaus nicht zwangsläufigen Zusammentreffens einer Mehrzahl von Wirkfaktoren ist.

Webers Erkenntnisinteresse war also, zieht man die in Kapitel 1 entwickelte Unterscheidung von Abstraktionsebenen soziologischer Gesellschaftsforschung heran, auf der zweiten, Durkheims hingegen auf der dritten Ebene angesiedelt. Entsprechend vielschichtiger fällt Webers Charakterisierung der grundlegenden Merkmale moderner Gesellschaften aus. Während Durkheim in dieser Hinsicht alles auf die arbeitsteilige Differenzierung und die mit ihr einhergehende „organische Solidarität" reduziert, bemüht sich Weber zunächst einmal darum, gleichsam phänomenologisch zu katalogisieren, in welchen Hinsichten sich eigentlich die westliche Moderne von anderen Hochkulturen, etwa der indischen oder chinesischen Gesellschaft, unterscheidet.

Ausgangspunkt war dabei die Frage nach der Eigenart und Entstehung der modernen kapitalistischen Wirtschaft. Gegenüber einer rein „materialistischen" Betrachtung wie der Marx'schen, die die Entwicklung der „Produktivkräfte" zur letztlich entscheidenden Triebkraft gesellschaftlicher Entwicklung erklärt, wollte Weber auf die Bedeutung bestimmter kultureller Faktoren hinweisen. Daraus entstanden seine eingehenden Studien über den „Geist des Kapitalismus", der maßgeblich durch die „protestantische Ethik" geprägt sei, also durch die in bestimmten protestantischen Sekten aufgrund der von ihnen verfochtenen religiösen Überzeugungen anzutreffenden Lebensführung (vgl. Weber 1905). Im Zuge seiner Auseinandersetzung mit dieser Frage erkannte Weber zunehmend, daß die kapitalistische Wirtschaft nur einen – zweifellos zentralen – Aspekt dessen darstellt, was er als den die westliche Moderne charakterisierenden „Rationalismus der Weltbeherrschung" identifizierte.[17]

Als Momente dieses nirgendwo sonst auf der Welt entstandenen „Rationalismus" führt Weber u.a. an:

> Nur im Okzident gibt es „Wissenschaft" in dem Entwicklungsstadium, welches wir heute als „gültig" anerkennen. Empirische Kenntnisse, Nachdenken über Welt- und Lebensprobleme, philosophische und auch ... theologische Lebensweisheiten tiefster Art, Wissen und Beobachtung außerordentlicher Sublimierung hat es auch anderwärts ... gegeben. Aber: der babylonischen und jeder anderen Astronomie fehlte die mathematische Fundierung, die erst die Hellenen ihr gaben. Der indischen Geometrie fehlte der rationale „Beweis": wiederum ein Produkt hellenischen Geistes, der auch Mechanik und Physik zuerst geschaffen hat. Den nach der Seite der Beobachtung überaus entwickelten indischen Naturwissenschaften fehlte das rationale Experiment: nach antiken Ansätzen wesentlich ein Produkt der Renaissance, und das moderne Laboratorium, daher der namentlich in Indien

17 Siehe dazu ausführlich Schluchter (1988b).

empirisch-technisch hochentwickelten Medizin, die biologische und insbesondere biomechanische Grundlage. ... für eine rationale Rechtslehre fehlen anderwärts trotz aller Ansätze in Indien ..., trotz umfassender Kodifikationen besonders in Vorderasien und trotz aller indischen und sonstigen Rechtsbücher, die streng juristischen Schemata und Denkformen des römischen und des daran geschulten okzidentalen Rechtes. ...

Ähnlich in der Kunst. Das musikalische Gehör war bei anderen Völkern anscheinend eher feiner entwickelt als heute bei uns ... Polyphonie verschiedener Art war weithin über die Erde verbreitet, Zusammenwirken einer Mehrheit von Instrumenten und auch das Diskantieren findet sich anderwärts. Alle unsere rationalen Tonintervalle waren auch anderwärts berechnet und bekannt. Aber rationale harmonische Musik: – sowohl Kontrapunktik wie Akkordharmonik –, Bildung des Tonmaterials auf der Basis der Dreiklänge mit der harmonischen Terz, unsere nicht distanzmäßig, sondern in rationaler Form seit der Renaissance harmonisch gedeutete Chromatik und Inharmonik, unser Orchester mit seinem Streichquartett als Kern und der Organisation des Ensembles der Bläser, der Generalbaß, unsere Notenschrift (die erst das Komponieren und Üben moderner Tonwerke, also ihre ganze Dauerexistenz überhaupt, ermöglicht) ... dies alles gab es nur im Okzident. ...

Ebenso ... fehlt, obwohl die technischen Grundlagen dem Orient entnommen waren, ... jene Art von „klassischer" Rationalisierung der gesamten Kunst – in der Malerei durch rationale Verwendung der Linear- und Luftperspektive –, welche die Renaissance bei uns schuf. Produkte der Druckerkunst gab es in China. Aber eine gedruckte: eine nur für den Druck berechnete, nur durch ihn lebensmögliche Literatur: „Presse" und „Zeitschriften" vor allem, sind nur im Okzident entstanden. Hochschulen aller möglichen Art ... gab es auch anderwärts ... Aber rationalen und systematischen Fachbetrieb der Wissenschaft: das eingeschulte Fachmenschentum, gab es in irgendeinem an seine heutige kulturbeherrschende Bedeutung heranreichenden Sinn nur im Okzident, vor allem: den Fachbeamten, den Eckpfeiler des modernen Staats und der modernen Wirtschaft des Okzidents. ... den „Staat" überhaupt im Sinne einer politischen Anstalt, rational gesetzter „Verfassung", rational gesatztem Recht und einer an rationalen, gesatzten Regeln: „Gesetzen", orientierten Verwaltung durch Fachbeamte, kennt, in dieser für ihn wesentlichen Kombination der entscheidenden Merkmale, ungeachtet aller anderweitigen Ansätze dazu, nur der Okzident. ...

Und so steht es nun auch mit der schicksalvollsten Macht unseres modernen Lebens: dem Kapitalismus. ... „Erwerbstrieb", „Streben nach Gewinn", nach Geldgewinn, nach möglichst hohem Geldgewinn hat an sich mit Kapitalismus gar nichts zu schaffen. ... in diesem Sinne ... hat es „Kapitalismus" und „kapitalistische" Unternehmungen, auch mit leidlicher Rationalisierung der Kapitalrechnung in allen Kulturländern der Erde gegeben... Aber der Okzident kennt in der Neuzeit daneben eine ganz andere und nirgends sonst auf der Erde entwickelte Art des Kapitalismus: die rational-kapitalistische (betriebliche) Organisation von (formell) freier Arbeit. (Weber 1920: 1-7, Hervorheb. weggel.)

Diese hier nur unvollständig wiedergegebene stichwortartige Auflistung läßt, ohne daß man sich im einzelnen mit jedem der angesprochenen Punkte beschäftigen müßte, zweierlei unzweideutig erkennen. Zum einen sieht Weber offensichtlich hinter der erscheinungsförmigen Vielfalt der angesprochenen Sachverhalte eine grundlegende Gemeinsamkeit, die er nicht müde wird zu betonen: eben den sich in ihnen allen ausdrückenden „Rationalismus" der westlichen Moderne. Insofern führt Weber letztlich, wie auch Durkheim, die moderne Gesellschaft auf ein einziges Prinzip zurück: bei Durkheim die arbeitsteilige Differenzierung der Rollenstrukturen, bei Weber der eigentümliche „Rationalismus" des Handelns. Zum anderen sieht man aber auch schon, daß Weber diesen „Rationalismus" bereichsspezifisch faßt. Es gibt für ihn den „Rationalismus" des Rechts neben dem der Wissenschaft, der Wirtschaft, der Politik, der Kunst sowie weiterer gesellschaftlicher Lebensbereiche. All diese „Rationalismen" haben zwar etwas Gemeinsames, das ich im Weiteren noch näher bestimmen muß. Neben der in dieser Gemeinsamkeit gegründeten Identität des „okzidentalen Rationalismus" verzeichnet Weber aber als ebenso wichtig die unaufhebbaren Differenzen zwischen den genannten „Rationalismen". Aus diesen auf der Ebene kultureller Ideen angesiedelten Differenzen erwächst für Weber die Differenzierung der modernen Gesellschaft in gegeneinander relativ autonome und immer wieder miteinander in Widerstreit geratende „*Wertsphären*".

Will man zunächst verstehen, worin Weber die Gemeinsamkeit all der bereichsspezifischen „Rationalismen" sieht, ist es sinnvoll, sich vier von ihm selbst unterschiedene Dimensionen von Rationalität bzw. „Rationalisierung" – also dem Vorgang der Rationalitätssteigerung – vor Augen zu führen:[18]

– Handeln kann erstens rational im Sinne einer *zweckrationalen* Abwägung der gewählten Mittel sein. Wer zweckrational handelt, überlegt sich, mit welchen Mitteln er sein gegebenes Ziel unter den situativen Umständen am besten erreichen kann. Solchem zweckrationalen Handeln stehen vor allem emotionales, traditionales und routineförmiges Handeln gegenüber. Wer sich von momentanen Gefühlen und Stimmungen treiben läßt, den eingelebten Sitten und Gebräuchen oder zwar ursprünglich zweckrational ausgewählten, dann aber nicht mehr länger im Hinblick auf weitere Adäquanz oder Optimierung

---

18 Das folgende rekurriert vor allem auf die ausführlichen Darlegungen von Kalberg (1981).

reflektierten „standard operating procedures" (Nelson/Winter 1982) folgt, handelt im Sinne dieser Rationalitätsdimension nicht rational.

- Rationalität des Handelns kann zweitens in dessen *theoretischer Rationalität* begründet sein. Hierbei geht es darum, daß man im Hinblick auf die Handlungswirkungen nach möglichst verallgemeinerbaren Kausalzusammenhängen sucht. Dies geschieht über eine entsprechend abstrahierende, nach logischen Prinzipien vorgehende Reflexion der Handlungszusammenhänge, die nicht unter dem Druck unmittelbarer Handlungsnotwendigkeiten stattfindet, sondern im Vorfeld. Theoretische Rationalität des Handelns setzt sich zum einen von einem dumpfen Registrieren der Handlungswirkungen ab, das allenfalls zu mehr oder weniger genauen, gleichsam alltagsstatistischen Korrelationsschlüssen gelangt. Zum anderen überwindet theoretische Rationalität aber auch magische Erklärungen, die überweltliche Mächte für die Handlungswirkungen kausal verantwortlich machen.
- Handlungsrationalität kann drittens als *formale Rationalität* im Sinne einer Bezugnahme auf universal angewandte Regeln vorliegen. Solche Regeln können zum einen Rezepte, beispielsweise die Methoden mathematischer Kalkulation, zum anderen Vorschriften, zum Beispiel Gesetze, sein. Beide Arten von Regeln begrenzen in dem Maße, wie sie handlungswirksam werden, das Belieben und die Willkür des Handelnden, reinigen dessen Handeln also von persönlichen Idiosynkrasien und situativer Erratik.
- Die Rationalität des Handelns kann sich schließlich viertens auf dessen *Wertrationalität* beziehen. Wertrational ist ein Handeln in dem Maße, in dem es sich rigoros an einem bestimmten Maßstab des Wollens ausrichtet. Wenn ein Handelnder beispielsweise im Bereich der Politik die Erhaltung und Vermehrung der eigenen Macht als letztentscheidende Wertorientierung seines Handelns zugrundelegt, handelt er in dem Maße wertrational, wie er diesem Machtstreben möglicherweise entgegenstehende religiöse, moralische, wirtschaftliche oder erotische Beweggründe außer Acht läßt. Wertrationalität steht also gegen ein Handeln, das sich von einer diffusen Gemengelage von Wertgesichtspunkten bestimmen läßt und dadurch einen unentschiedenen, vieles zugleich und dadurch nichts konsequent anstrebenden Charakter erhält.

Der „okzidentale Rationalismus" zeichnet sich dadurch aus, daß das gesellschaftliche Handeln eine *parallele Rationalisierung* in allen vier genannten Dimensionen erfahren hat. Im Mittelpunkt stand dabei die Herauslösung der Zweckrationalität des Handelns aus traditionalen, aber auch emotionalen Einbindungen. Diese Herauslösung vollzog sich darüber, daß die anderen drei Rationalitätsdimensionen entfaltet wurden. Die theoretische Rationalität gewann mit dem Siegeszug der neuzeitlichen Wissenschaft und der dadurch geprägten Denkhaltung, die auch in anderen Lebensbereichen eingezogen ist, an Boden. Die formale Rationalität wurde vor allem durch die noch näher anzusprechende „bürokratische Herrschaft", die insbesondere in der Staatsverwaltung und den Wirtschaftsunternehmen Einzug hielt, verwirklicht. Diese beiden Dimensionen gesellschaftlicher Rationalisierung trugen entscheidend dazu bei, daß die Mittelkomponente des zweckrationalen Handelns rationalisiert werden konnte.

Der für die Differenzierung der modernen Gesellschaften entscheidende Vorgang war allerdings eine eigentümliche Kultivierung der Wertrationalität. Die Zielkomponenten zweckrationalen Handelns schälten sich immer eindeutiger heraus, was eine unabdingbare Voraussetzung für die Rationalisierung der Mittelwahl darstellt. Denn man kann unter seinen Handlungsalternativen zur Verwirklichung eines angestrebten Ziels nur in dem Maße eine rationale Abwägung treffen, wie das Ziel präzisiert ist. Die gesellschaftliche Rationalisierung der Wertdimension richtete sich einerseits dagegen, daß alle gesellschaftlichen Zwecksetzungen wie im Mittelalter auf letztlich einen einzigen Endzweck, das religiös bestimmte Seelenheil, vereinheitlicht wurden. Wertrationalität bedeutet in diesem Sinne als Säkularisierung die Freisetzung der Wollensdimension gesellschaftlichen Handelns aus der religiös bestimmten Eindimensionalität. Dies lief jedoch andererseits für Weber nicht auf eine vom Utilitarismus und Liberalismus konstatierte und propagierte totale Willkürlichkeit individuellen Wollens in der modernen Gesellschaft hinaus. Weber behauptete vielmehr, daß sich die Vielfalt dessen, was die Gesellschaftsmitglieder jeweils in bestimmten Situationen erreichen wollen, an einer *begrenzten Pluralität* von Wertmaßstäben ausrichtet, die alle eine je besondere „Eigengesetzlichkeit" besitzen. So differenziert sich die Politik für das Streben nach Macht, die Wirtschaft für das Streben nach Gewinn, die Wissenschaft für das Streben nach Wahrheit, die Jurisprudenz für das Streben nach Recht, die Kunst für das Streben nach Schönheit und die Erotik für das Streben nach Lusterfüllung aus. Mindestens diese verschiedenen „Wertsphären" führt Weber immer wieder an.

Die Identität des „okzidentalen Rationalismus" gegenüber vormodernen Gesellschaften besteht also darin, daß eine Freisetzung zweckrationalen Handelns stattfand, die hinsichtlich der Mittelwahl durch die Entfaltung theoretischer und formaler Rationalität sowie hinsichtlich der Zwecksetzungen durch die Entfaltung von Wertrationalität vorangetrieben worden ist. Letzteres schafft die Differenzierung der modernen Gesellschaft in eine Mehrzahl von „Wertsphären". Die Ausdifferenzierung der verschiedenen gesellschaftlichen Teilsysteme – um gleich die heutige Terminologie für das von Weber als „Wertsphäre" Umschriebene zu benutzen – ist dabei letztlich das Resultat eines Zu-Ende-denkens der Wertorientierungen. Friedrich Tenbruck interpretiert Webers Bemerkung über die Ideen als „Weichensteller" der Geschichte so: „Gewisse Ideen entwickeln sich unter dem Zwang einer Eigenlogik zu ihren rationalen Konsequenzen fort und bewirken dadurch universalgeschichtliche Abläufe..." (Tenbruck 1975: 685).

Hier unterscheiden sich Webers differenzierungstheoretische Überlegungen in zwei Hinsichten ganz deutlich von Durkheims. Für letzteren liegt die entscheidende Triebkraft gesellschaftlicher Differenzierungsvorgänge, wie dargestellt, in sozialstrukturellen Konkurrenzzwängen, die aus einer zunehmenden „sozialen Dichte" resultieren. Weber hingegen verortet diese Triebkraft erstens auf der kulturellen Ebene, wenngleich er stets berücksichtigt, daß sozialstrukturelle Konstellationen beschleunigende oder verlangsamende Wirkungen auf die kulturell vorangetriebenen Differenzierungsvorgänge haben können. Zweitens changiert das Zu-Endedenken der verschiedenen Wertorientierungen zwischen Gelegenheit und Zwang. Als semantisches Konstrukt bietet ein Wert – beispielsweise die Idee des Schönen – zunächst einmal nur die Gelegenheit, entsprechend seiner „Eigengesetzlichkeit" immer eindeutiger und ausschließlicher fixiert zu werden. Diese Spezifikationsmöglichkeit wohnt jedem derartigen Sinngehalt inne. Weber meint aber mehr als das. Für ihn ist die Tendenz vom Diffusen zum Spezifischen offensichtlich ein letztlich anthropologisch begründeter Druck.[19] Die Menschen können es einfach nicht lassen, bestimmte Werte immer mehr zu vereinseitigen und letztlich in ihnen vorbehaltenen Handlungssphären zu verabsolutieren. Diese Rationalisierung der Werte ist für Weber eine wesentliche Aus-

19 Siehe dazu vor allem Tenbruck (1975).

drucksform des menschlichen Bestrebens, sinnhafte Ordnung in die Welt zu bringen. Dieses Bestreben wird immer wieder durch Mißerfolge eines „urwüchsig pragmatischen diesseitigen Handelns“ (Tenbruck 1975: 686) genährt, die als Fehlschläge, Unfälle oder unerwünschte Nebeneffekte im Kleinen wie im Großen das Schreckbild einer nicht rational zu ordnenden, sinnlosen Welt heraufbeschwören. Solche Schrecknisse zurückzudrängen ist der anthropologische Hauptantrieb des weltgeschichtlichen Rationalisierungsprozesses, der in Europa und Nordamerika schließlich in den „okzidentalen Rationalismus“ mündet.

Diese Triebkraft setzt sich freilich nicht unter allen Umständen bis zu diesem Ende durch; sonst wäre ja der „okzidentale Rationalismus“ ein zwangsläufiges Ergebnis der Entwicklung aller menschlichen Gesellschaften. Hier spielen wieder sozialstrukturelle sowie kulturelle Zwänge und Gelegenheiten hinein, die gleichsam den national und historisch variierenden Entfaltungsraum des universell wirksamen anthropologischen Antriebs bestimmen. Webers vergleichende Betrachtungen derjenigen Gesellschaften, in denen sich die großen Weltreligionen des Buddhismus, des Hinduismus, des Judentums, des Christentums und des Islams ausbildeten, arbeiten genau solche sozialstrukturellen und kulturellen Faktoren heraus (vgl. Weber 1920; Schluchter 1988b). Deren Zusammenwirken führte dazu, daß allein das christlich geprägte Europa, und auch erst mit dem Protestantismus, dem anthropologisch gespeisten Rationalisierungsdrang so viel Raum geboten hat, daß daraus eine völlig neuartige gesellschaftliche Differenzierungsform entstand.

Auf Webers vielschichtige Erklärung der Genese des „okzidentalen Rationalismus“ kann ich hier nicht näher eingehen. Ich wende mich vielmehr nun seiner Sicht des Integrationsproblems moderner Gesellschaften zu. Die moderne Gesellschaft besteht für Weber aus einem Nebeneinander von „Wertsphären“ ohne ein alle überwölbendes sinnhaftes Dach. Denn die Religion, die dieses Dach lange Zeit bereitgestellt hatte, ist durch die Rationalisierung der verschiedenen Wertorientierungen selbst nur noch eine „Wertsphäre“ neben anderen geworden. Diese mit allen vormodernen Gesellschaftsformen unvergleichbare Beschaffenheit der modernen Gesellschaft erzeugt ein ebenso eigentümliches dramatisches gesellschaftliches Integrationsproblem. Die „Wertsphären“ können nämlich nicht in „friedlicher Koexistenz“ zueinanderstehen:[20]

---

20 Zum folgenden siehe ausführlich Brubaker (1984: 69-90).

Denn die Rationalisierung und bewußte Sublimierung der Beziehungen des Menschen zu den verschiedenen Sphären äußeren und inneren, religiösen und weltlichen, Güterbesitzes drängte dann dazu: innere Eigengesetzlichkeiten der einzelnen Sphären in ihren Konsequenzen bewußt werden und dadurch in jene Spannungen zueinander geraten zu lassen, welche der urwüchsigen Unbefangenheit der Beziehung zur Außenwelt verborgen bleiben. (Weber 1920: 541/542)

Je mehr beispielsweise wirtschaftliches Gewinnstreben in seiner Logik zu Ende gedacht wird und eine entsprechende Institutionalisierung wirtschaftlichen Handelns stattfindet, desto mehr tritt die Spannung zwischen dieser „Wertsphäre" und allen anderen zutage.

Weber arbeitet derartige Spannungen vor allem an Konflikten zwischen der „religiösen Brüderschaftsethik" auf der einen Seite und familialer Sippensolidarität, kapitalistischer Marktkonkurrenz, bürokratischer Regelbefolgung, politischer Staatsräson, ästhetischer Formschöpfung, erotischem Rausch und wissenschaftlichem Erkennen auf der anderen Seite heraus (vgl Weber 1920: 536-573). Diese Konflikte beherrschten die erste Phase der Ausdifferenzierung gesellschaftlicher „Wertsphären". Als diese sich von der religiösen Sphäre gelöst hatten, setzten in der nächsten Phase die Konflikte zwischen all diesen „Wertsphären" ein, die die moderne Gesellschaft beherrschen. Für Weber stehen demzufolge „... die verschiedenen Wertordnungen der Welt in unlöslichem Kampf ..." untereinander. Er verdeutlicht den Charakter dieser „Kämpfe" mit einem zunächst gewagt erscheinenden, aber dann umso nachdrücklicheren Bild:

Der alte Mill ... sagt einmal: wenn man von der reinen Erfahrung ausgehe, komme man zum Polytheismus. Das ist flach formuliert und klingt paradox, und doch steckt Wahrheit darin. Wenn irgendetwas, so wissen wir es heute wieder: daß etwas heilig sein kann nicht nur: obwohl es nicht schön ist, sondern weil und insofern es nicht schön ist; ... und daß etwas schön sein kann nicht nur: obwohl, sondern: in dem, worin es nicht gut ist ... – und eine Alltagsweisheit ist es, daß etwas wahr sein kann, obwohl und indem es nicht schön und nicht heilig und nicht gut ist. Aber das sind nur die elementarsten Fälle dieses Kampfes der Götter der einzelnen Ordnungen und Werte. (Weber 1919: 27/28)

Differenzierung bringt also in der modernen Gesellschaft „Wertsphären" hervor, die einander durch die Verabsolutierung unvereinbarer Handlungsorientierungen immer wieder und zunehmend ins Gehege kommen. Weil beispielsweise wirtschaftliches Gewinnstreben dazu tendiert, keinerlei Rücksicht mehr auf andere

Wertorientierungen zu nehmen, schafft es gesellschaftsweite negative Externalitäten wie z.B. Wirtschaftskrisen, die die Wahlchancen politischer Amtsinhaber beeinträchtigen, oder äußert sich in Investitionsstrategien, die bestimmte Regionen verarmen lassen. Alle „Wertsphären" zusammengenommen läuft so etwas dann darauf hinaus, daß die multiplen Spannungen das gesellschaftliche Ganze gleichsam zentrifugalen Kräften aussetzen, die sich in wechselseitigen negativen Externalitäten manifestieren. Was hält eine solche Gesellschaft dann überhaupt noch zusammen?

Auf diese Frage findet Weber eine Antwort, die in die differenzierungstheoretische Perspektive ein weiteres konstitutives Merkmal moderner Gesellschaften einbringt: die Tendenz zur Organisationsgesellschaft. Weber arbeitet als *„bürokratische Herrschaft"* die gesellschaftlich integrativen Wirkungen einer immer flächendeckenderen Ausbreitung formaler Organisationen in beinahe allen Gesellschaftsbereichen heraus (vgl. Weber 1922: 125-130, 551-579).

Die „bürokratische Herrschaft" entfaltet ihre integrativen Wirkungen in drei von Weber nicht säuberlich voneinander getrennten Dimensionen. Die erste Dimension ist die *intraorganisatorische.*[21] Eine formale Organisation diszipliniert das Handeln ihrer Mitglieder, indem sie es gesetzten Regeln unterwirft, deren Einhaltung überwacht und deren Nichteinhaltung negativ sanktioniert wird.[22] Regelsetzung ebenso wie Durchsetzung von Regelkonformität erfolgt dabei in einer hierarchisch gestuften Beziehungsstruktur. Weber hat dies insbesondere an Verwaltungsbehörden verdeutlicht, an denen er die fest umschriebenen Kompetenzen jedes einzelnen Amtsinhabers, die Regelgebundenheit der Amtsführung, die Schriftlichkeit, also Nachvollziehbarkeit der Vorgänge sowie die Rangordnung der Ämter hervorhebt. Die Berufsförmigkeit des Amtes, also die Tätigkeit als Dauerbeschäftigung, die eine für eine standesgemäße Lebensführung ausreichende Entlohnung abwirft, sichert die Unabhängigkeit der Amtsführung; und die Fachschulung der Amtsinhaber ermöglicht ihnen eine sachlich angemessene Bearbeitung der Vorgänge. Insgesamt nähern sich so beschaffene formale Organisationen dem an, was man ansonsten oftmals von Maschinen erwartet. Maschinen sind hochgradig effiziente und effektive technische Mechanismen, die

21 Fast ausschließlich in dieser Dimension sind Webers Analysen von der herkömmlichen Organisationssoziologie rezipiert worden.

22 Siehe dazu auch das Konzept der „Mitgliedsrolle" bei Luhmann (1964: 29-53).

zur Erledigung eines weiten Spektrums von Aufgaben jeweils spezifisch konstruiert werden können. In genau diesem Sinne hebt Weber die unübertroffene Rationalität formalen Organisationen hervor:

> Die rein bürokratische ... Verwaltung ist nach allen Erfahrungen die an Präzision, Stetigkeit, Disziplin, Straffheit und Verlässlichkeit, also: Berechenbarkeit für den Herrn wie für die Interessenten, Intensität und Extensität der Leistung, formal universeller Anwendbarkeit auf alle Aufgaben, rein technisch zum Höchstmaß der Leistung vervollkommenbare, in all diesen Bedeutungen: formal rationalste Form der Herrschaftsausübung. (Weber 1922: 123, Hervorheb. weggel.)

In dem Maße also, in dem die Gesellschaftsmitglieder als Mitglieder formaler Organisationen handeln, werden sie durch deren bürokratische Ordnung im Zaum gehalten. Das sorgt zumindest dafür, daß die Innenwelten formaler Organisationen gleichsam pazifizierte Räume sind, in denen dann auch die Konflikte zwischen den verschiedenen gesellschaftlichen „Wertsphären" nicht mehr ungehemmt zum Tragen kommen. Eine so entstehende Vielzahl jeweils lokaler Integrationen gesellschaftlicher Handlungszusammenhänge ist freilich allenfalls ein Schritt auf dem Weg zur Integration des gesellschaftlichen Ganzen.[23]

Weber sieht jedoch in einer zweiten Dimension, daß eine Art von formalen Organisationen, nämlich staatliche Verwaltungen, in Kombination mit einem bestimmten Typ von Recht gesellschaftsweite integrative Funktionen erfüllt. Die „legale Herrschaft mit bürokratischem Verwaltungsstab" (Weber 1922: 124) beruht auf einer Positivierung des Rechts. Der Gesetzgeber – in Demokratien also das Parlament – ist befugt, nahezu beliebige Rechtsinhalte durch Setzung mit gesellschaftsweiter Geltung zu versehen. Die staatliche Verwaltung führt als im eben beschriebenen Sinne bürokratische Organisation diese Gesetze aus. Sie richtet sich also zum einen selbst nach ihnen und achtet zum anderen darauf, daß die Gesellschaftsmitglieder die Gesetze beachten. Eine von staatlichen Weisungen unabhängige Jurisprudenz schließlich ist für die

23 Im übrigen ist es ja durchaus so, daß diese lokalen Integrationen teilweise gesellschaftliche Konflikte erst richtig entfachen und damit desintegrativ wirken. Das ist immer dann der Fall, wenn das Gegeneinander von „Wertsphären" durch formale Organisation auf allen Seiten sowohl den Rigorismus der Handlungsorientierungen zuspitzt als auch die kollektive Handlungsfähigkeit steigert. Siehe dazu auch die in Kapitel 5.4 behandelten neueren deutschen akteurtheoretischen Analysen gesellschaftlicher Differenzierung.

Ahndung von Gesetzesbrüchen durch die Gesellschaftsmitglieder oder auch durch staatliche Instanzen zuständig.

Diese *rechtsstaatliche* Struktur moderner Gesellschaften schafft zum einen, wie Weber immer wieder betont (vgl. Weber 1922: 562-565), Erwartungssicherheit für alle Beteiligten. Anstelle subjektiver Willkür und situativer Aushandlungen herrscht formale Rationalität. Jeder weiß, was in bestimmten Handlungszusammenhängen ihm und den anderen Beteiligten ver- oder geboten ist; er weiß ferner, daß auch die anderen über dieses Wissen verfügen; und alle sind sich im klaren darüber, daß Verstöße gegen die gesetzten rechtlichen Normen empfindliche negative Sanktionen nach sich ziehen. Die Positivierung des Rechts ermöglicht dabei, daß beliebige Ausprägungen der verschiedenen gesellschaftlichen Wertorientierungen normative Verbindlichkeit erlangen können. Es gibt kein überwölbendes Naturrecht mehr, das der Rationalisierung der verschiedenen „Wertsphären“ Schranken setzen würde. Das scheint auf den ersten Blick darauf hinauszulaufen, daß die zentrifugalen Tendenzen der Ausdifferenzierung von „Wertsphären“ nur noch rechtlich forciert werden, die „legale Herrschaft mit bürokratischem Verwaltungsstab“ also gerade die gesellschaftlich desintegrativen Tendenzen des „okzidentalen Rationalismus“ verstärkt. Dieser Sicht ist allerdings die wichtige integrative Wirkung von zwar prinzipiell jederzeit änderbaren, aber eben faktisch beileibe nicht jeden Tag geänderten allgemein verbindlichen Rechtsnormen entgegenzuhalten. Der Rechtsstaat friert gleichsam die Konflikte zwischen „Wertsphären“ zumindest so weit ein, daß die Spannungen nicht hektisch und chaotisch hin und her schwappen, sondern eine beruhigte Dynamik aufweisen, so daß das gesellschaftliche Ganze nicht auseinander gesprengt wird.

Noch in einer dritten, von Weber kaum gesehenen Dimension wirkt die „bürokratische Herrschaft“ gesellschaftlich integrationsfördernd. Diese Dimension wird insbesondere in neueren politikwissenschaftlichen Untersuchungen über *„Policy-Netzwerke“* thematisiert. Solche Netzwerke – Näheres dazu noch in Kapitel 5.4 – bestehen sowohl innerhalb vieler gesellschaftlicher Teilbereiche als auch zwischen ihnen und sorgen insbesondere dafür, daß in komplexen Aushandlungsprozessen allseits tragbare Kompromisse zwischen den Ansprüchen und Erfordernissen verschiedener Wertorientierungen gefunden werden. Ob es nun darum geht, wirtschaftliches Gewinnstreben politisch verläßlich und ökologisch verträglich zu machen, die gesellschaftlichen Risiken wissenschaftlicher Wahrheitssuche zu begrenzen oder die mit der Leistungssteigerung medizinischer Krankenbehandlung einhergehende „Kostenexplosion" zu regulieren: Nur noch Politiknetzwerke, in denen neben staatlichen Instanzen Repräsentanten der jeweils Beteiligten und Betroffenen mitwirken, sind zunehmend in der Lage, zu sowohl sachgerechten als auch Akzeptanz findenden Problemlösungen zu gelangen. Als Mitglieder dieser Netzwerke treten dabei kaum Individuen, sondern fast nur formale Organisationen als korporative Akteure – insbesondere Interessenverbände – auf. Weber hatte zumindest insofern eine Vorahnung vom Aufkommen solcher interorganisatorischer Netzwerke, als er gelegentlich hervorhob, daß beispielsweise staatliche Verwaltungen und große Unternehmen nicht selten geregelte Koordinations- und Kooperationsbeziehungen unterhalten, die durch die gemeinsame formale Rationalität der Bürokratie gefördert werden.

Diese drei Dimensionen „bürokratischer Herrschaft" arbeiten alle auf dieselbe Weise den desintegrativen Tendenzen des „Polytheismus" der „Wertsphären" entgegen. Unlösbare, weil fundamental zugespitzte kulturelle Spannungen werden in zahllosen unverbundenen oder nur locker verknüpften intraorganisatorischen, rechtlichen und interorganisatorischen Arrangements sozialstrukturell kleingearbeitet. Die „bürokratische Herrschaft" ermöglicht insofern, wie in Kapitel 5.4 noch genauer herausgearbeitet werden wird, trotz eines generellen gesellschaftlichen Orientierungsdissenses zwischen den „Wertsphären" spezifische Interessenkonsense, die gesellschaftliche Integration zwar nicht zwangsläufig herstellen, aber doch möglich werden lassen.

Diese Form gesellschaftlicher Integration ist allerdings, worauf Weber eindringlich hinwies, aus der Sicht der einzelnen Gesellschaftsmitglieder äußerst zwiespältig. Auf der einen Seite bewirkt eine solche Kombination von ausdifferenzierten „Wertsphären" und integrativer „bürokratischer Herrschaft" zwar, daß die Kultivierung der verschiedenen Wertorientierungen und die Produktion entsprechender Leistungen – beispielsweise wissenschaftlicher Wahrheiten oder wirtschaftlicher Möglichkeiten der Bedürfnisbefriedigung – sich auf einem historisch unerreichten Niveau bewegt. Davon profitieren die Gesellschaftsmitglieder hinsichtlich ihrer Lebenschancen zweifellos immens. Auf der anderen Seite entsteht dadurch, daß die Gesellschaft immer flächendeckender und tiefgreifender durch formale Organisationen überzogen und von ihnen geprägt wird, eine immer größere Abhängigkeiten des einzelnen von solchen Organisationen. Sie bestimmen sein Handeln sowohl dadurch, daß er Vieles nur noch als Mitglied formaler Organisationen tun kann, als auch dadurch, daß er in ebenso vielen anderen Dingen auf formale Organisationen als Gegenüber trifft. Nicht nur die Berufsausübung, die politische Interessenverfolgung und auch zahlreiche Freizeitaktivitäten finden für die allermeisten Gesellschaftsmitglieder fast nur noch in organisatorischen Mitgliedsrollen statt. Auch als Konsument, als Staatsbürger oder als Rechtssubjekt steht man formalen Organisationen gegenüber, mit denen man sich auseinanderzusetzen hat.

Diese Befürchtungen Webers sind in der deutschen Soziologie und Sozialphilosophie vor allem von der Kritischen Theorie aufgegriffen und noch weiter zugespitzt worden (vgl. Horkheimer 1947: 124-152; Adorno 1953). Die Kritische Theorie diagnostizierte im Anschluß an Weber das „Ende des Individuums" in der „Verwalteten Welt". Theodor W. Adorno konstatiert: „Der Begriff des Individuums, historisch entsprungen, erreicht seine historische Grenze." (Adorno 1953: 450) Zwar ist auch für die Kritische Theorie, ganz wie für Georg Simmel, die Individualität der Person ein Resultat der Differenzierungsform moderner Gesellschaften. Aber die von Simmel außer acht gelassene Bürokratisierung, die mit einer gewissen zeitlichen Verschiebung die gesellschaftliche Differenzierung überformt, sorgt dafür, daß Individualität nur eine Episode der modernen Gesellschaft bleibt: „Einmal stand eine Prämie auf Individualität, heute macht sie sich als Abweichung verdächtig ...", weil die Gesellschaftsmitglieder mittlerweise „... die Anpassung zur Religion erheben." (Adorno 1953: 444) Neuerdings hat James Coleman ohne direkte Anknüpfung an Weber oder die Kritische Theorie zeitgenössische Gesellschaften als „asymmetric societies" etikettiert, in denen immer häufiger Konflikte zwischen einzelnen Personen und Großorganisationen ausbrechen, wobei letztere fast immer obsiegen (vgl. Coleman 1982). Coleman geht so weit, die Konfliktlinie zwischen Personen und Organisationen auf die gleiche Stufe zu stellen wie die Klassenkonflikte des 19. Jahrhunderts.

Doch nicht nur für die individuellen Gesellschaftsmitglieder, sondern auch für die Gesellschaft als ganze kann der Integrationsmodus „bürokratischer Herrschaft" höchst problematisch werden. Insbesondere Michel Crozier hat, Weber weiterdenkend, die Gefahr einer „blockierten Gesellschaft" gesehen (vgl. Crozier 1970). Die flächendeckend ausgebreiteten Interorganisationsnetze könnten, so Croziers Befürchtung, bei starker intraorganisatorischer Bürokratisierung der beteiligten Organisationen so verkrusten, daß früher oder später ein Zustand des „Nichts geht mehr" erreicht wäre. Crozier sieht besonders ausgeprägte derartige Tendenzen in Frankreich, das seit langem durch einen tief in alle gesellschaftlichen Bereiche hineinwirkenden zentralistischen Staatsapparat und einen mit diesem verflochtenen großindustriellen Sektor geprägt ist. Noch weiter in dieser Richtung hatten sich zweifellos die staatssozialistischen europäischen Gesellschaften bewegt, die in der differenzierungstheoretischen Diagnose von Michael Pollack in genau diesem Sinne als Organisationsgesellschaften gekennzeichnet worden sind (vgl. Pollack 1990).

Für Crozier sind derartige gesellschaftliche Verkrustungen nur durch periodische krisenhafte Zuspitzungen der daraus entstehenden Probleme aufbrechbar, weil die Krise einen solchen Leidensdruck schafft, daß davon betroffene gesellschaftliche Gruppen letztlich aus den eingefahrenen Routinen herausspringen und rebellieren werden. Daraus gehen kurze Perioden rapiden gesellschaftlichen Wandels hervor, die sich dann aber bald wieder zu neuen bürokratischen Verkrustungen hin entwickeln. Gesellschaftliche Entwicklung stellt sich so als immer wiederkehrende Abfolge von langen Phasen der Verkrustung und kurzen Zwischenspielen des rapiden Wandels dar.

Weber sah dies ähnlich, betonte jedoch einen anderen Mechanismus, der den Wandel in Gang setzt. Für Weber sind es charismatische Persönlichkeiten, insbesondere politische oder religiöse Führer, deren irrationaler Appell an die Massen die bürokratischen Verkrustungen aufzubrechen vermag (vgl. Schluchter 1988b: 535-554). Luther war für ihn ein Beispiel dafür; auch Hitler hätte er so einordnen müssen. Selbst die verkrustetste „bürokratische Herrschaft" kann in Webers Sicht nicht verhindern, daß irgendwo und irgendwann ein charismatischer Führer auftaucht, der die Massen so in seinen Bann schlägt, daß sie seiner Vision folgend die festgefressenen gesellschaftlichen Strukturen zerschlagen. Freilich ist eine solche Persönlichkeit ein seltenes Ereignis; und noch seltener ist, daß die äußeren Umstände hinreichend günstig sind, damit sie tatsächlich etwas zu bewirken vermag. Eben deshalb sind auch die Umstürze „bürokratischer Herrschaft" selten und vielleicht in Zukunft immer seltener. Unweigerlich findet aber im Erfolgsfalle früher oder später eine „Veralltäglichung des Charismas" statt, wodurch sich eine neue „bürokratische Herrschaft" verfestigt.[24]

24 Siehe hierzu auch das zyklische Modell, das Guy Kirsch (1983) im Anschluß an Weber und Mancur Olsen entwikelt. Auch Jean Paul Sartres (1960b) Vorstellung von Geschichte als verkrusteter „Serialität" mit in-

Resümiert man Webers dargestellte differenzierungstheoretische Überlegungen, erkennt man, daß er sich auf der Ebene der teilsystemischen Ausdifferenzierung ebenso intensiv mit den bei Durkheim aufgedeckten drei Leitfragen beschäftigt hat wie letzterer dies auf der Ebene der Rollendifferenzierung getan hat. Die Eigentümlichkeit der modernen Gesellschaft sah Weber in der spezifischen Rationalisierung des Handelns, die in der Wertdimension eine Ausdifferenzierung gesellschaftlicher „Wertsphären" hervorgebracht hat. Genetisch ist die moderne Gesellschaft also aus kulturell gegebenen Denkmöglichkeiten und -zwängen entstanden. Daß Spannungen zwischen den „Wertsphären" nicht das gesellschaftliche Ganze zerreißen, ist für Weber vor allem in der integrativen Kraft „bürokratischer Herrschaft" begründet, die aber sowohl für die Gesellschaftsmitglieder als auch für die Gesellschaft als ganze höchst prekär ist. Weber sieht damit die Differenzierungsform der modernen Gesellschaft und die Ausbreitung formaler Organisationen im engsten Zusammenhang und macht genau daran die Ambivalenz der Moderne fest.

2.4 Karl Marx und Georg Simmel: Teilsystemische Differenzierung als Verselbständigung am Beispiel der kapitalistischen Ökonomie[25]

An Max Webers differenzierungstheoretischen Überlegungen wird deutlich, daß das spezifische Integrationsproblem moderner Gesellschaften auf der Ebene teilsystemischer Ausdifferenzierung schärfer gefaßt werden kann als auf der Ebene der Rollendifferenzierung. Webers „Polytheismus" der „Wertsphären" ist nicht nur eine genauere, sondern auch eine dramatischere theoretische Fassung des Integrationsproblems als Durkheims diffus bleibende Vorstellungen darüber, wie eine Vervielfachung spezialisierter Rollen die „mechanische Solidarität" zerstört. Weil sich in der modernen Gesellschaft jede der „Wertsphären" verabsolutiert, kommen sie einander immer häufiger und immer stärker in die Quere – so Webers Diagnose. Damit werden gesellschaftliche Integrationsprobleme als Effekte einer zu weitgehenden Ausdifferenzierung, nämlich einer *Verselbständigung* der „Wertsphären"

---

termittierender spontaner „Praxis" der revolutionären Gruppe folgt dieser Logik.

25 Allgemein zu Marx siehe Bader et al. (1975; 1976).

gedeutet. Für die Sphäre wirtschaftlichen Handelns heißt das beispielsweise: Je ausschließlicher dort, in „legitimer Indifferenz" (Tyrell 1978: 183/184) gegenüber allen sonstigen gesellschaftlichen Belangen, das Gewinnstreben zum Zuge kommt, desto desintegrativere gesamtgesellschaftliche Wirkungen gehen davon aus.

Es war in der Tat die kapitalistische Wirtschaft, die bei vielen Zeitgenossen seit Beginn des 19. Jahrhunderts entsprechenden Argwohn geweckt hatte. Damals stand die bald so genannte „soziale Frage" im Vordergrund. Der kapitalistischen Wirtschaft wurde die Entwurzelung und Verarmung breiter Bevölkerungskreise vorgehalten. Nachdem diese Effekte zumindest in den entwickelten westlichen Gesellschaften durch sozialstaatliche Maßnahmen entscheidend gemildert werden konnten, ist mittlerweile zunehmend die „ökologische Frage" in den Vordergrund getreten: also die Gefährung der natürlichen Umwelt durch die kapitalistische Wirtschaft.[26] Unter den soziologischen Klassikern haben sich vor allem Karl Marx sowie Georg Simmel mit solchen Konsequenzen der Ausdifferenzierung wirtschaftlichen Handelns befaßt. Beide gelangen in diesem Punkt, ungeachtet der ansonsten sehr großen Unterschiede zwischen ihren Erkenntnisinteressen und Theorieperspektiven, zu sehr ähnlichen Einsichten.

Marx kontrastiert in seiner Analyse der kapitalistischen Ökonomie zwei radikal unterschiedliche Formen von wirtschaftlichem Handeln.[27] Diese Unterscheidung basiert ihrerseits auf der Unterscheidung von zwei grundlegenden Eigenschaften jeder Ware. Zum einen besitzt eine Ware einen bestimmten „Gebrauchswert". Dieser liegt in ihrer Nützlichkeit für die Befriedigung bestimmter Bedürfnisse. Zum anderen besitzt jede Ware aber auch einen „Tauschwert", der sich in Geldwirtschaften als Preis ausdrückt.[28] Mit Hilfe dieser Unterscheidung läßt sich zunächst die „*einfache Warenzirkulation*" als die eine Form wirtschaftlichen Handelns charakterisieren: „Die unmittelbare Form der Warenzirkulation ist

---

26 Daß die sozialistischen Planwirtschaften mindestens ebenso gravierende Umweltprobleme hervorgebracht haben, steht dabei nicht zur Debatte. Wenn es zutrifft, daß die Umweltprobleme in beiden Arten von Gesellschaften – in kapitalistischen ebenso wie in sozialistischen Gesellschaften – maßgeblich auf wirtschaftliches Handeln zurückgehen, sind eben beide Arten von Wirtschaftssystem, aber aus unterschiedlichen Gründen, bislang nicht hinreichend umweltverträglich.

27 Zum folgenden siehe Marx (1867: 49-170).

28 Dies stellt eine Simplifizierung der Marxschen Darlegungen dar. Seine komplexen und kontrovers gebliebenen werttheoretischen Überlegungen können für meine Zwecke ganz ausgeblendet bleiben.

W-G-W, Verwandlung von Ware in Geld und Rückverwandlung von Geld in Ware, verkaufen, um zu kaufen." (Marx 1867: 162) Hier besitzen zwei Akteure jeweils Waren; und jeder von beiden ist am „Gebrauchswert" seiner eigenen Ware weniger interessiert als an dem der Ware seines Gegenübers. Von daher ist es für beide vorteilhaft, die Waren miteinander zu tauschen. Für die zeitliche und soziale Generalisierung solcher Tauschbeziehungen bietet sich Geld als universelles Tauschmedium an. Geld ermöglicht es, nicht nur momentan sich ergebende bilaterale Tauschgelegenheiten zu nutzen, sondern auch darauf warten zu können, daß sich anderswo als beim Käufer der eigenen Ware und zu einem späteren Zeitpunkt attraktive „Gebrauchswerte" finden. Nichtsdestoweniger bleibt die „einfache Warenzirkulation" Naturaltausch. Es geht allen Beteiligten darum, das je eigene Reservoir an „Gebrauchswerten" zu optimieren. Damit stehen konkrete Bedürfnisse im Zentrum der Aufmerksamkeit wirtschaftlichen Handelns.

Ganz anders stellt sich demgegenüber eine Form wirtschaftlichen Handelns dar, die der Logik „G-W-G" folgt. Bei dieser „Verwandlung von Geld in Ware und Rückverwandlung von Ware in Geld ..." geht es darum, zu „... kaufen, um zu verkaufen." (Marx 1867: 162) Für diese Form des Wirtschaftens gilt: „Das Geld vermittelt nicht mehr den Prozeß. Es schließt ihn selbständig ab, als absolutes Dasein des Tauschwerts oder allgemeine Ware." (Marx 1867: 150) Geld wird zum *„Kapital"* (Marx 1867: 162). Man fragt sich natürlich zunächst, wozu jemand Geld ausgibt, um letztlich wieder Geld zu bekommen. Bei der „einfachen Warenzirkulation" ist klar: Jemand gibt eine Ware her, um eine andere zu erhalten, die für ihn einen höheren „Gebrauchswert" besitzt. Geld hat aber keinerlei „Gebrauchswert". Dementsprechend erscheint „G-W-G" „... auf den ersten Blick inhaltslos...". (Marx 1867: 164) Da das Geld vorher und nachher eben keinerlei qualitativ unterschiedlichen „Gebrauchswert" besitzt, kann der Sinn dieser Art wirtschaftlichen Handelns nur in einem quantitativen Unterschied liegen: darin, daß man beim Verkauf der Ware mehr Geld erhält, als man bei ihrem Kauf ausgegeben hat: „Schließlich wird der Zirkulation mehr entzogen, als anfangs hineingeworfen ward." (Marx 1867: 165) Es geht also bei dieser zweiten Art wirtschaftlichen Handelns um Profit. Nicht mehr eine Optimierung von „Gebrauchswerten" zur Befriedigung eigener Bedürfnisse, sondern eine *Maximierung von Profiten* bestimmt diese Art von wirtschaftlichem Handeln.

Für Marx ist ein wirtschaftliches Handeln der Art „W-G-W" für alle Arten vormoderner Gesellschaften charakteristisch, während in modernen Gesellschaften mit einer kapitalistischen Ökonomie ein wirtschaftliches Handeln der Form „G-W-G" die Vorherrschaft erlangt. Mit diesem Wechsel von der einen zur anderen Wirtschaftsform vollzieht sich die Ausdifferenzierung des Wirtschaftssystems der modernen Gesellschaft. Eine kapitalistische Wirtschaft ist per se ausdifferenziert. Denn wirtschaftliches Handeln ist dann letztlich nicht mehr auf außerwirtschaftliche Ansprüche und Erfordernisse ausgerichtet:

Die einfache Warenzirkulation dient als Mittel für einen außerhalb der Zirkulation dienenden Endzweck, die Aneignung von Gebrauchswerten, die Befriedigung von Bedürfnissen. Die Zirkulation des Geldes als Kapital ist dagegen Selbstzweck, denn die Verwertung des Werts existiert nur innerhalb dieser stets erneuerten Bewegung. Die Bewegung des Kapitals ist daher maßlos. (Marx 1867: 167)

Die von Marx hier als Selbstzweckhaftigkeit des Kapitals charakterisierte Logik der kapitalistischen Ökonomie ist nichts anderes als – in Webers Sicht – eine konsequente Rationalisierung der spezifischen Wertorientierung wirtschaftlichen Handelns: des Gewinnstrebens.[29] Ein wirtschaftlich Handelnder, der diese Orientierung übernimmt, wird zum „Kapitalisten":

Seine Person oder vielmehr seine Tasche ist der Ausgangspunkt und der Rückkehrpunkt des Geldes. ... nur soweit wachsende Aneignung des abstrakten Reichtums das allein treibende Motiv seiner Operation, funktioniert er als Kapitalist oder personifiziertes, mit Willen und Bewußtsein begabtes Kapital. Der Gebrauchswert ist also nie als unmittelbarer Zweck des Kapitalisten zu behandeln. Auch nicht der einzelne Gewinn, sondern nur die rastlose Bewegung des Gewinnens. Dieser absolute Bereicherungstrieb, diese leidenschaftliche Jagd auf den Wert ist dem Kapitalisten mit dem Schatzbildner gemein, aber während der Schatzbildner nur der verrückte Kapitalist ist, ist der Kapitalist der rationelle Schatzbildner. Die rastlose Vermehrung des Werts, die der Schatzbildende anstrebt, indem er das Geld vor der Zirkulation zu retten versucht, erreicht der klügere Kapitalist, indem er es stets von neuem der Zirkulation preisgibt. (Marx 1867: 167/168)

Die kapitalistische Ökonomie institutionalisiert also den auf Dauer gestellten Gewinntrieb um seiner selbst willen. Marx' Vergleich

29 Sowohl – wie erwähnt – Weber als auch Marx sind sich freilich darüber im klaren, daß wirtschaftliches Gewinnstreben für sich genommen noch nicht den modernen Kapitalismus ausmacht. Was diesen gegenüber vorkapitalistischen Formen des Gewinnstrebens auszeichnet, ist die gleichsam stromlinienförmig auf eine Verfolgung des Gewinnstrebens hin ausgerichtete Beschaffenheit anderer wichtiger Strukturkomponenten des Wirtschaftssystems: insbesondere die Warenförmigkeit der Arbeitskraft.

des Kapitalisten mit dem Schatzbildner weist überdies darauf hin, daß dieses Gewinnstreben seine ganze Kraft erst dann entfaltet, wenn es von einer bloßen Lagerung und Anhäufung der Geldeinnahmen dazu übergeht, das jeweils erworbene Geld zum Erwerb neuen Geldes einzusetzen. Als „Kapital“ wird Geld reflexiv gebraucht: Man verdient Geld, um damit mehr Geld verdienen zu können, und das ad infinitum. Marx weist unmißverständlich auf die Maßlosigkeit dieser Logik wirtschaftlichen Handelns hin. Ein „Kapitalist“ hat niemals genug Geld.

Auch Simmels weitgespannte Überlegungen darüber, wie das Geld in der modernen Wirtschaft und der modernen Gesellschaft insgesamt einen immer zentraleren Stellenwert bekommt, laufen auf dieselbe Einschätzung hinaus (vgl. Simmel 1900). Simmel diagnostiziert wie Marx eine „Verkehrung des Mittels zum Zweck“ (Pohlmann 1987: 91). Geld diente ursprünglich nur der Erleichterung des Naturaltausches. Gerade dadurch ermöglicht es eine enorme Steigerung des sozialen Aktionsradius wirtschaftlichen Handelns mit einer entsprechenden Erweiterung des sachlichen Spektrums von Tauschgelegenheiten. Die Überwindung größerer sozialer Distanzen durch das Geldmedium ist mit einer Entemotionalisierung der Tauschbeziehungen einhergegangen. Zwischen den Tauschpartnern bestehen immer weniger ausgeprägte affektive Bindungen oder Aversionen. Als anonyme Käufer und Verkäufer stehen sie einander hochgradig indifferent gegenüber. Zugleich hat der größere Aktionsradius geldvermittelten Tausches die Akteure in zeitlicher Hinsicht dazu gebracht, in doppelter Hinsicht eine spezifische Langsicht auszubilden. Geld verknüpft Tauschakte zu immer längeren Ketten, die von den Akteuren in ihre je momentanen Kalkulationen einbezogen werden. Zudem lernen sie Bedürfnisaufschub, suchen also nicht länger stets vorrangig die möglichst sofortige Befriedigung spontan aufkommender Wünsche, sondern können auch dauerhaft angelegte, stetige Aufmerksamkeit verlangende wirtschaftliche Projekte verfolgen – z.B. den Aufbau eines Unternehmens oder das Sparen für den Kauf eines Hauses. Sowohl die soziale als auch die zeitliche Komplexitätssteigerung wirtschaftlichen Handelns kann von den Akteuren nur dadurch bewältigt werden, daß sie ein entsprechendes abstrakt-quantifizierendes Denken ausbilden. Geld ermöglicht die exakte Berechnung von Tauschrelationen und erzeugt damit auf seiten der wirtschaftlich Handelnden einen Duktus der Rechenhaftigkeit. In sachlicher Hinsicht lösen sich also die inkommensurablen qualitativen Differenzen zwischen Waren in Preisunterschiede auf, die exakte Vergleiche des Warenwertes ermöglichen.

Dieses Syndrom einander wechselseitig stützender sozialer, zeitlicher und sachlicher Folgewirkungen des Einsatzes von Geld als Mittel zur Erleichterung des Warentausches hat unaufhaltsam dazu geführt, daß Geld zum Selbstzweck wirtschaftlichen Handelns geworden ist. Gerade weil das Geld in dieser ursprünglichen Mittelfunktion so leistungsfähig gewesen ist, hat es sich gleichsam selbst als Zweck inthronisiert. Simmel sieht darin eine zwangsläufige, aber so von niemandem gewollte und auch nicht vorhergesehene Dynamik. Die Ausdifferenzierung des Wirtschaftssystems in der modernen Gesellschaft, der Übergang von „W-G-W" zu „G-W-G", ist für Simmel also ein Umschlag vom Quantitativen ins Qualitative: Das Tauschmittel Geld wird ab einem bestimmten Punkt so dominant, daß es die ursprünglichen Zwecke der Bedürfnisbefriedigung völlig verdrängt.

Mit Blick auf den Übergang vom religiös geprägten Mittelalter zur Moderne erkennt Simmel darin „... eine Ironie der historischen Entwicklung ...":

> Wenngleich es nun keine Zeit gegeben hat, in der die Individuen nicht gierig nach Geld gewesen wären, so kann man doch wohl sagen, daß die maximale Zuspitzung und Ausbreitung dieses Verlangens in die Zeiten fällt, in denen ebenso die anspruchslosere Befriedigung an den einzelnen Lebensinteressen wie die Erhebung zu dem Religiös-Absoluten, als dem Endzweck des Daseins, ihre Kraft verloren hat ...

Die Ironie besteht dann darin, „... daß in dem Augenblick, wo die inhaltlich befriedigenden und abschließenden Lebenszwecke atrophisch werden, gerade derjenige Wert, der ausschließlich ein Mittel und weiter nichts ist, in ihre Stelle hineinwächst und sich mit ihrer Form bekleidet." (Simmel 1900: 239/240) Simmel treibt diese Sichtweise noch weiter, indem er dem Geld in der modernen Gesellschaft jenen Platz zuspricht, den Gott im Mittelalter innehatte:

> Der Gottesgedanke hat sein tieferes Wesen darin, daß alle Mannigfaltigkeiten und Gegensätze der Welt in ihm zur Einheit gelangen, daß er nach dem schönen Worte des Nikolaus von Kusa die Coincidentia oppositorum ist. Aus dieser Idee, daß alle Fremdheiten und Unversöhntheiten des Seins in ihm ihre Einheit und Ausgleichung finden, stammt der Friede, die Sicherheit, der allumfassende Reichtum des Gefühls, das mit der Vorstellung Gottes und daß wir ihn haben, mitschwebt. Unzweifelhaft haben die Empfindungen, die das Geld erregt, auf ihrem Gebiete eine psychologische Ähnlichkeit mit diesen. Indem das Geld immer mehr zum abso-

lut zureichenden Ausdruck und Äquivalent aller Werte wird, erhebt es sich in abstrakter Höhe über die ganze weite Mannigfaltigkeit der Objekte, es wird zu dem Zentrum, in dem die entgegengesetztesten, fremdesten, fernsten Dinge ihr Gemeinsames finden und sich berühren; damit gewährt tatsächlich auch das Geld jene Erhebung über das einzelne, jenes Zutrauen in seine Allmacht wie in die eines höchsten Prinzips, uns dieses einzelne und niedrigere in jedem Augenblick gewähren, sich gleichsam wieder in dieses umsetzen zu können. (Simmel 1900: 240)

Simmels Analysen konvergieren also in dieser grundlegenden Charakterisierung der modernen Wirtschaft mit denen von Marx. Zudem kann man Simmels Analysen, wie dargestellt, zumindest die Skizze einer genetischen Erklärung der Herausbildung dieser Form wirtschaftlichen Handelns entnehmen. Als Konsequenz dessen sieht Simmel das gleiche wie Marx und Weber: Die moderne Wirtschaft wird zu „... einer realen Abstraktion aus der umfassenden Wirklichkeit der Bewertungsvorgänge ..." (Simmel 1900: 32). Gewinnstreben als spezifische Wertorientierung wirtschaftlichen Handelns differenziert sich gegenüber allen anderen Wertorientierungen aus und wird fortan in „legitimer Indifferenz" – um noch einmal Tyrells Formulierung anzuführen – gegenüber diesen verfolgt.

Was bedeutet nun die sich so vollziehende teilsystemische Ausdifferenzierung der Wirtschaft in der modernen Gesellschaft für die einzelnen Gesellschaftsmitglieder und die Gesellschaft als Ganze? In beiden Hinsichten fällt die Antwort zwiespältig aus. Damit kommt aufs Neue die Ambivalenz der Moderne in den Blick. Simmel hebt im Hinblick auf die einzelnen Gesellschaftsmitglieder hervor, daß deren Individualisierung durch das Vordringen der Geldwirtschaft gefördert wird. Teilweise zusätzlich zur bereits behandelten „Kreuzung sozialer Kreise", teilweise mit dieser zusammenwirkend steigert das Geld die Selbstbestimmung des einzelnen als institutionalisierte Wahlfreiheit. Die „Charakterlosigkeit" und „reine Potentalität" des Geldes verschafft der Person „Unabhängigkeit" (Simmel 1900: 83, 213, 316). Fast alles wird käuflich und damit, sofern man über das nötige Geld verfügt, erwerbbar.

Marx betont hingegen als Kehrseite dessen die „Entfremdung" des einzelnen sowohl von seinen Mitmenschen als auch von sich selbst (vgl. Marx 1844: 149-164). Die sozialen Beziehungen werden immer mehr zu Tauschbeziehungen zwischen anonymen Partnern, von denen jeder nur noch auf sein Eigeninteresse achtet; und damit einhergehend reduziert jeder einzelne sich selbst auf die „Charaktermaske" eines allein am eigenen wirtschaftlichen Vorteil ausgerichteten Akteurs.[30] Auch Simmel sieht in diesem Sinne durchaus eine „ungeheure Gefahr“ der bloß negativen „... Freiheit von etwas, nicht Freiheit zu etwas ...“ (Simmel 1900: 447). Der Zugewinn an Wahlfreiheiten kann also zu einer Verarmung des Selbst führen. Dies läßt sich mit Ralph Dahrendorfs Konzept der „Lebenschancen“ noch prägnanter fassen (vgl. Dahrendorf 1979). Die „Lebenschancen“ einer Person bestehen eben nicht in einer Maximierung von „Optionen“, sondern in einer Optimierung der Balance von „Optionen“ und „Ligaturen“, also sinnstiftenden Bindungen des einzelnen. Die kapitalistische Ökonomie steigert zwar durch ihre „ungeheure Warensammlung“ (Marx 1867: 49) die Optionen der Gesellschaftsmitglieder immens – aber um den Preis einer Gefährdung von „Ligaturen“, weil zunehmend nur noch ein „cash nexus“ die Menschen verbindet.

Für die moderne Gesellschaft als Ganze liegt der Gewinn, den die teilsystemische Ausdifferenzierung der kapitalistischen Ökonomie erbringt, in einer enormen Komplexitätssteigerung der Produktion, was in der Menge, Qualität, Diversifikation sowie den drastisch gesunkenen Preisen der verfügbaren Waren seinen Ausdruck findet. Dadurch ist eine ungeheure Verbesserung der Befriedigung solcher Bedürfnisse erreicht worden, die sich über den Konsum von Waren befriedigen lassen. Nur der strukturell ungehemmte, maßlose Gewinntrieb der „Kapitalisten“ konnte diesen gewaltigen Fortschritt gegen die Trägheit und Selbstgenügsamkeit des nur für den eigenen Bedarf Produzierenden zuwege bringen (vgl. Marx/Engels 1845/46: 34/35; 1848: 45-50). Damit aufs engste verbunden sind freilich die Schattenseiten dieser Form wirtschaftlichen Handelns. Die Gesellschaft zahlt einen hohen Preis für die Vorteile kapitalistischen Wirtschaftens. Eine ganze Palette von Übeln und Mißständen ist den Beobachtern seit dem letzten Jahrhundert bis heute immer wieder ins Auge gesprungen: Bankrotte, Arbeitslosigkeit, Verelendung, entfremdete Arbeit, extreme soziale Ungleichheit, konjunkturelle Krisen, Inflation, Imperialismus, Umweltprobleme, soziale Disparitäten.[31] Alle diese Phänomene sind mindestens in der Heftigkeit ihres Auftretens als unausbleibliche, allenfalls nachträglich beseitigbare oder zumindest

---

30 Charles Dickens' Roman „Hard Times“ (1854), der diese Mentalität und ihre Konsequenzen überzeichnend bloßstellt, kann als treffende literarische Variante einer solchen kritischen Einschätzung gelesen werden.

31 Als Überblicksdarstellungen, die jeweils mehrere dieser Phänomene ansprechen, siehe nur Kapp (1950), Galbraith (1958; 1973), Mandel (1972), Zinn (1980).

abmilderbare negative Externalitäten eines kapitalistischen Wirtschaftssystems eingestuft worden.

Genau diese Phänomene sind es auch, aufgrund derer die kapitalistische Wirtschaft zu demjenigen gesellschaften Teilsystem geworden ist, dessen Ausdifferenzierung am frühesten und bis heute am nachhaltigsten als Verselbständigung charakterisiert worden ist. Die „legitime Indifferenz" gegenüber anderen Gesichtspunkten als dem des Gewinnstrebens scheint hier zu weit getrieben worden zu sein. Denn offenbar operiert dieses Teilsystem ohne Rücksicht auf Verluste, die die übrige Gesellschaft zu tragen hat. Ob und in welchem Maße diese Sicht der Dinge im einzelnen zutrifft, kann hier dahingestellt bleiben. Deutlich ist jedenfalls, daß Marx, Simmel und Weber in ihren differenzierungstheoretischen Überlegungen jeweils bereits die Möglichkeit gesehen haben, daß die Ausdifferenzierung eines gesellschaftlichen Teilsystems zu einem Übermaß an negativen Folgewirkungen in der übrigen Gesellschaft führen kann.

Marx sah dies sowohl am dramatischsten als auch am engsten. Die kapitalistische Ökonomie war das einzige gesellschaftliche Teilsystem, dem er eine derartige Verselbständigung zutraute. Bei ihr allerdings erachtete er die Verselbständigung als dermaßen zwangsläufig und weitreichend, daß die dadurch verursachten gesellschaftlichen Probleme sehr bald eine völlige Umwälzung der modernen Gesellschaft vom Kapitalismus zum Sozialismus herbeiführen würden. Dieses Zukunftsszenario war insofern hochgradig optimistisch, als Marx erwartete, daß die neu entstehende sozialistische Gesellschaft die guten Seiten des Kapitalismus bewahren könnte, ohne dessen schlechte Seiten fortzuführen.

Weder Simmel noch Weber glaubten an eine derart harmonische Auflösung der Zwiespältigkeit der Moderne. Für Weber war das wirtschaftliche Gewinnstreben nur eine ausdifferenzierte „Wertsphäre" neben anderen; dessen Verselbständigungstendenzen stehen damit neben entsprechenden Tendenzen der anderen „Wertsphären". Allerdings sieht er, wie dargestellt, die Möglichkeit, daß die zentrifugalen Tendenzen dieser multiplen Verselbständigung durch „bürokratische Herrschaft" wirksam eingedämmt werden. Das ergibt freilich leicht eine Alternative zwischen Pest und Cholera: zwischen dem „unlöslichen Kampf" der verschiedenen Wertorientierungen oder der „blockierten Gesellschaft". Zukunftsfroh gestimmt waren Webers differenzierungstheoretische Analysen also nicht. Simmel schließlich ging davon aus, daß die einzelnen Gesellschaftsmitglieder, die einerseits die

Vorteile der gesellschaftlichen Differenzierung und der Ausdifferenzierung der Wirtschaft genießen, andererseits auch die damit einhergehenden Nachteile tragen müssen. Das Ausleben von Individualität ist eben ohne zumindest zeitweilige Erfahrungen von Entfremdung, Zerrissenheit und Anomie nicht zu haben: Auf diese lakonische Formel läßt sich Simmels Sichtweise bringen.

2.5 Herausbildung einer differenzierungstheoretischen Agenda

Die differenzierungstheoretischen Überlegungen der soziologischen Klassiker, die ich in diesem Kapitel vorgestellt habe, fügen sich zu einer klar konturierten differenzierungstheoretischen Agenda zusammen. Das Themenspektrum, mit dem sich die Klassiker beschäftigt haben, ist, wie sich erweisen wird, auch für die nachfolgenden Theorien gesellschaftlicher Differenzierung maßgebend geblieben. Eine stichwortartige Auflistung der thematischen Schwerpunkte ist daher nicht nur ein Resümee dessen, worum es den Klassikern ging. Damit ist zugleich eine Vorschau auf die Fragestellungen gegeben, denen sich Differenzierungstheoretiker fortan immer wieder aufs Neue gewidmet haben.

Die *differenzierungstheoretische Agenda* läßt sich in fünf Leitfragen formulieren:[32]

1. Was differenziert sich? Die Klassiker haben zwei *Ebenen*, auf denen sich gesellschaftliche Differenzierungsvorgänge abspielen, ausgemacht: die Ebene der Rollen und die Ebene der gesellschaftlichen Teilsysteme.
2. Wie differenziert sich die moderne Gesellschaft? Die Klassiker haben durch Vergleiche zwischen der modernen Gesellschaft und vormodernen Gesellschaften die spezifische *Differenzierungsform* ersterer herausgearbeitet.
3. Worauf geht die Differenzierung der modernen Gesellschaft zurück? Die Klassiker haben verschiedene sozialstrukturelle und kulturelle *Ursachen* dafür ausgemacht, warum die Differenzierung der modernen Gesellschaft ihren eigentümlichen

---

32 Diese Leitfragen lassen im übrigen auch erkennen, daß bereits bei den Klassikern die verschiedenen Vorzüge der differenzierungstheoretischen Perspektive, die Rudolf Stichweh ausmacht, angelegt sind (vgl. Stichweh 1988b: 45-49).

Weg genommen hat. Dabei sind teils historische Koinzidenzen, teils zwangsläufige Dynamiken hervorgehoben worden.

4. Was bringt die Differenzierung der modernen Gesellschaft mit sich? Die Klassiker haben sich damit beschäftigt, welche *Folgen* die Differenzierung der modernen Gesellschaft sowohl für die einzelnen Gesellschaftsmitglieder als auch für das gesellschaftliche Ganze hat. In beiden Hinsichten wird die Differenzierungsform der modernen Gesellschaft als zwiespältig eingestuft.
5. Was hält die moderne Gesellschaft als Ganze zusammen? Die Klassiker haben nach den der Differenzierungsform moderner Gesellschaften entsprechenden *Integrationsmustern* gesucht. Denn gesellschaftliche Desintegration ist der Kulminationspunkt aller Schattenseiten der Differenzierungsform moderner Gesellschaften.

Wie diese Leitfragen die weitere Ausarbeitung der differenzierungstheoretischen Perspektive bis heute bestimmt haben, wird sich in den folgenden Kapiteln erweisen.

Kapitel 3
Talcott Parsons' System-Umwelt-Betrachtung gesellschaftlicher Differenzierung

Talcott Parsons ist der einzige Soziologe gewesen, dessen Theorieperspektive für eine gewisse Zeit – immerhin mehr als ein Jahrzehnt – eine hegemoniale Stellung innerhalb der Disziplin einnahm.[1] In den fünfziger Jahren konnte man meinen, daß die Soziologie auf dem Wege zu einer „normalen", monoparadigmatischen Disziplin sei. Der von Parsons ins Leben gerufene Strukturfunktionalismus schien dieses die gesamte Disziplin vereinheitlichende Paradigma zu sein. Mittlerweile wissen wir, daß dies nur eine Episode war und die Soziologie so multiparadigmatisch ist wie eh und je; und dies ist wohl auch gut so. Die besondere Beschaffenheit des Gegenstandes der Soziologie macht es offenbar erforderlich, daß er nicht durch ein einziges Paradigma erschöpfend behandelt werden kann.

Das Aufkommen weiterer soziologischer Ansätze neben dem Strukturfunktionalismus – vor allem der verschiedenen interpretativen Ansätze wie Symbolischer Interaktionismus und Ethnomethodologie sowie der Rational-Choice-Perspektive – hat diesen nicht bloß relativiert, sondern für längere Zeit fast völlig von der Bildfläche verschwinden lassen. Damit war insbesondere Parsons' Theorie, die innerhalb des Strukturfunktionalismus eine längst nicht von allen Anhängern dieses Ansatzes geteilte Variante darstellte, außerhalb eines sehr kleinen Zirkels von unbeirrten Parsonianern nahezu in Vergessenheit geraten. Erst in der zweiten Hälfte der achtziger Jahre erlebte Parsons' Theorie eine Renaissance durch den sich selbst so nennenden „Neofunktionalismus" in der amerikanischen Soziologie. Diese Richtung, die sich gerade auch mit Parsons' differenzierungstheoretischen Überlegungen eingehend auseinanderzusetzen begann, versteht sich zwar einerseits als Fortführung von Parsons' Theorieprogramm, nimmt an diesem aber andererseits weitreichende Revisionen vor – dazu Näheres in Kapitel 5.3. Sehr viel orthodoxer schließt in Deutschland Richard Münch an Parsons' Theorie an und wendet sie auch verstärkt auf die Diagnose von Problemen zeitgenössischer Gesell-

---

1 Generell zu Parsons' Soziologie siehe Jensen (1976), Bourricoud (1977), Münch (1994: 3-118).

schaften an. Da Münch seine Weiterführung von Parsons' differenzierungstheoretischen Überlegungen vor allem als Alternative zu Niklas Luhmanns Theorie der Differenzierung moderner Gesellschaften positioniert, werde ich darauf insbesondere in Kapitel 4.3 zu sprechen kommen. Diese Vorankündigungen deuten bereits an, daß Parsons mittlerweile wieder in der Diskussion ist – gerade auch innerhalb der differenzierungstheoretischen Perspektive. Dort ist er der zentrale Klassiker der zweiten Generation.

Parsons und Luhmann sind bislang die einzigen beiden Soziologen gewesen, die für sich den Anspruch erhoben haben, eine fachuniverselle Theorie vorzulegen. Bei beiden sind daher differenzierungstheoretische Überlegungen Bestandteil einer umfassenderen Gesellschaftstheorie, die ihrerseits in eine allgemeine Theorie des Sozialen eingebettet ist. Ersteres gilt auch für die im vorausgegangenen Kapitel behandelten Klassiker der ersten Generation, letzteres hingegen nicht. Diese Klassiker hatten Gesellschaftstheorie und allgemeine Soziologie noch nicht explizit voneinander getrennt. Weber hatte sich zwar, etwa in seiner Typologie der Bestimmungsgründe sozialen Handelns (vgl. Weber 1922: 12/13) und kursorisch an vielen anderen Stellen mit grundlegenden Fragen der Konstitution sozialen Handelns und sozialer Strukturen überhaupt beschäftigt; Durkheims Überlegungen zu den „Regeln der soziologischen Methode" kreisen um ähnlich generelle Fragen (vgl. Durkheim 1885); und Simmel widmete immerhin einen wichtigen Exkurs der Frage: „Wie ist soziale Ordnung möglich?" (vgl. Simmel 1908: 21-30) Doch die Klassiker der ersten Generation stießen auf Fragen der allgemeinen Soziologie fast immer erst im Rahmen spezifischerer gesellschaftstheoretischer Untersuchungen. Dadurch wurde das Spektrum der jeweils erörterten Fragen allgemeiner Soziologie durch die jeweiligen gesellschaftstheoretischen Interessen begrenzt.

Parsons hingegen nahm einen umgekehrten Weg. Bevor er mit der Ausarbeitung seiner Gesellschaftstheorie begann, hatte er für sich einen allgemeinen theoretischen Bezugsrahmen zur Analyse sozialen Handelns ausgearbeitet. Dieser allgemeine Bezugsrahmen trägt Parsons' Gesellschaftstheorie und speziell die darin enthaltenen differenzierungstheoretischen Überlegungen. Von daher muß die hier interessierende Darlegung letzterer immer wieder nicht nur auf weitere gesellschaftstheoretische Konzepte und Modelle, sondern auch auf Parsons' allgemeine Handlungstheorie rekurrieren. Gleichwohl gilt in noch stärkerem Maße als bei der Behandlung der Klassiker der ersten Generation im vorausgegangenen Kapitel, daß hier keine umfassende Darstellung und Würdigung von Parsons' Werk beabsichtigt ist.

Die differenzierungstheoretischen Überlegungen Parsons' werde ich im folgenden in vier Schritten entwickeln. Im ersten Abschnitt wird erläutert, daß für Parsons soziale Ordnung schlechthin, und damit auch gesellschaftliche Integration, auf von allen Gesellschaftsmitgliedern geteilten normativen Orientierungen beruht. Hieran anknüpfend gelangt Parsons zu einer ersten Charakterisierung moderner Gesellschaften durch ein spezifisches Bündel vorherrschender Handlungsorientierungen. Die eigentliche Ausarbeitung einer Gesellschaftstheorie unternahm Parsons allerdings erst, als er seinen allgemeinen Bezugsrahmen zur Analyse sozialen Handelns auf systemtheoretische Grundlagen umgestellt hatte. Dies ist Gegenstand des zweiten Abschnitts. Gesellschaft stellt sich dann als Zusammenhang analytisch differenzierter Teilsysteme dar, die jeweils unterschiedliche grundlegende Funktionserfordernisse erfüllen. Auch Parsons fragt dann, wie das sich immer weiter differenzierende gesellschaftliche Ganze noch zusammengehalten wird. Der dritte Abschnitt schildert dementsprechend Parsons' Überlegungen zur gesellschaftlichen Integration. Im vierten Abschnitt schließlich geht es darum, die Dynamik gesellschaftlicher Differenzierung näher zu betrachten. Parsons hat zum einen dezidierte Vorstellungen über Triebkräfte und Ablaufmuster gesellschaftlicher Differenzierung seit den Anfängen menschlicher Gesellschaften. Zum anderen trifft er Trendaussagen über den Fortgang gesellschaftlicher Differenzierung.

3.1 Das normative Orientierungsmuster moderner Gesellschaften

Den bereits erwähnten Anspruch, die Soziologie mit einer fachuniversellen allgemeinen Theorie auszustatten, löste Parsons in den dreißiger Jahren zunächst so ein, daß er aus den Analysen von vier sozialwissenschaftlichen Klassikern – neben Max Weber und Emile Durkheim weiterhin Vilfredo Pareto und Alfred Marshall – einen gemeinsamen, aber implizit gebliebenen „action frame of reference“ destillierte (vgl. Parsons 1937). Für diesen handlungstheoretischen Bezugsrahmen beansprucht Parsons: „It is the indispensable logical framework in which we describe and think about the phenomena of action.“ (Parsons 1937: 733)

Parsons verstand den von ihm herausgearbeiteten Bezugsrahmen als Überwindung der verkürzten Handlungstheorie, die der damaligen utilitaristischen Denktradition zugrunde lag, wie sie insbesondere in der Wirtschaftswissenschaft Eingang gefunden hatte. Dieser Utilitarismus sah Handeln als rationale Wahl. Handeln ist demzufolge Maximierung subjektiven Nutzens. Worin dieser Nutzen eines Akteurs im Einzelfall besteht, wird von der utilitaristischen Sozialtheorie als faktisch gegeben und auf Grund der Vielfalt individuellen Wollens als nicht theoriefähig hingenommen. Welche inhaltlichen Präferenzen beispielsweise Konsumenten haben, kann die Wirtschaftswissenschaft nur als empirisches Datum konstatieren. Parsons sieht genau hier die offene Flanke dieser Art von Handlungstheorie: „The utilitarian type of theory concentrated on the means-end relationship and left the character of ends on the whole uninvestigated. ... it was forced to the assumption that ends were random ..." (Parsons 1937: 699)

Parsons erblickt nun die entscheidende Konvergenz der vier genannten Klassiker in dem Punkt, daß die Ziele des Handelns durch übergreifende normative Orientierungen geprägt sind, die vielen, manchmal sogar fast allen Mitgliedern einer Gesellschaft gemeinsam sind. So identifiziert er als „crucial step", durch den sich Marshall aus dem Utilitarismus herausbewegt, die Einführung eines „... integrated value system, common to large numbers ..." (Parsons 1937: 704). Ebenso entdeckt Parsons bei Pareto und Durkheim die theoretische Unterstellung der „... existence of a common value system." (Parsons 1937: 711) Für Weber schließlich ist im vorigen Kapitel die große theoretische Bedeutung der Wertrationalisierung und der daraus hervorgehenden gesellschaftlichen „Wertsphären", die über ihre Leitideen die spezifischen Interessenausprägungen der Gesellschaftsmitglieder bestimmen, herausgestellt worden.

Damit gelangt Parsons zu einer Konzeption des *„unit act*", die den Utilitarismus an einer entscheidenden Stelle ergänzt und so zugleich überwindet. Als analytische Grundeinheit einer soziologischen Handlungstheorie enthält der „unit act" die Bedingungen der Möglichkeit sozialen Handelns. Diese bestehen erstens darin, daß es einen Akteur gibt, also ein handlungsfähiges Wesen. Der Akteur muß zweitens ein Ziel verfolgen, also in irgendeiner Hinsicht einen gegenwärtig noch nicht gegebenen Zustand herbeiführen wollen. Diese Zielverfolgung findet in einer Situation statt, die dem Akteur einerseits Einschränkungen auferlegt und andererseits Mittel an die Hand gibt. Viertens schließlich – und genau hier geht

Parsons über den Utilitarismus heraus – ist das Handeln stets normativ orientiert in dem Sinne, daß Akteure „... try to conform their action to patterns which are, by the actor and other members of the same collectivity, deemed desirable.“ (Parsons 1937: 76) Erst diese Ausrichtung an situationsübergreifenden Normen, und nicht schon die Verfolgung situationsspezifischer Ziele, gibt dem Handeln in Parsons' Sicht einen „teleological character“:

> Action must always be thought of as involving a state of tension between two different orders of elements, the normative and the conditional. As process, action is, in fact, the process of alteration of the conditional elements in the direction of conformity with norms ... Thus conditions may be conceived at one pole, ends and the normative rules at the other, means and effort as the connection between them. (Parsons 1937: 732).

In diesem Modell stellt sich Handeln somit als das Zusammenwirken von zwei Arten von Determinationspolen dar. Auf der einen Seite bestimmt der Pol der bedingenden Faktoren den Möglichkeitsspielraum des Handelns; und auf der anderen Seite bestimmt der Pol der normativen Faktoren, welche dieser Möglichkeiten in Betracht gezogen werden und welche schließlich gewählt wird. Dabei sind für Parsons die Handlungsziele des Akteurs immer schon normativ imprägniert, haben also keinen rein subjektiven Charakter mehr, sondern intersubjektiven.

Wegen ihrer Vernachlässigung der normativen Dimension stuft Parsons die utilitaristische Handlungstheorie nicht nur als konzeptionell unvollständig ein. Er hält sie aus demselben Grund auch für unfähig, das von ihm so benannte „Hobbesian problem of social order“ zu klären – also die soziologische Grundfrage danach, wodurch ein Zusammenhang von Handelnden zu einer stabilen Ordnung integriert wird (vgl. Parsons 1937: 89-94). Wenn die Handlungsziele der Gesellschaftsmitglieder tatsächlich so chaotisch variieren und fluktuieren, wie es die utilitaristische Sichtweise unterstellt, wäre – so Parsons – keine gesellschaftliche Integration möglich. Statt dessen herrschte der von Hobbes plastisch beschriebene Naturzustand weitreichender wechselseitiger Erwartungsunsicherheit, woraus Mißtrauen und „... such a warre as if of every man against every man ...“ resultieren (Hobbes 1651: 64). Allein geteilte normative Orientierungen, die das Wollen der Akteure hinreichend einschränken, können diese „double contingency“ – wie Parsons später sagen wird (vgl. Parsons et al. 1951: 16) – überwinden. Ohne solche Normen wüßten die Akteure schlechterdings nicht, was sie vom jeweiligen Gegenüber zu erwarten haben, rechneten dann leicht immer nur mit dem Schlimmsten, was sie dadurch als sich selbst erfüllende Prophezeiung auch oft genug wechselseitig auslösten.

Ohne hier in die bis heute nicht abgeschlossenen Debatten über die Triftigkeit von Parsons' Argumentation einsteigen zu können, läßt sich gesellschaftstheoretisch soviel festhalten: Für ihn erfordert gesellschaftliche Integration *gesellschaftsweit etablierte normative Orientierungen.* Damit bietet es sich aber an, den Charakter einer Gesellschaft gleichsam aus dem in ihr vorherrschenden Muster normativer Orientierungen herauszulesen. Dies kann prinzipiell auf verschiedenen Stufen der Konkretheit bzw. Abstraktion erfolgen. Will man moderne Gesellschaften allgemein im Unterschied zu vormodernen kennzeichnen, muß man ein hohes Abstraktionsniveau wählen, um über bereichs-, zeit- oder nationalspezifische Ausprägungen normativer Orientierungen hinauszugelangen. Parsons selbst hat dies nicht unternommen. Wohl aber ließen sich einige soziologische Modernisierungstheoretiker dabei von Parsons' Konzept der *„pattern variables“* inspirieren.

Die „pattern variables“ stellen jeweils dichotom konstruierte analytische Orientierungsdimensionen dar, mittels derer sich Rollenbeziehungen charakterisieren lassen (vgl. Parsons 1951: 58-67). Im einzelnen handelt es sich um fünf Orientierungsdimensionen, die sich in den folgenden Fragen formulieren lassen:

- Erlaubt eine Rolle das Ausleben *affektiver* Impulse, oder hat das Rollenhandeln *affektiv neutral* zu sein?
- Fordert eine Rolle dem Handelnden die Ausrichtung an den Belangen der jeweiligen *Kollektivität* ab, oder kann er vorrangig sein *Eigeninteresse* verfolgen?
- Verpflichtet die Rolle den Handelnden zur Berücksichtigung *partikularistischer* Standards der Situationsbeurteilung, oder hat er *universalistische* Standards zu beachten?
- Ist die Rolle auf *funktional spezifische* Erwartungen hin angelegt, oder sieht sich der Handelnde *diffusen* Erwartungen gegenüber?
- Verlangt die Rolle vom Handelnden die Erfüllung bestimmter *Leistungskriterien*, oder ist sie ihm aufgrund leistungsunabhängiger Attribute – z.B. sozialer Herkunft oder Geschlechtszugehörigkeit – *zugeschrieben?*

Strukturfunktionalistische Modernisierungstheoretiker wie etwa Marion Levy, die sich Anfang der fünfziger Jahre damit beschäftigten, was die damals noch so genannten „unterentwickelten“ Gesellschaften von den entwickelten westlichen Gesellschaften unterscheidet, um daraus Zielvorstellungen für Entwicklungsschritte abzuleiten, griffen diese „pattern variables" für ihre Zwecke auf (vgl. Levy 1952a). Sie charakterisierten nämlich die Rollenstruktur der „unterentwickelten" Gesellschaften als eine in vormodernen Verhältnissen zurückgebliebene, was sich im Vorherrschen von affektiven, kollektivitätsorientierten, partikularistischen, diffusen und zugeschriebenen Rollen manifestiere. Für moderne Gesellschaften seien demgegenüber affektiv neutrale, auf die Verfolgung von Eigeninteressen ausgerichtete, universalistische, funktional spezifische und leistungsorientierte Rollen charakteristisch. Aus dieser Gegenüberstellung ergab sich für die Modernisierungstheoretiker folgerichtig, daß der Weg in die Moderne, den die „unterentwickelten" Gesellschaften zu nehmen hätten, sukzessiv Rollen des ersten in solche des zweiten Typs zu überführen hätte.

Parsons' „pattern variables" wurden von diesen Theoretikern teils implizit, teils explizit als Ausarbeitung der altbekannten Unterscheidung von „Gemeinschaft" und „Gesellschaft" verstanden, die Ferdinand Tönnies in die Soziologie eingebracht hatte (vgl. Tönnies 1891). Daß Parsons selbst sich mit dieser Nutzung seines Konzepts einverstanden erklärte, darf bezweifelt werden. Er setzte die „pattern variables" nirgends für eine entsprechend dichotome Charakterisierung vormoderner und moderner Gesellschaften ein.[2] Parsons nutzt das fünfdimensionale Konzept der „pattern variables" gerade dazu, eine größere analytische Komplexität bei der Charakterisierung von Rollen zu gewinnen. Dieser Gewinn geht verloren, wenn man nur die zwei Ausprägungscluster kennt, die die Modernisierungstheoretiker hervorgehoben haben.

Typisch moderne Rollen sind beispielsweise zweifellos die Rollen von Professionellen – etwa Ärzten. Diese Rollen sind jedoch für Parsons durch eine Kollektivitätsorientierung und nicht durch eine Orientierung am Eigeninteresse gekennzeichnet (vgl. Parsons 1951: 434). Man kann dies kaum als vormodernes Relikt der Arztrolle bezeichnen, weil es auf wichtige funktionale Erfor-

---

2 In einer kurzen, der Formulierung der „pattern variables" zeitlich vorausliegenden Diskussion von Tönnies' Vorstellungen über „Gemeinschaft" und „Gesellschaft" umschreibt Parsons diese beiden Typen sozialer Beziehungen zwar einerseits teilweise durchaus mit Formulierungen, die einige der späteren „pattern variables" bereits deutlich anklingen lassen (vgl. Parsons 1937: 686-694). Andererseits stellt Parsons aber in mehreren Hinsichten klar, daß eine kompakte Subsumption vormoderner Gesellschaften unter den Typus der „Gemeinschaft" und moderner unter den der „Gesellschaft" viel zu einfach ist (vgl. Parsons 1973).

dernisse, an denen diese Rolle sich auszurichten hat, verweist. Wenn man also – was nicht nur Parsons tut – die Professionen als einen gerade für moderne Gesellschaften wichtigen Typus von Berufsrollen ansieht, muß man bereits das simple Schema der Modernisierungstheoretiker aufgeben. Abweichungen von diesem Schema ließen sich auch noch in anderen Hinsichten für weitere wichtige Rollen in modernen Gesellschaften zeigen. Generell ist zudem daran zu erinnern, daß viele Rollenzusammenhänge in modernen Gesellschaften nach wie vor dem Muster der „Gemeinschaft" entsprechen – nicht nur, aber natürlich insbesondere, Familien-, Intim- und Freundschaftsbeziehungen. Auch dies sind nicht bloß vormoderne Relikte. Die moderne Gesellschaft kann vielmehr – wie im übrigen auch Tönnies klar sah – auf „Gemeinschaft" nicht verzichten.[3] Parsons selbst benutzt vier Ausprägungskombinationen von „pattern variables" zur Charakterisierung von „principle types of social structure", von denen sich zwei auf moderne Gesellschaften beziehen (vgl. Parsons 1951: 180-200). Neben dem „universalistic-achievement pattern", das der modernisierungstheoretischen Vorstellung von Moderne entspricht, sieht Parsons als weiteren in der Moderne realisierten Typ noch das „universalistic-ascription pattern" an, das in autoritären modernen Gesellschaften wie dem nationalsozialistischen Deutschland oder der Sowjetunion institutionalisiert ist. Damit geht Parsons' Nutzung der „pattern variables" gerade über eine simple dichotome Gegenüberstellung vormoderner und moderner Gesellschaften hinaus. Er hat diese nur sehr andeutungsweise formulierten Überlegungen allerdings nicht wieder aufgegriffen.

Allerdings haben die strukturfunktionalistischen Modernisierungstheoretiker sicherlich in dem Punkt recht, daß in der modernen Gesellschaft diejenigen Rollen zugenommen haben, die sich durch affektive Neutralität, Orientierung an Eigeninteressen, Universalismus, funktionale Spezifität und Relevanz von Leistungskriterien ausrichten. Dabei ist funktionale Spezifität dasjenige Merkmal, das unmittelbar auf gesellschaftliche Differenzierung, und zwar im Sinne der Durkheimschen Arbeitsteilung, verweist. Der analytische Zugewinn, den Parsons' Konzept der „pattern variables" bietet, besteht darin, daß die funktionale Spezialisierung von Rollen in Zusammenhang mit den anderen Orientierungsdimensionen des Rollenhandelns gebracht wird. Man kann dann bei-

---

3 Auch die aktuelle Debatte um den „Kommunitarismus" verweist – jenseits aller moralistischen Elemente – auf diesen Sachverhalt (vgl. Kallscheuer 1995).

spielsweise fragen, eine wie starke „Wahlverwandtschaft" es zwischen funktionaler Spezifität und affektiver Neutralität gibt – und welche Rollen diese Merkmalskombination dennoch, und mit welchen Folgen, nicht aufweisen.

Der unmittelbare differenzierungstheoretische Ertrag der ersten Phase der Ausarbeitung von Parsons' Sozialtheorie ist somit noch relativ gering. Die „pattern variables" boten zwar prinzipiell Möglichkeiten einer differenzierungstheoretischen Ausarbeitung. Diese Möglichkeiten wurden aber von Parsons selbst nicht ergriffen; und die strukturfunktionalistische Modernisierungstheorie stellt eine äußerst fragwürdige, weil viel zu einfach angelegte differenzierungstheoretische Verwendung dieses Konzepts dar. Viel wichtiger für die erst später einsetzende Ausarbeitung differenzierungstheoretischer Überlegungen im Rahmen von Parsons' Gesellschaftstheorie war eine theoretische Weichenstellung, die Parsons in dieser Phase bei der Ausarbeitung seiner allgemeinen Handlungstheorie traf und die all seine weiteren Überlegungen geprägt hat. Sozialsysteme allgemein und Gesellschaftssysteme im besonderen werden für Parsons durch intersubjektiv geteilte normative Orientierungen integriert. Solche Orientierungen sind der nicht wegdenkbare zentrale Faktor, der soziale Ordnung und damit auch gesellschaftliche Integration stiftet. Diese Sichtweise prägt, wie im folgenden immer wieder deutlich werden wird, Parsons' Überlegungen zur Differenzierung moderner Gesellschaften zutiefst.

3.2 Das AGIL-Schema gesellschaftlicher Differenzierung

Nach der geschilderten Ausarbeitung des „action frame of reference" tat Parsons den zweiten entscheidenden Schritt seiner Theoriekonstruktion, indem er die allgemeine Handlungstheorie auf systemtheoretische Grundlagen umstellte. Erst dadurch gewann Parsons' Theorie jene Gestalt, die dann eine Zeitlang die soziologische Theoriediskussion beherrschte. Handeln wurde von Parsons fortan als „emergent property" eines systemhaften Zusammenhangs betrachtet.[4]

4 Zwar spricht Parsons auch schon früher von „action systems" (vgl. Parsons 1937: 43). Aber dies ist lediglich ein umgangssprachliches Verständnis von System als strukturiertem Zusammenhang von Elementen,

Diese Vorstellung ging auf interdisziplinäre Anregungen zurück. Seit dem Ende der dreißiger Jahre entwickelten sich Kybernetik und „general systems theory", wobei vor allem biologische und technische Vorgänge als empirisches Anschauungsmaterial dienten (vgl. Bertalanffy 1968). Ein Lebewesen wird in dieser Sichtweise als ein *umweltoffenes System* betrachtet. Ein solches System unterliegt kontinuierlichen Einwirkungen aus seiner Umwelt und wirkt auch selbst in diese hinein. Umweltwirkungen auf das System können vor allem als Ressourcenzustrom oder als Störungen unterschiedlichster Art auftreten. Ein Lebewesen nimmt beispielsweise Nahrung aus seiner Umwelt auf und kann in seinen Lebensfunktionen etwa durch übergroße Hitze empfindlich beeinträchtigt werden. Diesen Inputs aus der Umwelt korrespondieren Outputs an sie. Ein Lebewesen gibt Stoffe an die Umwelt ab und wirkt seinerseits störend und gestaltend in diese hinein, beispielsweise durch Nestbau oder die Tötung anderer Lebewesen. Trotz dieser ständigen Wechselbeziehungen zur Umwelt vermögen offene Systeme jedoch den eigenen Ordungszustand aufrechtzuerhalten, solange die Ressourcenversorgung aus der Umwelt gesichert ist und keine zu großen Störungen der Systemvorgänge durch Umwelteinwirkungen passieren. Ein Tier kann zwar verhungern oder bei einem Unwetter ertrinken; doch unter normalen Umständen vermag es, über geraume Zeit zu überleben. Viele umweltoffene Systeme können, über diese Bestandserhaltung hinaus, auch situativ *variable Zielzustände* anstreben. Ein Tier kann beispielsweise zu einem bestimmten Zeitpunkt jagen, zu einem anderen fressen und zu einem weiteren seinen Nachwuchs betreuen.

Variable Zielzustände sind vor allem bei technischen Systemen deshalb wichtig, weil darüber eine Systemsteuerung durch Menschen möglich ist. Das Musterbeispiel dafür, das in der frühen Kybernetik immer wieder aufgegriffen wurde, ist eine Heizung mit Thermostat. Der Thermostat sorgt dafür, daß die Heizung eine bestimmte Raumtemperatur – beispielsweise 19° – konstant aufrechterhält. Der Thermostat nimmt einen kontinuierlichen Soll-Ist-Vergleich vor und variiert die Heizkraft entsprechend. Wird es z.B. draußen kälter, wodurch es bei konstanter Heizkraft drinnen abkühlen könnte, steuert der Thermostat bei den ersten Anzeichen dessen dagegen, indem er die Heizung höher stellt. Konstanz wird so trotz Umweltveränderungen gewährleistet, sofern diese nicht zu

---

das mit dem später von Parsons aufgegriffenen Systemkonzept nichts zu tun hat.

extrem ausfallen und dann nicht mehr ausgeglichen werden können. Wenn beispielsweise die Außentemperatur auf minus 20° fällt und zugleich das Fenster des Zimmers weit offen steht, dürfte die Heizung es nicht länger schaffen, 19° Zimmertemperatur aufrechtzuerhalten. Die Fähigkeit umweltoffener Systeme, externe Störungen auszubalancieren, ist also begrenzt. Wichtig am Thermostaten ist, daß er Konstanz und Variabilität kombiniert, nämlich wählbar und damit veränderbar macht, was konstant gehalten werden soll. Man kann die vorgegebene Temperatur jederzeit variieren. Technische Systeme wählen ihre Ziele, jedenfalls ihre Oberziele, nicht selbst; denn diese Systeme werden als Mittel zur Erreichung menschlicher Ziele geschaffen. Tiere hingegen können sich selbst Ziele setzen. Erst recht gilt dies für einzelne Menschen und für soziale Zusammenhänge.

Dieses kybernetische Konzept eines umweltoffenen und Zielzustände anstrebenden Systems begann Parsons in den vierziger Jahren auf die soziale Wirklichkeit zu übertragen. Man kann dementsprechend bestimmte relativ abgegrenzte Handlungszusammenhänge – etwa eine Kleingruppe – als soziale Systeme betrachten, die in einer Umwelt existieren. Ein Teil dieser Umwelt ist sozialer Art: etwa die Organisation, zu der die Kleingruppe gehört, oder die Familienangehörigen der Gruppenmitglieder. Daneben gibt es die nicht-soziale Umwelt: etwa die räumlichen Gegebenheiten, unter denen die Gruppe handelt. In einer solchen Sichtweise kann man dann danach fragen, welche Ziele die Kleingruppe sich selbst setzt und verfolgt, welchen Störungen aus ihrer Umwelt sie dabei ausgesetzt ist, welche Unterstützungen aus der Umwelt die Gruppe erhält und wie sie zur Zielerreichung in die Umwelt hineinwirkt. Neben Kleingruppen bieten sich insbesondere noch Organisationen für eine solche Konzeption als umweltoffene, zielverfolgende soziale Systeme an.[5] Für die soziologische Gesellschaftstheorie liegt es natürlich nahe, auszuprobieren, ob dieses Konzept sich auch bei einer Anwendung auf Gesellschaften als brauchbar erweist.

Besondere Aufmerksamkeit erlangte dabei zunächst die Frage nach den Bestandsvoraussetzungen sozialer Systeme. Diese Frage wurde als eine der Frage nach den Bedingungen der Zielerreichung vorgelagerte angesehen, weil die Bestandserhaltung Voraussetzung von Zielerreichung ist und nicht umgekehrt. Dies ist für biologische Systeme, also Lebewesen, trivial. Nur solange sie

5 Die Organisationssoziologie stieß daher schnell auf diese theoretische Perspektive. Siehe etwa als frühe empirische Studien Stinchcombe (1959) und Burns/Stalker (1961).

nicht sterben, können sie Ziele verfolgen. Der Tod eines Lebewesens bedeutet, systemtheoretisch betrachtet, daß es die innere Ordnung seiner Lebensfunktionen gegenüber Störungen aus der Umwelt nicht länger aufrechterhalten konnte. Noch anders gesagt: Tod ist irreversible systemische Desintegration. Genau analog begreift Parsons die Desintegration eines sozialen Systems als „... disappearance of the boundaries of the system relative to its environment." (Parsons 1951: 27, Fußn. 2) Die Systemgrenzen können den Störungen aus der Umwelt nicht länger standhalten, die innere Ordnung des sozialen Systems bricht zusammen.

Dieser Blickwinkel legt es nahe, die Frage nach den „*functional prerequisites*" der Systemerhaltung zu stellen: Welche Bedingungen müssen gewährleistet sein, damit die innere Ordnung eines Sozialsystems auf Dauer fortbestehen kann – einschließlich der Möglichkeit eines geordneten Wandels des Systems? Parsons gelangt diesbezüglich zunächst zu einer sehr abstrakten Konzeptualisierung der Bestandserfordernisse von sozialen Systemen (vgl. Parsons 1951: 26-36). Soziale Systeme sind für ihn Konstellationen von miteinander interagierenden Handelnden (vgl. Parsons 1951: 5/6). Diese Konstellationen sehen sich drei Umwelten gegenüber: den Körpern der Handelnden, deren Psychen und den kulturellen Orientierungen des Handelns. Der dauerhafte Bestand eines Sozialsystems ist nur dann gewährleistet, wenn es mit diesen drei Umwelten einen Modus vivendi findet, der sich folgendermaßen umschreiben läßt:

> First, a social system cannot be so structured as to be radically incompatible with the conditions of functioning of its component individual actors as biological organisms and as personalities, or of the relatively stable integration of a cultural system. Secondly, in turn the social system, on both fronts, depends on the requisite minimum of 'support' from each of the other systems. (Parsons 1951: 27)

Aus jeder der drei Umwelten können Störungen der sozialen Ordnung auftreten. Beispielsweise wird die Interaktion einer Kleingruppe empfindlich beeinträchtigt, wenn ein Gruppenmitglied einschläft oder einen Schluckauf bekommt. Ähnlich störend kann es sich auswirken, wenn Gruppenmitglieder provozierende Ideen einbringen, die die Ordnung der Gruppe nachhaltig in Frage stellen. In der anderen Richtung darf die Gruppe von ihren Mitgliedern auch nichts verlangen, was deren körperlichen und psychischen Fähigkeiten und Bedürfnissen oder deren kulturellen Überzeugungen zu sehr zuwiderläuft.

Auf einer konkreteren Ebene stellten sich einige von Parsons inspirierte Strukturfunktionalisten – insbesondere der bereits angesprochene Marion Levy – Anfang der fünfziger Jahre die Aufgabe, die „functional prerequisites of any society" (Levy 1952b: 149) theoretisch zu identifizieren. Im einzelnen ergaben diese Bemühungen die folgende Liste (vgl. Levy 1952b: 149-197):

- „provision for an adequate physiological relationship to the setting and for sexual recruitment",
- „role differentiation and role assignment",
- „communication",
- „shared cognitive orientations",
- „a shared articulated set of goals",
- „the regulation of the choice of means",
- „the regulation of affective expression",
- „adequate socialization",
- „effective control of disruptive forms of behavior",
- „adequate institutionalization."

Der grundlegende Mangel dieser Auflistung ist offenkundig. Sie wirkt wie das höchst vorläufige Ergebnis eines spontanen Brainstormings. Diese zehn funktionalen Erfordernisse bilden keinerlei stringente theoretische Ordnung. Dementsprechend machen sie einen Eindruck von Beliebigkeit, der sich auch dann nicht verliert, wenn man die ausführlichen Erläuterungen Levys im einzelnen nachvollzieht. Er räumt selbst ein: „This list is not advanced as definitive either from the point of view of exhaustiveness or from the point of view of classification." (Levy 1952b: 150)

Doch von diesen schon ziemlich gewichtigen Mängeln abgesehen stellt sich als eigentlich entscheidendes Manko das Relevanzproblem: Was kann man als Gesellschaftsforscher mit einer solchen Liste anfangen? Was hilft es einem bei der Analyse spezifischer Probleme von Gegenwartsgesellschaften beispielsweise, zu wissen, daß „communication" eine Bedingung der Möglichkeit gesellschaftlicher Reproduktion ist? Dieser Sachverhalt ist so richtig wie banal. Hier rächt sich das Bestreben nach möglichst großer Allgemeinheit der theoretischen Aussagen. Vielleicht könnte es ja für die Analyse moderner Gesellschaften interessant sein, nach den für deren Reproduktion unabdingbaren Techniken der Telekommunikation zu fragen – oder noch konkreter beispielsweise danach, ob das Wirtschaftswachstum, also ein bestimmtes Merkmal eines bestimmten gesellschaftlichen Teilsystems, von den Möglichkeiten und der Ausbreitung der jeweils verfügbaren technischen Kommunikationsmedien abhängt. Aber zu solchen Fragen gelangt man gar nicht erst hin, wenn man Aussagen über „any society" treffen will.

Die theoretischen Bemühungen von Levy demonstrieren, daß ein sowohl hochgradig abstraktes als auch rein induktives Vorgehen bei der Suche nach den funktionalen Erfordernissen gesellschaftlicher Reproduktion wenig ergiebig ist. Will man induktiv bleiben, muß man das Abstraktionsniveau von „any society" verlassen und sich zumindest auf moderne Gesellschaften beschränken, um gehaltvolle Aussagen treffen zu können. Will man jedoch zunächst an diesem hohen Abstraktionsniveau festhalten, also Aussagen über die Reproduktionserfordernisse jeder Art von Gesellschaft treffen, empfiehlt sich ein deduktives Vorgehen. Diesen Weg hat Parsons eingeschlagen.

Sein Ausgangspunkt war dabei kurioserweise ein analytisches Schema, das Robert Bales auf induktive Weise in der empirischen Kleingruppenforschung entwickelt hatte.[6] Bales beobachtete experimentelle Kleingruppen dabei, wie sie ihnen vorgegebene Probleme bearbeiteten. Sein besonderes Interesse galt der Frage, welche Arten von Handlungen in solchen Kleingruppen vorkommen. In schrittweiser Abstraktion von seinen empirischen Beobachtungen gelangte Bales zu einem Klassifikationsschema, das genau vier Handlungstypen hinsichtlich ihres je spezifischen Beitrags zum Fortbestand und Problemlösungshandeln der Gruppe unterscheidet. Parsons und Bales fassen diese Herangehensweise so zusammen:

> The essential approach was to think of the small group as a functioning social system. It was held that such a system would have four main ‚functional problems' which were described, respectively, as those of *adaptation* to conditions of the external situation, of *instrumental* control over parts of the situation in the performance of goal oriented tasks, of the management and *expression* of sentiments and tensions of the members, and of preserving the social *integration* of members with each other as a solidary collectivity. (Parsons/Bales 1953: 64)

Im einzelnen geht es bei den angeführten, von Bales empirisch aufgedeckten funktionalen Erfordernissen um Folgendes:

- Adaptives Handeln zeigt sich in solchen Kleingruppen vor allem darin, daß Wissen eingespeist wird, das die Problemlösung voranbringen soll. Das zu bearbeitende Problem wird von Bales analytisch in der Umwelt der Gruppe verortet; und die Gruppe paßt sich diesem für sie dominanten Umweltbezug

6 Zum Folgenden siehe ausführlich Parsons/Bales (1953).

an, indem sie sich mit der Beschaffenheit des Problems vertraut macht.

- Auf dieser Basis kann dann das instrumentelle, auf Zielerreichung ausgerichtete Kleingruppenhandeln voranschreiten. Zielerreichung bedeutet hier, eine gemeinsame Problemlösung zu finden. Instrumentelles Handeln manifestiert sich darin, daß konkrete Problemlösungsvorschläge gemacht werden und über diese diskutiert wird, woraus letztendlich eine gemeinsame Entscheidung für einen Weg der Problemlösung hervorgeht.
- Wissenserwerb über die Problembeschaffenheit und die Suche nach Wegen der Problemlösung sind in solchen Kleingruppen häufig von offenen oder verdeckten Konflikten zwischen Gruppenmitgliedern begleitet. Es gibt Meinungsverschiedenheiten, Interessenunterschiede oder Feindseligkeiten. Damit derartige Konflikte die Problembearbeitung nicht spürbar beeinträchtigen oder gar unmöglich machen, bedarf es integrativer, die Gruppensolidarität aufrechterhaltender Handlungen.
- Schließlich gibt es noch expressives Handeln, das in einem tieferen Sinne ebenfalls auf die Bewältigung von Spannungen innerhalb der Gruppe gerichtet ist. Diese Art von Spannungen manifestieren sich darin, daß generelle Normen des Umgangs miteinander – beispielsweise eine allgemeine Kooperationsverpflichtung – mißachtet oder in Frage gestellt werden. Solche zumeist unausgesprochenen, latenten Verhaltensnormen werden durch expressives Handeln teils implizit, teils explizit in Erinnerung gebracht und bekräftigt – die Kooperationsverpflichtung z.B. durch ein demonstratives eigenes kooperatives Handeln.

Parsons griff dieses Klassifikationsschema von Bales auf und arbeitete es in zweierlei Hinsichten sehr weitreichend um. Erstens universalisiert Parsons das Schema und muß es entsprechend abstrahieren. Er geht nämlich davon aus, daß es funktionale Erfordernisse benennt, die in jeder Art von Handlungssystem auftreten. Der Geltungsbereich des Schemas erstreckt sich also von einer Dyade über Kleingruppen und Organisationen bis hin zu gesellschaftlichen Teilbereichen und ganzen Gesellschaften. Zweitens begründet Parsons das von Bales rein induktiv aufgefundene Schema deduktiv, und zwar aus den geschilderten Grundannahmen der allgemeinen Theorie umweltoffener zielverfolgender Systeme. Mit dem so konstruierten *AGIL-Schema*[7] vermag Parsons – sofern man mit ihm diese Grundannahmen teilt – plausibel zu machen, daß und warum genau diese vier funktionalen Erfordernisse erfüllt sein müssen, damit sich ein Handlungssystem dauerhaft reproduzieren kann. Diese beiden Schritte, die Parsons' in seiner allgemeinen Theorie sozialer Systeme macht, ermöglichen ihm dann auch, Bales' Klassifikationsschema gesellschaftstheoretisch zu nutzen.

Die deduktive Konstruktion des AGIL-Schemas geht zum einen davon aus, daß Handlungssysteme als umweltoffene Systeme sowohl ihr äußeres Verhältnis zur Umwelt als auch ihr Verhältnis zu sich selbst so gestalten müssen, daß die Systemreproduktion gewährleistet ist. Zum anderen müssen Handlungssysteme als zielorientierte Systeme sowohl zukunftsbezogen die Mittel ihrer Zielverfolgung beschaffen und einsetzen als auch gegenwartsbezogen Ziele erreichen, um daraus unmittelbare Befriedigung ziehen zu können. Diese beiden Differenzen – Außen-/Innenbezug und Zukunfts-/Gegenwartsbezug – ergeben kombiniert die vier grundlegenden funktionalen Erfordernisse (siehe Schaubild 1):[8]

Schaubild 1: Das AGIL-Schema

	Zukunft	Gegenwart
außen	**adaptation**	**goal attainment**
innen	**latent pattern maintenance**	**integration**

- *Adaptation (Außen- und Zukunftsbezug):* Ein Handlungssystem muß sich so an seine Umwelt anpassen, daß es aus dieser Mittel seiner Zielverfolgung mobilisieren kann.
- *Goal attainment (Außen- und Gegenwartsbezug):* Ein Handlungssystem muß in seiner Umwelt selbstgesetzte Ziele verfolgen und erreichen.
- *Integration (Innen- und Gegenwartsbezug):* Ein Handlungssystem muß, um in der Umwelt Ziele verfolgen und erreichen zu können, intern seine Strukturen und Prozesse beständig entsprechend untereinander abstimmen.

---

7 Benannt nach den Anfangsbuchstaben der vier funktionalen Erfordernisse in Parsons' – gleich nachgetragener – Benennung.

8 Ich verwende im Weiteren für die funktionalen Erfordernisse Parsons' englische Begriffe, da die deutschen Übersetzungen teilweise variieren.

- *Latent pattern maintenance (Innen- und Zukunftsbezug):* Ein Handlungssystem muß zur dauerhaften Gewährleistung seiner inneren Ordnung generalisierte und unhinterfragte – deshalb latente – Ordnungsmuster ausbilden und aufrecht erhalten.

Parsons geht davon aus, daß man analytisch in jedem *Handlungssystem* vier Subsysteme unterscheiden kann, die sich auf jeweils eines dieser vier funktionalen Erfordernisse spezialisieren:

- Das funktionale Erfordernis der *adaptation* wird im Handlungssystem von den Verhaltensorganismen der involvierten Handelnden erfüllt. Die Verhaltensorganismen stellen für das Handlungssystem den Bezug zur biologischen und physikalischen Umwelt des Handelns her. Dieser Bezug ergibt sich zum einen über körperliche Bedürfnisse und Triebe, zum anderen über die körperlichen Fähigkeiten zur Wahrnehmung und Gestaltung der Umwelt. Nur wenn soziales Handeln den Bedürfnissen des Menschen als Lebewesen Rechnung trägt und dabei dessen angeborene und erlernte körperliche Fähigkeiten einsetzt, kann sich ein Handlungssystem dauerhaft reproduzieren.
- Das funktionale Erfordernis der *goal attainment* wird im Handlungssystem durch die Persönlichkeitssysteme der involvierten Handelnden bedient. Persönlichkeitssysteme streben danach, ihre jeweiligen motivationalen Antriebe zu befriedigen. Nur eine angemessene Berücksichtigung dieser motivationalen Basis sozialen Handelns kann eine dauerhafte Reproduktion von Handlungssystemen sicherstellen.
- Für das funktionale Erfordernis der *integration* ist im Handlungssystem das soziale System zuständig. Das soziale System besteht aus den Beziehungsmustern zwischen den involvierten Handelnden. Nur wenn diese Beziehungen so koordiniert sind, daß keine zerstörerischen Konflikte auftreten, ist die dauerhafte Reproduktion des Handlungssystems gesichert.
- Dem funktionalen Erfordernis der *latent pattern maintenance* wird im Handlungssystem durch das kulturelle System Rechnung getragen. Das kulturelle System stellt dem Handeln generalisierte sinnhafte Orientierungsmuster in Gestalt von Werten und daran anknüpfenden Deutungsmustern zur Verfügung. Nur insoweit sich das Handeln im Rahmen dieser Orientierungsmuster bewegt, kann sich das Handlungssystem auf Dauer reproduzieren.

Man sieht sehr deutlich, wie das AGIL-Schema die weiter oben beschriebene Vorstellung eines Modus vivendi zwischen sozialem System und seinen drei Umwelten aufgreift und weiterführt. Zusammengefaßt: Handlungszusammenhänge vermögen sich dann und nur dann dauerhaft zu reproduzieren, wenn erstens die körperlichen Bedürfnisse der involvierten Handelnden sowie zweitens deren motivationale Antriebe befriedigt werden und dies drittens sozialen Koordinationserfordernissen sowie viertens übergreifenden kulturellen Orientierungsmustern gerecht wird.

Dies ist Parsons' abstrakte und generelle Formulierung der Bedingungen der Möglichkeit eines dauerhaft geordneten Handlungszusammenhangs. Von hier aus kann man sich theoretisch in zwei Richtungen weiterbewegen. Die eine, die ich nur kurz andeuten will, ist die einer zunehmenden Konkretisierung von Handlungszusammenhängen und deren funktionalen Erfordernissen. Man könnte z.B. danach fragen, wie sich die Erfordernisse von *adaptation*, *goal attainment*, *integration* und *latent pattern maintenance* in einer Arzt-Patient-Beziehung darstellen. Diese Konkretisierung kann nicht deduziert, sondern nur induktiv durch empirische Beobachtung – ähnlich wie Bales' Kleingruppenuntersuchungen – ermittelt werden. Das AGIL-Schema dient dann als theoretisches Ordnungsmuster, das insbesondere auch Vergleiche zwischen Handlungszusammenhängen anleiten und systematisieren kann.

Bei diesem Vorgehen nimmt man analytisch gleichberechtigt die vier Subsysteme des Handlungssystems – Verhaltensorganismus, Persönlichkeit, soziales und kulturelles System – in den Blick. Die andere Richtung, in die man theoretisch voranschreiten kann und die im Zusammenhang der differenzierungstheoretischen Perspektive die wichtigere ist, geht auf eine Spezifikation von Subsystemen des Handlungssystems zurück. Als Soziologe interessiert man sich naturgemäß vor allem für das soziale System, und als soziologischer Gesellschaftsforscher für das *Gesellschaftssystem* als eine besondere Art von sozialem System. Man gelangt theoretisch dorthin durch eine mehrstufige Anwendung des AGIL-Schemas. Ein soziales System im allgemeinen und speziell ein Gesellschaftssystem ist das auf *integration* spezialisierte Subsystem des betreffenden Handlungssystems. Dieses Subsystem läßt sich nun – so Parsons – wiederum als ein System auffassen, dessen dauerhafte Reproduktion die Befriedigung aller vier funktionalen Erfordernisse verlangt. Er unterscheidet also zwei Ebenen der Betrachtung: das soziale System als Teil eines größeren Ganzen, und das soziale System für sich genommen als Ganzes.

Gesellschaftstheorie ist demnach für Parsons die Beschäftigung mit einem Subsystem des allgemeinen Handlungssystems, nämlich einem sozialen System, und überdies mit einer speziellen Art von sozialem System: mit Gesellschaftsystemen als umfassendster Art von sozialen Systemen, die es gibt. Eine Gesellschaft enthält zahllose Dyaden, Gruppen und Organisationen als andere Arten sozialer Systeme; aber die Gesellschaft selbst ist in keinem größeren sozialen System mehr enthalten.

Auch die Analyse des Gesellschaftssystems als eines sozialen Systems kann sich somit des AGIL-Schemas bedienen. Parsons begann die gesellschaftstheoretische Spezifikation des AGIL-Schemas zunächst in Zusammenarbeit mit Neil Smelser (vgl. Parsons/Smelser 1956). Wendet man das AGIL-Schema auf Gesellschaften an, gelangt man zu einer Unterscheidung von vier gesellschaftlichen Subsystemen (vgl. Parsons/Smelser 1956: 46-50; Parsons 1971: 20-29):

– Das funktionale Erfordernis der *adaptation* des Gesellschaftssystems an seine Umwelt wird durch das *Wirtschaftssystem* erfüllt. Es stellt in Form von Gütern und Dienstleistungen Mittel der gesellschaftlichen Bestandserhaltung und Zielerreichung bereit, indem es zur Bedürfnisbefriedigung der Gesellschaftsmitglieder als Verhaltensorganismen und Persönlichkeitssysteme beiträgt, wozu es sich technologisch der Natur bemächtigt. Abstrahiert man von konkreten Waren, geht es bei wirtschaftlichem Handeln um disponibles Einkommen als generelle Kapazität zur Umweltanpassung.
– Das funktionale Erfordernis der *goal attainment* wird im Gesellschaftssystem durch das *politische System* befriedigt. Beim politischen Handeln geht es um die Realisierung gemeinsamer Ziele der Gesellschaftsmitglieder, vor allem durch kollektiv bindende Entscheidungen in Form von Gesetzen. Die politisch mobilisierte generelle Kapazität für diese Zielverfolgung ist Macht.
– Das funktionale Erfordernis der *integration* wird im Gesellschaftssystem durch die *gesellschaftliche Gemeinschaft* („societal community") gesichert. Die gesellschaftliche Gemeinschaft besteht aus den normativen Mustern, die dafür sorgen, daß innerhalb des Gesellschaftssystems keine zerstörerischen Konflikte auftreten, und den Instanzen zur Durchsetzung dieser Muster. Ein wichtiger Bestandteil der gesellschaftlichen Gemeinschaft ist die Rechtsordnung. Es geht hier also um die Mechanismen sozialer Kontrolle, die Solidarität bzw. Loya-

lität als generelle Kapazität zur Erfüllung der gesellschaftlichen Integrationserfordernisse bereitstellen.

- Das funktionale Erfordernis der *latent pattern maintenance* wird im Gesellschaftssystem durch das *Treuhandsystem* („fiduciary system") erfüllt. Zu diesem Subsystem des Gesellschaftssystems gehören all jene Strukturen und Prozesse, die die institutionalisierten kulturellen Orientierungsmuster an die einzelnen Gesellschaftsmitglieder weitergeben. In ihren sozialisatorischen Funktionen bilden die Familien und die Schulen wichtige Komponenten des Treuhandsystems. Zu den kulturellen Orientierungsmustern gehören neben Werten weiterhin kognitive und expressive Muster, weshalb auch wissenschaftliche oder künstlerische Institutionen Teile des Treuhandsystems bilden. In diesem Subsystem werden Wertbindungen als generelle Kapazität für *latent pattern maintenance* geschaffen.

Spätestens bei dieser Konzeptualisierung des Gesellschaftssystems wird deutlich, daß Parsons' theoretische Unterscheidungen einen hochgradig analytischen Charakter tragen. Es handelt sich also um Unterscheidungen, die so nicht im Alltagswissen der Gesellschaftsmitglieder selbst vorkommen. Die beiden gesellschaftlichen Subsysteme, die Parsons den funktionalen Erfordernissen der *adaptation* und der *goal attainment* zuordnet, das Wirtschaftssystem bzw. das politische System, muten auf den ersten Blick noch wie konkrete Teilsysteme an. Denn auch unser Alltagsdenken unterscheidet Wirtschaft bzw. Politik als gegeneinander und gegen anderes abgegrenzte Handlungssphären. Die gesellschaftliche Gemeinschaft und das Treuhandsystem finden sich demgegenüber im Alltagswissen so nicht wieder. Jedem dieser beiden Subsysteme ordnet Parsons Handlungsfelder zu, die im Alltagswissen voneinander unterschieden werden – etwa Familien ebenso wie Forschungseinrichtungen dem Treuhandsystem. In anderen Fällen trennt Parsons im Alltagswissen Zusammengefaßtes nach Teilfunktionen. So gehören Unternehmen als wirtschaftliche Produktionseinheiten dem Wirtschaftssystem an; als hierarchische Organisationen, die für die Kollektivität ihrer Mitglieder verbindliche Entscheidungen zu treffen in der Lage sind, gehören Unternehmen zugleich auch dem politischen Subsystem der Gesellschaft an. An letzterem wird überdies deutlich, daß auch Parsons' analytische Zuschneidung des Wirtschaftssystems und des politischen Systems nicht mit den konkreten Handlungssphären übereinstimmt, die die Gesellschaftsmitglieder als Politik bzw. Wirtschaft auffassen.

Parsons ist zu diesen analytischen Unterscheidungen durch sein deduktives Prinzip der Theoriekonstruktion gezwungen. Ihm bleibt nichts anderes übrig, als konkrete gesellschaftliche Phänomene durch eine Kombination von ineinander verschachtelten Bezügen zu den vier funktionalen Erfordernissen zu begreifen. Wirtschaftliche Produktionsaktivitäten beispielsweise sind dementsprechend als I-A-G zu kategorisieren: Sie finden im Gesellschaftssystem statt, das als soziales System das funktionale Erfordernis der *integration* des allgemeinen Handlungssystems bedient; innerhalb des Gesellschaftssystems sind wirtschaftliche Produktionsaktivitäten im Wirtschaftssystem angesiedelt, also im auf *adaptation* spezialisierten Subsystem; und innerhalb des Wirtschaftssystems ist das Produktionssystem auf das funktionale Erfordernis der *goal attainment* wirtschaftlichen Handelns spezialisiert, weil wirtschaftliche Produktion sich auf die Befriedigung spezifischer Konsumentenbedürfnisse richtet (vgl. Parsons/Smelser 1956: 42/43). Diese Art der Charakterisierung ließe sich im übrigen an beiden Enden noch weiterführen. Das allgemeine Handlungssystem ist für Parsons ein Subsystem des Systems der „conditio humana" – neben dem physikalisch-chemischen System, dem organischen System und dem telischen System, wobei das Handlungssystem auf dieser Systemebene das funktionale Erfordernis der *integration* befriedigt (vgl. Parsons 1978). Am anderen Ende könnten spezielle Produktionsaktivitäten wiederum danach kategorisiert werden, welche der vier funktionalen Erfordernisse des Produktionssystems durch sie erfüllt werden.

Damit ist die Machart von Parsons' Gesellschaftstheorie offengelegt. Sie nutzt *funktionale Differenzierung* als Prinzip der Konstruktion einer Theorie, die zunächst einmal klar analytischen Charakter hat. So geben Parsons und Smelser unumwunden zu:

> Our most general proposition is that total societies *tend* to differentiate into sub-systems (social structures) which are spezialized in each of the four primary functions. Where concrete structures cannot be identified, as is often the case, it is still often possible to isolate types of processes which are thus specialized. (Parsons/Smelser 1956: 47)

Andererseits geht Parsons aber – worauf im Zitat die Hervorhebung hinweist und was ich noch näher ansprechen werde – sehr wohl davon aus, daß die gesellschaftliche Differenzierung sich auf lange Sicht in allen gesellschaftlichen Teilbereichen und über die verschiedenen unterscheidbaren Systemebenen hinweg immer mehr dem AGIL-Schema annähert. Die analytische Theoriekonstruktion stellt gleichsam den soziologisch vorweggenommenen

Fluchtpunkt des Realprozesses dar. Genau deshalb ist dies, methodologisch betrachtet, ein „analytischer Realismus".[9]

In Parsons' „analytischem Realismus" kommt somit Differenzierung eine doppelte Bedeutung zu. Auf der einen Seite ist Differenzierung gleichsam das Strickmuster der Theorie – völlig unabhängig davon, ob Differenzierung auch in der gesellschaftlichen Wirklichkeit stattfindet. Auf der anderen Seite differenziert sich für Parsons, der in dieser Hinsicht ganz den soziologischen Klassikern folgt, die gesellschaftliche Wirklichkeit zunehmend und nähert ihr Differenzierungsmuster dabei immer mehr dem AGIL-Schema an. Parsons nimmt für seine Theorie gesellschaftlicher Differenzierung insofern, diesbezüglich ganz nach Hegelscher Manier, eine sukzessive empirische Bewahrheitung durch die Geschichte in Anspruch.

Das beliebig oft ineinander verschachtelbare AGIL-Schema gestattet es Parsons, im Rahmen seiner Gesellschaftstheorie jeden gesellschaftlichen Sachverhalt – Handlungen, Prozesse oder Strukturen – hinsichtlich dessen *Funktion* für die Reproduktion der jeweils übergeordneten Systemebenen zu charakterisieren. So können beispielsweise Handlungen bzw. Prozesse bzw. Strukturen, die analytisch dem Produktionssystem des Wirtschaftssystems zugeordnet werden, als Beiträge zum *goal attainment* des Wirtschafts- und zur *adaptation* des Gesellschaftssystems eingestuft werden. Je mehr Systemebenen man dabei ineinanderschachtelt, desto genauer fällt die funktionale Einordnung eines gesellschaftlichen Sachverhalts aus.

Freilich unterliegt eine solche funktionale Charakterisierung gesellschaftlicher Sachverhalte all den gewichtigen Einschränkungen, die die methodologische Diskussion über funktionale Erklärungen herausgearbeitet hat (vgl. Merton 1949a; Nagel 1956; Hempel 1959). Wenn Parsons für den gesellschaftlichen Sachverhalt S aufzeigt, daß dieser den Beitrag F, spezifiziert nach verschiedenen analytischen Systemebenen, zur Erfüllung bestimmter funktionaler Erfordernisse leistet, bleiben damit folgende gesellschaftstheoretische Erklärungsprobleme allesamt ungelöst:

---

9 Darüber hat es tiefschürfende Diskussionen gegeben (vgl. Bershady 1973; Jensen 1976: 12-19, 26-28). Dabei ist der Grundtatbestand sehr simpel: Eine strikt deduktive Theoriebildung, die mit nur zwei Anfangsunterscheidungen beginnt, kann schon rein logisch kaum erwarten, daß auch bei mehrfacher Verschachtelung dieser Unterscheidungen die konkreten Unterscheidungen des Alltagswissens über Gesellschaft getroffen werden. Eine derartige Theoriearchitektur erzwingt also den analytischen Charakter der Theorie.

- Warum ist S *entstanden*? Dies wird durch die Funktionalität von S nicht erklärt. Nur unter besonderen Bedingungen, auf die ich in Kapitel 2.1. schon eingegangen bin, kann eine funktionale zugleich auch eine genetische Erklärung sein.
- Warum *existiert* S? Auch das aktuelle Vorhandensein von S ist durch F nicht erklärt. Denn zum einen sind fast immer mehr oder weniger viele funktionale Äquivalente zu S vorstellbar, die F ebenso erfüllen könnten. Eine funktionale Erklärung der Existenz von S müßte aufzeigen, daß keines der vorstellbaren funktionalen Äquivalente real möglich ist. Zudem kann die Existenz von S auch auf ganz andere Ursachen als auf F zurückgehen. So mag S die Interessen bestimmter Akteure bedienen, ohne irgendeinen Beitrag zur Erfüllung eines gesellschaftlichen funktionalen Erfordernisses zu leisten. Im Extremfall kann S sogar gesellschaftlich dysfunktional sein und dennoch existieren, weil es bestimmten Interessen äußerst dienlich ist.
- Warum *überdauert* S? Die Fortexistenz von S ist durch F ebenfalls nicht erklärbar. Denn man kann nicht ausschließen, daß zukünftig funktionale Äquivalente auftreten werden, die F genausogut oder vielleicht sogar besser erfüllen kann. Zudem kann S auch aufgrund ganz anderer Ursachen fortbestehen – also wiederum beispielsweise, weil S für die Befriedigung bestimmter Akteurinteressen nützlich ist.

Wenn man diese Einschränkungen nicht beachtet, produziert man funktionalistische Fehlschlüsse. Man erklärt, ganz hegelianisch, daß, was ist, aufgrund dessen entstanden ist, wozu es gut ist; und man meint sogar, daß das, was ist, notwendig so kommen mußte und auch immer weiter so bleibt. Dabei ist die Erklärungsleistung, die den von Parsons vorgenommenen funktionalen Charakterisierungen gesellschaftlicher Sachverhalte innewohnt, eine ganz andere. Erklärt wird nicht die Entstehung, Existenz oder Fortexistenz von S, sondern die *zum jeweiligen Zeitpunkt gegebene Erfüllung des betreffenden funktionalen Erfordernisses.* Weil zum Zeitpunkt t_0 S existiert und F leistet, wird das betreffende funktionale Erfordernis befriedigt, was wiederum zur Reproduktion des jeweiligen Gesellschaftssystems beiträgt. Nicht weniger, aber auch nicht mehr vermag Parsons mit Hilfe einer auf das AGIL-Schema ausgerichteten Theorie gesellschaftlicher Differenzierung über bestimmte Handlungen, Prozesse oder Strukturen in modernen Gesellschaften zu sagen.

3.3 Gesellschaftliche Integration durch *double interchanges* und die kybernetische Kontrollhierarchie

Man könnte – und Parsons hat in dieser Richtung Einiges unternommen – mit Hilfe des AGIL-Schemas eine möglichst flächendeckende und tiefenscharfe, also mehrere Systemebenen einbeziehende, Kategorisierung gesellschaftlicher Sachverhalte hinsichtlich ihres Beitrags zur Erfüllung der vier funktionalen Erfordernisse gesellschaftlicher Reproduktion vornehmen. Eine solche Zusammenschau bliebe freilich zunächst einmal eine bloß additive Auflistung von Handlungen, Prozessen und Strukturen hinsichtlich ihrer funktionalen Bezüge. Dies wäre aus einem sehr einfachen Grund noch keine adäquate theoretische Rekonstruktion der funktionalen Erfordernisse gesellschaftlicher Reproduktion. Beschränkt man sich der Einfachheit halber auf die erste Stufe der Differenzierung des Gesellschaftssystems in seine vier analytischen Subsysteme, ist klar: Die Aussage, daß jedes der vier Funktionserfordernisse erfüllt sein muß, damit die gesellschaftliche Reproduktion gesichert ist, impliziert die bis jetzt noch nicht thematisierte Bedingung, daß das Verhältnis der Funktionserfordernisse zueinander ausbalanciert sein muß. Die Gesamtheit gesellschaftlichen Handelns muß so auf die vier funktionalen Erfordernisse verteilt werden, daß es zu keiner Vernachlässigung irgendeines Erfordernisses aufgrund einer übermäßigen Hinwendung zu einem der anderen kommt.

Zwischen den Erfordernissen besteht gewissermaßen, angesichts einer begrenzten gesellschaftlichen Handlungskapazität, ein Nullsummenverhältnis. Wenn sich ein Gesellschaftssystem – oder auch ein gesellschaftliches Teilsystem – auf irgendeiner Stufe der analytischen Verschachtelung des AGIL-Schemas beispielsweise zu sehr dem funktionalen Erfordernis der *integration* widmet und darüber *adaptation* vernachlässigt, gibt es gesellschaftliche Reproduktionsprobleme. Für Bales' Kleingruppen ist dies unmittelbar augenfällig. Eine Gruppe, die ihre ganze Zeit mit elaborierten Mechanismen der Konfliktschlichtung und -vermeidung verbringt, vermag sich entsprechend weniger um die Aneignung von Wissen über das Problem, das sie lösen soll, zu kümmern, und scheitert dann möglicherweise an ihrer Aufgabe. Entsprechende Dysbalancen können auch in Gesellschaften auftreten und deren Reproduktionsfähigkeit auf Dauer beeinträchtigen.

Genau besehen impliziert das AGIL-Schema somit die bereits von Weber bekannte Vorstellung, daß die funktionale Differenzierung Gesellschaftssysteme zentrifugalen Tendenzen aussetzt. Bei Weber sind es die untereinander unvereinbaren und gegeneinander rücksichtslosen „Wertsphären", die sich im Zuge einer Rationalisierung der Werte in der modernen Gesellschaft ausdifferenzieren. Bei Parsons sind es immer schon gegebene funktionale Erfordernisse, zwischen denen allerdings die Spannungen in dem Maße wachsen, wie sich die gesellschaftliche Differenzierung in der Moderne dem AGIL-Schema annähert. Die insbesondere von Marx, aber auch von Simmel hervorgehobenen Verselbständigungstendenzen der kapitalistischen Wirtschaft müßte Parsons – soweit er diese Diagnose teilt – als Überhandnehmen von *adaptation* zu Ungunsten der anderen drei funktionalen Erfordernisse und Teilsysteme konzeptualisieren. Damit enthält das AGIL-Schema nicht nur ein analytisches Muster gesellschaftlicher Differenzierung, sondern zugleich auch eine abstrakte Leitvorstellung über *gesellschaftliche Integration*. Diese ist genau dann gewahrt, wenn die vier funktionalen Erfordernisse auf den verschiedenen analytisch unterscheidbaren Stufen der Systembildung jeweils in einem ausgeglichenen Verhältnis zueinander stehen.[10] Richard Münch charakterisiert diese „balanced interrelationship between subsystems" als „... the highest degree of fulfillment of the individual functions without the subsystems breaking apart ..." (Münch 1994: 59).

Das ist ersichtlich keine operationale Bestimmung. Es dürfte schwerfallen, dieses Verständnis von gesellschaftlicher Integration positiv so zu formulieren, daß es anhand empirischer Indikatoren faßbar wäre. Das ist allerdings kein spezielles Manko von Parsons' differenzierungstheoretischen Überlegungen. Integration ist ein Zustand, dessen Gehalt erst dann greifbarer wird, wenn er faktisch in spezifischen Hinsichten nicht mehr gegeben oder zumindest gefährdet ist. Nur durch manifeste bzw. antizipierte Integrationsprobleme erfahren wir etwas über diejenigen Bedingungen, die erfüllt sein müssen, damit Integration vorliegt. Dies aber kann dann nur Gegenstand spezieller empirisch fundierter Untersuchungen sein.

---

10 Damit im Folgenden keine Mißverständnisse auftreten, ist zu beachten, daß der Integrationsbegriff hier zweifach verwendet wird. Er bezeichnet zum einen eines der vier funktionalen Erfordernisse und zum anderen das Verhältnis zwischen ihnen. Welche Bedeutung gemeint ist, wird sich aus dem Zusammenhang ergeben. Eine ähnliche Doppelbedeutung hat sich auch schon beim Differenzierungsbegriff gezeigt.

Im Rahmen genereller Theoriebildung läß sich hingegen danach fragen, welche Arten von Mechanismen ein ausbalanciertes Verhältnis von *adaptation, goal attainment, integration* und *latent pattern maintenance* gewährleisten können. Parsons sieht im Rahmen des AGIL-Schemas vor allem zwei Arten von integrativen Mechanismen: horizontal die *double interchanges* zwischen den analytischen Subsystemen und vertikal die kybernetische Kontrollhierarchie der Funktionserfordernisse. Beide integrativen Mechanismen wirken wiederum auf allen Systemebenen: vom System der Conditio humana bis zu Subsystemen, z.B. des Gesellschaftssystems, der n-ten Ordnung.

Die *double interchanges* sind die in beiden Richtungen verlaufenden Austauschvorgänge zwischen den vier Subsystemen des AGIL-Schemas. Für das Gesellschaftssystem stellt sich dies so dar, daß derartige Paare von Austauschbeziehungen zwischen Wirtschaftssystem und politischem System, Wirtschaftssystem und gesellschaftlicher Gemeinschaft, Wirtschaftssystem und Treuhandsystem, politischem System und gesellschaftlicher Gemeinschaft, politischem System und Treuhandsystem sowie gesellschaftlicher Gemeinschaft und Treuhandsystem existieren. Jedes der vier gesellschaftlichen Teilsysteme unterhält also zu den jeweils anderen drei derartige Austauschbeziehungen, so daß insgesamt zwölf solcher Beziehungen bzw. sechs Paare solcher Beziehungen bestehen (vgl. Parsons/Smelser 1956: 51-85). Im einzelnen stellt sich dies so dar (siehe Schaubild 2), daß jedes der gesellschaftlichen Subsysteme erster Stufe analytisch wiederum in vier Subsysteme zweiter Stufe differenziert ist, von denen drei jeweils einen *double interchange* zu je einem Subsystem zweiter Stufe in den drei anderen Subsystemen erster Stufe unterhalten. Diejenigen Subsysteme zweiter Stufe, die auf das Funktionserfordernis der *latent pattern maintenance* spezialisiert sind, sind in keinem der vier Subsysteme erster Stufe in die *double interchanges* involviert. Das liegt daran, daß *latent pattern maintenance* die Grenzfläche der gesellschaftlichen Subsysteme erster Stufe zum kulturellen Subsystem des allgemeinen Handlungssystems bilden. Weiterhin geht Parsons davon aus, daß die *double interchanges* stets zwischen zwei gleichartigen Subsystemen zweiter Ordnung stattfinden. Beispielsweise verkoppeln das für *goal attainment* zuständige Subsystem des Treuhandsystems und das ebenfalls für *goal attainment* zuständige Subsystem des Wirtschaftssystems diese beiden gesellschaftlichen Teilsysteme.

Schaubild 2: Die double interchanges im AGIL-Schema

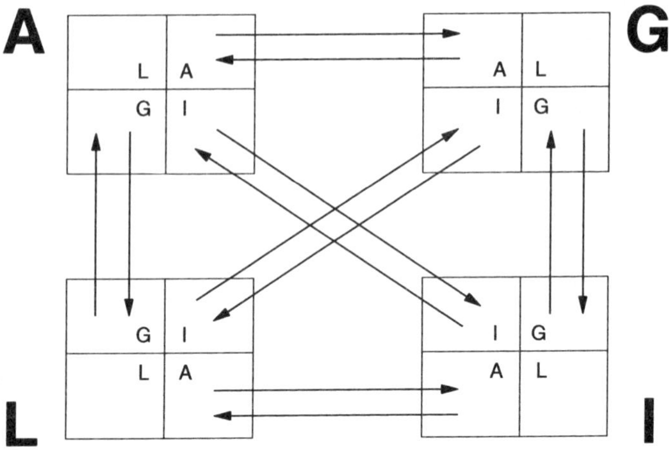

Es würde zu weit führen, wenn ich an dieser Stelle jeden der sechs *double interchanges* zwischen den Subsystemen erster Stufe des Gesellschaftssystems detailliert betrachten würde – ganz zu schweigen davon, auf die Ebene der Subsysteme zweiter oder dritter Ordnung zu gehen. Denn mit jeder Stufe nimmt die Anzahl der *double interchanges* um das Vierfache zu. Ein Beispiel soll hier genügen, um zu zeigen, auf welche Weise die wechselseitigen Austauschbeziehungen zwischen den gesellschaftlichen Subsystemen integrationsfördernd wirken können.

Der *double interchange* zwischen dem Wirtschafts- und dem Treuhandsystem der Gesellschaft findet, wie bereits erwähnt, zwischen den beiden für *goal attainment* zuständigen Subsystemen zweiter Stufe dieser beiden gesellschaftlichen Subsysteme erster Stufe statt. Im Wirtschaftssystem ist dies das Produktionssystem; im Treuhandsystem bilden die Haushalte dieses Subsystem (vgl. Parsons/Smelser 1956: 70-72). Den *double interchange* zwischen Produktion und Haushalten beschreiben Parsons und Smelser wie folgt:

> At the A_G-L_G boundary, goods and services are sold by firms and other suppliers for money payments which are drawn from the wages of households. There are two distinct exchanges: consumers' goods for money funds and labour services for money funds. Money is thus the intervening mechanism in the overall exchange. (Parsons/Smelser 1956: 70)

Daß in hinreichend differenzierten, insbesondere in modernen Gesellschaften Geld den *double interchange* vermittelt, verschafft beiden gesellschaftlichen Subsystemen Freiheitsgrade gegeneinander. Die Haushalte bieten Firmen Arbeitskraft an und erhalten dafür Löhne. Diese Löhne werden von den Haushalten als Konsumenten für den Erwerb von Waren und Dienstleistungen von Firmen gebraucht. Geld ermöglicht es den Haushalten, ihre Konsumentenbedürfnisse auch bei anderen Firmen als denen, in denen Haushaltsangehörige beschäftigt sind, zu befriedigen; und in der anderen Richtung ermöglicht Geld es den Firmen, die produzierten Waren und Dienstleistungen nicht nur an die eigenen Arbeitskräfte zu liefern. Insofern sind die beiden Subsysteme über diesen *double interchange* nur locker miteinander verkoppelt. Dieses spätestens in modernen Gesellschaften realisierte Muster des *double interchange* gestattet eine „divergence of interest" zwischen dem Wirtschafts- und dem Treuhandsystem:

> ...typical firms and typical households are primarily centred in different functional sub-systems of society and hence have different primary goals. Household members want to ‚live' according to a given pattern; the firm's goal is to ‚produce', secure rewards, and accumulate facilities to continue producing. (Parsons/Smelser 1956: 71)

Diese lockere Kopplung ist zunächst einmal nichts anderes als funktionale Differenzierung. Das Wirtschaftssystem hat sich um ein ganz anderes funktionales Erfordernis der Gesellschaft zu kümmern als das Treuhandsystem. Damit die Integration des Gesellschaftssystems gewährleistet ist, darf die Kopplung zwischen diesen beiden Subsystemen allerdings auch nicht zu locker werden oder gar völlig aufgelöst werden: „Some mechanism must mediate between these two distinct orientations." (Parsons/Smelser 1956: 71)

Diese integrative Leistung wird bei dem vorliegenden *double interchange* durch Geld vollbracht. Denn beide Beteiligten, die Firmen auf der einen und die Haushalte auf der anderen Seite, sind aus unterschiedlichen Gründen daran interessiert, ihre finanzielle Zahlungsfähigkeit zu erhalten. Die Firmen müssen als Organisationen des Wirtschaftssystems Geld verdienen, um den eigenen Bestand zu erhalten. Geld verdienen können Firmen aber nur, wenn sie Güter und Dienstleistungen anbieten, die Käufer finden. Das sorgt dafür, daß die Produktion der Firmen sich an den Bedürfnissen der Haushalte ausrichtet, also das Wirtschaftssystem entsprechend Rücksicht auf das Treuhandsystem nimmt. Anders gesagt: Die Erfüllung des funktionalen Erfordernisses der *adaptation* stellt die Belange in Rechnung, die eine Erfüllung des funktionalen Erfordernisses der *latent pattern maintenance* hat. In der anderen Richtung sind die Haushalte deshalb auf Geld angewiesen, weil sie nur so für die Lebensführung erforderliche Güter und Dienstleistungen erhalten können. Geldeinkommen beschaffen sich Haushalte aber vor allem über die Beschäftigung von Haushaltsangehörigen in Firmen. Diese Angewiesenheit der Haushalte auf Arbeitseinkommen stellt eine Rücksichtnahme des Treuhandsystems auf das Wirtschaftssystem sicher. Die Erfüllung der Funktion des *latent pattern maintenance* kann sich nicht gänzlich darüber hinwegsetzen, was die Erfüllung der Funktion der *adaptation* benötigt. So werden diese beiden gesellschaftlichen Subsysteme durch wechselseitige finanzielle Abhängigkeiten voneinander davon abgehalten, daß ihre lockere Kopplung, die ja gerade den durch Differenzierung erreichten Zugewinn an Möglichkeiten ausmacht, desintegrative Tendenzen entfaltet.

Ähnliches ließe sich für alle *double interchanges* zwischen den gesellschaftlichen Subsystemen auf den verschiedenen Stufen der Systembildung aufzeigen. Das dargestellte Beispiel genügt allerdings, um zu erkennen, wie Parsons sich die *double interchanges* als gesellschaftliche Integrationsmechanismen vorstellt. Klar ist natürlich, daß die theoretische Fassung der *double interchanges* genauso analytischen Charakter hat wie die Fassung der gesellschaftlichen Subsysteme. Denn wenn die Subsysteme analytisch zugeschnitten sind, müssen es auch die Beziehungen zwischen ihnen sein. Allerdings werden den zunächst analytisch deduzierten *double interchanges* konkrete gesellschaftliche Vorgänge zugeordnet. Das Konzept der *double interchanges* funktioniert somit genau wie das Konzept der vier funktionalen Erfordernisse und der dazu gehörigen Subsysteme als theoretisches Suchschema. Es hält dazu an, gesellschaftliche Vorgänge ausfindig zu machen, die eine bestimmte wechselseitige Austauschbeziehung zwischen zwei gesellschaftlichen Subsystemen ausmachen.

Um Mißverständnissen vorzubeugen, sei ausdrücklich vermerkt, daß Parsons keineswegs harmonistisch davon ausgeht, daß jeder dieser *double interchanges* in einer gegebenen Gesellschaft jederzeit funktioniert. Gesellschaftliche Integration ist längst nicht immer gegeben; und eine wichtige Ursache dafür sind Mängel in bestimmten *double interchanges*. Wenn – um beim Beispiel zu bleiben – die Firmen systematisch, also nicht bloß punktuell, die Konsumentenbedürfnisse verfehlen oder sich über diese hinwegsetzen, bereitet das Wirtschafts- dem Treuhandsystem ein Integrationsproblem. Genau diese Art von Problem war eine der wichtigsten Ursachen für den Zusammenbruch des Sozialismus in Osteuropa. Wenn umgekehrt die Haushalte ihre Mitglieder – insbesondere die Kinder und Jugendlichen – nicht so sozialisieren, wie dies von den Firmen als Arbeitsdisziplin benötigt wird, bereitet das Treuhand- dem Wirtschaftssystem ein Integrationsproblem. Auch für so etwas gibt es Beispiele – etwa aus der Frühindustrialisierung oder aus heutigen Ländern der Dritten Welt. Solche Integrationsprobleme manifestieren sich letztlich darin, daß der vermittelnde Mechanismus zwischen den jeweiligen Subsystemen nicht mehr funktioniert. Den Unternehmen im Sozialismus war das, was sie an den Konsumenten verdienen konnten, ziemlich gleichgültig; und manchen Familien, die sich mit Sozialhilfe arrangiert haben, sind die durch geregelte Arbeit erzielbaren Konsumchancen ebenso gleichgültig. Wenn so etwas nicht bloß im Einzelfall, sondern massenhaft passiert, treten Integrationsprobleme auf.

In den *double interchanges* spiegeln sich letztlich Leistungsabhängigkeiten zwischen den gesellschaftlichen Subsystemen wider. In diesem Punkt findet sich bei Parsons in systemtheoretischem Gewand eine schon von Durkheim bekannte Überlegung wieder. Auch wenn Durkheim, wie dargestellt, die „organische Solidarität" nicht schon allein in den wechselseitigen Abhängigkeiten zwischen den spezialisierten Rollenträgern verbürgt sah, waren diese Abhängigkeiten für ihn derjenige Faktor, der im Zusammenwirken mit anderen gesellschaftliche Integration herstellte. Ähnlich gilt für Parsons, daß ein gewichtiger Teil der Lösung der Integrationsprobleme funktional differenzierter Gesellschaften durch die funktionale Differenzierung selbst schon bereitgestellt wird. Auch Parsons greift die klassische austauschtheoretische Überlegung auf, daß dauerhafte wechselseitige Abhängigkeiten zu Koordination und Kooperation anhalten. Bevor ich aber darauf eingehe, daß dies für Parsons aufgrund ähnlicher Erwägungen wie für Durkheim nur ein Teil der Antwort ist, sollen noch zwei theoretische Fortschritte, die bereits an dieser Teilantwort sichtbar werden, aufgezeigt werden.

Der eine liegt darin, daß Parsons mit dem AGIL-Schema das Problem gesellschaftlicher Integration einerseits auf der Ebene gesellschaftlicher Teilsysteme betrachtet, auf die es von Weber gebracht worden ist, andererseits aber das Problem analytisch kleinarbeitet und ihm damit jene von Weber suggerierte Dramatik nimmt. Sieht man das Integrationsproblem, wie Durkheim, nur auf der Rollenebene, kann man zwar die Gefahr einer um sich greifenden gesellschaftlichen Anomie durch zunehmende Rollendifferenzierung heraufbeschwören. Plausibler ist allerdings, daß dieses Problem der Rollenintegration in eine Vielzahl handlicher Teilprobleme zerfällt, die je für sich spezifische Lösungen finden. Schicksalhafte Größe nimmt das Problem gesellschaftlicher Integration daher erst dann an, wenn es dabei nicht mehr um die zahllosen kleinen Abstimmungsprobleme zwischen Individuen, sondern um die großen Abstimmungsprobleme zwischen gesellschaftlichen Teilsystemen geht. Genau das war Webers Botschaft; und deren Dramatik war sicher mitverantwortlich dafür, daß er seine Aufmerksamkeit auf eine entsprechend brachiale, höchst zwiespältige Problembewältigung in Form bürokratischer Herrschaft richtete.

Parsons demonstriert, daß dies keine zwingende theoretische Konsequenz ist. Seine Vorstellungen über die integrationsfördernden Wirkungen der *double interchanges* beruhen gerade darauf, daß die vier zweifellos stark auseinandergehenden funktionalen Erfordernisse des AGIL-Schemas einander über eine Mehrzahl von Leistungsabhängigkeiten zwischen den gesellschaftlichen Subsystemen gleichsam vielfältig im Zaum halten. Hier hat sicherlich – und sei es unbewußt – das in der amerikanischen politischen Philosophie tief verwurzelte Denkmuster der „checks and balances" gewirkt. Und natürlich konnte Parsons im Vergleich zu Weber davon profitieren, daß letzterer in einer Zeit und einer Gesellschaft lebte, in der die zentrifugalen Tendenzen der „Wertsphären" sehr viel mehr ins Bewußtsein traten, als dies in den Vereinigten Staaten jemals, und schon gar nicht in den vierziger und fünfziger Jahren, der Fall gewesen ist.

Der zweite sehr wichtige theoretische Fortschritt, der mit Parsons' Konzept der *double interchanges* verbunden ist, ist das Konzept der „generalized media of exchange". Im dargestellten Beispiel ist Geld ein solches *symbolisch generalisiertes Kommunikationsmedium*, das den *double interchange* zwischen den beiden gesellschaftlichen Subsystemen vermittelt. Neben Geld als Kommunikationsmedium des Wirtschaftssystems gibt es drei weitere: Macht im politischen System, Einfluß in der gesellschaftlichen Gemeinschaft und Wertbindungen im Treuhandsystem (vgl. Parsons 1963a; 1963b; 1964b; 1969). Für alle diese Medien gilt:

> These mechanisms operate in social interaction in a way that is both much more specific and more generalized than communication through language. Furthermore, they have in common the imperative mood, i.e. they are ways of ‚getting results' rather than only of conveying information. (Parsons 1963a: 361)

Mit dieser gemeinsamen Funktion gehen weitere Gemeinsamkeiten der Medien einher (vgl. Münch 1994: 47-58). Alle haben symbolischen Charakter, besitzen also keinen intrinsischen Wert. Alle Medien sind generalisiert in dem Sinne, daß sie unabhängig von spezifischen Anlässen und Personen benutzt werden können. Der Gebrauch aller Medien ist durch einen jeweils eigenen normativen Code und ein evaluatives Leitprinzip geprägt. Am Geld illustriert: Der symbolische Charakter des Geldes äußert sich vor allem daran, daß der Materialwert eines Geldscheines fast gleich Null ist; die Generalisierungsleistung besteht darin, daß Geld überall, wo wirtschaftlich gehandelt wird, ohne Ansehen der Person als Zahlungsmittel akzeptiert wird; die Eigentumsrechte sind eine wichtige Komponente der normativen Prägung von Geld; und ökonomische Nützlichkeit ist die evaluative Leitorientierung der Geldverwendung.

Entsprechendes ließe sich etwa auch für das Medium der gesellschaftlichen Gemeinschaft feststellen: Einfluß als Berechtigung, Akteuren die Konformität mit anerkannten Normen der gesellschaftlichen Gemeinschaft abzufordern, symbolisiert sich in bestimmten sozialen Positionen, deren Träger in exemplarischer Weise die Orientierung an diesen Normen verkörpern – beispielsweise ehrenamtliche Gemeindepolitiker oder Vereinsvorsitzende; Einfluß ist generalisiert, weil er sich letztlich auf Bürgerrechte gründet und damit alle besonderen gesellschaftlichen Gruppierungen übergreift; in welchen Hinsichten Einfluß geltend gemacht werden kann, um Konformität zu erzielen, ist normativ festgelegt; und die evaluative Leitorientierung beim Gebrauch von Einfluß ist der Erhalt und die Steigerung gemeinschaftlicher Solidarität.

Die vier gesellschaftlichen Kommunikationsmedien unterscheiden sich in zwei Dimensionen (vgl. Parsons 1963a: 361-366). In der einen Dimension geht es darum, ob Ego als derjenige, der auf Alter einwirkt, dies darüber tut, daß er entweder Alters Intentionen oder Alters Handlungssituation verändert. In der zweiten Dimension geht es darum, ob Ego seine Einwirkungen auf Alter mit positiven oder mit negativen Sanktionen verbindet. Kombiniert ergeben diese beiden Dimensionen die jeweils unterschiedlichen Wirkungsprofile der vier Medien: Geld als positive Sanktion, die die Situation des Gegenübers durch einen Anreiz verändert; Macht als negative Sanktion, die die Situation des Gegenübers durch eine abschreckende Vermeidungsalternative verändert; Einfluß als positive Sanktion, die die Intentionen des Gegenübers durch eine Überzeugung verändert; und Wertbindungen als negative Sanktion, die die Intentionen des Gegenübers durch ein mahnendes In-Erinnerung-Rufen von normativen Prinzipien verändert.

Diese vier Kommunikationsmedien werden, wie schon das obige Beispiel illustriert hat, in den *double interchanges* zwischen den gesellschaftlichen Subsystemen eingesetzt, um den wechselseitigen Leistungsanforderungen jeweils motivierende Kraft zu verleihen. Diese motivierende Kraft, die wie dargestellt in normativen Regeln und evaluativen Leitorientierungen institutionalisiert ist, reicht genau deshalb über das bloße kalkulierende Bewußtsein wechselseitiger funktionaler Abhängigkeiten zwischen den Teilsystemen hinaus. Parsons bleibt insoweit Durkheims Linie treu, daß rein utilitaristische Erwägungen noch keine gesellschaftliche Integration sicherstellen können. Erst wenn jenseits situativer Interessenkalküle durch die Kommunikationsmedien unterstrichene Normen und vor allem die Wertorientierungen von ökonomischer Nützlichkeit, politischer Autorität, gemeinschaftlicher Solidarität und kultureller Integrität die Austauschbeziehungen zwischen den gesellschaftlichen Subsystemen bestimmen, ist ein Modus gefunden, der dauerhafte wechselseitige Rücksichtnahme auf die jeweils anderen Funktionserfordernisse sicherstellen kann.

Wenn dann in den *double interchanges* Integrationsprobleme auftreten, läßt sich das in Parsons' Sichtweise stets darauf zurückführen, daß die entsprechenden Kommunikationsmedien Funktionsdefizite aufweisen. So gilt für alle vier Medien, daß sie wie Geld inflationären und deflationären Tendenzen ausgesetzt sein können. Wenn beispielsweise Macht inflationiert, also gesellschaftlich im Überfluß bereitsteht, müssen Machthaber immer mehr Macht einsetzen, um dasselbe Ausmaß an Folgebereitschaft zu erreichen; und wenn Macht deflationiert, sich also gesellschaftlich verknappt, verfügen nur noch wenige Machthaber über einsetzbare Machtpotentiale. Beides führt dazu, daß in den entsprechenden *double interchanges* die Fügsamkeit des Gegenübers schwindet, wodurch das machtausübende Subsystem seine Belange weniger zur Geltung zu bringen vermag. Dann aber kann eine Dysbalance zu Ungunsten des betreffenden Subsystems eintreten.

Die über symbolisch generalisierte Kommunikationsmedien vermittelten *double interchanges* zwischen den vier funktionalen Subsystemen des Gesellschaftssystems sind der eine von Parsons identifizierte Integrationsmechanismus moderner Gesellschaften. Der andere beruht darauf, daß Parsons das Verhältnis der vier Subsysteme als eine *kybernetische Kontrollhierarchie* von ermöglichenden Kräften auf der einen, ordnenden Kräften auf der anderen Seite ansieht (vgl. Parsons 1961b: 171-177; 1966: 20, 50-53; Münch 1994: 39/40). Diese Vorstellung ist, wie dargestellt, bereits in der handlungstheoretischen Konzeption des „unit act" angelegt. Handeln konstituiert sich demzufolge über zwei gegenläufige Vorgänge. In der einen Richtung schaffen bestimmte Kräfte einen mehr oder weniger breiten Spielraum von Handlungsalternativen, beispielsweise durch die Bereitstellung von Mitteln; und in der anderen Richtung bringen andere Kräfte Ordnung in diesen Alternativenraum, etwa durch die Auswahl eines bestimmten Zieles, auf das hin die Mittel eingesetzt werden.

In der kybernetischen Systemtheorie besteht eine analoge Vorstellung darüber, wie umweltoffene zielorientierte Systeme ihren Fortbestand sichern. Sie müssen auf der einen Seite über Vorkehrungen verfügen, die ihnen energetische Inputs aus der Umwelt verschaffen; und auf der anderen Seite müssen derartige Systeme auch informationsverarbeitende Mechanismen besitzen, die diese Inputs für die systemische Zielverfolgung einsetzen. Das schon einmal angeführte Standardbeispiel ist ein Zimmer, in dem sich eine Heizung mit Thermostat befindet. Ohne Thermostat könnte die Heizung nur so, wie sie zufällig angestellt ist, Wärme erzeugen, wäre aber nicht in der Lage, den Raum auf einer bestimmten Temperatur, die zudem gezielt geändert werden kann, zu halten. Erst der Thermostat gleicht Soll und Ist der Raumtemperatur ab und steuert dementsprechend die Wärmeerzeugung durch die Heizung. Er selbst vermag freilich keinerlei Wärme zu erzeugen, bliebe also ohne Heizung völlig wirkungslos. Erst das Zusammenwirken beider Komponenten ermöglicht also das gezielte Herbeiführen einer bestimmten Raumtemperatur. Die Heizung liefert die Energie, der Thermostat die informationelle Steuerung des Energieeinsatzes.

Parsons überträgt seine frühen handlungstheoretischen Überlegungen mit Hilfe der kybernetischen Systemkonzeption auf das Handlungssystem und auf soziale Systeme, insbesondere Gesellschaftssysteme. Die vier analytischen Funktionen von *adaptation, goal attainment, integration und latent pattern maintenance* stellen sich dann so dar, daß in dieser Reihenfolge ermöglichende Kräfte immer mehr abnehmen, ordnungsschaffende Kräfte hingegen immer mehr zunehmen. Für das Handlungssystem heißt das:

– Der Verhaltensorganismus der Handelnden, der auf *adaptation* spezialisiert ist, trägt zur Konstitution von Handlungen und Handlungszusammenhängen durch ein breites Repertoire an körperlichen Fähigkeiten und Antrieben bei.

- Das Persönlichkeitssystem der Handelnden, das auf *goal attainment* spezialisiert ist, spezifiziert diesen körperlichen Möglichkeitsraum auf einer ersten Stufe durch die Ausbildung von Motiven.
- Das soziale System, das auf *integration* spezialisiert ist, spezifiziert auf einer zweiten Stufe die Motivbildung durch soziale Normen, die nicht alles, was subjektiv gewollt wird, zulassen.
- Das kulturelle System schließlich, das auf *latent pattern maintenance* spezialisiert ist, spezifiziert auf einer dritten Stufe die Institutionalisierung sozialer Normen durch generelle Wertorientierungen, die erst eine normative Ordnung schaffen.

Das Handlungssystem stellt sich also gleichsam als ein Ordnungstrichter dar, in dem diffuse biologische Antriebe zunächst motivational und sodann normativ domestiziert werden, wobei sich die normative Ordnung aus übergeordneten Werten herleitet. In diesem Sinne begreift Parsons sich selbst als „Kulturdeterministen" (Parsons 1966: 174/175). Hier drängt sich der Vergleich zu Marx auf. Auch dieser hatte ja gesehen, daß sich die Sozialität des Menschen in einem Wechselspiel von letztlich biologisch fundierten Bedürfnissen auf der einen Seite und kulturellen Prägungen – z.B. Ideologien – auf der anderen Seite bewegt.[11] Sowohl Parsons als auch Marx wenden sich gegen einen „materialistischen" oder „idealistischen" Reduktionismus – also gegen die Vorstellung, daß die kulturellen Leitorientierungen lediglich Widerspiegelungen biologisch fundierter Bedürfnisse sind, ebenso wie gegen die umgekehrte Vorstellung, kulturelle Leitorientierungen könnten sich über die Schranken hinwegsetzen, die die biologisch fundierten Bedürfnisse errichten. Während aber Parsons in diesem Zusammenspiel ermöglichender und ordnungsschaffender Kräfte eher letztere akzentuiert, ist es bei Marx umgekehrt, wie in der Redeweise von „Basis" und „Überbau" – und zu letzterem gehört für Marx die Kultur – deutlich wird.

Auch die Subsysteme des Gesellschaftssystems bilden eine entsprechende kybernetische Kontrollhierarchie:

- Das auf *adaptation* spezialisierte Wirtschaftssystem stellt vielfältige gesellschaftliche Verwendungsmöglichkeiten für den produzierten Reichtum in Form von Kapital auf der einen, Waren und Dienstleistungen auf der anderen Seite bereit. Ins-

11 Siehe dazu nur Bader et al. (1976: 26-46).

besondere über die eingesetzten Technologien wird die natürliche Umwelt der Gesellschaft einer Fülle von Nutzungsmöglichkeiten zugänglich.

- Das auf *goal attainment* spezialisierte politische System legt diese Verwendungsmöglichkeiten für die jeweilige gesellschaftliche Kollektivität durch bindende Entscheidungen fest. Beispielsweise wird bestimmt, wirtschaftliche Ressourcen für den Bau einer Straße einzusetzen. Oder aus der Wirtschaft abgeschöpfte Steuern werden durch politische Entscheidungen als Kindergeld an Familien zugeteilt. Sogar die Tatsache, daß viele Verwendungen wirtschaftlicher Ressourcen individuelle Konsumentscheidungen sind, also nicht den Zielsetzungen der gesellschaftlichen Kollektivität unterliegen, ist als politische Nicht-Entscheidung einzustufen: als kollektiv bindende Entscheidung, z.B. über die Art der getragenen Kleidung keine kollektiv bindende Entscheidung zu treffen. Insgesamt spezifiziert also das politische System die vom Wirtschaftssystem bereitgestellten gesellschaftlichen Handlungsmöglichkeiten.
- Die gesellschaftliche Gemeinschaft als auf *integration* spezialisiertes Subsystem spezifiziert das *goal attainment* des politischen Systems. Kollektiv bindende Entscheidungen müssen sich im Rahmen dessen bewegen, was die gesellschaftliche Gemeinschaft vor allem in Form von Bürgerrechten als solidaritätsstiftende Normen institutionalisiert. So sind beispielsweise Sozialstaatsprinzipien eine Ausformung von Bürgerrechten und können als solche etwa familienpolitische Entscheidungen prägen. Daß das politische System Familien mit Kindern durch Kindergeld zu unterstützen hat, ist dann eine Konsequenz des Ordnungsmusters, das die gesellschaftliche Gemeinschaft der Politik auferlegt. Die Vielfalt potentiell vorstellbarer kollektiv bindender Entscheidungen wird so durch gesellschaftliche Integrationserfordernisse kanalisiert.
- Das auf *latent pattern maintenance* spezialisierte Treuhandsystem stellt wiederum Ordnungsvorgaben in Form kultureller Wertorientierungen bereit, denen sich die Normen der gesellschaftlichen Gemeinschaft zu fügen haben. Die Ausformung der Bürgerrechte hat sich beispielsweise an einem kulturell institutionalisierten Humanismus auszurichten, der im Treuhandsystem durch Sozialisation vermittelt und durch Wissenschaft und Kunst weiterentwickelt wird. Die prinzipiell vorstellbare Vielfalt von Normen, für die die gesellschaftliche

Gemeinschaft Konformität verlangen könnte, wird so durch kulturelle Vorgaben geordnet.

Auch im Gesellschaftssystem wirkt also ein Ordnungstrichter. Gerade gegenüber der in Kapitel 2.4 dargestellten Sichtweise von Marx, daß eine verselbständigte kapitalistische Ökonomie die anderen gesellschaftlichen Teilbereiche dominiert und gleichsam schrankenlos ihre gesellschaftlich destruktiven Tendenzen entfesselt, hebt Parsons die gesellschaftlich integrative „Zähmung" des Wirtschaftssystems durch politische, rechtlich-moralische und kulturelle Schranken hervor. Wohlgemerkt: Parsons behauptet nirgends, daß diese Schranken immer und überall zuverlässig funktionieren. Aber er setzt der Marxschen Vorstellung, daß die ökonomische „Basis" sich leicht über diesen „Überbau" hinwegsetzen könne, entgegen, daß die Handlungsmöglichkeiten des Wirtschaftssystems normalerweise wirksam durch die anderen drei gesellschaftlichen Subsysteme gesteuert und kontrolliert werden.

Gesellschaftliche Integrationsprobleme können somit auch daher rühren, daß die kybernetische Kontrollhierarchie der Subsysteme nicht funktioniert. Das ist immer dann der Fall, wenn die Ordnungsstiftung „von oben" auf der einen oder anderen Stufe versagt. Auch hier wird der Gegensatz zu Marx deutlich. Das Wirtschaftssystem kann in der kybernetischen Kontrollhierarchie gar nicht zum Ursprung von Integrationsproblemen werden, weil es als unterstes Subsystem kaum gesellschaftliche Ordnungsleistungen vollbringt, sondern dafür lediglich eine Vielfalt von Möglichkeiten bereitstellt. Integrationsprobleme treten vielmehr dann auf, wenn das politische System das Wirtschaftssystem oder die gesellschaftliche Gemeinschaft das politische System oder das Treuhandsystem die gesellschaftliche Gemeinschaft nicht hinreichend bändigt. Gesellschaftliche Desintegration, die beispielsweise durch Massenarbeitslosigkeit mit entsprechenden sozialen Unruhen verursacht wird, geht für Parsons dann darauf zurück, daß die Wirtschafts- und Sozialpolitik versagt hat.

Ein anderes Beispiel für gesellschaftliche Integrationsprobleme sind durch politische Entscheidungen fixierte Diskriminierungen bestimmter Bevölkerungsgruppen, die sich dagegen dann, sofern sie sich politisch zu organisieren vermögen, durch gesellschaftliche Konflikte zur Wehr setzen. In diesem Sinne stellen sich also etwa die Rassenkonflikte in den Vereinigten Staaten für Parsons als Integrationsprobleme dar (vgl. Parsons 1965). Der im Treuhandsystem institutionalisierte kulturelle Humanismus gerät in Widerspruch zu den in der gesellschaftlichen Gemeinschaft etablierten und sich auch in politischen Entscheidungen manifestierenden, die Schwarzen vielfach diskriminierenden Ausformulierungen der Bürgerrechte.

Damit sieht Parsons insgesamt die gesellschaftliche Integration als Ergebnis des Zusammenwirkens horizontaler und vertikaler integrativer Mechanismen an: der im Nebeneinander der Teilsysteme stattfindenden Abstimmungen über die *double interchanges* sowie des ordnungsstiftenden Übereinanders in der kybernetischen Kontrollhierarchie. Beide Mechanismen sind normativ geprägt, weil Parsons an der schon im Konzept des „unit act“ angelegten Leitvorstellung festhält, daß jede soziale Ordnung auf einem durch geteilte Normen und Werte begründeten Fundament ruht.

Bei der situativen Implementation dieser integrativen Leistungen schreibt Parsons den einzelnen Gesellschaftsmitgliedern als Akteuren eine gewichtige Rolle zu. Er schließt hier an Überlegungen von Durkheim und Simmel – siehe dazu Kapitel 2.2 – an. Daß die funktional differenzierte moderne Gesellschaft die Personen individualisiert, heißt eben nicht nur, daß ihnen Einzigartigkeit und Selbstbestimmung *ermöglicht* wird. Beides wird ihnen vielmehr auch *abverlangt*. Parsons nennt dies treffend *„institutionalized individualism“* (Parsons 1960: 29/30; 1974: 321/322). Ein Verständnis von Individualität, das diese auf die „... utilitarian conception of ‚the rational pursuit of self-interest‘...“ (Parsons 1974: 321) verkürzt, bekommt nicht in den Blick, daß Individualität nicht nur Option der Person, sondern auch deren Verpflichtung gegenüber der Gesellschaft ist. Individualität beinhaltet also auch einen obligatorischen „aspect of solidarity“ (Parsons 1974: 321). Es handelt sich um eine „... institutionalized order in which individuals are expected to assume great responsibility and strive for high achievement ...“ (Parsons 1960: 30). Die Personen werden als Individuen zu unersetzbaren Trägern gesellschaftlicher Ordnung, indem sie situativ sensibel die komplexen und oftmals widersprüchlichen Anforderungen der verschiedenen Funktionserfordernisse gegeneinander ausbalancieren. Parsons arbeitet dies nicht weiter aus; aber vor allem die bereits in Kapitel 2.2. angesprochenen interaktionistischen Erweiterungen und Kritiken der strukturfunktionalistischen Rollentheorie haben diese von Parsons postulierte gesellschaftliche Integrationsfunktion personaler Individualität vielfältig dargelegt.

3.4 Gesellschaftlicher Wandel als Evolution

Die bisher dargestellten differenzierungstheoretischen Überlegungen von Parsons haben sich auf eine statische Betrachtung der modernen Gesellschaft beschränkt – sieht man von der kurz erwähnten Behauptung ab, daß die tatsächliche gesellschaftliche Differenzierungsstruktur sich tendenziell immer mehr dem AGIL-Schema annähert. Parsons wurde seit den fünfziger Jahren auch immer wieder der Vorwurf gemacht, daß er über kein theoretisches Instrumentarium zur Analyse sozialen Wandels verfüge. Insbesondere Ralf Dahrendorf hat auf der Basis dieser Kritik seine eigene konflikttheoretische Perspektive als Alternative zu Parsons' Gesellschaftstheorie propagiert (vgl. Dahrendorf 1955; 1958). Diese Einschätzung wurde der Parsonsschen Gesellschaftstheorie schon auf dem damals erreichten Stand der Ausarbeitung nicht gerecht. Als sich Parsons dann in den sechziger Jahren intensiv mit der Entwicklung menschlicher Gesellschaften seit den frühesten Anfängen beschäftigte, wurde spätestens offenbar, daß seine Gesellschaftstheorie sich sehr gründlich der Dynamik von Gesellschaftssystemen widmet. In dynamischer Hinsicht geht es dabei zum einen darum, aufgrund welcher Ursachen gesellschaftliche Differenzierung im allgemeinen und bestimmte Differenzierungsvorgänge im besonderen stattgefunden haben. Zum anderen kann man neben dieser retrospektiven Frage auch der prospektiven Frage nachgehen, welche in die Zukunft weisenden Trends gesellschaftlicher Differenzierung auszumachen sind.

Ich will zunächst auf die retrospektive Frage eingehen. Hier geht es um eine genetische Erklärung gesellschaftlicher Differenzierung. Parsons und Smelser haben hierzu sehr übereinstimmende Vorstellungen entwickelt und an bestimmten historischen Vorgängen illustriert (vgl. Smelser 1959; 1968; Parsons 1961a). Smelsers Beispiel sind zwei eng miteinander zusammenhängende Differenzierungsvorgänge im Zuge der industriellen Revolution im England des 19. Jahrhunderts: das Verbot der Kinderarbeit und die allgemeine Schulpflicht. Das Verbot der Kinderarbeit verortet Smelser im AGIL-Schema als Differenzierung zwischen dem Wirtschafts- und dem Treuhandsystem. Denn hierdurch wird in den Arbeiterfamilien die traditionelle, aus der Landwirtschaft stammende Familienökonomie beseitigt, die die Kinder als Arbeitskräfte einsetzt. So entsteht ein Freiraum für eine arbeitsunabhängige familiale Sozialisation. Die Einführung der Schulpflicht macht zum einen erst vor diesem Hintergrund Sinn, weil ganztägig arbeitende Kinder keine Zeit für die Schule haben. Zum anderen führt die Einführung der Schulpflicht aber auch zu einer weiteren Binnendifferenzierung des Treuhandsystems. Neben die Familie als Sozialisationsinstanz tritt die Schule; und beide Instanzen können sich auf unterschiedliche Sozialisationsfunktionen spezialisieren.[12] Insgesamt handelt es sich also darum, daß eine Ausdifferenzierung von *latent pattern maintenance* gegenüber *adaptation* bei ersterem eine weitere Innendifferenzierung ermöglicht.

Die allgemeine Erklärung, die Smelser und auch Parsons für derartige Differenzierungsvorgänge entwickeln, geht davon aus, daß das bisherige Differenzierungsmuster an Leistungsgrenzen stößt. In Smelsers Beispiel äußern sich diese Leistungsgrenzen in Sozialisationsmängeln. Die Kinder der Arbeiterschicht konnten unter den Bedingungen einer schon früh einsetzenden Vollzeit-Arbeitstätigkeit nicht zu kompetenten und konformen Gesellschaftsmitgliedern erzogen werden. Verwahrlosung, mangelnde Sozialdisziplin, fehlende zivilisatorische Grundfertigkeiten und Unwissenheit in vielen Bereichen der Allgemeinbildung wurden in mehreren Hinsichten zu einem gesellschaftlichen Problem. Die Kirchen verloren in der Arbeiterschaft an Gefolgschaft; Kriminalität nahm zu; die Gefahr politischer Unruhen wuchs; und die Unternehmen spürten bald, daß ihnen qualifizierte und disziplinierte Arbeitskräfte fehlten. Um derartige Leistungsdefizite zu beheben, findet eine Veränderung der Differenzierungsstruktur in Richtung höherer Differenzierung statt. Denn die Leistungsdefizite üben einen „pressure towards structural differentiation" (Parsons 1961a: 219) aus. Erst wenn eine neue Differenzierungsstruktur etabliert ist, die diesen Druck beseitigt, ist die dauerhafte Reproduktionsfähigkeit des Gesellschaftssystems wiederhergestellt. Am Beispiel: Die Ermöglichung bzw. Etablierung spezialisierter familialer und schulischer Sozialisation stattet die Kinder der Arbeiterschicht mit denjenigen normativen, evaluativen und kognitiven Orientierungen aus, die gesellschaftlich benötigt werden.

Einem solchen Erklärungsschema wohnt eine deutlich erkennbare Neigung zum funktionalistischen Fehlschluß inne. Allzu oft klingen entsprechende Erklärungen so, als sei das neue Differenzierungsmuster, das die Leistungsgrenzen des alten Musters überwindet, genau deshalb zwangsläufig entstanden. Aber wie schon dargestellt wird eben das funktional Erforderliche, wie dringend nötig es auch immer sein mag, nicht schon deshalb

---

12 Siehe hierzu, ebenfalls aus der Perspektive von Parsons' Gesellschaftstheorie, Dreeben (1968).

wirklich. Denn Leistungssteigerungen sind zwar Beweggründe für Differenzierungsvorgänge; welche Mechanismen diese Beweggründe aber zum Zuge kommen lassen, ist damit noch überhaupt nicht geklärt.

Prinzipiell gibt es zwei in Kapitel 2.1. schon kurz angesprochene Mechanismen, durch die ein funktional erforderlicher Differenzierungsvorgang realisiert werden könnte. Der eine Mechanismus ist der einer „*Differenzierungspolitik*". Hier sind es einsichtige gesellschaftliche Akteure, die das funktionale Erfordernis erkennen und zugleich eine zutreffende Vorstellung darüber entwikkeln, durch welche Differenzierung es wieder adäquat erfüllt werden könnte. Zweifellos haben – um bei Smelsers Beispiel zu bleiben – Politiker, Philantropen, Führer von Gewerkschaften, Kirchenmänner und auch einige Unternehmer derartige Einsichten gehabt. Allerdings gingen die Sichtweisen darüber, was Not tut, weit auseinander. Zudem muß zur richtigen Einsicht auch gesellschaftliche Durchsetzungsfähigkeit hinzukommen, um ihr Geltung zu verschaffen. Damit führt diese Fundierung des von Parsons und Smelser vorgeschlagenen Erklärungsschemas für gesellschaftliche Differenzierung in die Richtung einer akteurtheoretischen Ausarbeitung. Verschiedene gesellschaftliche Akteure mit ihren unterschiedlichen Interessen und Einflußpotentialen müssen in den Blick genommen werden; und aus der Konstellation der relevanten Akteure geht dann das neue Differenzierungsmuster hervor – wobei es freilich oftmals so, wie es ausfällt, von keinem der Beteiligten gewollt wurde. Eine solche akteurtheoretische Fundierung ist allerdings in Parsons' systemtheoretischem Bezugsrahmen überhaupt nicht angelegt. In Kapitel 5.3 werde ich zeigen, daß die amerikanischen „Neofunktionalisten" – nicht zuletzt Smelser – Parsons' Gesellschaftstheorie in dieser Richtung weiterentwickeln.

Der andere Mechanismus, der aus Leistungsdefiziten eines existierenden Differenzierungsmusters ein leistungsfähigeres neues Differenzierungsmuster hervorbringen kann, ist *Evolution*. Dieser Mechanismus ist ohne Bezugnahme auf einsichtige Akteure konzipierbar und paßt von daher besser zu Parsons' systemtheoretischem Bezugsrahmen. Evolution bringt immer wieder zufällige Variationen von Systemstrukturen hervor. Die meisten dieser Variationen werden schnell wieder ausgemerzt, weil sie viel weniger leistungsfähig als die bestehende Struktur sind. Manchmal erweisen sich allerdings Variationen als leistungsfähiger und können dann überleben sowie auf längere Sicht das etablierte Strukturmuster verdrängen. Hinter Evolution steht also keinerlei Gestaltungswille, der mit Problembewußtsein ausgestattet eine bestehende Struktur verbessern will. Vielmehr ergibt sich rein zufällig ab und zu eine Verbesserungsmöglichkeit.

Auf Smelsers Beispiel angewandt: Hier und da wurde vielleicht – warum auch immer – lokal begrenzt Kinderarbeit abgeschafft und zugleich die Schulpflicht eingeführt; und dies erwies sich im Vergleich zum vorherrschenden Differenzierungsmuster als so vorteilhaft, daß anderswo das neue Muster imitiert wurde; und so setzte es sich in einem um sich greifenden Diffusionsprozeß allmählich gesellschaftsweit durch. Dies wäre im übrigen ein Beispiel für eine – hypothetisch konstruierte – evolutionäre Erklärung, die nicht, wie meist üblich, auf ein „survival of the fittest" im Konkurrenzkampf abhebt, sondern auf Lernfähigkeit: also darauf, daß ein Gesellschaftssystem lokale Variationen vorherrschender Differenzierungsmuster gleichsam als „Modellversuche" zu handhaben in der Lage ist, die bei Bewährung dann universalisiert werden. Auch eine solche evolutionäre Fundierung ihres Erklärungsschemas nehmen Parsons und Smelser allerdings nicht explizit vor. Will man ihnen also keinen funktionalistischen Fehlschluß unterstellen, muß man konstatieren, daß ihr Erklärungsschema, da es weder eine akteurtheoretische noch eine evolutionäre Fundierung besitzt, am entscheidenden Punkt eine Leerstelle aufweist.

Parsons hat sich auch in der Folgezeit um dieses genetische Erklärungsdefizit seiner differenzierungstheoretischen Überlegungen nicht mehr weiter gekümmert. Er stellte sich fortan überhaupt nicht mehr die Frage: Warum ist ein bestimmtes Differenzierungsmuster entstanden? Diese Frage macht das Differenzierungsmuster zur abhängigen Variable. Parsons fragt statt dessen – ähnlich, wie es bereits am AGIL-Schema deutlich geworden ist – fortan nur noch: Wenn – warum auch immer – ein bestimmtes Differenzierungsmuster entstanden ist, welche Leistungs- und Reproduktionsvorteile verschafft es dann der betreffenden Gesellschaft? Dieser Fragerichtung unterliegt erkennbar eine evolutionstheoretische Vorstellung, die davon ausgeht, daß Gesellschaftssysteme sich evolutionär behaupten müssen – und dies in zweierlei Hinsicht: zum einen gegenüber den Herausforderungen durch ihre natürliche Umwelt, zum anderen in der Konkurrenz mit anderen Gesellschaftssystemen. Aber das betrachtete Differenzierungsmuster ist hier die unabhängige Variable. Parsons will herausarbeiten, in welchen Hinsichten ein gegebenes, nämlich historisch vorgefundenes Differenzierungsmuster dem betreffenden Gesellschaftssystem *evolutionäre Vorteile* verschafft.

Damit ist er wieder bei einer strikt funktionalistischen Fragestellung angelangt. Denn die evolutionären Vorteile werden gemäß dem AGIL-Schema auf die vier funktionalen Erfordernisse gesellschaftlicher Reproduktion bezogen. Im Unterschied zur evolutionstheoretischen Fundierung des zunächst von Parsons und Smelser entwickelten genetischen Erklärungsmodells für Differenzierungsvorgänge unterstellt die Frage nach der evolutionären Vorteilhaftigkeit eines neu entstandenen Differenzierungsmusters nicht mehr, daß das Muster, das zuvor an dessen Stelle stand, Leistungsdefizite aufgewiesen hatte. Auch wenn dieses Muster gut funktioniert hat, kann es trotzdem durch ein neues abgelöst worden sein, das noch besser funktioniert. Damit muß Parsons nicht länger ein Bild von gesellschaftlicher Entwicklung zugrunde legen, das Entwicklungsschritte immer nur auf gravierende Reproduktionsprobleme zurückführt.

Die Frage nach der evolutionären Vorteilhaftigkeit ließe sich prinzipiell an jedes neu aufgekommene Differenzierungsmuster richten. Parsons hat sich allerdings in seiner Betrachtung der Entwicklung menschlicher Gesellschaften auf sehr wenige, besonders wichtige neue Differenzierungsmuster konzentriert, die er als *„evolutionäre Universalien*“ einstuft. Darunter versteht er „... jede in sich geordnete Entwicklung oder ‚Erfindung‘, die für die weitere Evolution so wichtig ist, daß sie nicht nur an einer Stelle auftritt, sondern daß mit großer Wahrscheinlichkeit mehrere Systeme unter ganz verschiedenen Bedingungen diese ‚Erfindung‘ machen.“ (Parsons 1964a: 55) Auch für dieses Konzept bezieht er sich auf eine Anregung aus der biologischen Evolutionstheorie. Ein Beispiel für ein biologisches evolutionäres Universal ist der Gesichtssinn. Parsons erläutert daran sein Verständnis der besonderen Bedeutung dieser Art von Differenzierungsmuster:

> Es gibt kein Sinnesvermögen, das für die Anpassung des Organismus an die Umwelt wichtiger wäre. Nach allem, was wir wissen, war der Gesichtssinn in der Entwicklung der organischen Welt keine „einmalige“ Erfindung, sondern ist ganz unabhängig in drei verschiedenen Tierklassen entstanden ... Besonders interessant ist, daß der Gesichtssinn in den drei Fällen anatomisch sehr verschieden ist und in keiner entwicklungsgeschichtlichen Kontinuität stehen kann. ... Der Gesichtssinn, wie immer er funktioniert, scheint eine unerläßliche Vorbedingung für jede höhere Stufe der organischen Entwicklung zu sein. (Parsons 1964a: 55, Hervorh. weggel.)

Wie der biologische Vergleich zeigt, ist ein evolutionäres Universal, sobald es bei einer bestimmten Art von Lebewesen entstanden ist, nicht in dem Sinne überlebenswichtig, daß diejenigen anderen Arten, bei denen dieses Universal in der Folgezeit nicht entsteht, zum Untergang verdammt sind. Es gibt weiterhin Tierarten, die blind sind. Entsprechend können auch Gesellschaftssysteme, die ein bestimmtes evolutionäres Universal nicht herausbilden, neben jenen, die dieses Universal entwickelt haben, fortbestehen. Allerdings gilt:

Evolutionäre Universalien sind ... Komplexe von Strukturen und entsprechenden Prozessen, deren Ausbildung die langfristige Anpassungskapazität von lebenden Systemen einer bestimmten Klasse derartig steigert, daß nur diejenigen Systeme, die diesen Komplex entwickeln, höhere Niveaus der generellen Anpassungskapazität erreichen. (Parsons 1964a: 56, Hervorh. weggel.)

Parsons stellt bei dieser Bestimmung des evolutionären Universals, im Lichte des AGIL-Schemas betrachtet, noch ausschließlich auf *adaptation* ab, also nur auf eines der vier grundlegenden Funktionserfordernisse von Systemen. Diese Einseitigkeit hat er bald korrigiert und evolutionäre Wandlungsvorgänge als Kopplung von Leistungssteigerungen bei der Erfüllung aller vier Funktionserfordernisse begriffen.[13] Münch charakterisiert Parsons' evolutionäre Betrachtungsweise zusammenfassend folgendermaßen:

He tries to reveal which types of institutional developments provided certain types of societies with higher capacities to deal with different types of problems on an ever larger scale: problems of adaptation to natural exigencies via mobilization of scarce resources, of attaining a complex set of specific goals via differentiation of parts performing specific functions within an organized whole, of integrating an ever more complex set of groups and individuals into one societal community, and of founding an ever wider range of institutions, decisions, and actions upon a consistent system of ideas. Evolution with regard to these four problems, which are defined according to Parsons's four-function paradigm, means developing higher capacities to solve those problems. ... Whether and under what conditions a society does indeed produce such capacities is a very different question, which was neither raised nor answered by Parsons. He was much more interested in outlining the specific advances that were made by primitive societies compared to nonhuman organizations of life, that is, to animal proto-societies, of archaic societies com-

---

13 Parsons (1966: 39-43) bezieht bereits die anderen drei Funktionserfordernisse ein, sieht jedoch als evolutionär am wichtigsten noch die „Steigerung der Anpassungsfähigkeit" an. Parsons (1971: 40-42) stellt demgegenüber die vier Funktionserfordernisse gleichgewichtig als Bezugspunkte evolutionärer Leistungssteigerungen nebeneinander.

pared to primitive societies, of intermediate societies compared to archaic ones, and of modern societies compared to intermediate ones, along the lines of the four problem areas. (Münch 1994: 91)

Münch hebt hier noch einmal ganz deutlich hervor, daß Parsons' analytisches Interesse sich nicht auf genetische, sondern auf funktionale Fragen richtet.

Münch macht noch auf ein weiteres aufmerksam: „Differentiation – which was Spencer's master scheme – is only one dimension in the process of evolution." (Münch 1994: 91) Gesellschaftliche Differenzierung im Sinne einer Spezialisierung von Rollen, wie ich es anhand der an Spencer anknüpfenden Überlegungen von Durkheim und Simmel vorgestellt habe, und im Sinne einer Ausdifferenzierung von „Wertsphären", wie es sich für Weber darstellt, ist für Parsons also nur eine von vier Dimensionen evolutionären Wandels. Das AGIL-Schema lenkt die Aufmerksamkeit darauf, daß Differenzierungsvorgänge nicht für sich stehen können, sondern gleichsam flankiert werden müssen durch die von Münch genannten drei weiteren Vorgänge: eine Steigerung der Anpassungsfähigkeit des Gesellschaftssystems, vor allem durch technologischen Fortschritt im Wirtschaftssystem; eine Steigerung der Inklusionsfähigkeit der gesellschaftlichen Gemeinschaft im Sinne einer fortschreitenden Universalisierung von grundlegenden Bürgerrechten und von Teilhaberechten an den allgemein begehrten gesellschaftlichen Leistungen wie Warenkonsum, Bildung oder medizinischer Versorgung; und eine Steigerung der Generalisierungsfähigkeit des Treuhandsystems im Sinne einer fortschreitenden Abstrahierung kultureller Leitideen, so daß diese aus ursprünglichen konkreten Bezugskontexten herausgelöst werden und immer umfassendere Bezüge erhalten. Gesellschaftliche Differenzierung – so Parsons – kann nur voranschreiten, wenn diese anderen drei Vorgänge in darauf abgestimmter Weise stattfinden. Diese Verkoppelung von Differenzierungsvorgängen mit Vorgängen einer Steigerung von Anpassungsfähigkeit, Inklusion und Wertegeneralisierung haben die Klassiker der ersten Generation nur ad hoc und fragmentarisch erkannt. Parsons vermag diesen wichtigen Sachverhalt hingegen in seinem AGIL-Schema generell festzuhalten.

Neben solchen gesellschaftsstrukturellen Differenzierungsvorgängen, die Gesellschaftssystemen zu einer gesteigerten Fähigkeit des *goal attainments* verhelfen, findet im Laufe gesellschaftlicher Evolution Differenzierung aber noch in einer anderen bereits erwähnten Hinsicht statt: als Annäherung der gesellschaftlichen

Strukturen und Prozesse an das AGIL-Schema. Konkrete gesellschaftliche Strukturen und Prozesse formen immer stärker eine eindeutige Ausrichtung auf jeweils eines der vier analytischen Funktionserfordernisse aus. Gesellschaftliche Evolution ist damit in einem doppelten Sinne funktionale Differenzierung: als durch parallele Vorgänge hinsichtlich der anderen drei Funktionserfordernisse begleitete Steigerung der Fähigkeit des Gesellschaftssystems zum *goal attainment* sowie als Bewegung der gesellschaftlichen Differenzierungsstruktur in Richtung des AGIL-Schemas. Während sich auf ersteres eine eher kurzfristige Betrachtungsweise konzentriert, gelangt letzteres in den Blick, wenn man gesellschaftliche Entwicklung auf lange Sicht verfolgt.

Auch wenn keine konkrete Gesellschaft jemals säuberlich gemäß dem AGIL-Schema differenziert sein wird, behauptet Parsons doch, daß moderne Gesellschaften diesem Schema weit mehr entsprechen als archaische Gesellschaften, und daß diese Annäherung an das Schema den evolutionären Fortschritt gesellschaftlicher Entwicklung ausmacht. Weil die Differenzierungsstruktur moderner Gesellschaften größere Ähnlichkeit mit dem AGIL-Schema aufweist als die Differenzierungsstruktur archaischer Gesellschaften, sind erstere letzteren evolutionär überlegen.

Zu dieser Einschätzung gelangt Parsons aufgrund zweier Prämissen, die nicht nur seiner Gesellschaftstheorie, sondern seiner soziologischen Systemtheorie insgesamt zugrunde liegen. Die eine Prämisse ist die, daß das AGIL-Schema die grundlegenden Funktionserfordernisse umweltoffener zielverfolgender Systeme vollständig und differenziert analytisch rekonstruiert. Die andere Prämisse besteht darin, daß funktionale Differenzierung gegenüber anderen Differenzierungsformen, insbesondere gegenüber segmentärer Differenzierung, Effizienz- und Effektivitätsvorteile besitzt – womit Parsons die von Spencer und Durkheim bekannte differenzierungstheoretische Leitidee des 19. Jahrhunderts über den Segen der gesellschaftlichen Arbeitsteilung in hochabstrahierter Form übernimmt. In diesem Sinne wäre ein perfekt nach dem AGIL-Schema konstruiertes Gesellschaftssystem unübertroffen leistungsfähig – und könnte dieser Zustand, von dem die Moderne trotz aller evolutionären Fortschritte nach wie vor weit entfernt ist, jemals erreicht werden, wäre das Ende der Geschichte erreicht.

Mit dem Konzept der evolutionären Universalien betont Parsons die vormodernen Wurzeln moderner Gesellschaften. Das Selbstverständnis der Moderne akzentuiert demgegenüber den

Bruch mit allem Vorherigen. Die Moderne begreift sich selbst als das ganz Andere. Diese im gesellschaftlichen Selbstverständnis fest verwurzelte Vorstellung hat die differenzierungstheoretischen Überlegungen der soziologischen Klassiker der ersten Generation stark geprägt. Durkheim, Simmel, Weber und Marx: Sie alle waren als Gesellschaftsmitglieder wie ihre Zeitgenossen fasziniert von dem ungeheuer Neuen, das sich um sie herum entwickelt hatte und rapide weiterentwickelte. Dementsprechend nahmen diese Theoretiker auch alle einen Blickwinkel ein, der die moderne Gesellschaft sämtlichen vormodernen Gesellschaften unterschiedslos gegenüberstellte. In Durkheims dichotomischer Kontrastierung von „einfacher" und „komplexer Arbeitsteilung" kommt dies am deutlichsten zum Ausdruck. Aber selbst Weber, der in seinen religionssoziologischen Betrachtungen ausgiebig auf die großen Unterschiede zwischen verschiedenen vormodernen Gesellschaften einging, tat dies letzten Endes explizit nur deshalb, um von daher das Wesen des „okzidentalen Rationalismus" begreifen zu können.

Was diese Klassiker gar nicht oder zu wenig herausstellten, sind die Kontinuitäten zwischen der Moderne und ihren Vorgängen. Es versteht sich zwar einerseits von selbst, daß die moderne Gesellschaft nicht aus dem Nichts entstanden ist, sondern aus einem gesellschaftlichen Status quo ante. Doch daß dessen Beschaffenheit eine prägende Wirkung auf grundlegende Strukturmerkmale moderner Gesellschaften hatte, wird vernachlässigt. Dabei ist die Moderne in bestimmten wichtigen Hinsichten gar nicht neu, sondern führt vorher entstandene gesellschaftliche Strukturen fort, weil sie sich auch und vielleicht gerade unter modernen Verhältnissen als funktional erweisen. Parsons weist auf diese Kontinuität hin, wenn er die Entwicklung menschlicher Gesellschaften von den frühesten Formen bis zur zeitgenössischen Moderne als Evolution nachzeichnet, in deren Verlauf unregelmäßig, aber dann irreversibel bestimmte Strukturkomplexe entstehen, die den betreffenden Gesellschaften sprunghafte Leistungssteigerungen bei der Erfüllung der vier Funktionserfordernisse gebracht haben.[14] „Das System moderner Gesellschaften" (Parsons 1971) begreift Parsons also als – vorläufigen – Abschluß eines evolutionären Vorgangs, der in den primitiven Anfängen menschlicher Gesellschaften seinen Ausgang nahm; und schon diese Anfänge sind als Überwindungen der Leistungsgrenzen von Sozialformen höherer Primaten bis heute folgenreich geblieben.

14 Zum Folgenden siehe ausführlich Parsons (1964a; 1966; 1971) sowie Münch (1994: 33-101).

Dies kann ich hier nur als stichwortartige Skizze nachvollziehen. Primitive Gesellschaften, etwa der australischen Aborigines, sind um die gesellschaftliche Gemeinschaft zentriert, die in Form von Verwandtschaftsstrukturen institutionalisiert ist. Im Vergleich zu vormenschlichen Sozialformen weisen diese Gesellschaften evolutionär fortgeschrittenere Strukturen zur Erfüllung der vier Funktionserfordernisse auf: die menschliche Sprache und magische Religion als Mechanismen zur *latent pattern maintenance;* verzweigte und komplex geregelte Verwandtschaftsstrukturen als Mechanismen für *integration*, die eine größere Anzahl von Gesellschaftsmitgliedern zuverlässig zur Konformität anhalten können; eine fortgeschrittenere gesellschaftliche Arbeitsteilung nach Geschlechts- und Alterskategorien als Mechanismus für *goal attainment*; und Technologien im Umgang mit natürlichen Ressourcen und Gefährdungen als Mechanismus für *adaptation*.

Die Überwindung der Stufe primitiver Gesellschaften erfolgte dort, wo zwei evolutionäre Universalien aufkamen. Die eine Universalie war soziale Schichtung als Erweiterung der Strukturierung der gesellschaftlichen Gemeinschaft. Schichtung schafft Herrschaftspositionen, die die Konformität mit den gesellschaftlichen Normen wirkungsvoller und weitreichender durchsetzen können als Verwandtschaftsstrukturen. Zugleich entsteht so eine dauerhafte gesellschaftliche Führungselite, die dazu in der Lage ist, kollektive Ziele zu setzen und über deren Verfolgung zu entscheiden. Soziale Schichtung steigert somit nicht nur die Möglichkeiten für *integration*, sondern auch für *goal attainment*. Schichtungsstrukturen konnten sich insbesondere dort entwickeln, wo ein zweites evolutionäres Universal hinzukam: die explizite kulturelle Legitimierung gesellschaftlicher Zustände durch die Kodifizierung von Wertmustern. Das steigert im Vergleich zur magischen Religion die Möglichkeiten der *latent pattern maintenance* immens. Insbesondere kann Schichtung, also die Besserstellung bestimmter Gesellschaftsmitglieder gegenüber den anderen, so gerechtfertigt werden; und auch die politischen Projekte der Führungseliten können sich durch die Berufung auf die betreffenden Wertmuster gesellschaftliche Unterstützung verschaffen. Diese beiden evolutionären Universalien wurden in den frühen Hochkulturen, z.B. Mesopotamien oder Ägypten, etabliert.

Die Herausbildung der vormodernen Hochkulturen vollzog sich dann über die Entstehung zweier weiterer evolutionärer Universalien. Das eine Universal war bürokratische Herrschaft, also die Entstehung formaler Organisationen. Sie etablierten eine von

Persönlichkeit und sozialem Rang unabhängige Amtsautorität für bestimmte kollektiv bindende Entscheidungen, was die Möglichkeiten des *goal attainment* immens steigerte. Das zweite Universal war die Entstehung von Geld als Medium wirtschaftlichen Tausches und Märkten als sozialen Orten, die Tauschgelegenheiten etablierten. So konnten wirtschaftliche Aktivitäten über den lokalen Naturaltausch hinauswachsen; und Gewinnstreben konnte als genuin wirtschaftlicher Handlungsantrieb institutionalisiert werden und die weitere Steigerung wirtschaftlicher Produktion vorantreiben.

Beim Übergang zur modernen Gesellschaft kamen zwei weitere evolutionäre Universalien hinzu. In der gesellschaftlichen Gemeinschaft wurde eine neuerliche Steigerung der Möglichkeiten für *integration* erreicht, als – anknüpfend an das Römische Recht – ein universalistisches Recht etabliert wurde, das sich in Form des Rechtsstaates dann auch von kulturellen Wertmustern auf der einen und politischer Macht auf der anderen Seite separierte. Das andere in die Moderne führende evolutionäre Universal war die demokratische Assoziation im politischen System, in der die Führung von der durch Wahlen erteilten Zustimmung der übrigen Mitglieder abhängt. Dieser Mechanismus der Konsensbeschaffung steigert die Möglichkeiten des gesellschaftlichen *goal attainments* enorm. Rechtsstaatlichkeit und Demokratie sind somit für Parsons die beiden Schwellen, die den Übergang zur Moderne markieren.

Bereits diese skizzenhafte Andeutung läßt erkennen, wie die gesellschaftliche Evolution von Parsons als Differenzierung im oben erläuterten zweifachen Sinne verstanden wird. Jedes der evolutionären Universalien stellt eine funktionale Differenzierung der entsprechenden institutionellen Muster und Rollen dar; und im Zusammenhang betrachtet ergibt sich eine schrittweise Ausdifferenzierung von gesellschaftlichen Strukturen, die sich auf *goal attainment*, *adaptation* und *latent pattern maintenance* als Funktionserfordernisse spezialisieren, aus der auf *integration* spezialisierten gesellschaftlichen Gemeinschaft. Parsons sieht die gesellschaftliche Evolution im übrigen keinesfalls als abgeschlossen, also in der zeitgenössischen nordamerikanischen Gesellschaft kulminierend, an. So verweist er etwa darauf, daß heutzutage die immer weiter um sich greifende Verwissenschaftlichung und Technologisierung gesellschaftlichen Handelns möglicherweise soweit gediehen ist, daß hierdurch ein weiterer evolutionärer Sprung erfolgt.[15] Gerade die moderne Gesellschaft ist in Parsons' Einschät-

15 Nico Stehrs Theorie der „Wissensgesellschaft“ geht, ohne explizite Anknüpfung an diese Überlegungen Parsons', in dieselbe Richtung (vgl. Stehr 1994).

zung zukunftsoffen, weil die evolutionären Möglichkeitssteigerungen hinsichtlich der Erfüllung aller vier Funktionserfordernisse den gesellschaftlichen Wandel immer mehr beschleunigt haben.

Moderne Gesellschaftssysteme sind somit für Parsons im Verhältnis zu ihren historischen Vorgängern nicht etwas völlig anderes, sondern mehr desselben: ein Mehr an Möglichkeiten zur Erfüllung aller vier Funktionserfordernisse gesellschaftlicher Reproduktion. Die von Parsons identifizierten evolutionären Trends der Steigerung der Anpassungsfähigkeit, der zunehmenden funktionalen Differenzierung, der wachsenden Inklusion und der Erhöhung des Generalisierungsniveaus gesellschaftlicher Werte charakterisieren archaische Hochkulturen im Vergleich zu primitiven Gesellschaften ebenso wie moderne im Vergleich zu mittelalterlichen Gesellschaften. In dieser Sichtweise ist es dann auch nur konsequent, daß Parsons zu einer prinzipiell optimistischen Einschätzung der Zukunft moderner Gesellschaften gelangt. Denn die genannten Tendenzen gehen ja allesamt in Richtung evolutionärer Vorteilhaftigkeit, steigern also die Reproduktionsfähigkeit der Gesellschaftssysteme. Rückschritte kommen in evolutionären Vorgängen nicht vor, weil entsprechende zufällige Variationen in der Konkurrenz mit anderen Gesellschaftssystemen nicht längerfristig überlebensfähig sind.

Es gibt also allerhöchstens lokale und temporäre Regressionen. So hat Parsons den deutschen Nationalsozialismus und auch den Sozialismus in Osteuropa eingestuft. Auch für letzteren hat Parsons, wie wir seit 1989 wissen, recht behalten. Im Rahmen des AGIL-Schemas konnte er bereits in den sechziger Jahren – worauf Ulrich Beck hingewiesen hat (Beck 1992) – die chronische Instabilität sozialistischer Gesellschaften plausibilisieren. Denn dort ist, als Folge des Herrschaftsanspruchs der kommunistischen Parteien, eine gesamtgesellschaftliche Dominanz des politischen Systems institutionalisiert, das vor allem die Entfaltung des Wirtschaftssystems verhindert. Dem AGIL-Schema lassen sich zwar keinerlei Hinweise darauf entnehmen, wie lange eine derartige chronische Instabilität durchhaltbar ist, bevor sie in akute Destabilisierung übergeht, und unter welchen Bedingungen dies geschieht: Aber Parsons war theoretisch zumindest davon überzeugt, daß der Sozialismus in der „Systemkonkurrenz" mit den westlichen entwickelten Gesellschaften längerfristig nicht überlebensfähig sein würde.

Entsprechend würde Parsons wohl auch die Tendenzen eines in den letzten Jahren zunehmenden islamischen Fundamentalismus interpretieren. Dies wäre für ihn eine vom Treuhandsystem ausgehende Regression in weniger generalisierte traditionale Wertmuster, die durch die kybernetische Kontrollhierarchie auf die anderen drei gesellschaftlichen Subsysteme durchschlägt – insbesondere als Rückbindung von Recht und Politik an religiöse Dogmen. Auch diesbezüglich würde Parsons wohl vor zu großer Aufgeregtheit warnen und auf die Robustheit des in den entwikkelten westlichen Ländern erreichten evolutionären Standes vertrauen.

Parsons läßt eine kulturpessimistische oder zumindest skeptische Deutung der Moderne, wie sie etwa in Webers differenzierungstheoretischen Überlegungen zum Ausdruck kommt, analytisch nicht zu. Münchs Weiterführung von Parsons gesellschaftstheoretischen Überlegungen bekommt demgegenüber zunehmend auch die dunkle Seite der Moderne in den Blick.[16] Münch ist auf Parsons' Linie des „Kulturdeterminismus“ konsequent weitergegangen und charakterisiert moderne Gesellschaften durch einen Komplex von vier kulturellen Leitideen:

- der Idee des Rationalismus: Je mehr wir über die Welt wissen, desto tiefer erschließt sich uns ihre Sinnhaftigkeit.
- der Idee des Universalismus: Je umfassender die sozialen Bindungen sind, die wir eingehen, desto mehr verwirklichen wir humanes Zusammenleben.
- der Idee des Interventionismus: Je mehr wir die Welt zielgerichtet verändern, desto besser gestalten wir sie.
- und der Idee des Individualismus: Je mehr Optionen wir dem einzelnen einräumen, desto mehr kann dieser sich selbst verwirklichen.

Diese vier kulturellen Leitideen der Moderne formulieren Standards, die die Erfüllung der vier gesellschaftlichen Funktionserfordernisse an den Lebenschancen der einzelnen Gesellschaftsmitglieder messen. Die Lebenschancen des einzelnen ergeben sich, wie schon einmal im Kapitel 2 angesprochen, als multiplikative Verknüpfung von „Optionen“ und „Ligaturen“, also Wahlfreiheiten auf der einen und sinnstiftenden Bindungen auf der anderen Seite. Weder eine Maximierung von „Optionen“ auf Kosten der „Ligaturen“ noch umgekehrt eine Maximierung von „Ligaturen“ auf Kosten der „Optionen“ verschafft dem einzelnen ein Optimum

---

16 Siehe dazu insbesondere Münch (1991a) sowie den kritischen Kommentar von Schwinn (1995b: 14-18).

an Lebenschancen. Dieses beruht vielmehr auf einem ausbalancierten Verhältnis beider. Eine solche Balance ist in dem Maße gegeben, wie die gesellschaftliche *latent pattern maintenance* sich an der Idee des Rationalismus, die gesellschaftliche *integration* sich an der Idee des Universalismus, das gesellschaftliche *goal attainment* sich an der Idee des Interventionismus und die gesellschaftliche *adaptation* sich an der Idee des Individualismus orientiert. Dementsprechend stellt sich die Entwicklung zur Moderne und die Fortentwicklung der Moderne zunächst einmal so dar, daß diese vier Leitorientierungen immer bestimmender für die Erfüllung der gesellschaftlichen Funktionserfordernisse werden und damit die Lebenschancen der Gesellschaftsmitglieder immer weiter optimiert werden.

Inzwischen hat Münch allerdings die „Paradoxien" der vier kulturellen Leitideen entdeckt. Immer mehr Wissen über die Welt macht es „... immer unwahrscheinlicher, überhaupt noch eine konsistente Weltsicht zu entwickeln und in der Welt einen einheitlichen Sinn zu erkennen." (Münch 1991a: 29) Der Rationalismus führt also zu der von Weber als „Entzauberung der Welt" charakterisierten Verunsicherung. Der Universalismus äußert sich in immer weiterreichenden Formen internationaler Solidarität – mit der Kehrseite der Austrocknung lokaler Gemeinschaften. Die Menschen vereinsamen in der „Weltgesellschaft". Der Interventionismus muß erfahren, daß „... mit jedem Eingreifen in die Welt zur Bewältigung von Leiden, Unrecht, Schäden und Irrationalitäten stets neue Formen von Leiden, Unrecht, Schäden und Irrationalitäten ..." geschaffen werden (Münch 1991a: 34). Wir wollen stets das Beste, und produzieren doch nur immer mehr andere Übel. Der Individualismus schließlich „ ... befreit den Menschen vom Zwang geschlossener Gemeinschaften ..., zugleich steigt aber auch die Abhängigkeit des Menschen von entfernten Vorgängen, die er selbst nicht unmittelbar beeinflussen kann." (Münch 1991a: 31)

Die zunächst einmal so verheißungsvoll wirkenden Leitideen der Moderne zeigen also allesamt bei näherem Hinsehen ein Janusgesicht. Das heißt nicht nur, daß ihre Realisierung außer Vorteilen auch Nachteile bringt, sondern daß letztere überwiegen und vielleicht sogar ein so katastrophales Ausmaß annehmen können, daß die Moderne sich im Extremfall als tödliche Falle der Evolution menschlicher Gesellschaften entpuppen könnte. Münch konstatiert unmißverständlich: „Die Risiken liegen in den fundamentalen Ideen der Moderne selbst ... Das größte Risiko sind Aufklärung, Freiheit, Humanität, Demokratie und die rationale Gestaltung der Welt selbst. Das größte Risiko ist die Moderne an sich. Eine Kultur, die nach totaler Sicherheit strebt, hätte den Weg von Aufklärung, Freiheit, Humanität, Demokratie und rationaler Weltgestaltung niemals betreten dürfen." (Münch 1991a: 44) Damit gelangt Münch bei seinem Weiterdenken der gesellschaftstheoretischen Vorstellungen von Parsons zu einem diesem scharf widersprechenden Standpunkt. Für Parsons ist „das System moderner Gesellschaften" aufgrund seiner evolutionären Vorteilhaftigkeit in seinen Reproduktionschancen gesicherter als alle vormodernen Gesellschaften. Münch sieht dagegen moderne Gesellschaften als die zwar attraktivste, aber auch ungesichertste Form menschlichen Zusammenlebens, die je existiert hat.

3.5 Vor- und Nachteile einer geschlossenen Theoriearchitektur

Der letzte Punkt zeigt, daß die von Parsons entwickelten differenzierungstheoretischen Konzepte und Modelle nicht in dem Sinne eindeutig sind, daß sie eine bestimmte Sicht moderner Gesellschaften präjudizieren. Wäre das so, müßte man Parsons' Gesellschaftstheorie eine ideologische Anfälligkeit attestieren. Tatsächlich ist die Theorie aber in dieser Hinsicht, auch wenn ihr Kritiker immer wieder heimlichen oder offenen Konservativismus vorgehalten haben, neutral. Die Theorie läßt unterschiedliche empirische Ausprägungen ihrer Variablen zu und weiß nicht schon vorher, wie die Gesellschaft beschaffen ist. Das sollte eigentlich bei wissenschaftlichen Theorien eine Selbstverständlichkeit sein, ist es aber – siehe etwa manche Varianten des Marxismus – nicht unbedingt.

Mißt man Parsons' Überlegungen zur Differenzierung der modernen Gesellschaft an der differenzierungstheoretischen Agenda, die implizit in den entsprechenden Überlegungen der Klassiker der ersten Generation enthalten ist und die ich am Ende des vorhergehenden Kapitels aufgeführt habe, kann man feststellen, daß Parsons mit einer Ausnahme alle Leitfragen abdeckt. Er widmet sich der Rollendifferenzierung ebenso wie der Differenzierung der gesellschaftlichen Teilsysteme. Dabei sind für ihn die Rollen Komponenten der Teilsysteme. Er führt also den von Weber begründeten analytischen Primat der teilysystemischen Ausdifferenzierung fort. Die spezifische Differenzierungsform der modernen

Gesellschaft wird in Parsons evolutionärer Betrachtungsweise vielschichtiger herausgearbeitet als bei den Klassikern der ersten Generation mit ihrer dichotomen Gegenüberstellung von modernen und vormodernen Gesellschaften. Die Folgen der gesellschaftlichen Differenzierung sowohl für die einzelnen Gesellschaftsmitglieder als auch für das gesellschaftliche Ganze thematisiert Parsons vielfältig. Dabei überwiegt eine optimistische Grundhaltung, die die evolutionäre Vorteilhaftigkeit moderner Gesellschaften im Vergleich zu allen anderen Gesellschaftsformen herausstellt. Man kann jedoch – wie es vor allem Münch tut – im Rahmen des Parsonianismus auch die Zwiespältigkeit der Moderne in den Blick bekommen. Je nachdem wird man auch die Integrationsproblematik unterschiedlich sehen. Die von Parsons herausgestellten Integrationsmuster stellen keine Garantie dafür dar, daß gesellschaftliche Integration auf Dauer gewährleistet ist. Auch dies ist eine empirische Frage, für die Parsons jedoch gleichsam theoretische Suchanweisungen gegeben hat.

Der einzige Punkt der differenzierungstheoretischen Agenda, den Parsons weitgehend ausgeklammert hat, ist die Frage nach den Ursachen fortschreitender gesellschaftlicher Differenzierung. Diese sind für Parsons hochgradig historisch kontingent und damit kaum theoriefähig, weshalb er sich auf eine funktionalistische Betrachtung der Leistungsfähigkeit jeweils bestehender Differenzierungsmuster – wie immer sie entstanden sein mögen – beschränkt.

Die Darstellung von Parsons differenzierungstheoretischen Überlegungen hat immer wieder die große Geschlossenheit der Theoriearchitektur deutlich werden lassen. In dieser Einsicht gelangt Parsons weit über das hinaus, was die Klassiker der ersten Generation erreicht hatten. Das AGIL-Schema schafft diese Geschlossenheit durch seine deduktive Logik. Es ist aber zugleich hinreichend analytisch flexibel, um eine tiefenscharfe theoretische Rekonstruktion konkreter gesellschaftlicher Phänomene zu ermöglichen. Die Vorteile dieses „analytischen Realismus“ sind offenkundig. Man erhält eine in sich geschlossene, logisch widerspruchsfreie und in dem Sinne umfassende theoretische Perspektive, daß sie auf sämtliche gesellschaftlichen Vorgänge angewendet werden kann.[17]

Die Geschlossenheit und Widerspruchsfreiheit der Theorie geht auf ihre deduktive Anlage zurück, die wiederum den analyti-

17 Die logische Widerspruchsfreiheit besteht freilich nur dann, wenn der Konstrukteur der Theorieperspektive keinen logischen Fehler begangen hat.

schen Charakter der Konzepte und Modelle bedingt. Letzterer ist der Preis für ersteres. Denn je analytischer eine Theoriekonstruktion ausfällt, je „künstlicher" ihre Unterscheidungen im Vergleich zu denen des gesellschaftlichen Alltagswissens ausfallen, desto größer ist die bei der Hinwendung zur Empirie zu überbrückende Kluft. Zwar beruht eine „soziologische Aufklärung" der Gesellschaft stets auf einer Inkongruenz der Perspektiven von Alltagswissen und soziologischer Theorie (vgl. Luhmann 1967c). Dies veranschaulichen viele der erhellenden Einsichten, die Parsons' differenzierungstheoretische Überlegungen vermitteln. Aber die Inkongruenz darf auch nicht so weit gehen, daß theoretische Konzepte und Modelle auf der einen und gesellschaftliches Alltagswissen auf der anderen Seite in einen Zustand des wechselseitigen Kannitverstan geraten. Dieser Gefahr ist Parsons' Theoriekonstruktion nicht immer entgangen.

Die deduktive Anlage der Theorie kommt ihrem Universalitätsanspruch entgegen. Dieser ist nicht, wie auch Luhmann betont, mit einem Totalitätsanspruch zu verwechseln: „Universalität der Theorie heißt nicht, daß sie ihre Gegenstände total, das heißt in allen nur möglichen Hinsichten erfasse. ... Universalität steht einem Pluralismus von Theorieversuchen ... nicht im Wege." (Luhmann 1971c: 378/379) Parsons behauptet lediglich, daß er mit Hilfe des AGIL-Schemas über alle gesellschaftlichen Sachverhalte *etwas* Wesentliches auszusagen vermag, nicht aber, daß damit schon *alles* Wesentliche über die Sachverhalte gesagt sei. Parsons' differenzierungstheoretische Überlegungen sind also auch in seinem Selbstverständnis nur ein Scheinwerfer auf die gesellschaftliche Differenzierung, neben dem es andere gibt, geben könnte und sogar geben müßte. Daß Parsons, gleichsam ohne nach links und rechts zu schauen, sich stur auf das konzentriert hat, was dieser eine Scheinwerfer ans Licht bringt, ist so zwar einerseits als Blickverengung einzustufen. Andererseits läßt sich gerade dem für die differenzierungstheoretische Perspektive als Ganze auch etwas Gutes abgewinnen. Parsons hat diesen einen Blickwinkel, weil er seine Aufmerksamkeit nicht verzettelt hat, zu einer anders nicht erreichbaren Virtuosität perfektioniert. Und davon können vor allem diejenigen profitieren, die diesen Blickwinkel mit anderen kombinieren wollen.

Kapitel 4
Niklas Luhmanns Sicht gesellschaftlicher Differenzierung als Polykontexturalität selbstreferentiell geschlossener Teilsysteme

Niklas Luhmanns soziologisches Werk hat viele Ähnlichkeiten mit dem von Talcott Parsons.[1] Beide sind Systemtheoretiker. Luhmann greift zahlreiche Einsichten Parsons' auf, fügt sie allerdings in eine Theoriearchitektur, die von Anfang an einen ganz eigenständigen Charakter hat. Luhmann versteht sein Theorieangebot explizit als bessere Alternative zu dem von Parsons. Damit Luhmann diesen Anspruch erheben kann, muß seine Theorie aber wie die von Parsons eine universelle sein. Die differenzierungstheoretischen Überlegungen sind dementsprechend bei Luhmann ebenfalls Teil einer umfassenderen Gesellschaftstheorie, die wiederum eingebettet ist in eine allgemeine Theorie sozialer Systeme.

Gegen Ende der sechziger Jahre begann sich Luhmann in der deutschen Soziologie als Gesellschaftstheoretiker zu profilieren – also zu einer Zeit, als Parsons' Theorie überall nur noch in eher ideologischen Nachhutgefechten kritisiert wurde und ansonsten für geraume Zeit in fast völlige Vergessenheit geriet. Luhmann konnte freilich nicht darauf hoffen, seiner Theorie einen ähnlich hegemonialen Status zu verschaffen, wie das Parsons in den fünfziger Jahren gelungen war. Immerhin beherrschte Luhmann nach kurzer Zeit die gesellschaftstheoretische Diskussion in der deutschen Soziologie, nicht zuletzt durch seine äußerst „werbewirksame" Auseinandersetzung mit Jürgen Habermas (vgl. Habermas/Luhmann 1971). Dieses Zentrum der Aufmerksamkeit hat Luhmann seitdem behaupten können, wobei er freilich mindestens ebenso sehr als Zielscheibe von Kritik gedient hat, wie er Anhänger für seine Theorieperspektive gewinnen konnte. Mittlerweile findet Luhmanns soziologische Systemtheorie auch immer größere internationale Beachtung.

Die Ausarbeitung von Luhmanns Theorie hat sich in zwei deutlich unterschiedenen Phasen vollzogen. Luhmann selbst spricht von einem „Paradigmawechsel in der Systemtheorie" (vgl. Luhmann 1984a: 15-29), der gegen Ende der siebziger Jahre ein-

---

1 Als allgemeine Einführungen in Luhmanns Theorie siehe Fuchs (1992), Reese-Schäfer (1992), Kneer/Nassehi (1994).

setzte. Bis dahin bildete eine, insoweit mit Parsons übereinstimmende, System-Umwelt-Perspektive die analytische Leitorientierung. Wie behaupten sich Gesellschaftssysteme und gesellschaftliche Teilsysteme in ihrer sozialen und nicht-sozialen Umwelt? Seitdem hat Luhmann, ohne daß diese Frage völlig bedeutungslos geworden wäre, eine Perspektive aufgegriffen und ausgearbeitet, die nicht mehr die Umweltoffenheit, sondern die selbstreferentielle Geschlossenheit systemischer Operationen in den Vordergrund stellt. Wie kommt es, daß die Kommunikationszusammenhänge in den verschiedenen Teilsystemen nicht abreißen, sondern sich jeweils autopoietisch fortsetzen? Da dieser Perspektivenwechsel gerade für die differenzierungstheoretischen Überlegungen Luhmanns große Bedeutung hat, werde ich die folgende Darstellung auf die neuere Perspektive konzentrieren und Luhmanns frühere Vorstellungen nur insoweit einbeziehen, wie sie, so oder so, in seiner jetzigen Sicht der Dinge „aufgehoben" sind.

Im ersten Abschnitt dieses Kapitels werden auf der Ebene der allgemeinen Theorie sozialer Systeme Luhmanns frühere und jetzige analytische Perspektive gegenübergestellt. Damit wird die generelle Vorstellung von Sozialität dargelegt, die auch Luhmanns Gesellschaftstheorie zugrundeliegt. Der zweite Abschnitt führt dann Luhmanns zentrales Konzept der funktionalen Differenzierung der modernen Gesellschaft in selbstreferentiell geschlossene Teilsysteme, die sich jeweils an einem eigenen binären Code orientieren, ein. Im dritten Abschnitt wird dies weiter ausgeführt, indem auf die Programmdimension der Teilsysteme sowie auf die Bedeutung von symbolisch generalisierten Kommunikationsmedien und formalen Organisationen eingegangen wird. Die Dynamik der modernen Gesellschaft wird im vierten Abschnitt als Evolution geschildert, die aus dem Zusammenspiel von Variations-, Selektions- und Retentionsmechanismen hervorgeht. Der fünfte Abschnitt stellt dann dar, wie die moderne Gesellschaft als Ensemble selbstreferentiell geschlossener und evoluierender Teilsysteme eine polykontexturale Gestalt angenommen hat, und wirft die Frage auf, wie unter diesen Umständen gesellschaftliche Integration überhaupt noch dauerhaft gesichert werden kann.

4.1 Umweltoffenheit und selbstreferentielle Geschlossenheit sozialer Systeme

Genau wie Parsons hat Luhmann seine Vorstellungen über die grundsätzliche Beschaffenheit von sozialen Systemen aus allgemeineren systemtheoretischen Diskussionen bezogen, die durch Kybernetik, Biologie, Neurologie und weitere Disziplinen vorangetrieben worden sind. Zunächst teilte Luhmann mit Parsons den theoretischen Ausgangspunkt, daß soziale Systeme umweltoffene Systeme sind, die in einer sehr komplexen Umwelt – um eine treffende Formulierung von Charles Ackerman und Parsons aufzugreifen – „Bereiche relativer Nicht-Zufälligkeit" (Ackerman/Parsons 1966: 63) konstituieren. Luhmanns Theorie hatte allerdings ursprünglich, anders als die von Parsons, einen expliziten anthropologischen Bezugspunkt:

Soziale Systeme haben die Funktion der Erfassung und Reduktion von Komplexität. Sie dienen der Vermittlung zwischen der äußersten Komplexität der Welt und der sehr geringen, aus anthropologischen Gründen kaum veränderbaren Fähigkeit des Menschen zu bewußter Erlebnisverarbeitung. (Luhmann 1967a: 111)

In einer Fußnote heißt es hierzu weiter:

Überhaupt trifft die hier skizzierte Theorie sozialer Systeme sich in wesentlichen Punkten mit einer anthropologischen Soziologie, welche die „Weltoffenheit" und die entsprechende Verunsicherung des Menschen zum Bezugspunkt von (letztlich funktionalen) Analysen macht. (Luhmann 1967a: Fußn. 9)[2]

Hier wird der Mensch zum letzten analytischen Bezugspunkt gemacht. Er ist ein personales System, das in einer überkomplexen Welt zurechtkommen muß und dafür sozialer Systeme bedarf. Jürgen Habermas diagnostiziert:

Auf der einen Seite teilt Luhmann Grundüberzeugungen einer existentialistischen Anthropologie der Sartreschen Spielart. Die Realität ist nach dem Grundsatz ‚alles ist möglich' als eine schlechthin kontingente Welt konzipiert. ... Auf der anderen Seite teilt Luhmann Grundüberzeugungen

2 Auf Arnold Gehlen und Helmuth Plessner wird namentlich hingewiesen; Max Scheler hätte ebenfalls erwähnt werden können (vgl. Scheler 1928; Plessner 1928; 1961; Gehlen 1940). Um so unverständlicher dann Luhmanns Aussage in einem Interview aus dem Jahr 1985: „Die deutsche philosophische Anthropologie hingegen habe ich nie gemocht." (Luhmann 1987a: 132)

einer institutionalistischen Anthropologie Gehlenscher Herkunft. (Habermas 1971: 160/161)

Dabei macht Habermas auch auf die – wie man sagen könnte – „Dialektik“ sozialer Systembildung aufmerksam (vgl. Habermas 1971: 157/158). Soziale Systeme reduzieren einerseits die aufgrund der fehlenden Instinktausstattung der Menschen gegebene Komplexität der Welt und sichern durch orientierende Institutionen und in deren Binnenraum stattfindende, diese dadurch immer wieder reproduzierende Interaktionen das Überleben dieser besonderen Art von Lebewesen. Andererseits produziert jedes soziale System gerade durch seine Reduktion von Weltkomplexität spezifische Möglichkeiten des Handelns, was die Weltkomplexität für die jeweils anderen Systeme steigert. Das nötigt diese zu weiteren Reduktionsmaßnahmen, die wiederum für andere eine Steigerung von Weltkomplexität bedeuten, usw. Soziale Systembildung verschärft also in einer unaufhaltsamen selbstwidersprüchlichen Eigendynamik das Problem der Komplexitätsreduktion. Die Problemlösung ist zugleich ein zunehmend wichtiger werdender Teil des Problems. Diese Komplexitätssteigerung durch Komplexitätsreduktion ist in der ursprünglichen Luhmannschen Theorie das Menschheitsschicksal, dessen sich die Moderne immer mehr bewußt wird, ohne daß irgendetwas dagegen getan werden könnte – und, bis jetzt zumindest, müßte.

Der anthropologische Bezugspunkt ist in der „alten“ Theorie gerade deshalb so markant, weil Luhmann, Parsons überbietend, keine strukturell-funktionale, sondern eine „funktional-strukturelle“ Systemtheorie entwickelt. Dadurch hat Luhmann die Möglichkeit hinzugewonnen, „... Strukturen schlechthin zu problematisieren und nach dem Sinn von Strukturbildung, ja nach dem Sinn von Systembildung überhaupt, zu fragen.“ (Luhmann 1967a: 114) Die Funktion von Strukturbildung besteht darin, im Geltungsbereich einer bestimmten Struktur sehr viele Möglichkeiten auszuschließen, also das unendliche Möglichkeitsspektrum der Welt rigoros einzuschränken. Die Welt als Inbegriff aller Möglichkeiten, als „Universalhorizont allen menschlichen Erlebens“, stellt das *Problem der Komplexität*: „... die unübersehbare Fülle ihrer Wirklichkeiten und ihrer Möglichkeiten, die eine sichere Einstellung des Einzelnen auf die Welt ausschließt.“ (Luhmann 1968a: 3) Bestünden keine systemischen Erwartungsstrukturen, und gäbe es kein Vertrauen in sie, wäre menschliche Existenz undenkbar: „Alles wäre möglich. Solch eine unvermittelte Konfrontierung mit der äußersten Komplexität der Welt hält kein Mensch aus.“ Und wieder heißt es dazu: „Diesen Ausgangspunkt kann man als unbezweifelbares Faktum, als ‚Natur' der Welt bzw. des Menschen feststellen und würde damit etwas Wahres aussagen." (Luhmann 1968a: 1)

Konstitutiv für das, was soziale Systeme für personale Systeme leisten, ist die Ausbildung und Erhaltung von Sinngrenzen gegenüber der Umwelt:

> Sinngrenzen ... ordnen ein Gefälle in Komplexität. Sie trennen System und Umwelt als Möglichkeitsbereiche von verschiedener Komplexität. Die Umwelt hat immer höhere Komplexität als das System und letztlich die unbestimmte Komplexität von Welt überhaupt. Sinngrenzen markieren diesen Unterschied und machen ihn für die Orientierung des Erlebens verfügbar. Sie zeigen an, daß im System spezifizierte und bekannte (oder doch rasch erkennbare) Bedingungen der Möglichkeit des Handelns gelten, außerhalb des Systems dagegen jetzt „irgendwelche" andere. ... Das „Jenseits" bleibt vom System aus unspezifiziert.

Entsprechend haben Systemgrenzen beim Überschreiten „... eine Warnfunktion; sie fordern auf, sich zu überlegen: was nun? und sich nach dem nächsten Geländer umzusehen." Insgesamt gilt also:

> Abgrenzbare Systeme machen ... eine Lebensführung möglich, die sich einer äußerst komplexen, kontingenten Welt aussetzt und doch jeweils nur zwischen wenigen, bewußt kontrollierbaren Möglichkeiten des Verhaltens zu wählen hat. (Luhmann 1971a: 72-75)[3]

Luhmann unterscheidet dabei drei Ebenen der sozialen Systembildung: Interaktion, Organisation und Gesellschaft (vgl. Luhmann 1975a). Interaktionssysteme bilden sich unter einander wechselseitig Wahrnehmenden und erzeugen Sinngrenzen prozessual durch Themenbildung. Gesellschaftssysteme grenzen sich von ihrer Umwelt durch kommunikative Erreichbarkeit ab. Heutzutage ist deshalb davon auszugehen, daß nur noch eine einzige „Weltgesellschaft" (Luhmann 1971b) existiert.[4] Diese ist aller-

---

3 Dieses Leitmotiv der ursprünglichen Luhmannschen Theorie ist wegen des Rückbezugs auf die deutsche Philosophische Anthropologie nicht sonderlich originell. Etwa gleichzeitig mit Luhmann haben auch Peter Berger und Thomas Luckmann ihre Theorie der „social construction of reality" vorgelegt (vgl. Berger/Luckmann 1966). Unter sehr viel stärkerem, auch terminologischem, Rückgriff auf dieselben anthropologischen Einsichten entwickeln Berger und Luckmann ein Modell von „institutionalization", das Schritt für Schritt Luhmanns Vorstellung über soziale Systembildung entspricht.

4 Die im gesellschaftlichen Alltagswissen verbreitete und auch von Parsons geteilte Vorstellung, daß politische Grenzen zwischen Staaten Ge-

dings funktional in unterschiedliche Teilsysteme wie z.B. Wirtschaft, Wissenschaft, Politik, Bildung differenziert. Sozialität ist immer Interaktion und immer Gesellschaft, so daß diese beiden Systemebenen stets zusammenwirken, um die Komplexität sozialer Situationen auf ein personal verarbeitbares Maß zu reduzieren. Im Vergleich zu der sehr weiten Grenzziehung von Gesellschaft und der sehr engen von Interaktionen konstituieren Organisationen eine Grenze mittlerer Reichweite. Organisationssysteme schließen mehr ein als die gerade Anwesenden und auch nicht jeden Anwesenden, aber weniger als alle kommunikativ erreichbaren Gesellschaftsmitglieder. Die Sinngrenze von Organisationen wird durch formale Verhaltenserwartungen gezogen. Nur solange jemand die in einer bestimmten Organisation aufgestellten formalen Verhaltenserwartungen akzeptiert, darf er Organisationsmitglied bleiben.

Da die moderne Gesellschaft immer mehr zur Organisationsgesellschaft geworden ist, findet in ihr oftmals eine dreistufige systemische Reduktion von Komplexität statt, die eine gewisse Ähnlichkeit zur kybernetischen Kontrollhierarchie bei Parsons aufweist:

- Die funktionalen Teilsysteme der modernen Gesellschaft geben den Handelnden jeweils Leitorientierungen dafür vor, worum es situativ eigentlich geht. Wer sich etwa im Wissenschaftssystem bewegt, weiß damit, um was er sich alles nicht zu kümmern braucht. Der Großteil der gesellschaftlichen Relevanzen ist damit bereits durch die eine im Vordergrund stehende Leitorientierung in den Hintergrund gedrängt.
- Formale Organisationen spezifizieren diese teilsystemische Leitorientierung – dazu später noch mehr – weiter. Die Ausrichtung eines Handelnden, der sich als Forscher im Wissenschaftssystem bewegt, auf Wahrheitssuche wird durch dessen Mitgliedschaft in einer bestimmten Forschungseinrichtung gleichsam operationalisiert: beispielsweise im Hinblick auf sein Forschungsthema, den Typus seiner Forschungen – z.B. Anwendungsnähe – oder seinen Zeitplan.
- Schließlich spezifizieren Interaktionen diese teilsystemischen und organisatorischen Handlungsprägungen noch weiter. Ein Forscher unterhält sich beispielsweise mit Kollegen und bekommt Anregungen, die ihm helfen, sein Thema noch präziser zu formulieren. Oder er wird von seinen Kooperations-

---

sellschaftssysteme abgrenzen, muß Luhmann auf der Basis dieses Gesellschaftsverständnisses zurückweisen.

partnern dazu ermahnt, gemeinsame Entdeckungen nicht allein unter seinem Namen zu veröffentlichen. Jede Handlungsselektion muß letztlich interaktiv erfolgen, weil sich nur so situative Adäquanz herstellen läßt.

Luhmann betont allerdings, daß „von unten" Spannungen in das Gefüge der Systemebenen hineingetragen werden können, wodurch der Handelnde in mehr oder weniger ambivalente Situationen gerät. So können etwa sachlich unangemessene bürokratische Regeln zu einer „Zerwaltung der Forschung" (Meusel 1977) führen, was auf eine organisatorischen Konterkarierung der teilsystemischen Leitorientierung hinausläuft. Oder es können sich in Interaktionen Ideen und Vorhaben herausbilden, die subversiv die organisatorischen und teilsystemischen Vorgaben untergraben – wenn Forscher beispielsweise übereinkommen, heimlich hinter der Fassade ihrer organisatorischen Forschungsaufgaben und ihres teilsystemischen Wahrheitsstrebens ganz andere Ziele zu verfolgen, sich beispielsweise lukrativen Nebenbeschäftigungen hinzugeben.

Damit soziale Systeme auf allen drei Ebenen ihre Funktion der Komplexitätsreduktion dauerhaft wahrnehmen können, müssen sie ihren Bestand erhalten. Dazu ist die Beschaffung von Ressourcen ebenso nötig wie das Überstehen von Störungen. Dafür müssen soziale Systeme entsprechend dem „law of requisite variety", das W. Ross Ashby formuliert hat (vgl. Ashby 1956: 282-391) eine der Umweltkomplexität angemessene Eigenkomplexität aufweisen. Denn nur Komplexität kann Komplexität reduzieren. Das ist die eigentliche Ursache für den von Habermas herausgestellten paradoxen Sachverhalt, daß systemische Komplexitätsreduktion zur weiteren Komplexitätssteigerung führt. Ein fiktives extremes Beispiel für unzureichende Eigenkomplexität wäre ein Rechtssystem, das entsprechend seinen Gesetzesvorschriften für jeden Rechtsbruch nur die Todesstrafe verhängen könnte. Es wäre nicht feinfühlig genug für die Vielfalt von graduell höchst unterschiedlichen Rechtsbrüchen. Da man aus vielerlei Gründen nicht davon ausgehen kann, daß die Gesellschaftsmitglieder sich so disziplinieren können, daß kaum noch Rechtsbrüche vorkommen, führte ein derart strukturiertes Rechtssystem zu einer rapiden Ausrottung der Bevölkerung, damit zu einer Zerstörung der Gesellschaft, was wiederum auch das Rechtssystem eliminierte. Wahrscheinlicher ist freilich, daß sehr bald gegen ein solches Rechtssystem rebelliert würde, was ebenfalls dessen Bestand in Frage stellt. Oder aber es vermiede antizipativ diese Konsequenz, indem es informell durch eine entsprechend nachlässige Kontrolle der Gesetzestreue der Bürger über fast alle Rechtsbrüche großzügig hinwegsähe – wodurch es freilich seine gesellschaftliche Funktion nur völlig unzureichend wahrnähme. So oder so also hätte die mangelnde „requisite variety“ gravierende Dysfunktionen zur Folge.

Viele organisationssoziologische Untersuchungen über das Verhältnis zwischen Organisationsstrukturen und Umweltkomplexität belegen denselben Sachverhalt (vgl. Burns/Stalker 1961; Lawrence/Lorsch 1967). Wenn ein Organisationssystem in einer relativ einfach strukturierten, gut überschaubaren und stabilen Umwelt existiert, ist es in der Lage, entsprechend wenig komplexe eigene Strukturen auszubilden. Es kann sich eine eindeutige Hierarchie, klare Kompetenzabgrenzungen und den Verzicht auf permanentes Infragestellen der gegebenen Strukturen leisten. Dies gilt etwa für ein Großunternehmen, das einen Markt weitgehend monopolistisch beherrscht, so daß Produkte und Produktionsverfahren kaum einem von außen kommenden technologischen Wandlungsdruck ausgesetzt sind. Ganz anders ist hingegen die Lage eines kleinen oder mittleren Unternehmens, das auf einem Markt agiert, in dem es mit vielen Konkurrenten immer wieder neuen abrupten Sprüngen der Kundenbedürfnisse nachjagt, und das zudem auch noch häufige Technologiesprünge zu verkraften hat. Für ein solches Organisationssystem ist seine Umwelt ein „turbulent field“ (Terreberry 1968), deren Komplexität nur noch durch entsprechend komplexe eigene Strukturen bewältigt werden kann: u.a. professionell geschultes und hochgradig selbständig agierendes Personal, dezentrale Entscheidungsstrukturen und wechselnde Projektteams. Organisationssysteme verdeutlichen überdies, daß die Eigenkomplexität von Systemen jenseits eines bestimmten Grades an Umweltkomplexität auch die Fähigkeit zur geordneten Selbständerung, etwa als Anpassung an Umweltwandlungen, einschließt. Dann müssen Systeme „ultrastabil“ sein, also nicht bloß einen Stabilitätszustand erhalten, sondern gegebenenfalls auch neue Stabilitätszustände suchen können (vgl. Ashby 1952; Cadwallader 1959).

Das Bild, das Luhmann in seiner ursprünglichen Theorie von sozialen Systemen zeichnet, geht also dahin, sie als Gebilde zu sehen, die für die Gesellschaftsmitglieder als Personen Weltkomplexität soweit reduzieren, daß Handeln möglich wird. Dies geschieht durch den Aufbau systemischer Eigenkomplexität, die ein Entsprechungsverhältnis zur Umwelt aufweisen muß, soll das soziale System nicht zerstört werden, womit es die Personen gleichsam schutzlos der Weltkomplexität überließe. Ohne hier nachzeichnen zu können, wie Luhmann diese Perspektive allmählich in den Hintergrund treten ließ und an deren Stelle die heute gültige neue entwickelt hat, will ich letztere sogleich mit hartem Schnitt einführen. Zwei analytische Revirements sind dafür maßgeblich: Reduktion von Komplexität wird als analytisches Leitproblem durch Anschlußfähigkeit, Handlung als soziales Elementarereignis durch Kommunikation ersetzt. Beides vollzieht sich unter dem übergreifenden Etikett einer Theorie sozialer Systeme als autopoietischer Systeme.

Autopoiesis bedeutet: Selbstherstellung. Das ursprüngliche Paradigma dafür ist die biologische Zelle, anhand derer insbesondere Humberto Maturana und Francisco Varela dieses Konzept entwickelt haben. Luhmann hat es dann – mit eigenen Modifikationen – auf soziale Systeme übertragen.[5] Zwei Merkmale zeichnen ein autopoietisches System aus: Selbstreferentialität und Transitorität.

Ein autopoietisches System ist erstens ein *selbstreferentiell geschlossenes* System. Selbstreferentialität läßt sich am besten durch die von Heinz von Foerster getroffene Unterscheidung zwischen „trivialen" und „nicht-trivialen" Maschinen verdeutlichen (vgl. Foerster 1984: 9-13). „Triviale" Maschinen transformieren inputs aus ihrer Umwelt gemäß einem festliegenden, stets gleichen internen Verarbeitungsmodus in outputs. Gleiche inputs ergeben dementsprechend immer gleiche outputs. Wenn ich z.B. die vorgesehenen Münzen in einen Getränkeautomaten werfe und den Wahlknopf für Mineralwasser – anstatt für Cola oder für Bier – drücke, erhalte ich bei ordnungsgemäßem Funktionieren des Automaten stets zuverlässig erwartbar die gewünschte Flasche Mineralwasser. Genau das gilt für „nicht-triviale" Maschinen aufgrund ihrer Selbstreferentialität nicht.

Eine „nicht-triviale" Maschine ist im einfachsten Fall eine solche „triviale" Maschine, deren interne Struktur selbst wiederum eine „triviale" Maschine ist. Bei einer derartigen Verschachtelung zweier „trivialer" Systeme wird der output des Systems nicht länger nur durch den input aus der Umwelt determiniert, sondern ist das Ergebnis der Ko-Determination von input und „withinput" (Easton 1965: 27, 55/56), also im System selbst erzeugten Deter-

---

5 Zum biologischen Konzept der Autopoiesis siehe nur Maturana/Varela (1975). Luhmanns Verwendungsweise wird insbesondere in Luhmann (1984a) erläutert.

minanten. Ein einfaches Beispiel kann bereits demonstrieren, was dann geschieht:

Angenommen, aus der Umwelt können vier verschiedene inputs I(1), I(2), I(3) und I(4) in die „nicht-triviale" Maschine gelangen. Sie selbst vermag zwei verschiedene „withinputs" W(1) und W(2) zu erzeugen. Aus der Kombination von inputs und „withinputs" können zwei verschiedene outputs O(1) und O(2) resultieren. Es gelten dabei folgende Verknüpfungsregeln:

input	„withinput"	output beim Zustand	
		W(1)	W(2)
I(1)	W(1)	O(1)	O(2)
I(2)	W(2)	O(1)	O(2)
I(3)	W(2)	O(2)	O(1)
I(4)	W(1)	O(1)	O(1)

Ist die Maschine im Ausgangszustand W(1), dann führt der wiederholte input I(1) immer wieder zu O(1). Scheinbar liegt hier eine input-Determiniertheit vor. Der Schein trügt jedoch, wie sich zeigt, sobald der input I(2) erfolgt. I(2) führt zunächst, da die Maschine erst noch im Zustand W(1) ist, zu O(1). Zugleich versetzt dieser input die Maschine aber auch in den Zustand W(2); und das zieht nach sich, daß der nächste input von I(2) nicht mehr O(1), sondern O(2) hervorbringt. Derselbe input erzeugt direkt nacheinander zwei verschiedene outputs – eine Tatsache, die jede das Innenleben der Maschine nicht kennende Voraussage verunmöglicht. Gibt man daraufhin wieder I(1) ein, so führt auch dies nun, da die Maschine sich im Zustand W(2) befindet, nicht mehr wie zuvor zu O(1), sondern plötzlich zu O(2). Eine scheinbare Gewißheit ist damit zunichte. Unter Nutzung von I(3) und I(4) läßt sich dieses verblüffende Spiel noch weiter treiben. Bereits in diesem extrem simplen Beispiel müßte ein externer Beobachter die astronomische Anzahl von $6x10^{76}$ Operationen systematisch erfassen, um die Logik der Maschine durchschauen und sie dann sicher berechnen zu können.

Selbstreferentiellen Systemen muß von ihrer Umwelt „Freiheit" unterstellt werden, weil die Systemkomplexität, obwohl durchaus streng deterministisch konstruiert, unüberschaubar groß ist (vgl. MacKay 1967). Dies wirkt sich gegenüber der Umwelt also so aus:

Obedience is the hallmark of the trivial machine; it seems that disobedience is that of the non-trivial machine. However ... the non-trivial machine too is obedient, but to a different voice. Perhaps, one could say obedient to its inner voice. (Foerster 1984: 10)

Soziale Systeme funktionieren demnach Luhmann zufolge nicht wie Getränkeautomaten – oder anders gesagt: Soziale Systeme funktionieren wie Getränkeautomaten, bei denen immer wieder statt des gewünschten Mineralwassers ganz etwas anderes herauskommt, aber ebenso oft auch Mineralwasser, wenn etwas anderes gewünscht wurde. Was von außen „unordentlich“, vielleicht gar chaotisch wirkt, ist aber für das System selbst gerade Behauptung der eigenen Identität und damit Ordnungserhalt.

Die Systemumwelt ist auch für ein selbstreferentielles System unverzichtbar, weshalb die frühere System-Umwelt-Perspektive in der neuen autopoietischen Perspektive „aufgehoben“ ist. Das System benötigt vor allem zweierlei Arten von inputs aus der Umwelt: erstens Ressourcen, um sein selbstreferentiell geschlossenes Operieren in Gang zu halten, und zweitens Irritationen, die es aus einem ewigen Kreislauf des Immergleichen befreien.[6] Doch irritierende inputs haben, wie dargestellt, immer nur den Status von „Modulationen“ (Hejl 1984: 64), die, in einer musikalischen Analogie, die „Melodie“ des Systems in viele unterschiedliche „Tonlagen“ zu transponieren vermögen und so Varianz erzeugen, ohne jedoch die „Melodie“ verändern zu können. Zwar könnten Umwelteinwirkungen auch die Autopoiesis gänzlich zerstören. Doch zwischen diesem Extrem und einer Respektierung der systemischen Autopoiesis gibt es keine weiteren Möglichkeiten.

Die zweite grundlegende Eigenschaft autopoietischer Systeme ist deren *transitorischer* Charakter. Solche Systeme werden, anders als etwa Maschinen, nicht zuerst geschaffen, um sodann mehr oder weniger lange zu funktionieren. Vielmehr erneuern sich autopietische Systeme kontinuierlich – die Makromoleküle einer Zelle etwa zehntausendmal während deren Lebensspanne (vgl. Zeleny 1981: 4). Solche Systeme existieren also als Selbsttransformation, ohne daß dadurch, wie etwa biologische Wachstums- oder Reifungsvorgänge zeigen, notwendigerweise immer wieder dieselbe Systemgestalt hervorgebracht wird. Dennoch bleiben autopoietische Systeme dieselben, weil sich all ihre Wandlungen in selbstreferentieller Reflexivität auf das Vorhergegangene beziehen: weil die zeitliche Abfolge von Systemzuständen eine Geschichte ergibt und nicht bloß eine Sukzession unverbundener Ereignisse ist.

In einem solchen Sinne selbstreferentiell geschlossener Transitorität haben alle sozialen Systeme nunmehr für Luhmann autopoietischen Charakter. Mit diesem „Paradigmawechsel“ von der Theorie umweltoffener zur Theorie autopoietischer sozialer Systeme verschiebt sich das analytische Interesse an sozialer Wirk-

6 Die Parallele zu der Unterscheidung von „Energie“ und „Information“ bei Parsons ist nicht zufällig.

lichkeit grundlegend. Ging es vorher darum, wie sich komplexitätsreduzierende Systemstrukturen erhalten, so daß auf seiten von Personen „... die Wiederholung einer ähnlichen Handlung bzw. die Erwartung der Wiederholung eines ähnlichen Erlebens wahrscheinlich ist ...“, so gilt jetzt:

Für eine Theorie autopoietischer Systeme stellt sich dagegen vorrangig die Frage, wie man überhaupt von einem Elementarereignis zum nächsten kommt; das Grundproblem liegt hier nicht in der Wiederholung, sondern in der Anschlußfähigkeit. (Luhmann 1984a: 62, Hervorh. weggel.)

Die Frage: Wie ist soziale Ordnung möglich? wird dann so spezifiziert: Wie ist es möglich, daß die Autopoiesis sozialer Systeme nicht zum Stillstand kommt? Also – im Vorgriff auf später genauer Auszuführendes – beispielsweise: Wie kann im Wirtschaftssystem aus jeder Zahlung eine neue Zahlung, aber eben keine Rechtsentscheidung oder sportliche Leistung oder sogar überhaupt nichts, hervorgehen?

Soziale Erwartungsstrukturen werden nun nicht mehr im Hinblick darauf betrachtet, daß sie für personale Systeme Komplexität reduzieren, sondern auf das Problem der inneren *Anschlußfähigkeit* bezogen:

Erwartungen sind, und insofern sind sie Strukturen, das autopoietische Erfordernis für die Reproduktion von Handlungen. Ohne sie würde das System in einer gegebenen Umwelt mangels innerer Anschlußfähigkeit schlicht aufhören, und zwar: von selbst aufhören.

Voraussetzung dafür ist die Temporalisierung der Elemente sozialer Wirklichkeit:

Die Elemente müssen, da zeitgebunden, laufend erneuert werden; sonst würde das System aufhören zu existieren. Die Gegenwart entschwände in die Vergangenheit, und nichts würde folgen. Dies ist nur zu verhindern dadurch, daß der Handlungssinn in einem Horizont der Erwartung weiteren Handelns konstituiert wird ... Es scheint dann so, als ob das Handeln sich selbst einer momenthaften Vergänglichkeit entzieht, sich über sich hinausschwingt. (Luhmann 1984a: 392)

Der analytische Blick fixiert sich also auf das immer neue Hervorgehen bestimmter sozialer Vorgänge – z.B. Zahlungen im Wirtschaftssystem – aus anderen gleichartigen Vorgängen.

Durkheims Maxime der Erklärung von Sozialem aus Sozialem ist damit in eine radikal neue Form gebracht, die menschliche Akteure, wie sie in Luhmanns früherer Theorieperspektive in Gestalt personaler Systeme noch vorhanden waren, ausblendet. Die durch Systembildung konstituierten sozialen Erwartungsstrukturen wurden dort als handlungsprägende Gebilde betrachtet, was nur Sinn macht, wenn man sich die personalen Systeme bzw. Kollektive personaler Systeme als handlungsfähige Wesen, also Akteure, vorstellt. Nach diesem Verständnis sind Handlungen die basalen sozialen Vorgänge. Einer der Übergangsschritte zur jetzigen Luhmannschen Theorie besteht darin, dieses Verständnis von Handlung zu revidieren. Luhmann knüpft dabei insbesondere an Ergebnisse der psychologischen Attributionsforschung an, was er mit einer bestimmten Vorstellung über soziale Kausalitäten verbindet.

Soziale Vorgänge sind stets multikausal determiniert. Aus dieser Vielzahl von Determinanten, die einen bestimmten Vorgang hervorbringen, hebt die Beobachtung und kausale Deutung des Vorgangs immer nur sehr wenige hervor, während der Rest im unthematisierten Hintergrund verbleibt. Kausale Deutung ist also prinzipiell höchst selektiv.[7] Dabei gibt es grundsätzlich zwei Richtungen der deutenden Selektion kausaler Ursachen eines Vorgangs. Entweder dieser Vorgang wird einem bestimmten sozialen oder personalen System oder aber dessen Umwelt, also anderen Systemen, zugerechnet. Wenn ersteres vorliegt, wird der Vorgang als Handlung dieses Systems kategorisiert; letzteres wird hingegen aus dessen Sicht als Erleben – des Handelns anderer Systeme – eingestuft (vgl. Luhmann 1979). Diese Zurechnungsalternativen sind, wie die Attributionsforschung vielfach empirisch gezeigt hat, prinzipiell kontingent (vgl. Herkner 1980; Harvey/Weary 1985; Jones et al. 1987). Es gibt keine „objektiv richtige" Zurechnung, weil das Kausalschema eben die Ursachen eines Vorgangs äußerst selektiv erfaßt und eine andere Selektion aus dem Überangebot an Deutungsalternativen leicht die jeweils andere Zurechnungskategorie evozieren kann. So können beispielsweise die schlechten Leistungen eines Schülers immer auf der einen Seite primär ihm, etwa als mangelnde Lernwilligkeit, oder auf der anderen Seite seinem Lehrer, etwa als mangelnde didaktische Fähigkeit, zugeschrieben werden; ersteres wäre ein Handeln des Schülers, letzteres des Lehrers, also ein Erleben des Schülers. Zwar lassen sich gewisse Determinanten der Wahl einer bestimmten Zurechnungsalternative auffinden – insbesondere das Bestreben, für negativ bewertete Vorgänge wie Fehler, Irrtümer, Unfähigkeit, Erfolglosigkeit u.ä. die Verantwortung abzuschieben, sich selbst also als lediglich erlebend im Sinne von leidend zu verstehen und darzu-

7 Zu dieser Vorstellung über Kausalität siehe Luhmann (1962; 1968d: 24-33).

stellen. So wird der Schüler dazu neigen, seine schlechten Leistungen dem Lehrer zuzurechnen, während der Lehrer umgekehrt dazu neigen wird, diesen mangelnden Erziehungserfolg dem Schüler zuzurechnen. Doch diese Determinante wohnt ersichtlich nicht dem gedeutetem Sachverhalt selbst inne, sondern seiner Einschätzung durch die involvierten Systeme.

So gesehen ist eine Handlung nicht mehr der basale soziale Vorgang selbst, sondern nur noch eine von zwei stets möglichen alternativen Deutungen sozialer Vorgänge: ein Zurechnungsphänomen. Der basale soziale Vorgang ist hingegen für Luhmann nunmehr *Kommunikation*. Soziale Systeme sind nach diesem Verständnis also primär keine Handlungs-, sondern Kommunikationssysteme. Kommunikation wird dabei als soziales „Prozessieren von Selektion" in Form einer Einheit der Differenz von Information, Mitteilung und Verstehen begriffen (vgl. Luhmann 1984a: 193-203, Zitat: 194). Eine Information – also die selektive symbolische Präsentation eines bestimmten Sachverhalts anstelle vieler anderer – wird von Alter absichtlich oder unabsichtlich mitgeteilt und von Ego verstanden. Dieses Verstehen ist für die Autopoiesis der Kommunikation nicht als psychischer Vorgang relevant, sondern als nächste Mitteilung und Information, die dann ihrerseits wieder Verstehen in Form einer weiteren Mitteilung und Information auslöst, usw.[8] Dieser Vorgang, und nicht dessen stets kontingente Deutung als Handlung, ist die basale autopoietische Operation eines sozialen Systems. Dementsprechend läßt sich auch sagen: „Die Einheit der Einzelkommunikation ist, in dynamischer Hinsicht gesehen, nichts weiter als Anschlußfähigkeit." (Luhmann 1984a: 204) Kommunikation erzeugt weitere Kommunikation; aber Handlung muß nicht notwendigerweise weitere Handlung, sondern kann ebenso gut Erleben erzeugen.

Diese Konzeptualisierung von Kommunikation als basaler Operation der Autopoiesis sozialer Systeme hebt sich ganz deutlich von der herkömmlichen Vorstellung über Kommunikation als Sinntransport zwischen Akteuren ab. Man kann sich das z.B. am Wissenschaftssystem klarmachen. Nach der üblichen Vorstellung sind wissenschaftliche Publikationen Vehikel, mittels derer Autoren bestimmte Inhalte zu ihren Lesern bringen. Akteure stehen am Anfang und am Ende jedes Kommunikationsvorgangs. Luhmann kehrt das wie in einem Vexierbild um. Für ihn sind psychische Systeme – Autoren oder Leser – Vehikel, mittels derer Publikatio-

8 Dazu siehe die detailgenauen Analysen von Schneider (1995).

nen zu weiteren Publikationen führen (vgl. Luhmann 1990a: 432).[9] Dieser Vorstellung einer aus sich selbst hervorgehenden Kommunikation entsprechen sehr genau zwei Forschungsrichtungen der neueren Wissenschaftssoziologie, deren unbestrittene Relevanz und Adäquanz Luhmanns generelle Theorieperspektive gewissermaßen bereichsspezifisch validiert: die Zitationsanalyse und die Diskursanalyse. Erstere verfolgt die über Zitationen gespannten Verweisungszusammenhänge zwischen Publikationen und bildet mit ihren Analysemethoden die kommunikativen Netzwerke des Wissenschaftssystems formal ab (vgl. Griffith/Small 1974; Griffith et al. 1974; Stock 1985) – als „invisible colleges", „Zitierkartelle" u.ä. Die Analyse wissenschaftlicher Diskurse zeichnet hingegen inhaltlich nach, wie in theoretischen Auseinandersetzungen Argumente aus Argumenten hervorgehen und dadurch Theoriepositionen, letztlich Wahrheiten, als wissenschaftsinterne Erwartungsstrukturen erzeugt werden (vgl. Collins 1981; Mulkay et al. 1983; Engelhardt/Caplan 1987). Beide Forschungsrichtungen setzen die autopoietische Operationsweise wissenschaftlicher Forschung voraus und bestätigen sie zugleich immer wieder. Um in wissenschaftlichen Publikationen Wahrheitsansprüche zu begründen, müssen relevante andere Publikationen, zustimmend oder kritisch, zitiert werden – aber eben nicht Kirchenväter, Parteivorsitzende oder Unternehmensvorstände. Des weiteren müssen die inhaltlichen Bezüge auf diese anderen Publikationen gemäß den teils generellen, teils bereichsspezifischen methodischen und inhaltlichen Standards erfolgen, die der bisherige „Stand der Forschung" erzeugt hat – und nicht gemäß religiöser Offenbarung, politischer Opportunität oder wirtschaftlicher Profitabilität.

Das Auswechseln von Handlung durch – so verstandene – Kommunikation als elementare Operation sozialer Systeme ist also die konsequente Folge der Konzipierung sozialer Systeme als autopoietischer Systeme und des daraus erwachsenden analytischen Interesses an Anschlußfähigkeit. Handlung ist zwar als auf ein System zugerechnete Kommunikation – sei es als Fremd-, sei es als Selbstzurechnung – eine unabdingbare Voraussetzung dafür, daß das betreffende System sozial überhaupt relevant wird. Ein System, das immer nur als erlebend eingestuft würde, wäre seiner Umwelt hinsichtlich der eigenen Zustände völlig ausgeliefert, besäße keinerlei Eigenselektivität, was ein Widerspruch in sich wäre. Zumindest als Potentialität muß Handeln zurechenbar sein. „Um

9 Siehe dazu bereits Stichweh (1987).

beobachtet zu werden oder um sich selbst beobachten zu können, muß ein Kommunikationssystem deshalb als Handlungssystem ausgeflaggt werden." (Luhmann 1984a: 226) Daher besitzt das Wirtschafts- oder das Wissenschaftssystem, aber auch jedes Organisationssystem für Luhmann Handlungsfähigkeit, hat jede der für diese Systeme spezifischen kommunikativen Operationen – Zahlungen, Publikationen, Organisationsentscheidungen – zugleich immer auch Handlungscharakter. Aber Handeln ist eben nicht das Originäre, sondern nur eine kontingente Perspektive auf dieses: nämlich auf Kommunikation.

Auf der Basis einer solchen generellen Konzeptualisierung sozialer Systeme als autopoietischer Kommunikationszusammenhänge kann man sich nun der modernen Gesellschaft zuwenden und nach ihrer Differenzierungsstruktur fragen.

4.2 Binäre Codes und funktionale Differenzierung der modernen Gesellschaft

Luhmann geht wie alle anderen bisher dargestellten Differenzierungstheoretiker davon aus, daß die moderne Gesellschaft durch das Vorherrschen funktionaler Differenzierung gekennzeichnet ist. Hatte er zunächst wie Durkheim und Parsons lediglich die zwei Formen der segmentären und der funktionalen Differenzierung unterschieden, so führte er bald noch zwei weitere Formen ein: die stratifikatorische Differenzierung und die Differenzierung in Zentrum und Peripherie (vgl. Luhmann 1977a). Diese *Differenzierungsformen* unterscheiden sich anhand von zwei Dimensionen. Die Differenzierung eines Ganzen – hier: der Gesellschaft – in Teile kann erstens entweder so erfolgen, daß die Teile gleichartig, oder so, daß die Teile ungleichartig beschaffen sind. Zweitens kann die Differenzierung den Teilen entweder einen gleichen oder einen ungleichen Rang zuordnen. Aus drei der vier logisch möglichen Kombinationen dieser beiden Dimensionen ergeben sich die real vorfindlichen Differenzierungsformen:

- gleichartige und gleichrangige Teile: Dies ist die *segmentäre* Differenzierung in Familien, Clans, Stämme, wie sie in archaischen Gesellschaften vorherrschend war.
- ungleichartige und ungleichrangige Teile: Dies ist die in hochkulturellen Gesellschaften vorherrschende *stratifikatorische*

Differenzierung von Ober- und Unterschicht, wobei erstere aus den kulturellen, politischen, militärischen und wirtschaftlichen Eliten, letztere aus dem von diesen Eliten beherrschten Gros der Bevölkerung bestand. Teilweise war diese Differenzierungsform durch eine Differenzierung in *Zentrum und Peripherie* überlagert, wenn städtische Verdichtungsräume auf analoge Weise ihr ländliches Umland beherrschten.

– ungleichartige und gleichrangige Teile: Dies ist die in der modernen Gesellschaft vorherrschende *funktionale* Differenzierung in Teilsysteme, die jeweils spezialisierte Beiträge zur gesellschaftlichen Reproduktion liefern. Da jedes Teilsystem etwas Unentbehrliches beisteuert und auch von keinem anderen darin ersetzt werden kann, sind alle gleichermaßen wichtig, wodurch zwischen ihnen keine Rangdifferenzen bestehen. Wirtschaft beispielsweise ist nicht bedeutsamer, aber auch nicht bedeutungsloser als Forschung oder Massenkommunikation.[10]

Luhmann verbessert hiermit die Typologie von Differenzierungsformen gegenüber Durkheim und Parsons in mehreren Hinsichten. Parsons bemißt jede real vorliegende Differenzierungsstruktur eindimensional am Maßstab funktionaler Differenzierung, wie im AGIL-Schema vorgegeben. Obwohl er segmentäre und auch stratifikatorische Differenzierung gleichsam als Oberflächenphänomen durchaus zur Kenntnis nimmt, geht es ihm letztlich nur darum, in welchem Maße eine Struktur bereits funktional differenziert ist. Für Luhmann, wie auch für Durkheim, sind hingegen alle Differenzierungsformen gewissermaßen aus eigenem Recht bedeutsam. Es handelt sich um funktional äquivalente Ordnungsformen von Gesellschaft mit jeweils spezifischen, schon im Kapitel 2.1 erwähnten Vor- und Nachteilen (vgl. Luhmann 1967a: 124). Funktional differenzierte Gesellschaften haben zwar unzweifelhaft Spezialisierungsvorteile bei der wirtschaftlichen, wissenschaftlichen oder politischen Leistungsproduktion; aber diese Gesellschaften sind zugleich störungsanfälliger, weil Funktionsmängel eines Teilsystems auf alle anderen ausstrahlen. Segmentär differenzierte Gesellschaften können hingegen den Verlust einiger oder gar vieler Segmente verkraften, weil jedes Segment für sich relativ autark zu existieren vermag.

---

10 Der vierte logisch mögliche Typ einer Differenzierung in gleichartige und ungleichrangige Teile kommt real nicht vor, weil eine Gleichartigkeit der Teile keinerlei Basis und Begründung für Rangdifferenzen bietet.

Durkheims Unterscheidung von „einfachen“ und „arbeitsteiligen“ Gesellschaften war freilich viel zu grobschlächtig, um die historische Entwicklung theoretisch abbilden zu können. Für seine analytischen Interessen reichte eine solche Unterscheidung aus, die den Anfang und das vorläufige Ende der Entwicklung menschlicher Gesellschaften miteinander kontrastiert und alles, was zwischendurch gewesen war, ausblendet. Schon Weber mit seinem vergleichenden Interesse an den vormodernen Hochkulturen Indiens, Chinas oder Vorderasiens konnte mit Durkheims Unterscheidung nichts anfangen. Parsons umging dieses Problem in seinen evolutionstheoretischen Betrachtungen auf die eben geschilderte Weise. Erst Luhmann, der ein großes Interesse daran hat, den Übergang zur modernen Gesellschaft zu betrachten, wird dadurch zu seiner Erweiterung von Durkheims Typologie gezwungen. Denn die mittelalterlichen Gesellschaften waren eben keine segmentär differenzierten, sondern stratifikatorisch differenzierte Gesellschaften, in die sich durch das Aufkommen der Städte dann auch eine bedeutsame Differenzierung von Zentren und Peripherien schob.

Noch deutlicher als Durkheim stellt Luhmann schließlich heraus, daß die vier Differenzierungsformen einander evolutionär nicht ersetzen, sondern lediglich deren Primat wechselt. Schon die archaische Gesellschaft kannte neben der primären segmentären Differenzierung auch die funktionale Differenzierung, etwa als geschlechtliche Arbeitsteilung. Figuren wie Clanchefs und Stammeshäuptlinge könnte man als Vorformen stratifikatorischer Differenzierung auffassen; und manche Siedlungsstrukturen archaischer Gesellschaften wiesen auch bereits eine dauerhafte Differenzierung von Zentrum und Peripherie auf. Für die funktional differenzierte moderne Gesellschaft ist jedenfalls klar, daß in ihr alle drei anderen Differenzierungsformen weiterhin erhebliche Bedeutung besitzen:

- Sie ist erstens in hohem Maße auch segmentär differenziert, etwa als Nebeneinander von Familien, Unternehmen oder territorialen politischen Einheiten. Das dient zum einen der Risikoabsorption. Wenn z.B. einige Unternehmen bankrott gehen, bleibt das Wirtschaftssystem dennoch intakt. Zum anderen schafft segmentäre Differenzierung auch Einheiten begrenzter und damit überschaubarer Komplexität. Ein Unternehmen läßt sich deshalb meist noch steuern, eine Branche oder gar ein ganzes Wirtschaftssystem hingegen nicht, wie das planwirtschaftliche Realexperiment bewiesen hat.

- Zweitens ist die moderne Gesellschaft auch in Zentren und Peripherien differenziert. Dies ist international am augenfälligsten. Den dominierenden Zentren in Nordamerika, Japan und Westeuropa stehen vor allem der afrikanische Kontinent, große Teile des asiatischen und südafrikanischen Kontinents und auch größere Teile Osteuropas als mehr oder weniger abhängige Peripherien gegenüber – und zwar nicht bloß hinsichtlich eines bestimmten, etwa des wirtschaftlichen, Teilsystembezugs, sondern allgemein, also z.B. auch im Hinblick auf Forschungskapazitäten, politische Bedeutung oder medizinische Versorgung. In geringerem Maße findet sich dieses Muster auch innerhalb von Nationen wieder, etwa als Verhältnis zwischen Großstädten und ländlicher Provinz. Wie bedeutsam solche Differenzierungsmuster nach wie vor sind, zeigen z.B. die Probleme, die Italien mit seinem Süden hat.
- Drittens schließlich produziert und reproduziert die moderne Gesellschaft auch gewisse Arten von stratifikatorischer Differenzierung (vgl. Luhmann 1985a). Es gibt weiterhin arme und reiche, politisch einflußlose und einflußreiche sowie wenig-geachtete und hochgeachtete Gesellschaftsmitglieder; und damit gehen schlechtere oder bessere individuelle Lebenschancen einher.

Zu beachten ist hier allerdings, daß die moderne Gesellschaft auf segmentäre Differenzierung aus den genannten und noch weiteren Gründen nicht verzichten kann, die anderen beiden Differenzierungsformen hingegen sehr wohl entbehren könnte – aber sie verschwinden nicht einmal dann, wenn man sich gezielt darum bemüht. Abhängige Peripherien und nicht länger legitimierbare soziale Ungleichheiten sind immer wieder explosive Konfliktpotentiale, also Ursprünge gesellschaftlicher Integrationsprobleme, aber erfüllen – anders als in hochkulturellen Gesellschaften – keine positiven Funktionen mehr. Diese beiden Differenzierungsformen werden also als offenbar kaum oder überhaupt nicht eleminierbare Begleiterscheinungen von funktionaler Differenzierung mitgeschleppt.

Wenn ich mich nun der modernen als einer funktional differenzierten Gesellschaft zuwende und die anderen Differenzierungsformen nicht mehr weiter berücksichtige, muß stets klar sein, daß es sich dabei um eine analytische Vereinfachung handelt. Bei der Untersuchung konkreter gesellschaftlicher Probleme kann es sehr wohl sein, daß auch die anderen Differenzierungsformen erklärungsrelevant sind. Dies ist insbesondere deshalb zu beachten, weil Luhmann eben, anders als Parsons, nicht davon ausgeht, daß die funktionale Differenzierung die anderen drei Differenzierungsformen auf lange Sicht immer weiter marginalisiert.

Der Charakter der funktional differenzierten modernen Gesellschaft erschließt sich von ihren Teilsystemen her. Das liegt in der Logik dieser Differenzierungsform begründet. Zunächst übernahm Luhmann hierzu die Vorstellung Parsons', daß sich die Teilsysteme entsprechend bestimmten gesellschaftlichen Funktionserfordernissen bilden. Allerdings teilte Luhmann von Anfang an den mit der deduktiven Logik des AGIL-Schemas implizierten „analytischen Realismus" nicht. Vielmehr war und ist sein Anspruch, theoretisch jene Differenzierungen nachzuzeichnen, die sich empirisch in der gesellschaftlichen Wirklichkeit selbst finden. Wenn also Luhmann z.B. ein ausdifferenziertes Wirtschaftssystem der modernen Gesellschaft von deren politischem System unterscheidet, geht er davon aus, daß diese Unterscheidung ebenso von den Gesellschaftsmitgliedern selbst getroffen wird. Seine Systemtheorie ist insoweit, völlig anders als die von Parsons, eine phänomenologische Rekonstruktion des Alltagswissens über Gesellschaft.

In Luhmanns anfänglicher funktionalistischer Konzeptualisierung bestehen die Teilsysteme jeweils aus all jenen Handlungen und den sie prägenden Strukturen, die gesellschaftlich eine bestimmte Funktion erfüllen und auch von den Gesellschaftsmitgliedern so gesehen werden. Das Wirtschaftssystem ist demzufolge alles Handeln, was auf die Bereitstellung von Gütern und Dienstleistungen zur Befriedigung von Bedürfnissen spezialisiert ist, das politische System alles Handeln, was auf gesellschaftsweite kollektiv bindende Entscheidungen spezialisiert ist, oder das Wissenschaftssystem alles Handeln, was auf die Suche nach wahren Erkenntnissen über die Welt spezialisiert ist. Welche Teilsysteme ausdifferenziert sind, läßt sich nicht theoretisch vorweg bestimmen, sondern nur empirisch identifizieren. Man gelangt induktiv zu einer Liste, die in früheren Phasen der modernen Gesellschaft kürzer ausfiel als heute. So entstand der Sport als ausdifferenziertes Teilsystem erst gegen Ende des letzten Jahrhunderts. Im einzelnen enthält diese Liste bei Luhmann heutzutage mindestens die folgenden Teilsysteme: Wirtschaft, Politik, Recht, Militär, Wissenschaft, Kunst, Massenkommunikation, Erziehung, Gesundheit, Sport, Familie, Intimbeziehungen.

Die Teilsysteme über ihre gesellschaftliche Funktion zu definieren ist im Rahmen einer System-Umwelt-Perspektive sehr konsequent. Es verträgt sich allerdings nicht mehr mit einer Perspektive, die gesellschaftliche Teilsysteme als autopoietische Kommunikationszusammenhänge begreift.[11] Denn die selbstreferentielle Geschlossenheit der Teilsysteme bedeutet vor allem anderen, daß deren Kommunikationen sich gerade nicht mehr an irgendwelchen Umweltgesichtspunkten, zu denen die gesellschaftliche Funktion zweifellos gehört, ausrichten. Anstelle gesellschaftlicher Funktionserfordernisse sind es für Luhmann nunmehr *binäre Codes*, die die teilsystemspezifischen Kommunikationszusammenhänge durch Sinngrenzen konstituieren. Luhmann behauptet unmißverständlich, „... daß die funktionale Differenzierung ... sich gleichsam im Kielwasser der Differenzierung von Codes entwikkelt ..." (Luhmann 1986a: 94).[12] Diese Codes bilden „distinctions directrices" (Luhmann 1986b), Leitdifferenzen, auf die Kommunikationszusammenhänge sich orientieren können. Einige dieser Leitdifferenzen, auf die hin sich Teilsysteme gebildet haben, sind: Haben oder Nicht-Haben, also Zahlungsfähigkeit als binärer Code des Wirtschaftssystems; Wahrheit oder Unwahrheit von Erkenntnissen als binärer Code des Wissenschaftssystems; Verfügen oder Nicht-Verfügen über Macht als binärer Code des politischen Systems; Recht oder Unrecht von Klagen als binärer Code des Rechtssystems; und Sieg oder Niederlage in sportlichen Wettkämpfen als binärer Code des Sportsystems.

Die Orientierungsleistung dieser Codes für gesellschaftliche Kommunikation besteht in einer *Spezifikation von Autopoiesis*. Daß Kommunikationen ganz allgemein immer nur an andere Kommunikationen anschließen, konstituiert das Gesellschaftssystem; und daß z.B. wissenschaftliche Publikationen als besondere Art von Kommunikationen immer nur an andere Publikationen anschließen, konstituiert innerhalb des Gesellschaftssystems ein Teilsystem für wissenschaftliche Forschung.

Die Spezifikation von kommunikativer Autopoiesis darf allerdings nicht nach dem Muster eines arbeitsteiligen Zusammenhangs verstanden werden. Indem Luhmann mit dem Konzept der binären Codes die funktionale Differenzierung der modernen Gesellschaft durch Leitdifferenzen begründet sieht, wendet er sich entschieden von der bis dahin differenzierungstheoretisch vorherrschenden Vorstellung ab, daß funktionale Differenzierung auf Ar-

---

11 Siehe hierzu auch die Kritik bei Schwinn (1995a).

12 An anderer Stelle heißt es noch unmißverständlicher: „Die Ausdifferenzierung dieser Systeme wird nicht durch den Einheitsgesichtspunkt der Funktion, sondern durch das Differenzschema eines Codes ausgelöst." (Luhmann 1986b: 150)

beitsteilung beruht. Diese bei Spencer und Durkheim zugrundeliegende Sichtweise wurde von Parsons und auch zunächst von Luhmann selbst – solange er die System-Umwelt-Perspektive benutzte – zwar von Rollen auf gesellschaftliche Teilsysteme abstrahiert, aber ansonsten beibehalten. Wenn die Teilsysteme ihre jeweilige gesellschaftliche Funktion erfüllen, leisten sie ihren Beitrag im arbeitsteiligen Zusammenhang gesellschaftlicher Reproduktion. Damit verbunden ist die Vorstellung, daß das gesellschaftliche Ganze wie ein biologischer Organismus aus spezialisierten Teilen mit entsprechend abgegrenzten Kompetenzsphären besteht.

Ganz anders stellt sich funktionale Differenzierung jedoch dar, wenn man sie durch Leitdifferenzen konstituiert sieht, wie Klaus Türk erläutert:

> Funktionale Differenzierung meint keine Zerlegung des gesellschaftlichen Ganzen in einzelne Teile, etwa so wie man eine Torte in Segmente aufteilt. Vielmehr meint funktionale Differenzierung die Institutionalisierung von Perspektiven, unter denen die „Realität" behandelt wird. (Türk 1995: 171, Hervorh. weggel.)

Webers „Wertsphären" kommen dieser Vorstellung bereits sehr nahe.

Zwischen Leitdifferenzen gibt es keine Arbeitsteilung im Sinne eines kooperativen Zusammenhangs, sondern lediglich eine Komplementarität von „Realabstraktionen":

> Da ... die funktionalen Leitdifferenzen ... auf die ganze Welt hin orientiert sind, handelt es sich nicht um Aufteilungen sachlich-spezifizierter Bereiche, sondern um die Aufteilung von globalen Zugriffsweisen ... Die Unterscheidung von Wissenschaftler und Bäcker entspricht eben nicht der Unterscheidung von Bäcker und Schuster. Arbeitsteilung ... selbst bietet nämlich keine Grundlage für einen Zugriff auf die ganze Welt. Das KFZ-Gewerbe sieht die Welt nicht unter der Leitdifferenz „schnell/langsam" und die Ofenbauer sehen sie nicht unter der Leitdifferenz „heiß/kalt". (Türk 1995: 173)

Aus der unendlichen Vielfalt von Eigenschaftszuschreibungen, die sich alle durch explizites Thematisieren ihres Gegenteils in einen binären Code transformieren lassen, erweisen sich demzufolge nur solche als katalysatorisch für die Ausdifferenzierung eines gesellschaftlichen Teilsystems, die eine tendenziell globale Relevanz in der gesellschaftlichen Wirklichkeit haben. Globale Relevanz könnte sich daraus ergeben, daß ein Code auf ein wichtiges Erfordernis gesellschaftlicher Reproduktion ausgerichtet ist. So ließe sich möglicherweise die frühere System-Umwelt-Perspektive in der autopoietischen Perspektive „aufheben". Nur dann wäre es im übrigen gerechtfertigt, weiterhin von „funktionaler" Differenzierung zu sprechen. Alles läßt sich, freilich jeweils hochgradig selektiv, aus dem Blickwinkel des Rechts, der Politik, der Wissenschaft, der Erziehung, der Kunst, der Massenmedien oder der Wirtschaft betrachten – aber nur auf einen demgegenüber sehr engen Bereich gesellschaftlichen Handelns erstrecken sich die Sichtweisen von Automechanikern, Bäckern oder Ofenbauern. Das zeigt sich auch daran, daß die moderne Gesellschaft sich sukzessiv verrechtlicht, politisiert, verwissenschaftlicht, pädagogisiert usw. hat. Funktionale Differenzierung und berufliche Arbeitsteilung stellen sich so geradezu als zwei voneinander unabhängige Dimensionen gesellschaftlicher Strukturen und Prozesse dar.

Bei gegebener globaler Relevanz beinhaltet die Spezifikation von kommunikativer Autopoiesis, weiter am Wissenschaftssystem illustriert, zwei eng miteinander zusammenhängende Sachverhalte. Als Verknüpfungen von These und Antithese bilden die binären Codes erstens „Totalkonstruktionen" (Luhmann 1986a: 78). Jeglicher Wahrheitsanspruch muß sich letztlich als berechtigt oder unberechtigt erweisen. Es gibt neben „wahr" und „unwahr" keinen dritten Wert, lediglich noch nicht entschiedene Wahrheitsansprüche. Die antithetische Binarität des Codes hält dazu an, in solchen Fällen Entscheidungen zu suchen. Die Wissenschaft fühlt sich gleichsam nicht wohl mit ungeklärten Behauptungen. Damit wird jede wissenschaftliche Erkenntnis unerbittlich in diese Prüfung hineingetrieben, was – wie etwa ein Vergleich zur publizistischen Essayistik zeigt – ein entscheidender Motor des raschen wissenschaftlichen Erkenntnisfortschritts ist. Innerhalb eines Teilsystems ist somit nichts vor dem Code sicher. Man kann in der Wissenschaft nicht reüssieren, wenn man bloß sprachlich nett formuliert alten Wein in neue Schläuche füllt.[13]

Codes erheben zweitens als „Sofern-Abstraktionen" (Luhmann 1986a: 79) kontingente Absolutheitsansprüche. Die Kommunikation kann wählen, ob sie sich auf einen bestimmten Code, etwa den wissenschaftlichen Wahrheitscode, einläßt; sie ist nicht zwingend, etwa durch die Beschaffenheit ihres Themas, auf ihn verwiesen. Man kann sich über das Waldsterben beispielsweise aus wirtschaftlichem oder politischem oder rechtlichem ebenso wie aus dem wissenschaftlichen Blickwinkel unterhalten. Sobald die Kommunikation aber einen bestimmten Code zugrundelegt,

13 Das gilt jedenfalls für gereifte Disziplinen – zu denen die Soziologie leider noch immer nicht gehört.

duldet dieser keine weiteren Gesichtspunkte neben sich. Für die Klärung wissenschaftlicher Aussagen über die Ursachen des Waldsterbens sind dessen wirtschaftliche, politische oder rechtliche Aspekte völlig unerheblich. Zwar weiß die wissenschaftliche Kommunikation über diese anderen nicht nur möglichen, sondern auch faktischen Codierungen des Themas. Doch ihr ist gesellschaftlich diesen gegenüber – um wieder einmal Hartmann Tyrells Formulierung aufzugreifen – eine „legitime Indifferenz" eingeräumt.

Diese „legitime Indifferenz" stellt die wichtigste Voraussetzung der selbstreferentiellen Geschlossenheit der Teilsysteme dar. Denn „legitime Indifferenz" bedeutet aus der Sicht des jeweiligen Teilsystems, daß Gesichtspunkte aus anderen Teilsystemen nicht die codeförmige Ausrichtung der eigenen Kommunikationszusammenhänge stören dürfen. Wissenschaftliche Publikationen zitieren dementsprechend, wie bereits gesagt, zur Untermauerung ihrer Wahrheitsansprüche nur andere wissenschaftliche Publikationen und nicht etwa Parteiprogramme oder päpstliche Enzykliken. Der Fall Galilei zeigt, daß dies in der Vormoderne noch keine als legitim erachtete Indifferenz war; und manches in den ehemals sozialistischen Ländern Osteuropas ging, dort nicht als religiöse, sondern politische Beschränkung wissenschaftlicher Selbstreferentialität, in eine vergleichbare Richtung, ebenso wie etwa die „arische Physik" im nationalsozialistischen Deutschland. Regressionen hinter den erreichten Stand an teilsystemischer Ausdifferenzierung sind also, wie die letzten beiden Beispiele zeigen, in der modernen Gesellschaft durchaus möglich, allerdings selten.[14]

Selbstreferentielle Geschlossenheit der Teilsysteme der modernen Gesellschaft heißt aber eben nicht, daß überhaupt keine Umweltkontakte bestehen. Es gilt vielmehr das im vorherigen Abschnitt entwickelte Verständnis von Selbstreferentialität. Inputs aus der gesellschaftlichen Umwelt wirken ständig auf die Teilsysteme ein. Doch diese Umwelteinwirkungen werden gleichsam abgefangen und eskortiert von „withinputs". Letztere sorgen dafür, daß die inputs in einer Weise verarbeitet werden, die die Identität des Teilsystems erhält. Insbesondere werden Kommunikationen anderer gesellschaftlicher Teilsysteme im Kommunikati-

14 Es ist bezeichnend, daß in der nach-kommunistischen ungarischen Verfassung des Jahres 1990 explizit die Wahrung der wissenschaftlichen Autopoiesis garantiert wird: „The members of the scientific community shall have the exclusive right to decide on matters concerning scientific truths ..." (zitiert in Darvas et al. 1995: 865).

onszusammenhang eines Teilsystems gewissermaßen umcodiert. Wenn beispielsweise das politische System bestimmte Arten der Genforschung verbietet, hat es dafür Gründe, die im Rahmen des politischen Codes einleuchten - etwa auf seiten einer Regierungspartei die Befürchtung des Verlusts von Wählerstimmen in bestimmten Bevölkerungskreisen. Diese Gründe spielen jedoch im Code des Wissenschaftssystems überhaupt keine Rolle, weil Wahrheitsansprüche nicht durch Wählerunterstützung befördert - was hieße: durch Mehrheiten entschieden - werden können. Die für sich durchaus wohlstrukturierte, nämlich politischen Erwägungen folgende politische Entscheidung stellt für das Wissenschaftssystem, das sie betrifft, somit zunächst einmal ein „Rauschen" in dessen Umwelt dar, das erst dann Struktur gewinnt, wenn es systemintern gemäß dem eigenen Code verarbeitet wird. Das Wissenschaftssystem re-konstruiert diese politische Entscheidung für sich als eine - hinzunehmende oder auch, angetrieben durch wissenschaftliche Neugier, immer wieder zu umgehende - externe Restriktion seiner Wahrheitssuche. Anders ausgedrückt handelt es sich bei den Umweltkontakten der Teilsysteme immer um eine De- und Rekontextualisierung. Das Forschungsverbot wird als sinnhafte Mitteilung aus dem politischen Verweisungshorizont herausgenommen und in den wissenschaftlichen Verweisungshorizont hineingesetzt.

Die Teilsysteme der modernen Gesellschaft konstituieren sich also für Luhmann dadurch, daß gemäß einem je eigenen binären Code Spezialkommunikationen stattfinden, die sich zu einem autopoietischen Zusammenhang verbinden. So erzeugen im Wissenschaftssystem Publikationen weitere Publikationen (vgl. Stichweh 1987), im Wirtschaftssystem gehen aus Zahlungen weitere Zahlungen hervor (vgl. Luhmann 1984b; 1988a), und im Rechtssystem schaffen Rechtsentscheidungen die Grundlage weiterer Rechtsentscheidungen (vgl. Luhmann 1993; Teubner 1989). Dies ließe sich für sämtliche gesellschaftlichen Teilsysteme durchspielen. Diese Sicht der Dinge darf freilich nicht so mißverstanden werden, daß in einem Teilsystem außer dieser Autopoiesis der jeweiligen Spezialkommunikation nichts anderes passiert. Jeder weiß, daß Wissenschaftler mehr tun als bloß die Publikationen anderer zu lesen und an eigenen Publikationen zu schreiben. Diese beiden Tätigkeiten machen zumeist zusammengenommen nur den kleineren Anteil am Zeitbudget eines Wissenschaftlers aus. Beispielsweise steht ein Chemiker im Labor und führt Versuche durch; oder ein Archäologe befindet sich auf einer Expedition;

oder ein Historiker liest alte Dokumente; oder ein Sozialwissenschaftler macht Interviews. Neben diesem Forschungshandeln gibt es viele Arten von informaler wissenschaftlicher Kommunikation, etwa Gespräche im Labor, in der Forschungsgruppe oder am Rande von Konferenzen. Widersprechen all diese empirisch unzweifelhaften Tatsachen nicht Luhmanns Sicht, daß Wissenschaft ein sich über Publikationen vollziehender autopoietischer Kommunikationszusammenhang ist?

Rudolf Stichweh nähert sich dieser Frage von der anderen Seite:

> Wenn man ... wissenschaftliche Kommunikation als einen über Publikation als Basiselement geschlossenen Systemprozeß denkt, wird die Frage unhintergehbar, wie dieser Systemprozeß seine Zirkularität unterbricht, wie wissenschaftliche Kommunikation dem Schicksal entgeht, Sequenzen von Publikationen nur als endlose Neuarrangements früherer Sequenzen von Publikationen aneinanderzureihen. (Stichweh 1987: 468)

Die wichtigste Antwort hierauf, die Stichweh selbst liefert, lautet natürlich: durch Empirie, also durch Forschungshandeln, das neue Daten über die Welt erzeugt und als Stoff für Publikationen zur Verfügung stellt. In die Autopoiesis des Wissenschaftssystems werden also fortlaufend die Resultate von selbst gesuchten Umweltkontakten, nämlich zum jeweiligen Untersuchungsgegenstand, eingespeist. Das gleiche gilt für alle anderen Teilsysteme. Was Forschungshandeln für das Wissenschaftssystems ist, ist z.B. Produktion für das Wirtschaftssystem. In allen gesellschaftlichen Teilsystemen findet sich somit eine Ebenendifferenzierung von kommunikativer Autopoiesis und diese fundierendem Handeln. Letzteres ist gerade dann, wenn die Teilsysteme sich gegen Einwirkungen aus anderen Teilsystemen möglichst abschotten, um so nötiger. Denn dann bedarf es solcher – um noch einmal Peter Hejl zu zitieren – „Modulationen“ der ansonsten in einer ewigen Wiederkehr des Gleichen erstarrenden teilsystemischen Autopoiesis. Entscheidend ist nur wieder: Auch diese Umweltkontakte verlaufen gemäß dem eigenen Code. Was wissenschaftlich als gesichertes empirisches Datum gilt, bemißt sich nicht an „objektiven“ Merkmalen der „Welt da draußen“, sondern wird gemäß systemintern erzeugten Theorien, Methoden und Methodologien konstruiert – ebenso wie das Wirtschaftssystem nicht irgendetwas produziert, sondern nur etwas, was zahlungskräftige Nachfrage verspricht, und die Produktion ihren Umgang mit der Natur dementsprechend ausrichtet. Das Zusammenspiel von De- und Rekontextualisierung findet also auch hier statt.

Der autopoietische Kommunikationszusammenhang ist dementsprechend zwar bei weitem nicht alles, was in einem gesellschaftlichen Teilsystem stattfindet. Aber alles übrige – z.B. Forschungshandeln – gewinnt Relevanz nur in den Hinsichten, in denen es von diesem Kommunikationszusammenhang thematisiert werden kann.[15] Unpubliziert bleibende empirische Daten bringen die Wissenschaft ebensowenig voran wie unverkäufliche Waren die Wirtschaft; und weil Wissenschaftler bzw. Unternehmen darüber wissen, forschen bzw. produzieren sie auch nicht einfach wild drauflos, sondern haben Publizierbarkeit bzw. Verkäuflichkeit stets mit im Blick. Hieran erweist sich nochmals das Wirken des teilsystemischen binären Codes als Leitdifferenz, die direkt oder indirekt sämtliches Geschehen im Teilsystem gleichsam engstirnig auf eine einzige Wollens-Orientierung ausrichtet.

Da sich Luhmanns Analysen gesellschaftlicher Differenzierung auf die Ebene der autopoietischen Kommunikationszusammenhänge beschränken, bleibt das von ihnen gezeichnete Bild der modernen Gesellschaft – wie er selbst zugesteht – hochgradig unvollständig. Luhmanns ebenso wie Parsons' Theorie erheben eben, wie schon in Kapitel 3.5. angesprochen, keinen Totalitätsanspruch. Dementsprechend muß man der Theorie ihren selektiven Zuschnitt zugestehen, solange sie nicht explizit oder implizit mehr zu sagen beansprucht; und dieses Zugeständnis kann man um so bereitwilliger machen, je überzeugender man die Behauptung findet, daß die Theorie sich nicht irgendein, sondern ein zentrales – vielleicht sogar: das zentrale – Merkmal des Differenzierungsprinzips der modernen Gesellschaft herausgreift.

---

15 Von daher geht Karin Knorr-Cetinas Kritik an der „Unterkomplexität der Differenzierungstheorie" ins Leere (vgl. Knorr-Cetina 1992). Die systemtheoretische Wissenschaftssoziologie beispielsweise ist sehr wohl damit vereinbar, daß etwa in „Laborstudien" Dinge zutage gefördert werden, die in dem von ihr gezeichneten Bild wissenschaftlicher Forschung nicht enthalten sind. Denn solche Studien widmen sich eben nur dem Forschungshandeln. Im übrigen zeigt gerade Knorr-Cetina (1984: 175-209) selbst sehr anschaulich, wie sich auf dem Weg von Forschungsnotizen zur Publikation der autopoietische Kommunikationszusammenhang sukzessiv zur Geltung bringt.

4.3 Programme, formale Organisationen und symbolisch generalisierte Kommunikationsmedien

Luhmann bestimmt die verschiedenen Teilsysteme der modernen Gesellschaft durch ihre je eigenen binären Codes und die entsprechenden Spezialkommunikationen. Dabei ist jedoch klar, daß die Codes allein viel zu wenig Strukturvorgaben für die Bildung teilsystemspezifischer Kommunikationen machen. Was weiß ein Wissenschaftler schon, wenn er weiß, daß er nach wahren Erkenntnissen streben soll? Und auch ein Unternehmen, dem lediglich bekannt ist, daß es zuvorderst auf die eigene Zahlungsfähigkeit zu achten hat, ist noch ziemlich orientierungslos. Jedes Teilsystem flankiert deshalb seinen Code durch weitere Erwartungsstrukturen, die die Form von *Programmen* annehmen (vgl. Luhmann 1986a: 89-100).

Programme sind „... vorgegebene Bedingungen für die Richtigkeit der Selektion von Operationen." (Luhmann 1986a: 91) Programme operationalisieren die Anforderungen des binären Codes soweit, daß unter normalen Umständen eine hinreichende Orientierungssicherheit der teilsystemischen Kommunikation gewährleistet ist. Die Programmstruktur des Wissenschaftssystems setzt sich vor allem aus den etablierten Theorien, Methoden und Methodologien der verschiedenen Disziplinen zusammen. Die Theorien vermitteln den Stand der Forschung und die daraus hervorgehenden Richtungen vielversprechender weiterer Forschung; die Methoden und Methodologien geben Kriterien dafür an die Hand, wie wahrheitsfähige Erkenntnisse gefunden werden sollen. Ähnlich fungieren im Rechtssystem die Gesetze einschließlich ihrer Interpretationen sowie die Verfahrensregeln oder im Wirtschaftssystem die Kalküle und Methoden, auf deren Basis Investitionsentscheidungen getroffen werden.

Damit weist die funktionale Differenzierung der modernen Gesellschaft eine zweistufige Spezifikation der Autopoiesis von Kommunikation auf: zunächst durch die teilsystemischen binären Codes und dann, daran anknüpfend, durch die teilsystemischen Programmstrukturen. Die Codes geben jeweils eine bestimmte evaluative Orientierung vor, die aus dem Horizont allen möglichen Wollens einen spezifischen Ausschnitt selektiert; die Programme strukturieren diesen Ausschnitt dann durch spezifische normative und kognitive Orientierungen. Das Sportsystem beispielsweise grenzt sich als spezifisches gesellschaftliches Verhältnis zur Welt durch den Siegescode aus.[16] Sieg und Niederlage sind die beiden Pole, die den Sinnhorizont allen Sporttreibens abstecken. Gleichgültig, wer wann wo welche Sportart betreibt: Er will seine Gegner besiegen und die eigene Niederlage vermeiden. Denn das allein ist es letztlich, worüber im Sport geredet wird. Als individuelle Handlungsanweisung findet der Siegescode seinen Ausdruck im sportlichen Leistungsprinzip. Jeder Sportler weiß, daß er seine Siegeschancen allein durch kontinuierliches Bemühen um eigene Leistungssteigerung wahren kann. Die normativen Orientierungen, denen er dabei folgt, bestehen aus den sportartspezifischen Regeln, die festlegen, unter welchen Bedingungen jeweils Leistungen erbracht werden müssen. Hinzu kommen generelle Prinzipien der Sportmoral wie vor allem Fairneß. In kognitiver Hinsicht orientieren insbesondere sportartspezifische Deutungsmuster des Könnens wie Routinen für Bewegungsabläufe, Taktiken und Strategien. Diese Deutungsmuster geben vor, wie möglichst effizient und effektiv agiert wird. Das Zusammenwirken von Siegescode, Regeln, Moral und Deutungsmustern prägt dann die Kommunikationen und darauf ausgerichteten Handlungen im Sportsystem soweit vor, daß normalerweise hinreichende Orientierungssicherheit besteht.

Die bisher angesprochenen Elemente der teilsystemischen Programmstruktur sind solche, die vom betreffenden Teilsystem selbst geschaffen worden sind. Diese Elemente stehen dem teilsystemischen Code sehr nahe, bilden eben dessen Operationalisierung. Die Programmstruktur eines Teilsystems enthält aber auch zahlreiche Elemente, die von außen, also aus anderen gesellschaftlichen Teilsystemen, in es hineingetragen worden sind. Besonders augenfällig ist das an rechtlichen Regelungen, die sich mittlerweile in allen gesellschaftlichen Teilsystemen zahlreich vorfinden. Die gesellschaftliche Verrechtlichung ist auch Ausdruck einer Politisierung, also des politischen Hineinwirkens in andere Teilsysteme, das sich darüber hinaus auch noch in anderen Formen bemerkbar macht. Beispielsweise sind forschungspolitische Förderprogramme inzwischen ein wichtiges Element der Programmstrukturen des Wissenschaftssystems. Auch eine Verwissenschaftlichung aller anderen Teilsysteme ist feststellbar. Wissenschaftliche Wahrheiten – oder was dafür gehalten wird – sind in die Programmstrukturen des Sportsystems ebenso wie des

16 Siehe zu diesem Beispiel nur Schimank (1988a: 183-190).

Wirtschaftssystems oder des Gesundheitssystems eingegangen. Schließlich ist auch eine Infiltration der Programmstrukturen vieler anderer Teilsysteme durch wirtschaftliche Prinzipien zu verzeichnen. Selbst wenn es anderswo meist nicht um Gewinnerzielung, also eine Steigerung von Zahlungsfähigkeit, geht: Um den Erhalt ihrer Zahlungsfähigkeit müssen sich auch Forschungseinrichtungen, Krankenhäuser oder staatliche Verwaltungen kümmern.

Das empirische Faktum, daß die Programmstrukturen der Teilsysteme auch und zunehmend Elemente enthalten, die aus anderen Teilsystemen stammen, weist darauf hin, wie die teilsystemischen Autopoiesen Umweltoffenheit realisieren: „Durch die Differenzierung von Codierung und Programmierung gewinnt ein System ... die Möglichkeit, als geschlossenes und als offenes System zugleich zu operieren." (Luhmann 1986a: 91, Hervorh. weggel.) Das schon erwähnte Beispiel eines Gesetzes zur Genforschung ist also der Einbau eines politischen Gesichtspunkts – mit rechtlichen Mitteln – in die Programmstruktur des Wissenschaftssystems. Ähnlich werden etwa medizinische Erkenntnisse über die Trainingslehre in die Programmstruktur des Sportsystems eingebaut, oder sozialwissenschaftliche Erkenntnisse über Resozialisation durch strafrechtliche Änderungen in das Rechtssystem. Zahllose weitere Beispiele für derartiges ließen sich in Untersuchungen über Verrechtlichung, Politisierung, Verwissenschaftlichung oder Kommerzialisierung der modernen Gesellschaft finden – ganz zu schweigen von Tendenzen wie Versportlichung oder Pädagogisierung.

Richard Münch interpretiert all diese und weitere Sachverhalte als klare Widerlegung von Luhmanns Theorie gesellschaftlicher Differenzierung (vgl. Münch 1980; 1990; 1991a: 172-176, 309-335; 1991b). Nicht Differenzierung im Sinne einer immer rigoroseren sauberen Trennung der verschiedenen Leitdifferenzen, sondern ganz im Gegenteil „Interpenetration" als „... eine sich überkreuzende Allzuständigkeit einer Mehrzahl von Systemen ..." (Münch 1990: 387) kennzeichnet die Moderne. Für Münch hat Weber gezeigt, daß die vormodernen Hochkulturen Indiens und Chinas in genau dem Sinne differenziert waren, wie Luhmann es – Münch zufolge – für die moderne Gesellschaft behauptet.[17] Insbesondere in Indien gab es eine „... scharfe Trennung der verschiedenen Sphären in der Kastenordnung ...", wodurch alle Sphären je

---

17 Daß Weber hier von Münch fehlinterpretiert wird, behauptet Schwinn (1995b: 19/20).

für sich und ohne Rücksicht aufeinander rationalisiert werden konnten (vgl. Münch 1980: 42). So gab es, Münch zufolge, beispielsweise dort ein Ausleben des wirtschaftlichen Erwerbstriebes, das dem von Luhmann gezeichneten Bild der modernen Wirtschaft viel eher entspricht als das durch vielfältige politische, rechtliche oder moralische Rücksichten geprägte wirtschaftliche Handeln heute. Entsprechend behauptet Münch:

> Das Merkmal, das die modernen okzidentalen Gesellschaften von diesen im Hinblick auf die Differenzierung ebenso entwickelten Gesellschaften unterscheidet, ist das Ausmaß der Interpenetration zwischen den differenzierten Sphären, aufgrund derer erst eine gemeinsame Ordnung dieser Sphären entstehen konnte und aufgrund derer die gleichzeitige Entfaltung dieser Sphären möglich wurde ... (Münch 1980: 42)

Münch spricht daher bezüglich der modernen Gesellschaft vom „Mythos der funktionalen Differenzierung“ (Münch 1991b: 375).

Bei genauerem Hinsehen entpuppt sich allerdings Münchs Kritik als völlig unberechtigt, soweit es die konzeptionellen Vorstellungen Luhmanns anbetrifft. Münch übersieht, daß Luhmann all die Konditionierungen eines teilsystemischen Codes durch Gesichtspunkte aus anderen Teilsystemen in der Programmstruktur verortet. Und wie Münch geht auch Luhmann davon aus, daß diese von außen in die Programmstruktur hineingetragenen Elemente immer vielfältiger und zahlreicher werden, wodurch die durch Code und selbstgeschaffene Programmelemente konstituierte Eigenlogik eines Teilsystems immer dichter umlagert wird. Dieser Vorgang ist sogar eine zwangsläufige Begleiterscheinung funktionaler Differenzierung. Da sich nur um solche binären Codes, die eine gesellschaftlich globale Relevanz erlangen, Teilsysteme konstituieren können, muß deren Ausdifferenzierung immer auch in die Sphären anderer Teilsysteme übergreifen. Die Ausdifferenzierung z.B. des Rechtssystems, bedingt eine Verrechtlichung der Gesellschaft, also den Einbau rechtlicher Elemente in die Programmstrukturen aller anderen Teilsysteme. Funktionale Differenzierung schafft eben – um es nochmals zu wiederholen – kein Nebeneinander, sondern multiple Überschneidungen von Perspektiven. Man könnte das auch „Interpenetration“ nennen. Luhmann mißt diesem Sachverhalt im Hinblick auf die Integration funktional differenzierter Gesellschaften eine große Bedeutung bei, wie später noch ausführlich zur Sprache kommen wird.

Insoweit besteht also Einigkeit zwischen Münch und Luhmann. Letzterer hält allerdings am Orientierungsprimat des teilsystemischen Codes fest, was Thomas Schwinn in seiner Kritik an Münch herausstellt: „Ökonomisches Handeln im Rahmen eines Unternehmens muß auch rechtliche, politische, ästhetische Kriterien berücksichtigen, aber immer bei Dominanz eines Leitkriteriums: der ökonomischen Rentabilitätsorientierung." Es geht also dabei immer nur um „... die selektive Einbeziehung heterogener Orientierungen in die eigenlogische Entwicklung eines Rationalitätskriteriums." (Schwinn 1995b: 21)[18] Diese von Luhmann konzipierte Sichtweise dürfte die gesellschaftliche Wirklichkeit besser abbilden als Münchs Vorstellung einer letztlich ungerichteten, weil nicht durch ein bestimmtes Wollen geprägten, Vermischung gleichberechtigter Orientierungen. Bedenkenswert an Münchs Kritik ist allerdings, daß er auf die faktische weitgehende Vernachlässigung des zugrundeliegenden empirischen Phänomens durch Luhmann hinweist. Konzeptionell und auch durch einzelne Beispiele trägt dieser zwar dem Sachverhalt Rechnung, daß der binäre Code eines Teilsystems auch durch teilsystemexterne Gesichtspunkte konditioniert wird. Aber systematisch macht Luhmann dies nicht zum Gegenstand, obwohl es faktisch immer wichtiger wird.[19]

Die von Münch angesprochenen Phänomene machen es ferner erforderlich, das Verhältnis zwischen der *Autonomie* eines gesellschaftlichen Teilsystems auf der einen und dessen *Abhängigkeit* von seiner gesellschaftlichen Umwelt auf der anderen Seite neu zu durchdenken. Autonomie und Abhängigkeit werden normalerweise als Gegensätze begriffen, so daß dann ein empirischer Zustand als graduelle Abstufung zwischen beiden verortet werden kann. In diesem Sinne sprach auch Luhmann anfangs noch von der „relativen Autonomie" gesellschaftlicher Teilsysteme, die je nach Ausprägung bestimmter Strukturen größer oder kleiner sein könne (vgl. Luhmann 1968b: 156-158). Die Betrachtung sozialer Systeme als autopoietischer Kommunikationszusammenhänge ermöglicht es ihm hingegen, Autonomie und Abhängigkeit als zwei verschiedene Dimensionen zu sehen, die dementsprechend unabhängig voneinander variieren können (vgl. Luhmann 1990a: 289-

18 Siehe auch ähnlich Türk (1995: 178/179).

19 Man könnte möglicherweise viele Untersuchungen Münchs diesbezüglich als Ergänzung von Luhmanns Betrachtung gesellschaftlicher Teilsysteme lesen. Denn wo Luhmann auf den Code fixiert ist und sich allenfalls noch um die vom Teilsystem selbstgeschaffenen Elemente der Programmstruktur kümmert, konzentriert sich Münch gerade darauf, die dem betreffenden Teilsystem fremden Elemente seiner Programmstruktur aufzuspüren (siehe etwa Münch 1986; 1991a).

299). Die Autonomie eines gesellschaftlichen Teilsystems macht Luhmann nunmehr strikt an dessen Autopoiesis fest. Solange diese gewahrt, also nicht durch Außeneinwirkungen zerstört ist, ist das Teilsystem autonom.

So wird die Autonomie wissenschaftlicher Forschung danach beurteilt, ob die selbstreferentielle Geschlossenheit des Wahrheitscodes gewahrt ist oder nicht. Solange dies der Fall ist, solange also im Forschungssystem wissenschaftliche Behauptungen einzig und allein unter dem Gesichtspunkt ihrer Wahrheit bzw. Unwahrheit beurteilt werden und anschlußfähig sind, ist die Forschung nach diesem Verständnis autonom.[20] Luhmann sieht Autonomie dann auch als einen disjunkten Sachverhalt an. Entweder die wissenschaftliche Forschung ist autonom, oder sie ist es nicht; ein Kontinuum des Mehr oder Weniger an Autonomie gibt es demzufolge nicht.[21] Auch die Entwicklung der amerikanischen Atombombe beispielsweise, so sehr sie politisch und militärisch gesteuert und organisiert wurde (vgl. Rhodes 1986), war in diesem Sinne autonome Forschung, weil nur die Forscher selbst und nicht die Politiker oder Militärs entschieden, welche Aussagen über empirische Sachverhalte und theoretische Erkenntnisse in dieser hochgradig verwissenschaftlichten Technikentwicklung als wahr galten und damit gültige Basis weiterer Forschungs- und Entwicklungsschritte waren. Mehr noch: Die Entwicklung der Atombombe war als

---

20 Auch die wissenschaftstheoretische Unterscheidung von „context of discovery", in dem viele außerwissenschaftliche Einflüsse z.B. auf die Themenwahl wissenschaftlicher Forschung stattfinden können, und „context of justification", der demgegenüber das Hoheitsgebiet der „republic of science" (Polanyi 1962) bezeichnet, grenzt so ab. Die verfassungsrechtliche Bestimmung der „Freiheit der Forschung" schließt sich dem ebenfalls an (vgl. Schmitt Glaeser 1974).

21 Die Frage ist allerdings, ob man für ein Teilsystem als Ganzes ein strenges Entweder-Oder unterstellen sollte. So war z.B. die Soziologie in der ehemaligen DDR durch eine politisch oktroyierte marxistische Ideologie zweifellos in ihren theoretischen Konzepten stark deformiert. Aber diese Deformationen waren nicht einmal disziplinär, geschweige denn in der ostdeutschen Wissenschaft als Ganzer, also etwa auch in der Physik, flächendeckend. Man durfte zwar bestimmte Aussagen wissenschaftlich nicht denken, weil das politisch nicht statthaft war; aber davon waren andere soziologische Forschungsfelder kaum oder gar nicht berührt. Anders ist überhaupt nicht zu erklären, daß die unter diesen Auspizien gewonnenen Erkenntnisse eben keineswegs vollständig unbrauchbar sind. Die selbstreferentielle Geschlossenheit des Wahrheitscodes kann also durch fremdreferentielle Vorgaben mehr oder weniger breitenwirksam außer Kraft gesetzt werden, so daß die Autonomie der Forschung in dieser Hinsicht sehr wohl ein graduell abgestuftes Phänomen ist.

Forschung ebenso autonom wie z.B. irgendeine in völliger „Einsamkeit und Freiheit“ stattfindende, weil außerwissenschaftlich gänzlich irrelevante literaturhistorische Untersuchung.

Damit wird bei Luhmann die Autonomie der Teilsysteme in der modernen Gesellschaft nahezu zu einem differenzlosen Konzept. Normalerweise ist die Autonomie als selbstverständlich respektierter Tatbestand gewahrt, auf den hinzuweisen dann einer Banalität nahekommt. Ausnahmen wie die schon erwähnte „arische Physik“ bestätigen die Regel. Das Autonomiekonzept eignet sich damit fast nur dafür, den Unterschied zu vormodernen Verhältnissen, etwa zur mittelalterlichen Wissenschaft, zu markieren. Es gibt insbesondere für die Analyse von Veränderungstendenzen in der Gegenwartsgesellschaft kaum etwas her.

Hinsichtlich ihrer Autonomie unterscheiden sich also die anwendungsorientierte Forschung in einem Industrielabor und die Grundlagenforschung in einem Max-Planck-Institut überhaupt nicht – wohl aber hinsichtlich ihrer Umweltabhängigkeit. Vor allem der Ressourcenbedarf der Forschung macht sie abhängig von wirtschaftlichen, politischen oder militärischen Interessen, die sich dann etwa in der Vorgabe von Themen, Zeitplänen oder Organisationsformen der Forschung Geltung verschaffen können. Hinzu kommen rechtliche Forschungsbeschränkungen, etwa durch das Gentechnikgesetz für die Molekularbiologie oder durch Datenschutzregelungen, die empirische Sozialforschung behindern. Ähnliche Arten der Abhängigkeit ließen sich für andere gesellschaftliche Teilsysteme aufzeigen. Die bereits angesprochene wachsende Bedeutung von teilsystemexternen Elementen in der Programmstruktur aller Teilsysteme heißt nichts anderes, als daß deren Umweltabhängigkeit gestiegen ist – bei gleichbleibender Autonomie. Münchs These einer zunehmenden „Interpenetration“ der gesellschaftlichen Teilsysteme bedeutet nicht, wie er meint: entsprechend abnehmende Differenzierung. Sondern die These reflektiert zunehmende wechselseitige Abhängigkeiten zwischen den Teilsystemen, ohne daß diese dadurch Autonomieeinbußen erlitten.

Codes und Programme sind für Luhmann also die zwei konstitutiven Strukturdimensionen der gesellschaftlichen Teilsysteme. Ihnen jeweils zugeordnet sind zwei weitere Strukturkomponenten: *symbolisch generalisierte Kommunikationsmedien* und *formale Organisationen.* Die Kommunikationsmedien sind in einigen, nicht allen Teilsystemen vorfindliche Mechanismen der Selektivitätsverstärkung codegeprägter Kommunikation; und Organisationen, die es in fast allen Teilsystemen gibt, sind Mechanismen, die ihren Mitgliedern die teilsystemischen Programmstrukturen besonders eindrücklich einprägen. Es handelt sich „... mithin um zwei verschiedene Formen der Bildung ungewöhnlicher, unwahrscheinlicher Erwartungen, der Transformation von Unwahrscheinlichkeit in Wahrscheinlichkeit." (Luhmann 1987b: 41)

Luhmann schließt seine Theorie symbolisch generalisierter Kommunikationsmedien an die entsprechenden Überlegungen von Parsons' – siehe Kapitel 3.3 – an. Für Luhmann haben sich in der modernen Gesellschaft Geld als Medium des Wirtschaftssystems, Macht als Medium des politischen Systems, Wahrheit als Medium des Wissenschaftssystem, Liebe als Medium des Systems der Intimbeziehungen und Kunst als Medium des Kunstsystems herausgebildet (vgl. Luhmann 1967a: 126-128; 1974; 1975b; 1976). Diese Medien sind zu den entsprechenden binären Codes passende Zusatzeinrichtungen zur Sprache. Die Medien „... haben die spezifische Funktion, auch für relativ unwahrscheinliche Kommunikationsumstände und Kommunikationsinhalte noch gesicherte Annahmebereitschaft zu beschaffen." (Luhmann 1974: 186) Die Medien dienen also alle auf je verschiedene Weise dazu, codegeprägten kommunikativen Zumutungen Hinnahmebereitschaft, also Fügsamkeit des Gegenübers, zu verschaffen. Wer Geld besitzt, hat Zugriff auf viele Waren, ohne befürchten zu müssen, daß jemand anders, der die betreffenden Dinge auch gern besäße, protestiert. Wer über Macht verfügt, kann jemanden auch gegen dessen Willen dazu bringen, bestimmte Dinge zu tun oder zu lassen. Wer geliebt wird, kann von seinem Partner vieles bekommen, was dieser für niemanden sonst täte. Wer etwas als Wahrheit darstellt, kann davon ausgehen, daß es auch dann akzeptiert wird, wenn es verbreiteten Überzeugungen zuwiderläuft. Wer schließlich ein sonderbares Gebilde als Kunstwerk zu deklarieren vermag, kann ihm dadurch eine geneigte Aufmerksamkeit verschaffen, die es sonst nie bekäme; und so wird vieles als schön akzeptiert, was in einem außerkünstlerischen Kontext vielleicht als häßlicher Schrott abgetan worden wäre. Die Medien stärken also den positiven Wert des jeweiligen binären Codes – so etwa Geld die Zahlungsfähigkeit oder Macht die politische Durchsetzungsfähigkeit. Da die Teilsysteme der modernen Gesellschaft im Rahmen ihrer selbstreferentiellen Geschlossenheit zunehmend gewagtere, nämlich durch keine übergreifenden kulturellen Muster mehr gedeckte Orientierungen ausbilden und dadurch geprägte Kommunikationen entsprechend höhere Akzeptanzzumutungen stellen, wirken die Medien dort, wo es sie gibt, als wichtige Abstützungen der teilsystemischen Autopoiesis.

Gleiches gilt für formale Organisationen, die sich außer im System von Familie und Intimbeziehungen überall sonst als Systemebene zwischen Interaktion und Gesellschaft geschoben haben (vgl. Luhmann 1975a; 1977b: 272-316; 1990a: 672-680; 1994). Formale Organisationen prägen das in und zwischen ihnen stattfindende teilsystemische Kommunikationsgeschehen, indem sie es mit Mitgliedschaftserwartungen an die kommunizierenden Personen verknüpfen. Dies läßt sich, am Beispiel von Forschungseinrichtungen, in sozialer, sachlicher und zeitlicher Hinsicht näher umschreiben:

- In sozialer Hinsicht beschaffen formale Organisationen eine generalisierte Konformitätsbereitschaft, indem sie „... die Erhaltung der Mitgliedschaft unter Bedingungen stellen." (Luhmann 1987b: 224) Die teils zu unbeständige, teils auch zu träge oder zu starrsinnige, jedenfalls stets launenhafte Subjektivität von Personen wird in formalen Organisationen gleichsam domestiziert: durch Karrierechancen und Kündigungsdrohungen sozial erwartbar gemacht. Sowohl derjenige Forscher, der jeden Tag eine neue Idee hat, als auch derjenige, der einer einzigen fixen Idee verfallen ist, werden in dem Maße, wie sie Mitglied einer bestimmten Forschungseinrichtung werden bzw. bleiben wollen, dazu gezwungen, sich entgegen diesen eigenen Forschungsneigungen dem organisatorischen Forschungsprogramm und der organisatorischen Arbeitsweise – einschließlich unvorhersehbarer Änderungen von beidem – zu fügen.
- Diese sozial unterstellbare generalisierte Konformitätsbereitschaft ermöglicht in sachlicher Hinsicht die Ausbildung extrem unwahrscheinlicher Programmstrukturen. Formale Organisationen setzen für ihr jeweiliges Aufgabenfeld die kognitiven, normativen und evaluativen Orientierungen des betreffenden gesellschaftlichen Teilsystems in routineförmige Kommunikationsvorgaben um, deren Gewagtheit sogleich ins Auge springt, isoliert man sie in einem Gedankenexperiment von ihrem organisatorischen Kontext. Innerhalb des organisatorischen Kontextes bleibt die Gewagtheit dieser Vorgaben hingegen völlig unauffällig. Das ja zunächst noch gänzlich unbestimmte curiositas-Motiv wissenschaftlicher Forschung wird beispielsweise in Aufgaben mit genau festgelegten Zielen, Vorgehensweisen und Ablaufmustern transformiert.

- Als solche sachlichen Erwartungszusammenhänge gewinnen formale Organisationen in zeitlicher Hinsicht eine eigene Kontinuität, die die Diskontinuität des Personals und der Aufgaben ausgleicht. Forschungseinrichtungen ermöglichen „... die Einrichtung von zeitlimitierten Projekten, mit der Gewißheit, daß der Betrieb (aber nicht notwendig die individuelle Anstellung und Karriere) nach der Beendung weiterläuft.“ (Luhmann 1990a: 674) In einem in personeller und thematischer Hinsicht stark fluktuierenden gesellschaftlichen Teilsystem wie dem Forschungssystem bilden die Forschungseinrichtungen so relative Fixpunkte der Orientierung.

Zusammengefaßt: Formale Organisationen stellen die Beachtung unwahrscheinlicher Programmstrukturen, wie sie mit funktionaler Differenzierung der Gesellschaft überall aufkommen, dauerhaft und personenunabhängig sicher. Insoweit ist die Tatsache, daß die moderne Gesellschaft sowohl funktional differenziert als auch durchorganisiert ist, keine zufällige Koinzidenz, sondern zwangsläufig.

Formale Organisationen und symbolisch generalisierte Kommunikationsmedien sind also insoweit funktionale Äquivalente, als sie beide die Autopoiesis der teilsystemischen Kommunikationszusammenhänge gegenüber Neigungen zur Abweichung von Code und Programmstrukturen absichern. Beide Mechanismen vollbringen dies allerdings auf unterschiedliche, einander ergänzende Weisen. Kommunikationsmedien verknüpfen kommunikative Selektionen eher locker, während Organisationen sie fest verkoppeln (vgl. Luhmann 1987b: 40-44; 1988a: 302-323). Im Wissenschaftssystem beispielsweise können Kommunikationen, die sich des Wahrheitsmediums bedienen, im Rahmen dessen, daß in ihnen eben Wahrheit und nichts anderes zur Debatte steht, jederzeit in alle möglichen Richtungen gehen. Der jeweilige „Stand der Forschung“ in einem gegebenen Forschungsfeld gibt ebensowenig wie die jeweils gültige Methodologie zwingend vor, was als nächstes zu erforschen ist. Jede beantwortete Forschungsfrage wirft bekanntlich ein Dutzend neuer auf, zwischen denen gewählt werden muß. Für diese Wahl und das Festhalten an einmal getroffenen Wahlen sind nun in der beschriebenen Weise Forschungseinrichtungen als formale Organisationen wichtig. Dieses auf wechselseitige Korrektur hinauslaufende Zusammenspiel zwischen den vergleichsweise fixierten formalen Verhaltenserwartungen von Forschungseinrichtungen auf der einen und den im Wahrheitsmedium vorgegebenen, einen vergleichsweise offenen Horizont von

Möglichkeiten absteckenden Erwartungen an wissenschaftliche Forschung auf der anderen Seite sorgt für die notwendige Balance zwischen Kontinuität und Diskontinuität der Publikationszusammenhänge. Jeder Mechanismus sichert ein jeweils anderes Moment von Anschlußfähigkeit: Daß der Publikationsstrom nicht abreißt, ist den Forschungseinrichtungen als formalen Organisationen zuzurechnen; und daß dabei immer wieder etwas Neues hervorströmt, verdankt sich dem Wahrheitsmedium.

Damit habe ich die von Luhmann herausgearbeiteten strukturellen Komponenten dargestellt, die in der funktional differenzierten modernen Gesellschaft die Autopoiesis der Teilsysteme tragen: binärer Code, Programme, teilweise symbolisch generalisierte Kommunikationsmedien und fast überall formale Organisationen. Deutlich geworden ist, daß das Zusammenspiel dieser Komponenten zum einen sowohl die selbstreferentielle Geschlossenheit der Teilsysteme als auch deren Umweltoffenheit und sowohl die Kontinuität als auch die Diskontinuität der Operationen sichert. Diese theoretischen Konzepte und Modelle ermöglichen eine statische Analyse der funktional differenzierten Gesellschaft. Im nächsten Schritt werde ich nun zur dynamischen Betrachtung übergehen. Wie stellt sich Luhmann gesellschaftliche Dynamik, insbesondere die Dynamik der modernen Gesellschaft, vor?

4.4 Gesellschaftliche Dynamik als Evolution

In dynamischer Betrachtung kann man zunächst einmal danach fragen, wie sich die *Ausdifferenzierung* der Teilsysteme der modernen Gesellschaft vollzogen hat, und welche Triebkräfte dabei wichtig waren. Luhmann und, daran anknüpfend, Stichweh sehen eine Sequenz von Ausdifferenzierungsschritten, die sich für jedes Teilsystem nachzeichnen läßt: zunächst situative, dann personengebundene und interaktive Ausdifferenzierung, dann rollenförmige Spezialisierung, dann fast überall Organisationsbildung. Entsprechend schrittweise bildet sich die Selbstreferentialität des binären Codes heraus, und die teilsystemspezifischen Programme entstehen.[22]

Für Politik beispielsweise (vgl. Luhmann 1968b: 155/156) kann man bereits in archaischen Gesellschaften situativ ausdiffe-

22 Türk skizziert ein ähnliches „Modell der historischen Genese funktionaler Teilsysteme“ (vgl. Türk 1995: 192-194).

renzierte Gelegenheiten, etwa Stammesversammlungen, feststellen – die allerdings zugleich auch immer religiösen und rechtlichen Themen gewidmet sind. Sobald bestimmte Personen als Häuptlinge auftreten, wird dies durch personengebundene Ausdifferenzierung unterstützt. Daraus kann dann eine Rolle werden, und bei zunehmender Intensität politischer Aktivitäten kommen weitere politische Rollen hinzu – etwa eine Rangordnung und bereichsweise Kompetenzaufteilung von politischen Führern. Sehr früh, bereits in den Hochkulturen Mesopotamiens oder Ägyptens, kamen dann an bestimmten Orten Verwaltungsbürokratien auf, also auf politische Aufgaben spezialisierte formale Organisationen. Damit war das politische System bereits im Rahmen stratifikatorisch differenzierter Gesellschaften in erheblichem Maße ausdifferenziert. Allerdings blieb es in die gesellschaftliche Schichtordnung eingebettet, was sich daran zeigt, daß die Positionen in den Verwaltungen und erst recht die politischen Führungspositionen den oberen Schichten vorbehalten waren. In der modernen Gesellschaft vollzog sich dann die weitere Ausdifferenzierung des politischen Systems durch die von Weber beschriebene Rationalisierung der Verwaltungsorganisation zur „bürokratischen Herrschaft" sowie durch die Entstehung weiterer politischer Organisationen, insbesondere der Parteien und Verbände, und entsprechend spezialisierter Rollen wie der des Abgeordneten oder des Verbandsfunktionärs. Das war wiederum – siehe Parsons' evolutionäres Universal der demokratischen Assoziation – gebunden an die Durchsetzung von Demokratie, wodurch das politische System sich endgültig von einer festen Bindung an die Schichtordnung löste.

Ähnlich ließe sich für das Wissenschaftssystem aufzeigen (vgl. Stichweh 1988b: 49-67), daß die Ausdifferenzierung dieser Sinnsphäre mit situativer Konzentration auf Wahrheitsfragen beginnt. In diesen Situationen werden andere Sinnbezüge suspendiert, und es wird der Frage nachgegangen, warum bestimmte vorgefundene Sachverhalte so sind, wie sie sind: welche Gesetzmäßigkeiten der Weltordnung dem zugrundeliegen. Dies ist zunächst noch sehr nahe an religiösen Weltauslegungen. In dem Maße, wie man sich nicht mit der pauschalen Antwort, daß das So-sein der Sachverhalte schlicht dem Willen Gottes zuzuschreiben ist, zufriedengibt, sondern versucht, die spezifischen Gesetzmäßigkeiten herauszufinden, die sich als Wille Gottes in den Sachverhalten manifestieren, bildet sich eine eigenständige wissenschaftliche Sichtweise heraus. Bestimmte Personen, etwa die griechischen Philosophen, spezialisieren sich dann auf derartige Fragen und werden z.B. als Weise in dieser Spezialisierung anerkannt. Zwischen solchen Personen können regelmäßige Interaktionszusammenhänge entstehen, also erste wissenschaftliche Diskussionszirkel. Auch die Hobbyforscher der Frühmoderne illustrieren diesen Ausdifferenzierungsschritt. Spezialisierte Rollen für Forschung entstanden erst sehr spät, im letzten Jahrhundert. Bis dahin gab es, vor allem in Gestalt der Professorenrolle, nur eine gleichsam parasitäre Verbindung mit einer auf Ausbildung spezialisierten Rolle. Gleiches gilt auf der Organisationsebene. Nachdem die frühmodernen Akademien ihre Bedeutung verloren hatten, konnte sich Forschung zunächst nur an den Universitäten des neunzehnten Jahrhunderts in organisatorischer Koexistenz mit Lehre etablieren. Gegen Ende des Jahrhunderts kamen dann ganz auf Forschung spezialisierte Organisationen auf. Zugleich wurden die ersten Forschungsabteilungen von Unternehmen gegründet. Bis heute verfügt das Wissenschaftssystem nur über einen kleinen Anteil eigener Organisationen. Forschung wird größtenteils in Unternehmen und an den Hochschulen betrieben.

Historische Forschungen könnten im einzelnen stets angeben, welche konkreten Ursachen einem Ausdifferenzierungsschritt zugrundelagen – warum sich beispielsweise die ersten politischen Parteien herausgebildet haben oder weshalb die Kaiser-Wilhelm-Gesellschaft als außeruniversitäre Forschungseinrichtung gegründet wurde. Derartige Erklärungen stoßen jedoch – so befürchtet Luhmann – nur auf eine theoretisch nicht bündelbare Vielfalt von Faktoren, aus denen sich kein verallgemeinerbares Modell der Genese von Teilsystemen der modernen Gesellschaft gewinnen läßt. Deshalb schlägt er einen ganz anderen Weg ein. Für ihn ist die Frage nach der Entstehung funktionaler Differenzierung, also dem Übergang zur modernen Gesellschaft, nur eine spezielle Ausprägung der allgemeinen Frage, wie gesellschaftliche Dynamik überhaupt konzeptualisiert und modelliert werden kann. Hierauf lautet Luhmanns Antwort, die jetzt zu erläutern ist, schlagwortartig so: Gesellschaftliche Dynamik ist *Evolution*. Auch die funktionale Differenzierung der modernen Gesellschaft ist dementsprechend nur evolutionär zu erklären.

Auch Parsons hatte bereits – siehe Kapitel 3.4 – diese Vorstellung über gesellschaftliche Dynamik. Luhmann arbeitet aber, in Anlehnung an den biologischen Neodarwinismus, ein genaueres evolutionäres Erklärungsmodell aus, das die Veränderung gesellschaftlicher Strukturen als Resultat des Zusammenwirkens von Variations-, Selektions- und Retentionsmechanismen begreift. Zunächst hat Luhmann die drei generellen *evolutionären Mechanismen* der Variation, Selektion und Retention vor allem für die Evolution der basalen Erwartungsstrukturen des Gesellschaftssystems spezifiziert, also die Evolution der Autopoiesis von gesellschaftlicher Kommunikation im allgemeinen betrachtet (vgl. Luhmann 1971c: 361-369; 1972: 131-145; 1975c; 1978b: 185-187).

Den *Variationsmechanismus* der Evolution basaler Erwartungsstrukturen des Gesellschaftssystems stellt Sprache dar. Das dafür entscheidende Merkmal menschlicher Sprache ist die Möglichkeit des Gebrauchs von Negationen. Jeglicher Sinngehalt kann sprachlich negiert und darüber in einen mehr oder weniger anderen Sinngehalt transformiert werden. Dieses sprachliche Negationspotential bietet gewissermaßen die technische Möglichkeit, in jeglicher Art von Kommunikationssituation neuartigen, vom bisherigen abweichenden Sinn zu generieren. Im Laufe der gesellschaftlichen Entwicklung sind vor allem zwei Mechanismen, die dieses in der Sprache angelegte Negationspotential noch verstärken, hinzugekommen. Zum einen haben die kommunikationstechnischen Innovationen der Schrift und später der Massenkommunikation dazu geführt, daß die Variationsanlässe sich vervielfacht haben. Die variationssteigernde Wirkung schriftlicher Kommunikation begründet Luhmann so: „Anders als bei gesprochenem oder im Sprechen reproduziertem Sinn, wo schon das Anhören der Darstellung die Aktivität weitgehend absorbiert, tritt einem Schriftgut geradezu mit der Aufforderung entgegen, es aus der Distanz heraus zu beurteilen.“ (Luhmann 1980: 47) Zum anderen sind in der modernen Gesellschaft Institutionen der Konfliktregulierung – insbesondere rechtlicher Art – etabliert worden, die die potentiellen Risiken des Abweichens von geltenden Erwartungen verringern, wodurch die Hemmschwelle für das Negieren von Sinnzumutungen herabgesetzt wird.

Ein konstruiertes Beispiel kann die Wirkungsweise dieses Variationsmechanismus basaler gesellschaftlicher Erwartungsstrukturen verdeutlichen. In vielen gesellschaftlichen Teilsystemen gab es lange Zeit ein – sich teilweise auch in rechtlichen Regelungen manifestierendes – Element der Programmstruktur, das besagte, daß Leistungsrollen, insbesondere solche mit Leitungsfunktionen, nicht mit Frauen besetzt werden können. Im Wissenschaftssystem stellte sich diese Erwartung etwa so dar, daß Frauen nun einmal keine „Forschernaturen“ seien, weil ihnen der faustische Drang, zu ergründen, „was die Welt im Innersten zusammenhält“, konstitutionell fehle. Dementsprechend wurde Frauen zwar irgendwann konzediert, daß sie studieren dürften; doch sie sollten lediglich bekanntes wissenschaftliches Wissen praktisch, z.B. als Lehrerinnen, vermitteln oder – etwa als Ärztinnen – anwenden können, aber von der Entdeckung neuer Erkenntnisse ausgeschlossen bleiben. Das Negationspotential der Sprache ermöglichte es, diese geltende gesellschaftliche Erwartung in Frage zu stellen und ihr zu widersprechen. Dabei konnte es aufgrund der Unbestimmtheit von Negationen, die ja zunächst lediglich konstatieren, daß etwas *nicht* so sein muß, wie es faktisch ist, mehrere Negationsoptionen in Form von projektierten, „utopischen" Gegenerwartungen geben. Eine vorstellbare Gegenerwartung konnte heißen, daß auch Frauen forschen können sollen. Eine andere: Nur Frauen sollen forschen können. Eine dritte: Frauen und Männer sollen nur noch gemeinsam forschen können. Man könnte leicht noch einige weitere Möglichkeiten erfinden. Solche Gegenerwartungen konnten – aus welchen Gründen auch immer – immer wieder einmal in den Köpfen von Frauen oder vielleicht ja auch Männern aufkommen. Sofern diese Bewußtseinsphänomene psychischer Systeme sodann auch kommuniziert wurden, erhielten sie soziale Relevanz und wurden zum Variationspotential, bildeten also Mutanten der Evolution gesellschaftlicher Erwartungsstrukturen.

Die große Mehrzahl der sich ereignenden Variationen bleibt in der gesellschaftlichen wie in der biologischen Evolution freilich völlig folgenlos für die jeweiligen Strukturen. Nur sehr wenige Variationen werden positiv selektiert. Als *Selektionsmechanismus* wirken dabei im Falle gesellschaftlicher Evolution die symbolisch generalisierten Kommunikationsmedien. So kann die Wahrscheinlichkeit, daß ein abweichender Sinngehalt nicht sogleich wieder verschwindet, sondern zunächst zumindest situativ kommunikativ erfolgreich ist, dadurch erhöht werden, daß er beispielsweise durch Macht gedeckt wird oder das Gütesiegel wissenschaftlich geprüfter Wahrheit erhält.

Variationen haben also dann die größten Chancen auf kommunikativen Erfolg, wenn sie das Durchsetzungspotential eines der Kommunikationsmedien für sich mobilisieren können. Um das Beispiel fortzuspinnen: Wenn die Gegenerwartung, auch Frauen sollten forschen können, nicht durch irgendeine Studentin, sondern durch einen reputierten Professor artikuliert wird, und dieser dies nicht nur als persönliche Meinung darstellt, sondern aus gesicherten wissenschaftlichen Erkenntnissen – etwa der Erkenntnis, daß die biologischen Geschlechtsunterschiede keinen Einfluß auf die Forschungsbefähigung haben – herleitet, werden die Sichtbarkeit und das Gewicht dieser abweichenden Erwartung in den Augen der wissenschaftlichen und der breiteren Öffentlichkeit erhöht, was die Durchsetzungschancen der Variation steigert. Darüber hinaus können reputierte Professoren auch ihr Machtpotential bei Rekrutierungsentscheidungen einsetzen, um Frauen auf Forscherpositionen zu bringen. Wenn dann, einen Schritt weiter, einzelnen Frauen ausnahmsweise das Recht eingeräumt wird, Forscherin zu werden, wird deren Chance, diese Position auf Dauer behalten zu können und womöglich sogar noch Karriere zu machen, wiederum stark davon abhängen, inwieweit sie nicht nur durchschnittliche, sondern überdurchschnittliche Arbeit leisten.

Situativer Kommunikationserfolg bedeutet allerdings noch lange nicht, daß ein bestimmter Sinngehalt auch strukturell bewahrt wird, also die betreffende gesellschaftliche Erwartungsstruktur sich entsprechend verändert. Der *Retentionsmechanismus* für positiv selektierte Variationen ist in der Evolution gesellschaftlicher Erwartungsstrukturen die Systemdifferenzierung. Nur solche Sinngehalte, die sich in die gegebene Differenzierungsstruktur der Gesellschaft einfügen, also kontextkompatibel sind, werden dauerhaft reproduziert. Die Minimalbedingung für Retention ist, daß ein Sinngehalt als Strukturkomponente keine schwer oder gar nicht lösbaren neuen Probleme für gesellschaftliche Kommunikation aufwirft; die Erfolgschancen steigen in dem Maße, wie bestehende Probleme durch den strukturellen Umbau besser oder überhaupt lösbar werden. Im Retentionsmechanismus verfährt Evolution also „konservativ“: „Status quo als Argument“ (Luhmann 1968c).

Wieder zum Beispiel zurück: Die Gegenerwartung, daß Frauen ebenfalls forschen können, hätte auch eine dauerhafte Minderheitenmeinung bleiben können, über deren Existenz man weiß, die aber keine entscheidungsprägende Bedeutung erlangt; und die wenigen Frauen, die tatsächlich Forscherinnen geworden waren, wären dann die Ausnahmen geblieben, die die Regel bestätigen. Daß die Erwartung, Frauen können nicht forschen, durch diese Gegenerwartung ersetzt worden ist, hatte zum einen zur Voraussetzung, daß die ursprüngliche Erwartung ebenso wie die Gegenerwartung keinen engen Bezug zu essentiellen Strukturkomponenten des Wissenschaftssystems – etwa zum Wahrheitscode oder zu methodologischen Standards – haben. Es handelt sich bei diesem Element der Programmstruktur, anders gesagt, um eine für die Logik wissenschaftlicher Forschung periphere Vorgabe, die dementsprechend ohne größere Probleme änderbar ist. Zum anderen erwies sich die Gegenerwartung darüber hinaus als problemlösend für das Wissenschaftssystem, was ihr weitere Schubkraft verlieh. Angesichts eines starken Systemwachstums war die Inklusion der Frauen in den Rekrutierungspool für Forscher vorteilhaft, um sich abzeichnende Manpower-Engpässe zu vermeiden.

Sprache, Kommunikationsmedien und Systemdifferenzierung sind somit für Luhmann die drei Mechanismen, die die Evolution der gesellschaftlichen Erwartungsstrukturen bewirken. Dabei gilt: „Ausreichende Nichtabgestimmtheit der Mechanismen ist unerläßliche Evolutionsbedingung." (Luhmann 1978b: 184) Der Variationsmechanismus darf in seiner Produktion von Möglichkeiten nicht schon die Filterung durch den Selektionsmechanismus antizipieren; und dieser darf in seiner Ausfilterung von Möglichkeiten nicht schon antizipieren, wie der Retentionsmechanismus als zweite Filterstufe wirken wird. Genau das ist für evolutionäre Strukturänderungen im Unterschied zu anderen Formen des Strukturwandels charakteristisch: daß aus einem kontinuierlich produzierten großen Überschuß an Möglichkeiten in einem zweistufigen Filtervorgang letztlich ganz wenige dauerhaft verwirklicht werden.

Diese Differenzierung evolutionärer Mechanismen ist für Luhmann selbst ebenfalls ein Produkt gesellschaftlicher Evolution. Gesellschaftliche Evolution wirkt also immer auch reflexiv. Mit dem Gesellschaftssystem evoluiert auch dessen Evolution in Richtung einer fortschreitenden Differenzierung der evolutionären Mechanismen. Luhmann begreift „... Trenn- und Ablösevorgänge zwischen diesen Mechanismen als Schwellen der soziokulturellen Evolution ..." (Luhmann 1975c: 152/153) So differenzieren sich mit dem Übergang von segmentär differenzierten archaischen Gesellschaften zu stratifikatorisch differenzierten Hochkulturen der Variations- und der Selektionsmechanismus. In archaischen Gesellschaften war Sprache sowohl Variationsmechanismus als auch – über überzeugungskräftige und tradierbare Rhetorik – Selektions- und Retentionsmechanismus. In den Hochkulturen bildeten sich die ersten symbolisch generalisierten Kommunikationsmedien wie Geld und politische Macht aus, die dann anstelle von sprachlicher Rhetorik zum evolutionären Selektionsmechanismus wurden – allerdings zunächst noch von gesellschaftsübergreifenden religiös-moralischen Weltdeutungen getragen, die auch den Retentionsmechanismus bildeten. Erst in der funktional differenzierten modernen Gesellschaft sind auch Selektions- und Retentionsmechanismus differenziert worden. Die Kommunikationsmedien haben sich gegenüber teilsystemübergreifenden Weltdeutungen autonomisiert, und letztere sind als Retentionsmechanismus durch die je gegebene teilsystemische Differenzierung von basalen Erwartungsstrukturen ersetzt worden.

Schon dies weist darauf hin, daß Evolution nach dem Übergang zur funktional differenzierten modernen Gesellschaft für Luhmann primär innerhalb der einzelnen gesellschaftlichen Teilsysteme stattfindet. Die selbstreferentielle Geschlossenheit der Teilsysteme hat auch diese Konsequenz. Denn wenn jede gesellschaftliche Strukturänderung eine durch äußere Einwirkungen lediglich angestoßene Selbstrestrukturierung eines bestimmten gesellschaftlichen Teilsystems ist, stellt die Evolution des Gesellschaftssystems in seiner Gesamtheit nichts anderes als das Nebeneinander der verschiedenen teilsystemischen Evolutionen dar. Diese Teilsystemevolutionen wirken wechselseitig immer wieder aufeinander ein – aber eben stets nur in Form von äußeren Anstößen. Luhmann hat sich folgerichtig zunehmend damit beschäftigt, die jeweils teilsystemspezifischen Variations-, Selektions- und Retentionsmechanismen auszumachen.

Dies läßt sich etwa am Rechtssystem verdeutlichen (vgl. Luhmann 1970a; 1972: 138-145; Teubner 1989: 74-76). Als Variationsmechanismus der Evolution der basalen Erwartungsstrukturen des Rechtssystems sieht Luhmann die Komplexität des Gefüges rechtlicher Normierungen an. Denn damit steigt zum einen die Vielfalt rechtlich behandelbarer gesellschaftlicher Sachverhalte, zum anderen die Wahrscheinlichkeit divergierender Rechtsdeutungen und damit die Anzahl rechtlicher Konflikte. Immer dann, wenn in einer Rechtsauseinandersetzung nicht nur Tatsachenbehauptungen, sondern Rechtsauffassungen – also die Subsumtion gesellschaftlicher Tatbestände unter rechtliche Normen – strittig sind, wird eine der beiden gegeneinanderstehenden Rechtsauffassungen zur Mutante. Rechtliche Verfahren bilden den evolutionären Selektionsmechanismus, in dem sich das Schicksal der in Rechtskonflikten laufend produzierten Variationen entscheidet. Nur solche Variationen, die rechtliche Entscheidungsverfahren – einschließlich möglicher Revisionen – erfolgreich überstehen, also mit den jeweils angewandten rechtlichen Normen und Normdeutungen kompatibel sind, werden positiv selektiert. Als Retentionsmechanismus rechtlicher Evolution wird schließlich die Rechtsdogmatik angesehen. Nur solche positiv selektierten Variationen, die dogmatischer Überprüfung standhalten, sich also den dogmatischen Systematisierungs- und Integrationserfordernissen fügen, werden evolutionär stabilisiert.

Ähnliches ließe sich auch für andere gesellschaftliche Teilsysteme zeigen – z.B. für die Evolution des Wissenschaftssystems (vgl. Luhmann 1990a: 549-615). Sie nimmt ihren Ausgang von unvorhergesehenen empirischen Beobachtungen, aber auch Beobachtungsfehlern, Mißverständnissen bei der Interpretation vorhandener Theorien, idiosynkratischen Wissenskombinationen, Denkfehlern oder auch ideologischen Voreingenommenheiten. All dies und noch anderes mehr führt immer wieder dazu, daß wissenschaftliche Forschung Ideen hervorbringt, die nicht mit dem „Stand der Forschung" konform gehen. Die meisten dieser Variationen bleiben freilich genau deswegen gänzlich unbeachtet oder werden nötigenfalls schnell zurückgewiesen: durch empirische Widerlegung, Pochen auf theoretischer Konsistenz, „wissenssoziologische" Entlarvung als ideologisches Vorurteil und ähnliches. Ganz wenige Variationen werden in Form einer Publikation selektiert. Aber auch von diesen überlebenden Variationen bleiben die meisten unbeachtet, werden gar nicht oder kaum zitiert. Dadurch gehen sie auch nicht in den Wissenskorpus der „herrschenden Meinung" – wie die Juristen die stabilisierte Erwartungsstruktur ihrer Disziplin treffend nennen – ein. Stabilisiert ist eine Variation erst dann, wenn sie zum Hand- und Lehrbuchwissen, also ihrerseits zum in der Lehre vermittelten „Stand der Forschung" gehört, an dem dann wiederum spätere Variationen gemessen werden. Ob eine derartige Retention einer Variation stattfindet oder nicht, hängt entscheidend davon ab, wie gut sie sich, obschon vom bis dato gültigen „Stand der Forschung" abweichend, in diesen integrieren läßt. Es darf nicht zuviel auf einmal verändert werden müssen. Evolution verläuft in diesem Sinne selbst dort inkrementell, wo sie Sprünge, die sogenannten „wissenschaftlichen Revolutionen", macht. Denn diese Sprünge bleiben auf eng umschriebene Ausschnitte des jeweiligen Wissenskorpus beschränkt.

Wie bereits Spencer wußte, ist Evolution kein notwendigerweise ablaufender Vorgang. Evolution verläuft weder kontinuierlich noch unilinear noch irreversibel; und all das impliziert, daß Evolution auch nicht als „Fortschritt" in irgendeiner Richtung begriffen werden kann (vgl. Luhmann 1971c: 362; 1978b: 182-184). Spricht man der gesellschaftlichen ebenso wie der biologischen Evolution all diese Merkmale ab, gibt man Luhmann zufolge die Vorstellung von Evolution als Prozeß auf. Denn Evolution ist lediglich eine Sukzession untereinander unverbundener Ereignisse der Strukturänderung eines bestimmten Systems – hingegen: „Von Prozeß soll nur die Rede sein, wenn Ereignisse sich miteinander verketten, oder genauer: wenn die Selektion des einen Ereignisses die eines anderen ermöglicht." (Luhmann 1984a: 482) Auf den ersten Blick könnte man zwar meinen, daß Evolution allein deshalb doch ein Prozeß ist, weil der Retentionsmechanismus aus der jeweils gegebenen Systemstruktur besteht. Also kann eine zu einem bestimmten Zeitpunkt stattfindende Strukturveränderung durch die von ihr gesetzten Kompatibilitätserfordernisse die Gestalt späterer Strukturveränderungen über den Retentionsmechanismus prägen, so daß ein Prozeß nach Art einer Kettenreaktion entsteht. Dies trifft allerdings nur in Systemen von extrem geringer Komplexität zu. Denn nur dort ist es möglich, daß der Kompatibilitätstest, dem eine in Frage kommende Änderung einer bestimmten Strukturkomponente unterworfen wird, die Gesamtheit aller übrigen Strukturkomponenten des Systems einbezieht. In komplexen Systemen sind die Kompatibilitätstests hingegen fast immer lokal begrenzt. Eine Strukturänderung muß, soll sie evolutionär stabilisiert werden, gewissermaßen lediglich in ihre nähere Umgebung passen. Das bedeutet, daß diese Änderung dann wiederum selbst über Kompatibilitätsprüfungen nur solche späteren Änderungen prägen kann, die in ihrer näheren Umgebung stattfinden. Die Evolution eines komplexen Systems besteht so allenfalls aus einem Nebeneinander vieler lokaler Kettenreaktionen, die sich jedoch nicht zu einem einzigen Prozeß integrieren.

Als entscheidendes Charakteristikum von Evolution hält Luhmann deshalb fest: Sie ist „... ein Mechanismus, der ‚Zufall' zur Induktion von Strukturänderungen benutzt." Dabei ist Zufall systemrelativ: „Für ein System sind Ereignisse zufällig, wenn sie nicht im Hinblick auf das System produziert werden." (Luhmann 1978b: 184) Zufälligkeit bedeutet also keineswegs prinzipielle Undeterminiertheit. Doch die Determinationsfaktoren, die eine bestimmte evolutionäre Variation erzeugen, können erstens auf anderen Systemebenen – beispielsweise, wie vor allem im 19. Jahrhundert hervorgehoben worden ist, im Individuum als psychischem System – lokalisiert sein. Zweitens kann eine evolutionäre Variation innerhalb eines bestimmten gesellschaftlichen Teilsystems auch durch Einwirkungen aus einem anderen gesellschaftlichen Teilsystem angestoßen werden. Drittens schließlich: Selbst wenn die Determinationsfaktoren einer evolutionären Variation innerhalb des betreffenden Teilsystems liegen, können sie sich als nicht in dessen Entwicklungslogik angelegte, sondern koinzidentielle Kombination ergeben.

Wenn aber der Startpunkt und das „Spielmaterial" evolutionärer Veränderungen in diesem Sinne zufallsbestimmt sind, läßt sich die genaue Richtung und die zeitliche Terminierung der Evolution des Gesellschaftssystems oder eines seiner Teilsysteme selbst dann nicht vorhersagen, wenn man sich jeweils immer nur auf den nächsten Schritt konzentriert. Wann im jeweiligen Bezugssystem die nächste evolutionäre Veränderung erfolgt und wohin sie gehen wird, können nicht nur wissenschaftliche Beobachter, sondern auch die betroffenen gesellschaftlichen Akteure selbst nicht wissen. Evolution vollzieht sich, so gesehen, stets schicksalhaft gemäß unergründlicher Kausalverkettungen in einer überkomplexen Welt. Die einzige Richtungsaussage, die Luhmann zu treffen vermag, besteht darin, daß Evolution nicht zielgerichtet, aber „epigenetisch" zur gesellschaftlichen Komplexitätssteigerung führt (vgl. Luhmann 1977b: 18/19), und dies treibt wiederum die gesellschaftliche Differenzierung voran: als Übergang von segmentär zu stratifikatorisch differenzierten Gesellschaften und von dort zur funktional differenzierten modernen Gesellschaft; und als immer weitergehende funktionale Differenzierung der modernen Gesellschaft (vgl. Luhmann 1977b: 89).

Die Erklärungsleistung all dessen ist nicht sonderlich groß, und teilweise auch nicht sehr originell:

- Sprache als Variationsmechanismus kann erklären, daß überhaupt Erwartungen, die den jeweils etablierten Erwartungsstrukturen nicht entsprechen, kommuniziert werden können. Wie diese Variationen substantiell beschaffen sind, läßt sich aus einer so angelegten Erklärung nicht erschließen. Es wäre zwar zweifellos eine Überforderung, erklären zu sollen, daß ganz bestimmte Gegenerwartungen aufkommen. Doch nicht einmal ein weitgefaßter Ausschnitt des Möglichen wird durch den Verweis auf das Negationspotential der Sprache theoretisch bestimmbar. Es könnte buchstäblich alles passieren – und dementsprechend kann nichts erklärt werden.
- Kommunikationsmedien als Selektionsmechanismen können erklären, daß solche Variationen, die für sich das Durchsetzungspotential von Macht, Wahrheit, Geld u.ä. mobilisieren können, größere Chancen haben, positiv selektiert zu werden. Einer solchen Aussage kommt ein gewisser heuristischer Nutzen zu, insofern sie die Aufmerksamkeit auf bestimmte Erklärungsdeterminanten lenkt. Sonderlich innovativ ist die Aussage allerdings nicht. Die aus anderen Theorien gesellschaftlichen Strukturwandels bekannte Tatsache, daß die Einflußpotentiale gesellschaftlicher Akteure einen wichtigen Erklärungsfaktor darstellen, wird hier lediglich systemtheoretisch reformuliert.

- Für Systemdifferenzierung als Retentionsmechanismus gilt ähnliches. Damit wird erklärt, daß nur solche Strukturänderungen, die sich in die gegebenenen Systemstrukturen einfügen, ohne gravierende neue Probleme aufzuwerfen, Realisierungschancen haben. Das ist eine Wiederholung des ebenfalls bereits bekannten Integrationserfordernisses, dem alle sozialen Systeme unterliegen, wobei Luhmann hier um keinen Deut präziser wird als diejenigen, die bereits vor ihm auf diesen Sachverhalt hingewiesen haben. Denn jenseits vieler durchaus plausibler Beispiele bleibt bislang die Frage völlig offen, welche generellen theoretischen Kriterien für das Passen bzw. Nicht-Passen von bestimmten Erwartungen in bestimmte Erwartungsstrukturen es gibt.

Angesichts dessen setzt Luhmann seinen evolutionstheoretischen Erklärungsanspruch auch sehr bescheiden an. Er proklamiert und praktiziert zwischen soziologischer Evolutionstheorie auf der einen und Geschichtsschreibung auf der anderen Seite eine Arbeitsteilung, gemäß derer erstere lediglich die Bedingungen der Möglichkeit geschichtlicher Vorgänge sowie – als Evolution der Evolution – die Veränderung dieser Konstituentien behandelt, während alles weitere nicht mehr in die Zuständigkeit der Soziologie fällt, sondern allein der Geschichtsschreibung obliegt (vgl. Luhmann 1975c: 150, 152).[23] Man kann das, je nach Gusto, als großzügige interdisziplinäre Geste auffassen oder als disziplinäre Flucht aus der Verantwortung einstufen.

Luhmann selbst hat einmal eine viel einfachere und ebenso überzeugende Erklärung dafür gegeben, daß der Strukturwandel der modernen Gesellschaft zu immer größerer Komplexität – die dann eine entsprechend fortschreitende funktionale Differenzierung nach sich zieht – führt und sich dies auch immer mehr beschleunigt (vgl. Luhmann 1970b: 150/151).[24] Ausgangspunkt dieser Erklärung ist, daß eine – aufgrund welcher Ursachen auch immer stattfindende – Strukturänderung innerhalb eines bestimmten gesellschaftlichen Teilsystems damit zugleich die gesellschaftliche Umwelt der jeweils anderen Teilsysteme verändern kann: sei es, daß diesen Strukturprobleme entstehen, sei es, daß ihnen gute Gelegenheiten der Strukturverbesserung geboten werden. Jedenfalls geraten die anderen Teilsysteme durch so etwas immer wie-

23 Etwas anders sieht das Rudolf Stichweh, der für eine Historisierung der Systemtheorie optiert (vgl. Stichweh 1991).

24 Siehe auch sehr ähnlich Luhmann (1990b: 420/421).

der unter Anpassungsdruck. Ebenso kann aber auch ein Anpassungsdruck innerhalb desjenigen Teilsystems entstehen, wo die betrachtete Strukturänderung stattgefunden hat. Es muß sich an sich selbst anpassen: Kompatibilität zwischen seinen übrigen Strukturen und der zunächst geänderten Strukturkomponente herstellen. Damit „... setzen Änderungen mithin diesseits bzw. jenseits von Systemgrenzen unterschiedliche Wirkungsreihen in Lauf. Diese Nichtidentität von Wirkungsreihen begründet die Wahrscheinlichkeit, daß die Welt aus sich heraus dynamisch wird, und diese Wahrscheinlichkeit kann zunehmen in dem Maße, als die Systemdifferenzierung ... zunimmt." (Luhmann 1970b: 150/151) Wenn also überhaupt irgendwo einmal Strukturänderungen einsetzen, ist die Wahrscheinlichkeit groß, daß an anderen Stellen – innerhalb und außerhalb des betreffenden Systems – Anpassungsänderungen stattfinden; jede davon zieht wiederum Anpassungsänderungen nach sich, usw. Wenn auch nur einige dieser Anpassungsänderungen zu Komplexitätssteigerungen der Systemstrukturen – insbesondere zur Zunahme von gesellschaftlicher Differenzierung – führen, was hochgradig wahrscheinlich ist, und Komplexitätssteigerungen in einem System aufgrund von Ashby's schon erwähntem „law of requisite variety" zu entsprechenden Komplexitätssteigerungen in den jeweils anderen Systemen führen, ist das Resultat ein Strukturwandel, der sowohl die gesellschaftliche Komplexität erhöht als auch immer rascher voranschreitet.

Mit dieser Überlegung konstatiert Luhmann eine *Eigendynamik gesellschaftlicher Differenzierung* als theoretische Alternative zu einer evolutionstheoretischen Erklärung. Eine solche auf das starre Schema der evolutionären Mechanismen verzichtende Erklärung hat genau deshalb zwei Vorzüge. Zum einen ist sie einfacher gebaut, ohne dadurch eine geringere Erklärungskraft zu besitzen. Zum anderen ist diese Erklärung zugleich offener angelegt. Man muß die auslösenden Faktoren dieses sich eigendynamisch fortpflanzenden und beschleunigenden gesellschaftlichen Strukturwandels in Richtung fortschreitender funktionaler Differenzierung nun nicht nur in jenen gesellschaftlichen Strukturmerkmalen suchen, die evolutionstheoretisch jeweils als Variations-, Selektions- bzw. Retentionsmechanismus bestimmt werden. Stattdessen kann man sich im reichen Arsenal derjenigen Faktoren umschauen, die in den verschiedensten Theorien als mögliche Ursachen gesellschaftlichen Strukturwandels ausgemacht worden sind.

4.5 Die Integration der polykontexturalen Gesellschaft

Vergegenwärtigt man sich das bis jetzt gezeichnete Bild der funktional differenzierten modernen Gesellschaft, ist eines an verschiedenen Punkten immer wieder unübersehbar deutlich geworden: Eine irgendwie substantiell faßbare Identität dieser Gesellschaft besteht für Luhmann nicht. Es gibt zwar immer wieder Bemühungen, das Wesen der modernen Gesellschaft auf einen inhaltlich bestimmten Begriff zu bringen. Aber all diese Versuche sowohl der sozialwissenschaftlichen als auch der alltagsweltlichen Gesellschaftsbeobachtung haben sich stets sehr schnell als zeit- und standortgebunden erwiesen. Sie haben ihre Plausibilität immer nur für bestimmte Episoden der Gesellschaftsentwicklung und durch die Verabsolutierung bestimmter, oft teilsystemspezifischer Blickwinkel erweisen können. Man denke etwa an „kapitalistische Gesellschaft", „Industriegesellschaft", „Überflußgesellschaft" (Galbraith 1958), „wissenschaftliche Zivilisation" (Schelsky 1961) bzw. „Wissenschaftsgesellschaft" (Kreibich 1986) bzw. „Wissensgesellschaft" (Stehr 1994), „nachindustrielle Gesellschaft" (Bell 1973), „Risikogesellschaft" (Beck 1986), „Multioptionsgesellschaft" (Gross 1994), vom modischen Gerede über die „Postmoderne" ganz zu schweigen. Für Luhmann ist diese Vielfalt selbst ein Symptom, nämlich eine Konsequenz des eigentlichen Wesens der modernen Gesellschaft: ihrer funktionalen Differenzierung.

Eine funktional differenzierte Gesellschaft ist eine *polykontexturale* Gesellschaft.[25] Jedes Faktum und jede Möglichkeit in dieser Gesellschaft hat eine Mehrzahl gesellschaftlich relevanter sinnhafter Bedeutungen, je nachdem, im Kontext welcher teilsystemischen Leitdifferenz es betrachtet wird. Hier wird nochmals deutlich, daß es bei funktionaler Differenzierung nicht um Arbeitsteilung, sondern um andersartige Blickwinkel auf die Welt geht. Ein Ereignis wie z.B. ein Zugunglück läßt sich nicht der alleinigen Zuständigkeit eines bestimmten Teilsystems zuschieben, um so gleichsam unsichtbar, nämlich bedeutungslos – im doppelten Sinne des Wortes – für die übrigen Teilsysteme zu bleiben. Sondern das Zugunglück stellt sich als rechtliches, wirtschaftliches, politisches, massenmediales, wissenschaftlich-technisches, medizinisches, gegebenenfalls auch militärisches, pädagogisches oder

25 Für die philosophische Prägung dieses Begriffs siehe Günther (1973).

künstlerisches Geschehen dar – und jedesmal ganz anders. Die gesellschaftliche Wirklichkeit ist damit nicht eine einzige, sondern so oft und so oft anders vorhanden, wie es divergierende teilsystemische Perspektiven auf sie gibt. Das Zugunglück passiert als Gegenstand von Kommunikation – und nur so wird es jenseits physikalisch-chemischer und biologischer Vorgänge gesellschaftlich relevant – nicht einmal, sondern eben ein halbes Dutzend bis ein Dutzend mal. Man kann allen Ernstes sagen, daß funktionale Differenzierung die Gesellschaft vervielfacht. Die Gesellschaft aus der Sicht der Wirtschaft ist eine völlig andere als die(-selbe?!) Gesellschaft aus der Sicht der Politik oder aus der Sicht des Gesundheitssystems, usw. Aber all diese Gesellschaften koexistieren nicht immer friedlich neben- und miteinander, sondern kommen einander oft genug ins Gehege – nicht so sehr weil sie sich auf ein und dieselben physikalisch-chemisch-biologischen Vorgänge beziehen, sondern weil sie übereinander wissen und vielfältig voneinander abhängig sind.

Dies ist mehr als eine verquaste Umschreibung für Multi-Perspektivität. Natürlich hat es immer schon unterschiedliche Perspektiven auf ein und denselben gesellschaftlichen Tatbestand gegeben. Ego stößt beispielsweise Alter; dieser fällt hin und begreift Egos Stoß als aggressiven Akt, während Ego die Sache ganz anders sieht: Er wollte Alter freundlich sacht auf die Schulter klopfen und rutschte während der Bewegung aus, so daß daraus ein fester Schubser wurde. Ein Mißverständnis also! Und genau diese Kategorisierbarkeit des Geschehens zeigt, daß beide Seiten davon überzeugt sind, sie stritten über die Deutung desselben sozialen Geschehens, ihr spezifischer Deutungsdissens ruhe also in einem generellen Orientierungskonsens.[26] Ein solcher genereller Orientierungskonsens, der meist stillschweigend vorausgesetzt und genutzt wird, hört an den Grenzen der Teilsysteme der modernen Gesellschaft jeweils auf. Das ist es, was die gesellschaftliche Polykontexturalität ausmacht. Jedes Teilsystem konstituiert einen in sich geschlossenen, sich auf nichts außerhalb rückbeziehenden und auf nichts außerhalb hinweisenden Zusammenhang von binärem Code und Programmen; und die so angelegten teilsystemspezifischen Weltsichten sind untereinander strikt inkommensurabel. Die juristische, die wirtschaftliche oder die politische Kommunikation über das Zugunglück reden im wahrsten Sinne

---

26 Vor allem ethnomethodologische Untersuchungen über die „routine grounds of everyday activities“ (Garfinkel 1967) haben diesen Orientierungskonsens herausgearbeitet, indem sie ihn in „Krisenexperimenten“ erschütterten.

des Wortes aneinander vorbei. Um einen harmloser klingenden Vergleich zu ziehen: Es ist, als ob die Felder eines Monopoly-, eines Mensch-Ärgere-Dich-Nicht- und eines Fang-den-Hut-Spiels einander partiell überlappen, so daß die Spieler dieser unterschiedlichen Spiele einander immer wieder begegnen und stören und sich deshalb auch irgendwie miteinander abstimmen müssen, ohne daß es geteilte Weltsichten, gemeinsame Ziele oder auch nur übergreifende Spielregeln gäbe.

Es geht indessen nicht nur um wechselseitige Störung. Die Teilsysteme benötigen vielerlei Leistungen voneinander, müssen also gewissermaßen aufeinander zugehen, ohne doch miteinander reden zu können. Der bereits von Parsons breit ausgeführte Sachverhalt, daß funktionale Differenzierung die Leistungsabhängigkeiten zwischen den Teilsystemen multipliziert, wird von Luhmann genauso gesehen (vgl. Luhmann 1977a: 36). Ein Beispiel aus der Entstehungsphase der deutschen Kernforschungspolitik kann illustrieren, was dann angesichts der gesellschaftlichen Polykontexturalität geschieht (vgl. Radkau 1983: 34-195; Hohn/Schimank 1990: 236-248). Der Orientierung bestimmter Wissenschaftlergruppen an reputationsträchtigen Forschungschancen standen in den fünfziger Jahren die Orientierung verschiedenener Unternehmen an lukrativen Investitionschancen und die Orientierung staatlicher Akteure an politischen Machterhaltungs- und -steigerungschancen gegenüber. So wollten grundlagentheoretisch interessierte Kernphysiker bestimmte Forschungsprogramme wiederaufnehmen; Großunternehmen der chemischen Industrie versprachen sich Aufträge für die Schwerwasserproduktion; und staatliche Akteure auf Bundesebene wollten diesen Forschungsbereich nutzen, um sich forschungspolitische Kompetenzen anzueignen, die bis dahin weitgehend von den Ländern monopolisiert waren. Wenn diese verschiedenen Akteure über ein und dieselbe Sache – Kernforschung – redeten, verbanden sie jeweils völlig Unterschiedliches damit. Jeder fokussierte gemäß seinen teilsystemspezifischen Relevanzen bestimmte Merkmale dieses Gesprächsgegenstandes, die seine Gegenüber aus den jeweils anderen Teilsystemen überhaupt nicht interessierten.

Das bedeutet nicht, daß ein Forscher sich nicht im Grundsätzlichen klar machen kann, wonach Politiker oder Unternehmen streben, und umgekehrt. Die Teilsysteme können also die Codes der jeweils anderen generell nachvollziehen. In zweierlei Hinsicht besteht dennoch ein fundamentales Nicht-Verstehen zwischen den Teilsystemen. Weder ist ein Teilsystem in der Lage, die Operationen eines anderen detailliert nachzuvollziehen, noch macht sich ein Teilsystem den Code eines anderen zu eigen. Ersteres liegt daran, daß die Teilsysteme in einem Verhältnis „wechselseitiger Intransparenz“ zueinander stehen (Luhmann 1981: 50-56). Beispielsweise ist der Stand der Forschung in einer bestimmten Subdisziplin des Wissenschaftssystems für das politische System undurchschaubar. Welche Forschungsergebnisse mit welchem Grad an Genauigkeit und Zuverlässigkeit vorliegen, welche mittelfristig projektierbaren Erkenntnisfortschritte realistisch sind und welche außerwissenschaftlichen Anwendungsbezüge sich daran knüpfen lassen: Diese Sachverhalte können letztlich von keiner Instanz außerhalb der betreffenden Subdisziplin kompetent beurteilt werden. Neben dieser Undurchschaubarkeit bedeutet Nicht-Verstehen aber auch Verständnislosigkeit gegenüber dem Wollen in anderen Teilsystemen. Ein Politiker etwa hat kein unmittelbares Interesse am Erkenntnisfortschritt. Nur mittelbar, wenn ein bestimmter Erkenntnisfortschritt verspricht, dem auf Machterhalt und -steigerung ausgerichteten politischen Wollen dienlich zu sein, kann ein solches Interesse aufkommen. Aber dies bleibt ein gleichsam instrumentelles, kein eigentlich Anteil nehmendes Interesse. Oft genug findet man ja heimliche oder sogar offen ausgesprochene Verachtung von Politikern für das Wollen der Wissenschaftler, von Wissenschaftler für das Wollen der Unternehmer, von Unternehmern für das Wollen der Politiker usw. Max Webers Bild des „Polytheismus“ der „Wertsphären“ ist auch in dieser Hinsicht treffend, nährt sich doch diese Verachtung daraus, daß ein Rechtgläubiger letztlich nicht zu verstehen vermag, warum andere anderen, in seinen Augen falschen Göttern huldigen.

Die Analogie der einander partiell überlappenden Felder dreier verschiedener Gesellschaftsspiele suggeriert noch eine in der gesellschaftlichen Wirklichkeit nicht gegebene Möglichkeit, um den sich in wechselseitiger Undurchschaubarkeit und Verständnislosigkeit manifestierenden generellen Orientierungsdissens zu überwinden. Die Spieler dieser verschiedenen Gesellschaftsspiele könnten sich miteinander natürlich ohne weiteres auf einer Meta-Ebene des Diskurses von gemeinsam am Spielen Interessierten darüber verständigen, wie sie ihre aus den verschiedenen Spielen erwachsenden spezifischen Interessen in Einklang bringen können. Auf dieser Meta-Ebene wäre ein genereller Orientierungskonsens der Spieler gegeben. Ein solcher Weg steht unterschiedlichen gesellschaftlichen Teilsystemen nicht offen. Es gibt keine die Differenz der Teilsysteme überhöhende, sinnhaft integrierende Meta-

Ebene, keine irgendwie konsensstiftende Identität der Differenz. Die Identität der modernen Gesellschaft läßt sich lediglich in ihrem Differenzierungsprinzip, das sie von allen anderen Gesellschaftsformen unterscheidet, finden (vgl. Luhmann 1986a: 215-217) – und das läuft auf die Paradoxie hinaus, daß die Identität der modernen Gesellschaft in ihrer Nicht-Identitätsfähigkeit besteht.

Damit stellt sich das Problem *gesellschaftlicher Integration* bei Luhmann in einer vorher nicht gesehenen Radikalität. Die moderne Gesellschaft ist eine Gesellschaft „ohne Spitze und ohne Zentrum" (Luhmann 1981: 22, Hervorh. weggel.). Kein Teilsystem steht allen anderen vor und ist auf dieser Basis für die Ordnung des gesellschaftlichen Ganzen verantwortlich; und es gibt ebensowenig – anders als Parsons meint – eine die Teilsysteme überwölbende Kultur, die verbindliche Ordnungsvorgaben setzte. Die funktional differenzierte Gesellschaft ist nur eine Ansammlung von Teilsystemen, die einander gewissermaßen auf gleicher Ebene gegenüberstehen, ohne von sich aus viel voneinander wissen zu wollen. Zwar existieren, wie bereits gesagt, viele wichtige Leistungsinterdependenzen zwischen den Teilsystemen. Doch dies sind nicht mehr als positive Externalitäten, also zwar wechselseitig unterstützende, doch nicht als solche gewollt herbeigeführte Wechselbeziehungen. Daß z.B. das Bildungs- dem Wirtschaftssystem qualifizierte Arbeitskräfte zur Verfügung stellt, ist ebensowenig Ziel der pädagogischen Autopoiesis, wie es Ziel der wirtschaftlichen Autopoiesis ist, dem politischen System Steuern bereitzustellen. Denn die selbstreferentielle Geschlossenheit heißt eben, daß die Teilsysteme sich sozusagen wechselseitig keine Sorgen umeinander machen. In vielen anderen Hinsichten sind die Teilsysteme auf wechselseitige Rücksichtnahme aufeinander angewiesen, also darauf, daß sie einander nicht durch negative Externalitäten stören – die Wirtschaft also beispielsweise keine politisch untragbare Massenarbeitslosigkeit produziert oder die Wissenschaft keine medizinisch fatalen Gifte auf die Bevölkerung losläßt. Sowohl Leistungsbedarf als auch Störempfindlichkeit der Teilsysteme haben zugenommen. Sie sind sukzessiv immer abhängiger voneinander geworden, wodurch ihr Anspruchsniveau an das Verhalten der jeweils anderen immer mehr gewachsen ist.

Zugleich führt die Verabsolutierung der je eigenen binären Codes dazu, daß alle Teilsysteme sich gleichsam immer rücksichtsloser, weil immer mehr von sich selbst eingenommen, aufführen. Die Codes verfügen über keine Stopregeln und animieren im Gegenteil gerade dazu, eine immer weitergehende Perfektionierung der teilsystemischen Leistungen für wünschenswert zu halten und zu verlangen: „Wenn einmal ein Teilsystem der Gesellschaft im Hinblick auf eine bestimmte Funktion ausdifferenziert ist, findet sich in diesem System kein Anhaltspunkt mehr für Argumente gegen die bestmögliche Erfüllung der Funktion.“ (Luhmann 1983: 29) Damit öffnen die Teilsysteme einer „Anspruchsinflation“ auf seiten ihres Publikums Tür und Tor. Luhmann sieht diesen „Steigerungszusammenhang ... von Aussichten, die die Funktionssysteme eröffnen, und von Anspruchshaltungen der Individuen ...“, folgendermaßen:

Es scheint, daß die Ausdifferenzierung spezifischer Funktionssysteme dazu führt, daß auf sie gerichtete Ansprüche provoziert werden, die, da sie die Funktion in Anspruch nehmen, nicht abgewiesen werden können. Funktionsautonomie und Anspruch verzahnen sich ineinander, begründen sich wechselseitig, steigern sich im Bezug aufeinander und gehen dabei eine Symbiose ein, der gegenüber es keine rationalen Kriterien des richtigen Maßes mehr gibt. (Luhmann 1987c: 140)

An diesem Punkt kommen die einzelnen Gesellschaftsmitglieder als psychische Systeme mit ins Spiel. Luhmann knüpft diesbezüglich einerseits an Durkheim, Simmel und Parsons an und betont wie diese, daß eine funktional differenzierte Gesellschaft „interpenetrierende“ psychische Systeme benötige, die sich selbst und einander wechselseitig als Individuen, also einzigartige und selbstbestimmte Personen, begreifen (vgl. Luhmann 1965a: 48-50; 1965b; 1973; 1977b: 232-238; 1980: 30-32). Andererseits macht er darauf aufmerksam, daß die Behauptung einer individualistischen Identität hauptsächlich über das Erheben von Ansprüchen in den Publikumsrollen der verschiedenen Teilsystemen erfolgt. Dem kommt das auch schon von Parsons herausgestellte normative Inklusionspostulat entgegen, demzufolge kein Gesellschaftsmitglied mehr von teilsystemischen Leistungen, und zwar auf dem höchsten verfügbaren Niveau, ausgeschlossen werden darf. Alle haben das Recht auf Bildung, gesundheitliche Versorgung, immer mehr Konsumchancen usw. Da sich die individuelle „Selbstverwirklichung“ der meisten Gesellschaftsmitglieder auf die Beanspruchung und Inanspruchnahme dieser Rechte ausrichtet, werden die betreffenden Teilsysteme einem andauernden und starkem Anspruchsdruck ausgesetzt, der sie aber nur darin bestärkt und ihnen die Legitimation dafür verschafft, der Wachstums- und Perfektionierungslogik ihres binären Codes zu folgen.

All das wirft die Frage auf, welche Mechanismen gewährleisten, daß wechselseitige Leistungsausfälle und Störungen sowie teilsystemische „Anspruchsinflationen“ zusammengenommen kein gesellschaftlich desintegratives Ausmaß annehmen. Was hält die moderne Gesellschaften trotz dieser in ihrer funktionalen Differenzierung strukturell angelegten zentrifugalen Tendenzen zumindest bis jetzt noch zusammen?

In dieser Frage ist zunächst einmal klar, daß sich Luhmann Integration nur noch negativ, als Abwesenheit von Desintegration, vorzustellen vermag. Die moderne Gesellschaft kann sich als polykontexturale prinzipiell nicht zu einem harmonischen, kohärenten Ganzen formen. Das einzige, was erreichbar ist, ist die „... Vermeidung des Umstandes, daß die Operationen eines Teilsystems in einem anderen Teilsystem zu unlösbaren Problemen führen.“ (Luhmann 1977b: 242)[27] Dafür sorgt nach Luhmanns Einschätzung hauptsächlich die *strukturelle Kopplung* der Teilsysteme untereinander (vgl. Teubner 1989: 78-80, 99/100; 1991; Willke 1989: 45/46; Luhmann 1990a: 28-30, 38-41). Strukturelle Kopplung meint für ein gesellschaftliches Teilsystem wie etwa das Wissenschaftssystem nichts anderes als den Tatbestand, daß es, sofern und solange es fortbesteht, „... immer schon angepaßt ...“ (Luhmann 1990a: 29) an seine gesellschaftliche Umwelt ist – und dies einfach dadurch, daß die Umwelteinwirkungen, sofern sie vom System noch verarbeitbar sind und es nicht zerstören, wie oben erläutert in dessen Programmstrukturen eingehen. Strukturelle Kopplung sorgt so für das erforderliche Minimum an gesellschaftlicher Systemintegration. Ein Beispiel dafür ist etwa die Sensibilität des Wissenschaftssystems für forschungspolitische Förderprogramme. Zumindest dann, wenn die Forschung in einem bestimmten Gebiet aufgrund ihres kognitiven Reifegrades „finalisierbar“ geworden ist, wird die Richtung des weiteren Wissensfortschritts u.a. auch davon abhängen, welche Themenschwerpunkte ein solches Förderprogramm setzt, dessen Ressourcen dann gleichsam magnetisch Forschungshandeln anziehen.

Die Evolution der modernen Gesellschaft als ganzer vollzieht sich dann als Ko-Evolution strukturell gekoppelter Teilsysteme. Jedes von ihnen paßt seine internen Strukturen den von den anderen Teilsystemen erzeugten Umweltereignissen immer wieder im Hinblick darauf an, die Geordnetheit der eigenen Operationen aufrecht zu erhalten; und da dies wechselseitig geschieht, ist das Nebeneinander der Teilsystemevolutionen kein völliges Chaos. Man

27 Man könnte hier als akteurtheoretische Entsprechung Fritz Scharpfs Konzept der negativen Koordination zwischen Akteuren heranziehen (vgl. Scharpf 1972).

kann sich das etwa am Zusammenhang von Wissenschafts- und Wirtschaftssystem in Gestalt der wissenschaftlichen Entwicklung wirtschaftlich profitabler Technologien verdeutlichen. Dabei stellen sich beide Teilsysteme „blind" aufeinander ein. Die Autopoiesis wissenschaftlicher Forschung merkt, daß bestimmte Forschungsthemen mehr Wahrheitskommunikationen erzeugen, weil diese Themen nämlich – was die Forschungskommunikation sich aber gar nicht zu vergegenwärtigen braucht – mehr Ressourcen aus der Wirtschaft anziehen. Umgekehrt merkt die Autopoiesis wirtschaftlicher Zahlungen, daß bestimmte Investitionen die Zahlungsfähigkeit stärker steigern als andere – nämlich Investitionen in verwissenschaftlichte Produktionstechnologien. In beiden Teilsystemen setzen sich diese effektiveren, weil aufeinander abgestimmten Kommunikationsmöglichkeiten gegenüber anderen in Konkurrenzkonstellationen um wissenschaftliche Reputation bzw. Kundennachfrage durch, womit Ko-Evolution gegeben ist.

In diesem Sinne ist Luhmanns lapidare Antwort auf die Frage danach, ob gesellschaftliche Integration vermehrte Steuerungsanstrengungen, also insbesondere politische Bemühungen um eine gezielte Gestaltung gesellschaftlicher Strukturen und Prozesse erfordere, zu verstehen: „Fürs Überleben genügt Evolution." (Luhmann 1984a: 645) Dies ist freilich bestenfalls als ex-post-Deutung der bisherigen Entwicklung der modernen Gesellschaft verläßlich. Man mag möglicherweise zu dem Schluß gelangen, daß die Tatsache des Überlebens der modernen Gesellschaft bis heute im wesentlichen auf geglückte Ko-Evolutionen der Teilsysteme zurückzuführen ist, die mannigfachen Steuerungsbemühungen demgegenüber wirkungslos gebleiben sind und die Ko-Evolutionen vielleicht sogar eher behindert haben. Aber der Evolution wohnt eben, wie Luhmann selbstverständlich weiß, keinerlei Erfolgsgarantie inne. Daß es bis jetzt gutgegangen ist, heißt nicht im mindesten, daß es weiter gutgehen muß. Denn ganz abgesehen von Selektion und Retention ist die evolutionäre Produktion von Variationen weder zeitlich noch sachlich auf den systemischen Bedarf an Problemlösungen abgestimmt. Variationen stellen sich irgendwann und irgendwie ein, aber nicht notwendigerweise so, wie, und dann, wann sie gebraucht werden. Genau deshalb sind ja so viele Arten von Lebewesen früher oder später sang- und klanglos von der Erde verschwunden. Nichts an der gesellschaftlichen Evolution stellt sicher, daß dieses Schicksal nicht auch die moderne Gesellschaft ereilen kann.

Luhmann sowie Gunther Teubner und Helmut Willke haben denn auch weitere, über bloße strukturelle Kopplung hinausgehende Mechanismen gesellschaftlicher Integration ausgemacht. Vor allem drei Mechanismen sind hier zu nennen: Sachzwänge, Reflexion und Kontextsteuerung.

Sachzwänge eignen sich insbesondere zur Dämpfung von Ansprüchen und daraus hervorgehenden hypertrophen Wachstumstendenzen der Teilsysteme. Luhmann sieht vor allem drei Arten von Sachzwängen, die als „Anspruchsabweisungsinstanzen" fungieren können. Als erstes sind zunehmende ökologische Knappheiten zu verzeichnen: „Die Umwelt läßt die Erfüllung der in der Gesellschaft evozierten und reproduzierten Ansprüche nicht mehr zu." Das zweite sind „Interdependenzen zwischen den Funktionssystemen": „Man kann Ansprüche abweisen, wenn andere Funktionssysteme dazu zwingen." (Luhmann 1987c: 141) Drittens schließlich sind Finanzknappheiten zu nennen. Luhmann weist darauf hin, daß die Knappheit verfügbarer finanzieller Ressourcen „... zum systemnotwendigen Korrektiv der ... Funktionssysteme ..." wird (Luhmann 1983: 37-39, 46/47). Die Tatsache, daß der selbstreferentielle Operationsmodus aller gesellschaftlichen Teilsysteme darauf angewiesen ist, Geld gleichsam als „Energie" zu verbrauchen, führt dazu, daß alle Teilsysteme um diese knappe Ressource konkurrieren. Zwar handelt es sich dabei, solange das Wirtschaftswachstum anhält, um kein striktes Nullsummenspiel. Dennoch übersteigen die addierten Maximierungs- und Perfektionierungstendenzen der verschiedenen Teilsysteme die dafür verfügbare Menge finanzieller Ressourcen, die damit als „naturwüchsiger" Stopmechanismus wirkt:

> „Mehr Geld" ist der kategorische Optativ dieser Gesellschaft, gerade weil alle Erhaltungs- und Steigerungsansprüche damit in Gang gehalten werden können; und „weniger Geld" ist zugleich das einzige Regulativ, das auf der Ebene symbolischer Kommunikation die Grenzen des Erreichbaren ... repräsentiert. (Luhmann 1983: 39)

Sachzwänge sind freilich immer im hohem Maße soziale Konstrukte und können insofern auch vorgetäuschte oder bloß eingebildete sein. Aber letztlich überzeugt meist die Komplexität der Kausalverkettungen im Sinne einer Entmutigung von Gegenmaßnahmen. Natürlich hängen z.B. Wasserknappheit oder rechtliche Restriktionen politischen Handelns oder auch die Höhe eines forschungspolitischen Förderprogramms von vielen Determinanten ab, die man im einzelnen auf ihre Veränderbarkeit überprüfen könnte; und oft ist im Prinzip auch vorstellbar, sie so zu verändern, daß die Sachzwänge gelockert werden. Aber diese Faktoren hängen dann wiederum mit anderen zusammen, jene wieder mit weiteren, und so verpufft ein anfänglich vielleicht vorhandener Wille, sich von den Sachzwängen nicht beeindrucken zu lassen, im Bewußtwerden über dieses dichte und schier grenzenlos erscheinende Netz von Wirkungszusammenhängen. Wer sich einmal in so etwas verrannt hat, hat meist eine ihn zukünftig von Gegenwehr abhaltende Lektion gelernt.

Sachzwänge sind freilich nur ein sehr begrenzt taugliches Korrektiv von „Anspruchsinflationen". Sachzwänge sind allenfalls zufälligerweise gerade so beschaffen, daß sie gesellschaftlich desintegrative Wachstumstendenzen eines Teilsystems unterbinden und „gesellschaftsverträgliche" zulassen. Es kann auch genau umgekehrt sein. Dann fehlen vielleicht gerade die forschungspolitischen Gelder für die Erforschung von Energiesparmöglichkeiten, während für riskante Energietechnologien weiterhin viele Mittel da sind. Sachzwänge wirken also hochgradig unabgestimmt mit den Integrationserfordernissen. Hinzu kommt, daß man die Möglichkeiten, durch Sachzwänge Fügsamkeit der Gesellschaftsmitglieder im Sinne einer Anspruchseinschränkung zu erzielen, nicht überschätzen sollte. Man findet sich zwar zweifellos im täglichen Leben mit vielem ab, wenn es einem als schwer veränderbare Gegebenheit dargestellt wird. Aber wenn solche Nadelstiche kumulieren und immer schmerzhafter werden, ist nicht gesagt, daß diese Duldsamkeit anhält.

Manches deutet darauf hin, daß die Gesellschaft ihren Mitgliedern bald äußerst weitreichende Anspruchseinschränkungen auferlegen muß – vor allem aus ökologischen Gründen. Das könnte darauf hinauslaufen, den psychischen Systemen abzuverlangen, ihre auf Ansprüchen und Anspruchssteigerung basierende Identitätsform aufzugeben, ohne daß ihnen dazu eine Alternative angeboten werden könnte. Insbesondere derjenige – größere – Bevölkerungsteil, der sich bislang Hoffnungen auf eine, und sei es über mehrere Generationen verlaufende, Verbesserung eigener Lebenschancen gemacht hat, würde dann unversehens damit konfrontiert, daß der Fahrstuhl sich nicht weiter „nach oben", sondern ganz im Gegenteil „nach unten" bewegt. Ob diese nachhaltige Enttäuschung ohne eruptive Konflikte verarbeitbar ist, ist höchst zweifelhaft; und ebenso fraglich ist, ob das politische System es unter den Bedingungen einer Konkurrenzdemokratie überhaupt riskieren würde, so etwas durch anspruchsabweisende Entscheidungen – z.B. zu einer ökologisch notwendigen Eindämmung des Individualverkehrs – herauszufordern. Welche Partei will sich schon dermaßen unbeliebt machen!

Nicht zuletzt wegen dieser Grenzen von Sachzwängen als gesellschaftlichen Integrationsmechanismen finden sich bei Luhmann neuerdings häufiger Überlegungen dazu, daß gesellschaftliche Teilsysteme über sich selbst in verstärktem Maße hinsichtlich ihrer Umweltwirkungen reflektieren müssen.[28] Nur in dem Maße, wie diese *Reflexion* stattfindet, ist die teilsystemische Selbstreferentialität gesellschaftlich rational: „Selbstreferenz allein ... ist noch nicht rational. Rationalität ist erst gegeben ..., wenn auf die Einheit der Differenz reflektiert wird." Damit ist gemeint, „... daß das System seine Einwirkungen auf die Umwelt an den Rückwirkungen auf es selbst kontrollieren muß." (Luhmann 1984a: 640, 642) Wenn auf diese Weise beispielsweise innerhalb des Wissenschaftssystems deutlich wird, daß die Funktionsfähigkeit anderer gesellschaftlicher Teilsysteme – etwa des Wirtschaftssystems – davon abhängt, daß wissenschaftliche Forschung sich stärker auf außerwissenschaftliche Nutzenkriterien einläßt, und daß dies wiederum auch für das Wissenschaftssystem selbst von Bedeutung ist, weil seine Versorgung mit finanziellen Ressourcen auch mit dem staatlichen Steueraufkommen steht und fällt, das mit dem Wirtschaftswachstum korreliert: Dann könnte das Wissenschaftssystem dahin gelangen, seine Erkenntnisproduktion stärker auf den Leistungsbezug zur Wirtschaft auszurichten. Trotz vorrangiger Orientierung am eigenen binären Code wäre eine solche größere Rücksichtnahme auf außerwissenschaftliche Kriterien für das Wissenschaftssystem rational, weil dessen Funktionsfähigkeit schließlich von der Funktionsfähigkeit seiner gesellschaftlichen Umwelt, also der relevanten anderen Teilsysteme abhängig ist.

Damit formuliert Luhmann allerdings zunächst einmal lediglich eine Anforderung an funktional spezialisierte gesellschaftliche Teilsysteme. Manchmal klingt das geradezu wie ein moralischer Appell – ein Luhmann ansonsten ziemlich fremder Duktus. Aber selbst wenn man es als Formulierung eines funktionalen Erfordernisses begreift, ist es damit natürlich noch überhaupt nicht getan. Weder ist geklärt, wie Reflexion institutionalisiert werden kann, welcher strukturellen Vorkehrungen es für eine solche Reflexionskapazität der Teilsysteme bedarf. Noch macht sich Luhmann Gedanken darüber, was die Teilsysteme überhaupt zur Reflexion anhalten könnte. Letzteres ist das eigentlich entscheidende Manko. Auch wenn man die selbstreferentiell geschlossenen teilsystemischen Kommunikationszusammenhänge nicht – wie

28 Siehe auch bereits Luhmann/Schorr (1979: 107-109) zu „relativierender Reflexion" am Beispiel des Erziehungssystems.

Münch – als fensterlose „Monaden“ mißversteht (vgl. Münch 1985a: 27), sind sie doch nun einmal auf sich selbst fixiert und deshalb völlig desinteressiert am Rest der Welt. Ob und wie diese „Egozentriertheit“ durch einen „aufgeklärten Egoismus“ ersetzt werden kann, der das Wohlergehen der anderen als Bedingung der Möglichkeit des längerfristigen eigenen Wohlergehens begreift, muß bislang offen bleiben.[29]

Willke und Teubner setzen wohl auch deshalb auf einen weiteren integrativen Mechanismus: politische *Kontextsteuerung* der anderen gesellschaftlichen Teilsysteme (Willke 1983; 1984; 1987; Teubner/Willke 1984; Ulrich 1994: 163-189). Sie nehmen damit implizit zumindest teilweise Luhmanns Sichtweise zurück, daß das politische System auch nur ein Teilsystem neben anderen ist, dem keine besondere Rolle für den Erhalt gesellschaftlicher Ordnung zukommt. Es steht zwar auch für Teubner und Willke nicht in dem Sinne über den anderen Teilsystemen, daß es sie und dadurch die Geschicke der Gesellschaft als ganzer autoritativ lenken könnte. Wohl aber ist sein Beitrag zur gesellschaftlichen Reproduktion ein besonderer, weil er reflexiven Charakter hat, nämlich die Beiträge der anderen Teilsysteme im Hinblick auf gesellschaftliche Integrationserfordernisse aufeinander abzustimmen hat (vgl. Schimank/Glagow 1984: 5/6). Die Politik wirkt so – um eine treffende Formulierung von Nicos Poulantzas aufzugreifen – als „Kohäsionsfaktor“ der modernen Gesellschaft (vgl. Poulantzas 1968: 42-48).[30]

Mit ihren Vorstellungen über Kontextsteuerung distanzieren sich Teubner und Willke auch von Luhmanns generellem Skeptizismus über politische Gesellschaftssteuerung (vgl. Luhmann 1988a: 324-349; 1989a; 1991). Luhmann betont u.a. die Schranken, die die wechselseitige Intransparenz der Teilsysteme füreinander jeder Außensteuerung eines Teilsystems setzt. Dies anerkennend behaupten Teubner und Willke, daß sich politische Gesellschaftssteuerung faktisch bereits darauf eingestellt hat und sich auf

29 In akteurtheoretischen Modellen sozialer Ordnungsbildung wird dieser Frage für rational nutzenmaximierende Individuen nachgegangen – siehe etwa spieltheoretische Untersuchungen des „Prisoner's Dilemma“ (Axelrod 1984). Ob man daraus etwas für das Verhältnis zwischen gesellschaftlichen Teilsystemen lernen kann, wäre genauer zu prüfen. Eine einfache Übertragung der über rationale Akteure gewonnenen Einsichten auf Teilsysteme, wie es bei Willke (1992) geschieht, ist jedenfalls nicht unmittelbar plausibel – siehe zur Kritik auch Braun (1993c).

30 Auch die staatsphilosophische und -rechtliche Formel der politischen Wahrung des „Gemeinwohls“ drückt genau dies aus.

eine „Formung der Intersystembeziehungen“ (Willke 1987: 6) beschränkt. Dafür ist insbesondere „reflexives Recht“ ein Instrument. Hierbei verzichtet die staatliche Rechtssetzung darauf, substantielle Entscheidungskriterien für die Regulierung gesellschaftlicher Konflikte bereitzustellen, und schafft statt dessen Verhandlungssysteme und -verfahren, in deren Rahmen dann die betreffenden gesellschaftlichen Teilsysteme ihre Abstimmungsprobleme autonom regulieren. Die Tarifautonomie im Wirtschaftssystem oder der Wissenschaftsrat, in dem sich Repräsentanten von Wissenschaft und Politik begegnen, werden dafür als funktionstüchtige empirische Beispiele angeführt. Politische und rechtliche Steuerung soll so als „Konditionierung der Selbststeuerung“ funktionaler Teilsysteme (Willke 1987: 6) wirken – wobei die Konditionierung eben dergestalt sein soll, daß gesellschaftlich desintegrative Tendenzen der Teilsysteme im Zaum gehalten werden.

Kritisch ist zu diesen Überlegungen anzumerken, daß vor allem zwei Aspekten nicht hinreichend Rechnung getragen wird. Erstens werden die Voraussetzungen der Selbststeuerungsfähigkeit – u.a. kollektive Handlungsfähigkeit – gesellschaftlicher Teilsysteme nicht thematisiert. Es ist keineswegs selbstverständlich, daß z.B. die Gewerkschaften oder die Arbeitgeberverbände gegenüber ihren Mitgliedern jene Verpflichtungsfähigkeit besitzen, die erforderlich ist, um gemeinsam getroffene Beschlüsse, z.B. Lohnabschlüsse, auch durchzusetzen. Der Wissenschaftsrat ist beispielsweise ein Gremium, dessen Empfehlungen weit weniger verpflichtend für die staatliche ebenso wie für die wissenschaftliche Seite sind. Wenn aber die Teilsysteme keine intern verpflichtungsfähigen Selbststeuerungsinstanzen ausgebildet haben, können sie sich auch nicht an intersystemischen Abstimmungsprozessen beteiligen. Der politischen Kontextsteuerung fehlt dann gleichsam der verläßliche Ansprechpartner.

Zweitens werden auch mögliche Asymmetrien zwischen Teilsystemen ausgeblendet (vgl. Mayntz 1987; Jansen 1988). In dem Maße, wie ein bestimmtes Teilsystem die Abstimmungsvorgänge dominiert, kann es dafür sorgen, daß seine Gegenüber desintegrative Tendenzen unterlassen, die es ansonsten träfen. Aber umgekehrt wird es selbst sich nicht dabei bremsen lassen, seine Gegenüber mit negativen Externalitäten zu belasten. Kontextsteuerung läuft dann auf eine politisch moderierte einseitige Anpassung hinaus, ohne daß den gesellschaftlich desintegrativen Effekten des Operierens des dominanten Teilsystems Einhalt geboten wird.

Derartige Asymmetrien können zum einen issue-spezifisch sein und von situativen Gegebenheiten abhängen. So gewinnt z.B.

das Militärsystem begreiflicherweise in Kriegszeiten eine klare gesellschaftliche Dominanz. Zum anderen müßte der Frage nachgegangen werden, ob es keine generellen Prioritätsstufen der Belange der verschiedenen Teilsysteme gibt. So hat bekanntlich die marxistische Gesellschaftstheorie stets behauptet, daß das Wirtschaftssystem alle anderen Teilsysteme dominiert;[31] oder man kann dem Wissenschaftssystem eine besondere gesellschaftliche Einflußschwäche bei der Durchsetzung seiner Belange attestieren (vgl. Schimank/Stucke 1994: 362-375). Daß alle Teilsysteme jeweils unersetzliche Leistungen für die gesellschaftliche Reproduktion erbringen und insofern gleich wichtig sind, schließt solche Asymmetrien und die darin angelegten besseren oder schlechteren Möglichkeit bestimmter Teilsysteme, sich den eigentlich intendierten integrativen Wirkungen der Kontextsteuerung zu entziehen, nicht aus.[32]

Trotz dieser Einschränkungen erscheint aber Kontextsteuerung noch als derjenige der dargestellten integrativen Mechanismen, der in der gesellschaftlichen Wirklichkeit zum einen, anders als Reflexion, tatsächlich häufiger vorkommt und zum anderen, anders als Sachzwänge, einigermaßen treffsicher auf desintegrative Tendenzen zu reagieren vermag. Dringend nötig wären aber gerade deshalb bislang fast völlig fehlende genauere empirische Analysen, die Voraussetzungen, Typen und Wirkungsweisen von Kontextsteuerung näher klären würden.

Eine Richtung, in der man die dargestellten systemtheoretischen Vorstellungen über die Integration der modernen Gesellschaft weiterdenken könnte, bestünde darin, nach bereits vorhandenen oder zu schaffenden Kombinationen der integrativen Mechanismen zu suchen. Vielleicht ist ja Kontextsteuerung geeignet, Sachzwänge im Einvernehmen aller Beteiligten gezielt als Selbstbindungen gegen desintegrative Neigungen zu plazieren – also etwa die Benzinpreise so zu erhöhen, daß ökologischen Erfordernissen Genüge getan wird. Teilsystemische Reflexionsfähigkeit kann möglicherweise ebenfalls am ehesten in intersystemischen Abstimmungsforen angeregt werden, die allen das „Wir sitzen alle im selben Boot" vor Augen führen. Auch diesen Vermutungen müßte man in empirischen Untersuchungen nachgehen.

---

31 Siehe als differenzierungstheoretische Konzeptualisierung Schimank (1983: 9-20).

32 Anders als Luhmann meint – siehe seine sporadischen Bemerkungen über das Fehlen eines dauerhaften „funktionalen Primats" irgendeines Teilsystems der modernen Gesellschaft (vgl. Luhmann 1970c: 225-227; 1972: 311/312; 1977b: 50-52; 1978a: 35/36).

Gerade wenn politische Kontextsteuerung der anderen Teilsysteme offenbar eine so große und zunehmende Bedeutung als gesellschaftlicher Integrationsfaktor besitzt, muß man noch ein weiteres Problem ansprechen, das Teubner und Willke ebenfalls noch nicht in den Blick genommen haben. Was verhindert eigentlich gesellschaftlich desintegrative Tendenzen des politischen Systems? Also: Wer oder was wacht über den Wächter? An diesem Punkt kommt Demokratie als Strukturprinzip moderner politischer Systeme ins Spiel. Demokratie fungiert als Wechselspiel von Regierung und Opposition (vgl. Luhmann 1989b). Dieses Wechselspiel sorgt dafür, daß jede politische Entscheidung gewissermaßen in zwei Alternativen vorkommt: der von der Regierung und der von der Opposition bevorzugten. Zwar wird nur die eine Alternative realisiert. Doch die andere bleibt als Beurteilungsmaßstab präsent; und wenn die Regierung bei diesem Abgleich von Taten einschließlich eingetretenen Folgen auf der einen und Gegenvorschlägen auf der anderen Seite zu oft zu schlecht abschneidet, wechselt sie bald mit der bisherigen Opposition die Rolle. Wenn das politische System somit gesellschaftlich desintegrative Tendenzen der anderen Teilsysteme nicht ausreichend in Schach hält, weil die Regierung unfähig ist oder sich zu sehr um Eigeninteressen wie das Verteilen von Pfründen kümmert, kommt aufgrund der dadurch hervorgerufenen Unzufriedenheit der Wähler die Opposition zum Zuge. Demokratie ist somit ein eingebauter Mechanismus, der das politische System der modernen Gesellschaft auf Integrationskurs hält.[33]

Damit soll diese Darstellung derjenigen integrativen Mechanismen, die man in den Blick bekommt, wenn man Luhmanns Betrachtung der gesellschaftlichen Teilsysteme als autopoietischer Kommunikationszusammenhänge zugrundelegt, abgeschlossen werden. Deutlich geworden ist, daß Luhmann das Integrationsproblem der modernen Gesellschaft anders sieht als Parsons oder die soziologischen Klassiker der ersten Generation, und daß er dementsprechend auch andere Mechanismen identifiziert. Die Palette

---

33 Diese kurzen Andeutungen sind natürlich noch viel zu einfach. Man weiß z.B., daß die Regierung auch immer wieder Entscheidungen, die für die gesellschaftliche Integration wichtig wären, nicht trifft, weil sie bei den Wählern unpopulär sind. Der Demokratie wohnt somit auch ein Hang zu kurzsichtigen Gefälligkeitsentscheidungen inne. Aber ein Verzicht auf Demokratie hat erfahrungsgemäß erst recht zur Folge, daß im Laufe der Zeit wichtige gesellschaftliche Integrationserfordernisse unbeachtet bleiben und eine Selbstbedienung der Herrschenden um sich greift.

der differenzierungstheoretischen Antworten auf die Frage danach, was die moderne Gesellschaft zusammenhält, ist entsprechend breiter geworden. Sofern man nicht davon ausgeht, daß es auf diese Frage nur eine richtige Antwort gibt, sondern an jeder der behandelten Theorien etwas Wichtiges findet, ist man damit wieder ein ganzes Stück klüger über die moderne Gesellschaft geworden.

4.6 Die Reichweite einer systemtheoretischen Betrachtung gesellschaftlicher Differenzierung

Nach Parsons, insbesondere nach dem sang- und klanglosen Verschwinden von dessen Theorie aus der soziologischen Diskussion, hätte man in den sechziger Jahren wohl nicht mehr viel darauf gegeben, daß es noch einmal eine soziologische Systemtheorie geben könnte, die ebenso umfassend angelegt und von ganz anderen Prämissen ausgehend ausgearbeitet werden würde. Luhmann hat diesen Versuch unternommen; und die große Aufmerksamkeit, die er zunehmend gefunden hat, beweist den Erfolg. Daß davon, wie auch schon bei Parsons, gerade die differenzierungstheoretische Perspektive profitieren konnte, ist ganz offensichtlich.

Luhmanns differenzierungstheoretische Überlegungen sind wie diejenigen von Parsons an der differenzierungstheoretischen Agenda orientiert, die schon bei den Klassikern der ersten Generation erkennbar war. Ebenso wie Parsons schraubt auch Luhmann den genetischen Erklärungsanspruch stark zurück. Während das bei Parsons an seiner Konzentration auf funktionale Analysen liegt, hat Luhmann eine evolutionstheoretische Begründung. Ursachenforschung erscheint wenig aussichtsreich, wenn der evolutionäre Variationsmechanismus dem Zufall eine so große Bedeutung gibt.

Luhmann bekommt bei seiner Betrachtung gesellschaftlicher Differenzierung noch mehr Nuancen in den Blick und geht bei seiner Behandlung der verschiedenen gesellschaftlichen Teilsysteme noch viel mehr ins Detail als Parsons. Darin schlägt sich vor allem die stetige Kumulation soziologischen Wissens über alle Bereiche der modernen Gesellschaft nieder. Obwohl so – um eine Unterscheidung Friedrich Schillers aufzunehmen (vgl. Schiller 1795) – bei Luhmann der differenzierungstheoretische „Stofftrieb" einen großen Schub erhalten hat, ist seine Theorie dennoch alles andere als eine chaotische, formlose Erkenntnismasse. Wie auch bei Parsons waltet bei Luhmann ein strenger „Formtrieb“. Bei Parsons findet dieser seinen Ausdruck vor allem im AGIL-Schema. Bei Luhmann ist es mittlerweile die Betrachtung sozialer Systeme im allgemeinen und speziell gesellschaftlicher Teilsysteme als autopoietische Kommunikationszusammenhänge, die das organisierende Zentrum aller dargestellten theoretischen Konzepte und Modelle bildet. Die funktionale Differenzierung der modernen Gesellschaft wird als Spezifikation von Autopoiesen begriffen; und alle weiteren Fragen werden daraufhin zugeschnitten, was sie zum Verständnis dieser Autopoiesen und ihres Zusammenhangs untereinander beitragen.

Diese Theorieanlage hat, wie jede Formbildung, ihre Einseitigkeiten. Zwei, die in der weiteren und noch längst nicht abgeschlossenen Auseinandersetzung mit Luhmann von zentraler Bedeutung sind, will ich hier andeuten. Sie kommen insbesondere im Kapitel 5.4 noch eingehender zur Sprache. Die eine Einseitigkeit besteht darin, daß Luhmann als ein Systemtheoretiker, der soziale Systeme überdies zunächst einmal als Kommunikations- und erst davon abgeleitet als Handlungszusammenhänge ansieht, Akteure theoretisch ausblendet. Was das bedeutet, wird im folgenden Kapitel deutlich werden, das den neueren akteurtheoretischen Ansätzen bei der Analyse gesellschaftlicher Differenzierung gewidmet ist. Meine These hierzu lautet, daß Luhmann eine gleichsam halbierte Theorie der Differenzierung der modernen Gesellschaft anbietet. Bestimmte Phänomene lassen sich sehr wohl so, wie er es tut, in analytischer Absehung von den involvierten Akteuren fassen. Aber andere ebenso wichtige Phänomene bekommt man nur richtig in den Blick, wenn man sie als Konstellationen strategischen Handelns gesellschaftlicher Akteure und daraus hervorgehende transintentionale Effekte begreift.

Die andere Einseitigkeit von Luhmanns Theorieanlage ergibt sich daraus, daß sie das Augenmerk, wie bereits kurz angemerkt, primär auf die Unterschiede zwischen der modernen Gesellschaft und vormodernen Gesellschaften lenkt. Welche neuen Möglichkeiten, aber auch, welche Risiken die funktionale Differenzierung mit sich gebracht hat: Das ist Luhmanns beherrschendes Thema. Sekundär zieht er immer wieder eine weitere Vergleichsdimension hinzu: Vergleiche zwischen verschiedenen Teilsystemen der modernen Gesellschaft. Wie schon Parsons dient auch Luhmann diese Dimension zum einen dazu, Gemeinsamkeiten der Teilsysteme als übergreifende Strukturprinzipien funktionaler Differenzierung zu identifizieren. Zum anderen finden sich aber auch zahlreiche erhellende Erkenntnisse über Unterschiede zwischen den Teilsystemen, worauf ich hier nicht näher eingehen konnte. Was macht es z.B. aus, ob ein Teilsystem über ein symbolisch generalisiertes Kommunikationsmedium verfügt oder nicht? Oder welche Ursachen und Folgen hat es, daß die Durchorganisierung der Teilsysteme recht unterschiedlich ist: hoch in Politik und Recht, auf einem mittleren Niveau im Wirtschaftssystem und nur schwach bzw. fast gar nicht vorhanden im Kunstsystem oder im System der Intimbeziehungen?

Diejenigen Unterschiede, die Luhmann mit seiner Theorieanlage eher vernachlässigt, sind zum einen kurzfristige historische Variabilitäten und zum anderen – und noch stärker – internationale Varianzen in der modernen „Weltgesellschaft". Darüber, wie sich bestimmte Teilsysteme oder die moderne Gesellschaft als Ganze im Zeitverlauf verändert haben, gibt es bei ihm nur sehr pauschale Auskünfte wie etwa den Hinweis auf zunehmende Komplexität oder Beschleunigung des Wandels. Solche Kategorien sind aber ersichtlich nicht sonderlich feinfühlig, um z.B. die Veränderungen des deutschen Wissenschaftssystems während der letzten vier Jahrzehnte zu erfassen. Gleiches gilt, wenn man sich etwa für Unterschiede zwischen dem deutschen und dem amerikanischen Wissenschaftssystem interessiert. Manche dieser Unterschiede ließen sich zwar bei Luhmann in der Programmdimension unterbringen. Aber viele wichtige Unterschiede erfordern die Einbeziehung spezifischer institutioneller Strukturen, die bei Luhmann analytisch überhaupt nicht vorgesehen sind. Hier hilft ein „akteurzentrierter Institutionalismus" (Mayntz/Scharpf 1995c) weiter, wie er in neueren deutschen differenzierungstheoretischen Analysen aufgegriffen worden ist und sich ansatzweise auch bei den amerikanischen „Neofunktionalisten" vorfindet. Wenn man sich nicht mehr so sehr für die – zweifellos wichtige – Frage interessiert, was die gesellschaftliche Situation der Moderne von vormodernen Gesellschaften unterscheidet, sondern sich verstärkt der Frage zuwendet, wie die heutige gesellschaftliche Situation sich fortwährend wandelt und wie unterschiedlich sie in verschiedenen Ländern beschaffen ist, kommt man um die institutionelle Dimension nicht herum.

Die im nächsten Kapitel vorgestellten akteurtheoretischen Herangehensweisen können nach dem gerade Gesagten jetzt bereits so verortet werden, daß sie sich nicht als konkurrierende Theorieangebote zu Luhmann bzw. Parsons verstehen. Es geht nicht darum, System- durch Akteurtheorien gesellschaftlicher Differenzierung abzulösen, weil erstere nach Einschätzung der Verfechter letzterer völlig versagt hätten. Es geht vielmehr um nicht mehr, aber auch nicht weniger, als eine notwendige Ergänzung der systemtheoretischen durch akteurtheoretische Herangehensweisen.

Kapitel 5
Neuere akteurtheoretische Herangehensweisen an gesellschaftliche Differenzierung

In den beiden vorausgegangenen Kapiteln habe ich die zwei wichtigsten Theorien gesellschaftlicher Differenzierung, die bislang ausgearbeitet worden sind, dargestellt. Sowohl Talcott Parsons' als auch Niklas Luhmanns Überlegungen sind systemtheoretisch angelegt. Damit hat die systemtheoretische Herangehensweise im Anschluß an die in Kapitel 2 behandelten soziologischen Klassiker der ersten Generation bis heute den Mainstream der differenzierungstheoretischen Perspektive bestimmt. Dies ist in so starkem Maße der Fall gewesen, daß Differenzierungstheorie gelegentlich umstandslos als Teilbereich der soziologischen Systemtheorie rubriziert wird.

Trotzdem haben Parsons' und Luhmanns systemtheoretische Betrachtungen gesellschaftlicher Differenzierung die differenzierungstheoretische Perspektive niemals zur Gänze beherrscht. Zum einen sind immer wieder Rückgriffe auf die Klassiker der ersten Generation getätigt worden, die noch keine Systemtheoretiker waren. Zum anderen hat es auch zumindest vereinzelte Außenseiter gegeben, die eine akteurtheoretische Herangehensweise an gesellschaftliche Differenzierungsvorgänge gewählt haben. In den letzten Jahren mündete dies in eine etwas breitere Auseinandersetzung sowohl mit Parsons als auch mit Luhmann, die in beiden Fällen zur Propagierung und zielstrebigen Ausarbeitung einer akteurtheoretischen Herangehensweise geführt hat. Die Auseinandersetzung mit Parsons ist in den Vereinigten Staaten durch die „Neofunktionalisten" geführt worden; mit Luhmann haben sich einige deutsche Differenzierungstheoretiker auseinandergesetzt.

Im vorliegenden Kapitel will ich hauptsächlich diese beiden neueren Vorstöße zu einer akteurtheoretischen Betrachtung gesellschaftlicher Differenzierung vorstellen. Bevor ich jedoch im dritten Abschnitt auf die „Neofunktionalisten" und im vierten Abschnitt auf die deutschen Diskussionen eingehe, will ich im zweiten Abschnitt anhand eines zentralen Theorems aus Norbert Elias' Untersuchung des „Zivilisationsprozesses" vorführen, wie eine rein akteurtheoretisch ansetzende Betrachtung gesellschaftlicher Differenzierung vorgehen kann. Dem wiederum ist im ersten Abschnitt eine generelle Gegenüberstellung der akteur- und der systemtheoretischen Herangehensweise an gesellschaftliche Wirklichkeit vorgeschaltet.

5.1 Die „zwei Soziologien": Akteur- und Systemtheorie

Alan Dawe sieht die Geschichte soziologischer Theoriebildung als ein immer wieder neues Aufeinanderprallen von zwei fundamental entgegengesetzten Sichtweisen gesellschaftlicher Wirklichkeit.[1] Diese „two sociologies" konfligieren in aller Härte miteinander, ohne daß eine der beiden Seiten die andere jemals ganz hat ausschalten können. Das eine ist die „sociology of social action", das andere die „sociology of social system". Es geht also um das Gegeneinander von akteur- und systemtheoretischer Herangehensweise. Dieser theoretische Dualismus spiegelt, so Dawe, den praktischen Dualismus wider, den jedes Gesellschaftsmitglied in seiner Alltagserfahrung von Sozialität macht. In modernen im Unterschied zu vormodernen Gesellschaften, ist dieser praktische Dualismus besonders zugespitzt spürbar geworden:

> ... the contradiction between the two sociologies articulates the contradiction which is at the heart of the dominant modern experience and which permeates our life as a constant existential tension of our time and place. (Dawe 1978: 368)

Diesen praktischen Dualismus umreißt Dawe suggestiv folgendermaßen:

> The machine, the bureaucracy, the system versus human agency, human creativity, human control: this is the contradictory modern experience running through all our lives in mostly minor and mundane, but occassionally major and dramatic ways. While we never cease to experience ourselves as acting, choosing, purposeful, aspiring human beings, we also never cease to be aware of the factory gates closing behind us, the office days that are not our own, the sense of oppression by organizations nobody runs, the „not-enough world" we are forced to inhabit most of the time. (Dawe 1978: 365)

Die „sociology of social action" gewann in der erwachenden Moderne ihre Kontur. Sie geht vor allem auf die Sozialphilosophie

1 Siehe zum Folgenden Dawe (1970; 1978).

der Aufklärung zurück. Diese hatte, wie ansatzweise zuvor schon die Renaissance, die Menschen aus der geschlossenen Welt des Mittelalters herausgeführt. Für den mittelalterlichen Menschen war die Gesellschaft in ihren grundlegenden Strukturen kein Menschen-, sondern Gotteswerk. In dieses Werk hatte der Mensch sich einzufügen, und jedes Abweichen vom Hergebrachten war töricht oder, noch schlimmer, Hybris. Es gab kein Bewußtsein über die Wandelbarkeit gesellschaftlicher Verhältnisse, obwohl gesellschaftlicher Wandel stattfand und auch registriert wurde. Aber daß die Menschen ihn herbeiführen oder gar lenken können, blieb dem mittelalterlichen Denken fremd. Im übrigen wurde Wandel ohnehin prinzipiell als Niedergang begriffen, der früher oder später im jüngsten Gericht enden und sich erst dann sprunghaft und endgültig zum Guten, gedacht als Rückkehr ins Paradies, wenden würde. Diesem mittelalterlichen Welt- und Gesellschaftsbild stellte die Aufklärung zwei grundlegende Thesen gegenüber. Die erste besagte, daß alle gesellschaftlichen Verhältnisse Menschenwerk seien, ihre Darstellung als Produkt einer höheren Macht nur der ideologischen Absicherung der herrschenden Zustände und derer, die davon profitieren, diene. Die zweite, daran anschließende These lautete: Wenn die Gesellschaft Menschenwerk ist, sind die Menschen auch dazu in der Lage und sollten alles daransetzen, sie zielstrebig besser einzurichten.

Die optimistische Leitidee einer so ausgerichteten „sociology of social action" besteht also in der „human control over the system" (Dawe 1978: 373). Dieses Gedankengut inspirierte die französische ebenso wie die russische Revolution, die Befreiungsbewegungen in der Dritten Welt und natürlich auch die jüngsten Umwälzungen der mittel- und osteuropäischen Gesellschaften. Desweiteren liegt es sämtlichen Bemühungen um die politische Planung und Steuerung der modernen Gesellschaft zugrunde. Aus der offenkundigen Tatsache, daß groß angelegte ebenso wie weniger ambitionierte Bestrebungen gezielter Gesellschaftsgestaltung immer wieder gescheitert sind, zieht die „sociology of social action" nicht den Schluß, daß derartige Bemühungen zwangsläufig scheitern müssen. Selbst wenn man wirkmächtige Faktoren einer „Logik des Mißlingens" der Gesellschaftsgestaltung zu identifizieren vermag (vgl. Dörner 1989), ruft dies doch nur ein um so energischeres Bemühen hervor, zu lernen und einzuüben, wie man diese Logik überwinden kann.

Die „sociology of social system" widmet sich hingegen „the problem of social order". Sie fragt auf der Grundlage eines pessimistischen Menschenbildes: „How is society possible? How, given the basically self- and socially destructive nature of human beings, can social order exist at all?“ (Dawe 1978: 371) Diese Sichtweise gesellschaftlicher Wirklichkeit ist viel älter als die „sociology of social action“. Die Erfahrung, daß der Mensch immer wieder dazu neigt, sich nicht gehorsam in die gottgegebene Ordnung der Gesellschaft zu fügen, war im Mittelalter aufgrund vieler Ereignisse gegenwärtig – und natürlich nicht erst dann, sondern auch schon in allen früheren Epochen menschlicher Geschichte. Gerade mit der Verbreitung aufklärerischen Ideenguts, also der „sociology of social action“, und den praktischen Folgen dessen sah sich die „sociology of social system“ allerdings besonders herausgefordert. Die Wirren der Glaubenskriege, der französischen und der industriellen Revolution riefen eine sozialphilosophische Gegenaufklärung hervor, die im Laufe des 19. Jahrhunderts zu einer wichtigen Quelle des Denkens der ersten Generation soziologischer Klassiker wurde und über diese dann auch die weitere Entwicklung des soziologischen Denkens geprägt hat.

Die moderne „sociology of social system“ akzeptiert die erste These der Aufklärung, daß die Gesellschaft nichts als Menschenwerk ist. Aber sie zieht daraus nicht den optimistischen Schluß, daß es dann darauf ankomme, die Gesellschaft zu verbessern, sondern sorgt sich vielmehr um die Vorkehrungen, die getroffen werden müssen, um die Gesellschaft vor den Menschen zu schützen. Der Mensch wird gleichsam wie ein Kind angesehen, das immer wieder mutwillig Gefahr läuft, die Gesellschaft als sein Spielzeug zu nehmen und beim Herumspielen zu zerstören. Genau diese Haltung findet sich etwa in Edmund Burkes Betrachtungen über die französische Revolution, wenn er beklagt, daß die Zerstörung traditioneller Ordnungen die Menschen zu entfesselten Furien gemacht habe (vgl. Burke 1790). Worauf es aus der Sicht der „sociology of social system“ also vor allem ankommt, ist die Etablierung und Aufrechterhaltung gesellschaftlicher Ordnungsmuster, denen sich die einzelnen Gesellschaftsmitglieder fraglos fügen. Dies ist erkennbar die Vorstellung, die auch schon Thomas Hobbes mit seiner Idee des Staates als allmächtigem „Leviathan“ hatte, dem sich die Gesellschaftsmitglieder nach den Schrecken der Glaubenskriege qua Vernunfteinsicht durch einen Herrschaftsvertrag unterwerfen sollten (vgl. Hobbes 1651). Von dieser äußeren Gewalt bis zu verinnerlichten Verhaltensnormen, auf die, wie dargestellt, Parsons setzte, reicht das Spektrum der Mechanismen, die die moderne Gesellschaft vor den zwar vielleicht gut gemeinten, aber regelmäßig schlimm endenden Gestaltungsbestrebungen ihrer Mitglieder bewahren soll.

Dawe leitet damit den Dualismus einer system- und einer akteurtheoretischen Betrachtungsweise gesellschaftlicher Wirklichkeit daraus ab, daß der moderne Mensch sich im Zuge der Säkularisierung darüber bewußt wird, daß er allein die gesellschaftlichen Verhältnisse, unter denen er lebt, schafft:

> ... sociological thought and analysis constitute one response to the ambiguous experience of the rise of human agency. Their history turns on the bifurcation of the ambiguity into two opposed concepts of social action, and thence into two opposed moral and analytic traditions, the sociologies of social system and social action. (Dawe 1978: 380, Hervorh. weggel.)

Hieran wird auch schon deutlich, was Dawe der sozialphilosophischen Vorgeschichte der modernen Soziologie und dann auch dieser selbst vorhält: „the fallacy of the single vision" (Dawe 1978: 393). Ein angemessenes soziologisches Verständnis der modernen Gesellschaft – so Dawe – kann nur gewonnen werden, wenn beide Perspektiven immer wieder aufeinander bezogen werden, um einander wechselseitig die blinden Flecken aufzuweisen.

Beide Herangehensweisen an gesellschaftliche Wirklichkeit akzentuieren je eine andere der zwei grundlegenden anthropologischen Eigenschaften des Menschen, die dessen Sozialität bestimmen.[2] Die „sociology of social system" begreift den Menschen anthropologisch als „weltoffenes" Lebewesen, das im Unterschied zum instinktprogrammierten Tier einer sozialen „Entlastung", einer die Vielfalt seiner Handlungsmöglichkeiten reduzierenden Vorgabe institutionalisierter Erwartungsstrukturen bedarf. Ich habe dieses Menschenbild bereits im Kapitel 4 als Grundlage der frühen Systemtheorie Luhmanns dargestellt. Gleiches ließe sich aber auch für Parsons aufzeigen – siehe nur die kybernetische Kontrollhierarchie des allgemeinen Handlungssystems, in dem der biologische Verhaltensorganismus und das personale System durch soziales und kulturelles System gesteuert werden.

Die „sociology of social system" reicht aber über die expliziten Systemtheoretiker hinaus. Sie übergreift alle soziologischen Ansätze, für die die einzelnen Menschen vor allem anderen Störenfriede der sozialen Ordnung sind – entweder, weil sie immer wieder von Orientierungslosigkeit befallen werden oder weil sie egoistische Ziele verfolgen, die zur Abweichung von geltenden

2 Zum Folgenden siehe ausführlicher Schimank (1992b).

Normen verführen. Dementsprechend muß die soziale Ordnung dem einzelnen zum einen Orientierungssicherheit bieten; zum anderen muß die soziale Ordnung seine Neigung zur Devianz wirksam kontrollieren. Auch bei Durkheim, in der strukturfunktionalistischen Rollentheorie oder in Peter Bergers und Thomas Luckmanns Verständnis von Institutionalisierungsvorgängen findet sich dieses Menschenbild wieder. Auf die Spitze getrieben ist es in Luhmanns Sicht sozialer Systeme als autopoietischer Kommunikationszusammenhänge. Hier wird die „sociology of social system“ explizit anti-humanistisch (vgl. Luhmann 1985b). Die analytische Konzentration darauf, wie die soziale Kommunikation „Anschlußfähigkeit“ sichert, blendet die je beteiligten Menschen als Handelnde völlig aus – was aber nur die stillschweigende Unterstellung zum Ausdruck bringt, daß die Menschen normalerweise im wahrsten Sinne des Wortes ordnungsgemäß funktionieren.

Die Soziologie ist in der Tat stets vorrangig eine „sociology of social system“ und damit „Ordnungswissenschaft“ (Negt 1963) gewesen. Die „sociology of social action“ ist demgegenüber bis heute eher eine Unter- und Nebenströmung geblieben. Anthropologisch stellt diese Herangehensweise darauf ab, daß die „Weltoffenheit“ des Menschen nicht nur ein Mangel ist, sondern auch die spezifisch menschliche Chance beinhaltet, sich Handlungsziele zu setzen und diese bewußt verfolgen zu können. Karl Marx vergleicht in diesem Sinne die menschliche Arbeit als Prototyp zielgerichteten Handelns mit den „... tierartig instinktmäßigen Formen der Arbeit ...“:

> Eine Spinne verrichtet Operationen, die denen des Webers ähneln, und eine Biene beschämt durch den Bau ihrer Wachszellen manchen menschlichen Baumeister. Was aber von vornherein den schlechtesten Baumeister vor der besten Biene auszeichnet, ist, daß er die Zelle in seinem Kopf gebaut hat, bevor er sie in Wachs baut. Am Ende des Arbeitsprozesses kommt ein Resultat heraus, das beim Beginn desselben schon in der Vorstellung des Arbeiters, also schon ideell, vorhanden war. Nicht daß er nur eine Formveränderung des Natürlichen bewirkt; er verwirklicht im Natürlichen zugleich seinen Zweck, den er weiß, der die Art und Weise seines Tuns als Gesetz bestimmt und dem er seinen Willen unterordnen muß. (Marx 1867: 192/193)

Diese Sicht des Menschen prägt den Homo oeconomicus, das wirtschaftswissenschaftliche Akteurkonzept, während der Homo sociologicus ganz eindeutig dem dargestellten Menschenbild der „sociology of social system“ entspricht. Aber vor allem die interaktionistische Kritik der strukturfunktionalistischen Rollentheorie hat auch in der Soziologie den Menschen als zielorientierten Akteur wieder stärker ins Bild gerückt. Insbesondere der „Goffmensch“ (Hitzler 1992), also das Akteurkonzept Erving Goffmans, ist eindeutig in dem Sinne „proto-politisch“, daß er versucht, „... die eigenen Vorstellungen (vom Zusammenleben) gegenüber Alternativen erfolgreich durchzusetzen.“ (Hitzler 1992: 455) Der in den letzten Jahren zu beobachtende Vormarsch des Rationalchoice-Ansatzes in der Soziologie, also die Soziologisierung des Homo oeconomicus, bedeutet schließlich einen weiteren Geländegewinn für die „sociology of social action“.

Soziologisch brauchbar wird das Konzept eines zielorientierten Akteurs allerdings erst dann, wenn eine darauf basierende Herangehensweise an gesellschaftliche Wirklichkeit von vornherein dem Tatbestand Rechnung trägt, daß Akteure sich beständig mit anderen Akteuren konfrontiert sehen. Daß die Philosophie der Aufklärung so optimistische Vorstellungen über die Gestaltbarkeit gesellschaftlicher Verhältnisse durch die Gesellschaftsmitglieder hatte, lag vor allem auch daran, daß sie dazu tendierte, Kollektivitäten wie die Mitglieder einer Gesellschaft oder gar die Menschheit als unitarische Akteure anzusehen, also einen vollständigen Zielkonsens anzunehmen. Auf dieser Basis ist es relativ einfach, daran zu glauben, daß selbst ehrgeizigste Gestaltungspläne erfolgreich realisiert werden können. Aber natürlich berechtigt nichts zu einer solchen Annahme, wie schon alltäglichste Lebenserfahrungen nachdrücklich zeigen. Geht man davon aus, daß sich die Ziele von Akteuren unterscheiden, muß man von vornherein die Möglichkeit von Zielinkompatibilitäten zwischen interdependenten Akteuren berücksichtigen. Zwei Menschen möchten beispielsweise gemeinsam etwas unternehmen; aber während der eine ins Theater gehen will, interessiert sich der andere für ein Fußballspiel. Oder das Gesundheitsministerium will die Kosten des Gesundheitswesens senken, aber die Ärzte wollen weiterhin immer besser verdienen, und die Patienten wollen nicht auf teure Medikamente und Behandlungen verzichten. Bei genauem Hinsehen stößt man schnell darauf, daß sogar gleiche Ziele verschiedener Akteure miteinander inkompatibel sein können. Jede Art von Konkurrenz illustriert das – wenn etwa zwei Frauen hinter demselben Mann her sind oder alle Automobilproduzenten ihre Verkäufe steigern wollen, aber die Nachfrage nach Autos stagniert.

Durch solche Zielinkompatibilitäten geraten Akteure einander gleichsam ins Gehege. Aus der Sicht des einen stellen sich dann die anderen als diejenigen dar, die ihn bei seiner Zielverfolgung behindern oder gar völlig blockieren; und er muß dementsprechend darauf aus sein, dies möglichst auszuschalten – etwa durch Nutzung überlegener Macht, durch Gegenleistungen für Nichteinmischung, durch Desinformation oder durch Aushandlung von Kompromissen. Aber natürlich versuchen alle beteiligten Akteure, ihre Gegenüber günstig für die je eigene Zielerreichung zu beeinflussen. Genau das macht für die „sociology of social action" Sozialität aus. Für James Coleman ergibt sich Sozialität aus diesem „... simple structural effect: Actors are not fully in control of the activities that can satisfy their interests, but find some of those activities partially or wholly under the control of other actors." (Coleman 1990: 29)

Schon seit den schottischen Moralphilosophen am Ende des 18. Jahrhunderts war für die „sociology of social action" die optimistische Sicht auf die Gestaltbarkeit gesellschaftlicher Verhältnisse deshalb erledigt. Adam Ferguson prägte damals die griffige Formel, die gesellschaftliche Ordnung sei „das Ergebnis menschlichen Handelns, doch nicht die Ausführung irgendeines menschlichen Entwurfs" (vgl. Hayek 1967). Vom sozialphilosophischen Denken der Aufklärung blieb damit das Bewußtsein darüber übrig, daß die Menschen in der Moderne immer wieder *beabsichtigen*, die jeweiligen gesellschaftlichen Verhältnisse, in denen sie agieren müssen, zielgerichtet für sich günstiger zu gestalten. Aber weil fast immer eine Pluralität von Akteuren mit inkompatiblen Zielen solche Absichten hegt, *konterkarieren* einander die Gestaltungsbestrebungen regelmäßig mehr oder weniger, und die „Logik des Mißlingens" nimmt ihren Lauf.

Damit habe ich bereits die fundamentalen Konzepte der akteurtheoretischen Herangehensweise angesprochen. Sie läßt sich in fünf Merksätzen zusammenfassen. Akteure handeln erstens nicht immer, aber oftmals so, daß sie bestimmte *Ziele*, z.B. Interessen, verfolgen. Dafür verfügen die Akteure zweitens über *soziale Einflußpotentiale* wie Macht, Geld, Wissen, Moral oder Gewalt – also alles, womit sie das Handeln anderer in bestimmte Richtungen zu lenken vermögen. Durch Zielinterferenzen und wechselseitige Beeinflussung geraten Akteure drittens in *Konstellationen* miteinander. Diese Konstellationen handelnden Zusammenwirkens einer Pluralität von Akteuren schaffen viertens *soziale Strukturen*, also auch gesellschaftliche Differenzierungsstrukturen. Aber der Konstellationseffekt entspricht fünftens meistens nicht dem, was die involvierten Akteure sich jeweils gewünscht haben, sondern ist *transintentional*. Für jeden von ihnen stellt sich das so dar, wie es Jean-Paul Sartre einmal bezüglich der Gestaltbarkeit der Geschichte durch den je einzelnen konstatiert hat: „Wenn mir aber die Geschichte entgleitet, so nicht deshalb, weil ich sie nicht mache, sondern weil auch der andere sie macht." (Sartre 1960a: 72)[3] Eine akteurtheoretische Herangehensweise an Vorgänge gesellschaftlicher Differenzierung betrachtet diese also als Konstellationseffekte des handelnden Zusammenwirkens mehrerer Akteure.

Ich will nun diese allgemeine Gegenüberstellung der schon aus den beiden vorangegangenen Kapiteln bekannten systemtheoretischen Herangehensweise und der in diesem Kapitel noch im einzelnen darzulegenden akteurtheoretischen Herangehensweise anhand zweier sehr knapp skizzierter Beispiele fortführen. Beide Beispiele dienen dazu, Dawes Betonung der „fallacy of the single vision" zu unterstreichen. Das erste Beispiel ist das des Dopings im Hochleistungssport, das zweite das der „Kostenexplosion" im Gesundheitswesen.

Doping im Hochleistungssport,[4] also die Nutzung verbotener Substanzen und Praktiken zur sportlichen Leistungssteigerung, ist eine Form von Devianz – in Mertons bekannter Typologie dem Typ der „Innovation" subsumierbar, also der Nutzung gesellschaftlich nicht anerkannter Mittel zur Verfolgung sehr wohl anerkannter Ziele (vgl. Merton 1949b): hier dem des sportlichen Erfolgs. Um zu begreifen, wieso Doping im modernen Hochleistungssport immer häufiger passiert, kann man differenzierungstheoretisch zunächst einmal Luhmanns Sicht auf gesellschaftliche Teilsysteme als autopoietische Kommunikationszusammenhänge aufgreifen. Diese Betrachtungsweise hebt hervor, daß der Sport sich als gesellschaftliches Teilsystem durch den binären Code von Sieg und Niederlage konstituiert. Siege zu erringen und Niederlagen zu vermeiden: Darum dreht sich letztlich alles. Wie die anderen teilsystemspezifischen Codes ist auch der sportliche Siegescode nicht-teleologisch angelegt, verfügt also über keine Stopregeln dafür, wann genug sportliche Siege erzielt worden sind. Es könnte immer mehr davon geben. Die auch im Sport herrschende moderne Fortschritts- und Wachstumssemantik leistet vor allem den wachsenden Ansprüchen von seiten des Publikums keinen Widerstand. Das Sportpublikum will immer mehr und immer spannendere Wettkämpfe, immer neue Rekorde und Meisterschaften sehen.

3 Ich habe die deutsche Übersetzung dieses Zitats an einer Stelle verändert, um den Sinn klarer zu machen.

4 Das Folgende basiert auf Bette/Schimank (1995).

Diese an Luhmann angelehnten Überlegungen lassen sich noch weitertreiben, greift man die von Parsons eingeführte System-Umwelt-Betrachtung der wechselseitigen Leistungsbezüge zwischen verschiedenen gesellschaftlichen Teilsystemen auf – ohne Parsons' „analytischen Realismus" des AGIL-Schemas zu übernehmen. Dann sieht man, daß neben dem Publikum noch drei gesellschaftliche Teilsysteme die Entfesselung des schrankenlosen sportlichen Siegescodes betreiben. Weil der Spitzensport so große Publikumsattraktivität genießt, wird er für die Massenmedien zum berichtenswerten Thema; und das wiederum läßt es für die Politik und die Wirtschaft interessant erscheinen, sich eine Begleitaufmerksamkeit zu sichern. Auflagen und Einschaltquoten erhöhendes Thema für Zeitungen bzw. Fernsehsender, Werbung für Unternehmen und Legitimationsbeschaffung für Politiker, Parteien, Regierungen und politische Regime: Damit der Spitzensport den drei anderen Teilsystemen diese Leistungen weiterhin zuverlässig und auf steigendem Niveau erbringt, gewähren sie ihm immer mehr finanzielle Ressourcen. Das wiederum ermöglicht eine enorme Rationalisierung – im Weberschen Sinne – des sportlichen Erfolgsstrebens, was vor allem daran ablesbar ist, daß Spitzensport längst eine Full-time-Beschäftigung der Athleten geworden ist und sich ein immer größeres Unterstützungsumfeld mannigfaltiger Spezialisten um sie schart.

Dem durch teilsysteminterne Autopoiesis, Publikumsansprüche und intersystemische Nutzenverschränkungen entfesselten schrankenlosen Siegescode stehen nun aber Athletenkörper mit engen physischen und psychischen Leistungsgrenzen gegenüber. Auch die Rationalisierung der sportlichen Leistungssteigerung, vor allem durch eine immense Verwissenschaftlichung, hat diese Kluft nicht verkleinert. Denn zwar sind so die körperlichen Leistungsgrenzen beträchtlich hinausgeschoben worden; doch das hat selbst zur „Anspruchsinflation" an sportliche Leistungen beigetragen. Damit läßt sich auf der Basis dieser systemtheoretischen Betrachtung der Ausdifferenzierung des Sports in der modernen Gesellschaft feststellen, daß der Leistungssport Doping als deviantes Handeln strukturell katalysiert. Denn Doping gilt als wirkungsvolle Form sportlicher Leistungssteigerung. Wenn also die Athleten Zugang zu Dopingmitteln haben und gute Chancen sehen, daß ihre Devianz nicht sozial auffällt bzw. – wie anfangs – bei Auffälligkeit nur schwach sanktioniert wird, werden sie sich dopen, um den auf ihnen lastenden gesellschaftlichen Erfolgsdruck bewältigen zu können.

Eine akteurtheoretische Herangehensweise, die zunächst einmal differenzierungstheoretisch noch ganz uninformiert ist, modelliert Doping mit den Mitteln der Spieltheorie als Prisoner's dilemma (vgl. Keck/Wagner 1990). Ein Prisoner's dilemma ist eine besondere Konstellation von Akteuren, die diese vor ein äußerst schwieriges Handlungsproblem stellt (siehe Schaubild 3).[5] Das Prisoner's dilemma erfaßt in seiner einfachsten Form die Beziehung zwischen zwei Athleten, die miteinander in derselben Sportart um Siege konkurrieren. Beide Sportler haben bei ihrem Streben, den anderen zu besiegen, prinzipiell jeweils zwei Handlungsalternativen. Jeder von beiden kann sich entweder dopen, um dadurch die eigenen Siegeschancen zu verbessern, oder darauf verzichten. Damit ergeben sich vier mögliche Resultate dieses Konkurrenzspiels: Beide dopen sich; Ego dopt sich, Alter nicht; Ego dopt sich nicht, Alter dopt sich; beide dopen sich nicht. Für Ego stellt sich das Ergebnis, daß er selbst sich dopt, Alter hingegen darauf verzichtet, als das beste dar. Denn dadurch erhöhen sich Egos Siegeschancen. Umgekehrt besteht aus Egos Sicht das schlechteste Resultat darin, daß er selbst sich nicht dopt, Alter dies hingegen tut. Die beiden anderen möglichen Outcomes sind demgegenüber dadurch gekennzeichnet, daß gewissermaßen „Waffengleichheit" von Ego und Alter besteht. Beide Möglichkeiten sind für Ego besser als ein einseitiger Vorteil Alters, aber schlechter als ein eigener einseitiger Vorteil. Angesichts der Kosten des Dopings in Form von Gesundheitsrisiken und negativen Sanktionen, falls man des Dopings überführt wird, zieht Ego das Ergebnis, daß beide sich nicht dopen, dem Resultat vor, daß beide sich dopen. Denn die Vorteile des Dopings kämen bei letzterem ja nicht zum Tragen. Da Alter sich in genau der gleichen Situation befindet, ist seine Rangordnung der vier möglichen Outcomes entsprechend. Die rationalen Handlungsweisen beider Seiten ergeben sich dann ganz eindeutig: Beide Akteure werden sich, weil sie nicht wissen, wie sich ihr Gegenüber entscheidet, für Doping entscheiden. Dies ist ein für beide Seiten gegenüber dem Outcome, daß beide sich nicht dopen, klar suboptimales Ergebnis. Sie befinden sich also in einer „Situation kollektiver Selbstschädigung" (Keck/Wagner 1990: 110).

---

5 Zur spieltheoretischen Notation: Die Zahlen geben die ordinale Rangordnung der Outcomes an, wobei „4" das höchst präferierte, „1" das am wenigsten präferierte Ergebnis bedeutet. Für jeden Outcome stellt die Zahl links unten die Einstufung durch den Zeilenspieler, die Zahl rechts oben die Einstufung durch den Spaltenspieler dar.

Schaubild 3: Das Prisoner's dilemma der Sportler

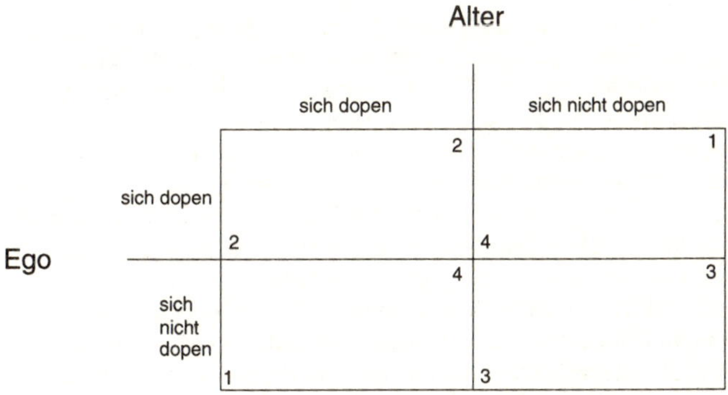

Doping fing irgendwann einmal als offensive Maßnahme an. Einzelne Athleten bedienten sich entsprechender Praktiken und Substanzen, um die eigenen Siegeschancen zu erhöhen. Inzwischen gibt es fast nur noch defensives Doping. Alle dopen sich zur Nachteilsvermeidung. Jeder dopt sich, weil er davon ausgehen muß, daß die anderen sich dopen. Doping ist so längst eine sich selbst erfüllende Prophezeiung und kann buchstäblich aus dem Nichts entstehen. Die Athleten brauchen nur zu meinen, daß ihre Gegenüber sich dopen, um sich selbst für das Doping zu entscheiden. Damit hat keiner mehr einen Vorteil, aber alle müssen die Risiken tragen.

Spieltheoretische Analysen des Prisoner's dilemma haben freilich gezeigt, daß die Akteure oftmals lernen können, von diesem suboptimalen Gleichgewicht zu einem für beide Seiten vorteilhafteren Gleichgewicht zu gelangen – und zwar insbesondere dann, wenn das Spiel sich wiederholt. Dann kann man einander nämlich Kooperation anbieten – was hier hieße: sich nicht dopen – und sehen, ob der andere das erwidert; und wenn er rational ist, wird er das tun, weil er sich selbst besser dabei steht. Eine solche von Robert Axelrod aufgezeigte „evolution of cooperation", gewissermaßen ein Nichtangriffspakt (vgl. Axelrod 1984), ist bei den Sportlern allerdings gerade nicht möglich. Denn ihr Prisoner's dilemma ist durch eine besondere Undurchschaubarkeit gekennzeichnet. Auch im nachhinein weiß man nie, ob das Gegenüber sich gedopt hat oder nicht. Selbst Dopingkontrollen können das nicht sicherstellen, weil es schließlich immer wieder neue nicht nachweisbare Mittel gibt. Genau daran liegt es, daß Doping so enorm schwer – vielleicht überhaupt nicht – aus der Welt geschafft werden kann.

Man könnte diese spieltheoretische Analyse noch sehr viel weitertreiben und damit schrittweise immer mehr Realitätsaspekte theoretisch erfassen. Das ist hier nicht nötig, weil bereits jetzt deutlich wird, daß diese Art von akteurtheoretischer Herangehensweise ganz andere Aspekte akzentuiert als die zuvor skizzierte systemtheoretische. Letztere erklärt das Doping der Athleten aus der Beschaffenheit der gesellschaftlichen Differenzierungsstrukturen. Die akteurtheoretische Herangehensweise konzentriert sich demgegenüber auf die Konstellationsstruktur, die zwischen den Athleten besteht. Stellt man beide Erklärungen nebeneinander, erkennt man, daß jede von ihnen stillschweigend die andere voraussetzt. Das Prisoner's dilemma der Athleten kommt so nur deshalb zustande, weil der Siegescode eine „legitime Indifferenz" gegen gesundheitliche und moralische Gesichtspunkte etabliert, wodurch Doping erst als Handlungsoption der Athleten ins Spiel kommt und sich die dargestellte Bewertung der verschiedenen Outcomes ergibt. Umgekehrt setzt sich der gesellschaftsstrukturelle Dopingdruck erst dadurch gegenüber den Athleten um, daß sie sich miteinander in einem Prisoner's dilemma befinden, das durch hochgradige Undurchschaubarkeit charakterisiert ist. Damit sind beide Herangehensweisen, die system- und die akteurtheoretische, im strengen Sinne komplementär. Jede liefert für sich genommen eine unvollständige Erklärung des Dopingphänomens; da aber die blinden Flecken beider Erklärungen jeweils andere sind, läßt sich durch eine Kombination die Erklärungsleistung erhöhen.

Das gleiche zeigt sich am zweiten Beispiel: der „Kostenexplosion" im Gesundheitssystem. Die systemtheoretische Erklärung ist hier sehr ähnlich wie beim Doping im Hochleistungssport angelegt (vgl. Luhmann 1983). Als ausdifferenziertes Teilsystem der modernen Gesellschaft orientiert sich das Gesundheitssystem am Code krank/gesund, der nicht-teleologisch angelegt ist und damit den Gesundheitserwartungen der Patienten keinerlei Maß entgegenhält. Die Menschen wollen immer noch gesünder werden und akzeptieren keinerlei psychische oder physische Beeinträchtigung mehr als hinzunehmendes Schicksal. Diese Haltung treibt die finanziellen Kosten des Gesundheitssystems immer mehr in die Höhe, ohne daß es in diesem selbst irgendeine Art von „Gegenrationalität" (Luhmann 1983: 29) gäbe, die eine sinnvolle Obergrenze begründen könnte. Allenfalls der „Sachzwang" der Ressourcenknappheit kann dieser „Anspruchsinflation" Einhalt gebieten.

Philipp Herder-Dorneich stellt dieser systemtheoretischen Herangehensweise eine akteurtheoretische entgegen, die die „Kostenexplosion“ wiederum als Konstellationseffekt erklärt (Herder-Dorneich 1983). Ich greife aus seiner Analyse nur einen Strang heraus: die Institutionalisierung der Krankenversicherung als Umlageverfahren. Müßte ein Patient die von ihm konsumierten Gesundheitsleistungen vollständig selbst bezahlen, würde er stets eine Kosten-/Nutzenkalkulation durchführen und auch eine Grenze seiner Gesundheitsausgaben ziehen, die sich daraus ergibt, daß er sein Einkommen noch für viele andere Kosten der Lebensführung aufwenden muß: „Unter der Last der Preise kommt sein Gesundheitsdrang allmählich zum Stillstand.“ (Herder-Dorneich 1983: 12) Die Krankenversicherung funktioniert demgegenüber so, daß jedes Mitglied Beiträge entrichtet und dann die Kosten für in Anspruch genommene medizinische Leistungen erstattet bekommt. Hierdurch entsteht eine Konstellation, in der sich jeder einzelne Versicherte der Kollektivität aller anderen Versicherten gegenübersieht. Entscheidend ist, daß das Umlageverfahren die Höhe der Gesundheitskosten, die ein Versicherter erstattet bekommt, nicht an die Höhe der von ihm individuell gezahlten Beiträge bindet. Das verändert seine Kalkulation gravierend:

> In einem solchen System entfällt der Finanzdruck zur Sparsamkeit. Der Konsument ersteht nicht nur das Notwendigste, sondern noch dies und das, was ihm auch für seine Gesundheit nützlich erscheint. Aber auch die anderen handeln so ... (Herder-Dorneich 1983: 12)

Der Konstellationseffekt besteht dann zunächst einmal darin, daß die erstatteten Gesundheitsausgaben sehr schnell höher liegen als die eingezahlten Beiträge. Dann bleibt der Versicherung nichts anderes übrig, als die Beiträge zu erhöhen. Wie verhalten die Versicherten sich dann:

> Werden sie unter dem Druck hoher Beiträge ähnlich wie unter dem Druck hoher Preise ihren Konsum einschränken? Ist es für sie rational, sich zurückzuhalten, um durch kostenbewußte Einschränkung die hohen Umlagen zum Senken zu bringen? Eigentlich erscheint dies nur vernünftig; aber tatsächlich geht die Rechnung eben nicht auf. Sie verkehrt sich vielmehr in eine Rationalitätenfalle. Denn jeder einzelne muß sich sagen, daß, bei einem Verzicht auf Sozialkonsum ..., der Verzicht voll auf ihn zurückfällt. Die dadurch bewirkte Ersparnis aber wird auf die Masse der Sozialteilnehmer umgelegt. ... das ist tatsächlich für ihn ein schlechtes Geschäft. Und umgekehrt: Mehrverbrauch lohnt sich. Jeder einzelne wird feststellen, daß Mehrverbrauch ihm voll zugute kommt. Die zusätzlichen Kosten aber werden auf die Masse der Sozialteilnehmer umgelegt. ... Es

ist demnach rational, bei steigenden Preisen seinen Konsum einzuschränken, jedoch bei steigenden Umlagen seinen Konsum auszudehnen und auf diese Weise zu versuchen, etwas von dem wieder hereinzuholen, was ja auf alle Fälle bezahlt werden muß. ... Wenn alle versuchen, etwas hereinzuholen, steigen die Umlagen; sie werden wiederum dazu anregen, durch weiteren Mehrkonsum die hohen Sozialbeiträge wettzumachen. Wieder steigen die Umlagen, und Kostenexplosion ist die Folge. Aber auch bei Kostenexplosion ist es immer noch nicht rational, sich zurückzuhalten, sondern im Gegenteil: wenn der Sozialstaat schon viel kostet, will doch keiner auf der Seite der Verlierer sein; die Expansion hält an. (Herder-Dorneich 1983: 13)

An dieser akteurtheoretischen Erklärung der „Kostenexplosion" im Gesundheitssystem fällt zunächst auf, daß sie einen bestimmten institutionellen Faktor als entscheidende Größe hervorhebt: das Umlageverfahren der Krankenversicherung und dessen spezifische Ausprägung. Die Erklärung des Dopings im Hochleistungssport hatte auf die Betrachtung institutioneller Faktoren völlig verzichtet. Das Prisoner's dilemma der Athleten ergibt sich unmittelbar aus dem Siegescode, so daß die Erklärung teilsystemische Faktoren auf der einen und Faktoren der Akteurkonstellation auf der anderen Seite unmittelbar verknüpfen kann. Die „Kostenexplosion" im Gesundheitssystem beruht zwar ebenfalls zum einen auf dem nicht-teleologischen Charakter des teilsystemischen Codes und zum anderen auf einer spezifischen Konstellation der Versicherten als Akteure.[6] Aber die Art der Akteurkonstellation ergibt sich nicht schon aus dem teilsystemischen Code, sondern erst aus einer kontingenten institutionellen Regelung, nämlich der Finanzierung von Gesundheitsausgaben durch die Krankenversicherung. Historisch war das nicht immer so, sondern wurde erst gegen Ende des letzten Jahrhunderts mit dem aufkommenden Sozialstaat etabliert. Noch wichtiger ist, daß diese Regelung in vielen graduellen Abstufungen institutionalisiert sein kann. Die Krankenversicherung muß nicht sämtliche Gesundheitsausgaben ihrer Versicherten in voller Höhe erstatten, sondern kann einen mehr oder weniger hohen Anteil an Selbstbeteiligung festlegen. Je höher dieser Anteil ist, desto weniger kommt die von Herder-Dorneich skizzierte Logik zum Tragen. Denn dann verhalten sich die Kranken zunehmend wie Konsumenten auf einem Markt. In der Tat besteht ja eine der gängigen Strategien, um das Kostenbewußtsein der Krankenversicherten zu erhöhen, darin, den Anteil ihrer Selbstbeteiligung an den Gesundheitsausgaben höher festzusetzen.

---

6 Diese Konstellation stellt im übrigen ebenfalls ein Prisoner's dilemma dar.

Diese sowohl im historischen als auch im internationalen Vergleich feststellbare Varianz der institutionellen Regelung relativiert dann auch das systemtheoretisch gezeichnete Bild. Die „Kostenexplosion“ wird nicht überall gleich hoch ausfallen, und sie muß auch unabhängig von Finanzknappheit nicht unbegrenzt immer weitergehen. Die Stärke einer akteurtheoretischen Erklärung, die auf spezifische institutionelle Regelungen und deren Varianz und Variabilität hinweist, besteht genau darin, dies einfangen zu können. Aber ist deshalb die systemtheoretische Herangehensweise gänzlich unnütz?[7] Auch für dieses Beispiel gilt, was ich bereits am Beispiel des Doping betont habe: Herder-Dorneichs akteurtheoretische Erklärung setzt stillschweigend das Wirken des medizinischen Codes, so wie es Luhmann beschrieben hat, voraus. Nur weil dieser Code schrankenlos ist und damit die Leistungsrollenträger im Gesundheitssystem – die Ärzte – dazu anhält, immer neue Verbesserungen ihrer Diagnose- und Therapieverfahren zu suchen, sowie das Publikum dieses Teilsystems, im Wechselspiel damit, zu immer höheren Ansprüchen an medizinische Leistungen treibt, entfaltet die Konstellation der Versicherten jene Dynamik, die zur „Kostenexplosion“ führt. Auch dieses Beispiel zeigt also, daß akteur- und systemtheoretische Herangehensweise komplementäre Erklärungsleistungen erbringen.

In diesem Sinne will ich die akteurtheoretischen Sichtweisen gesellschaftlicher Differenzierung, die ich im folgenden darstelle, verstanden wissen: nicht als Konkurrenz zu den von Parsons und Luhmann ausgearbeiteten systemtheoretischen Perspektiven, sondern als notwendige Ergänzungen, um dort offenbleibende Erklärungslücken zu schließen. Man könnte das Ganze natürlich auch andersherum sehen, also systemtheoretische Herangehensweisen als notwendige Ergänzung akteurtheoretischer Erklärungen. Da aber nun einmal die Entfaltung der differenzierungstheoretischen Perspektive so verlaufen ist, daß die systemtheoretische Herangehensweisen in den letzten Jahrzehnten zum Mainstream geworden sind, entspricht die erstgenannte Sicht des Verhältnisses besser den tatsächlichen Gegebenheiten. Die große Mehrzahl der differenzierungstheoretischen Konzepte und Modelle stammt bislang aus der systemtheoretischen Herangehensweise; und eine jetzt allmählich ausgearbeitete akteurtheoretische Herangehensweise kann und sollte vieles davon für sich übernehmen.

---

7 Jens Alber nimmt diesen Sachverhalt zum Anlaß, die systemtheoretische Erklärung der „Kostenexplosion“ im Gesundheitssystem zurückzuweisen und eine ausschließlich akteurtheoretische Erklärung zu favorisieren (vgl. Alber 1989). Er verfällt damit genau der „fallacy of the single vision“.

5.2 Norbert Elias' akteurtheoretisches Erklärungsmodell gesellschaftlicher Differenzierung[8]

Norbert Elias versteht sich nicht explizit als Differenzierungstheoretiker. Er begreift die Herausbildung und Weiterentwicklung moderner Gesellschaften als „Prozeß der Zivilisation" (vgl. Elias 1939). Elias' Analysen dieses Prozesses lassen sich jedoch ohne weiteres differenzierungstheoretisch lesen, so wie ich es auch bei Max Weber oder Karl Marx getan habe. Ich will hier allerdings nicht Elias' gesamte Zivilisationstheorie differenzierungstheoretisch reformulieren. An dieser Stelle geht es mir lediglich darum, an einer bestimmten Komponente seiner Theorie beispielhaft zu verdeutlichen, wie eine konsequent akteurtheoretisch ansetzende Betrachtung gesellschaftlicher Differenzierungsvorgänge aussehen kann. Ich stelle also nicht die inhaltlichen Einsichten dar, die Elias zum Verständnis moderner Gesellschaften beisteuert, sondern sein theoretisches Instrumentarium. Gerade weil Elias, anders als die im folgenden behandelten neueren akteurtheoretischen Betrachtungen gesellschaftlicher Differenzierung, sich noch nicht mit systemtheoretischen Herangehensweisen auseinandersetzen konnte, findet sich bei ihm die akteurtheoretische Herangehensweise in einer Reinform vor, an der sich wichtige Charakteristika besonders gut deutlich machen lassen.

Das zentrale theoretische Konzept von Elias' Soziologie ist das der „Figuration" (vgl. Elias 1970). Dieses Konzept meint nichts anderes als eine Akteurkonstellation. Elias will Vorgänge gesellschaftlichen Strukturwandels – wie u.a. Differenzierungsvorgänge – aus der Beschaffenheit von „Figurationen" erklären. Denn je nachdem, wie eine „Figuration" beschaffen ist, wohnt ihr eine spezifische „Eigendynamik" (Elias 1939: 316) inne. Die theoretische Grundvorstellung ist – wie Elias lapidar feststellt – „einfach genug":

> Pläne und Handlungen, emotionale und rationale Regungen der einzelnen Menschen greifen beständig freundlich oder feindlich ineinander. Diese fundamentale Verflechtung der einzelnen menschlichen Pläne und Handlungen kann Wandlungen und Gestaltungen herbeiführen, die kein einzelner Mensch geplant oder geschaffen hat. Aus ihr, aus der Interdependenz der Menschen, ergibt sich eine Ordnung von ganz spezifi-

8 Als allgemeine Überblicke über die soziologische Perspektive von Elias siehe Bogner (1989: 17-65), Baumgart/Eichener (1991).

scher Art, eine Ordnung, die zwingender und stärker ist, als Wille und Vernunft der einzelnen Menschen, die sie bilden. Es ist diese Verflechtungsordnung, die den Gang des geschichtlichen Wandels bestimmt; sie ist es, die dem Prozeß der Zivilisation zugrunde liegt. (Elias 1939: 314, Hervorh. weggel.).

Ganz im Sinne der im vorausgegangenen Abschnitt skizzierten akteurtheoretischen Grundvorstellung über die Wechselwirkung zwischen Akteuren und gesellschaftlichen Strukturen geht also Elias davon aus, daß Akteure in Interferenzen mit anderen Akteuren geraten und sich so Konstellationen bilden, in denen dann die relative Größe der Einflußpotentiale der Beteiligten darüber entscheidet, was genau aus dem handelnden Zusammenwirken aller resultiert. Je inkompatibler die Intentionen der in einer „Figuration" verflochtenen Akteure und je geringer die Einflußdifferenzen zwischen ihnen sind, desto weniger trivial fallen die Struktureffekte des handelnden Zusammenwirkens aus – und desto größer ist die Wahrscheinlichkeit, daß diese Effekte auch nicht annähernd den Interessen irgendeines der involvierten Akteure entsprechen.[9] Denn je kompatibler Intentionen sind, desto ungeschmälerter können sie zugleich realisiert werden. Wenn also die Intentionen verschiedener interdependenter Akteure vollständig miteinander kompatibel sind, ist der Struktureffekt ihres Zusammenwirkens schlicht die Summe der Intentionen aller Beteiligten. Je inkompatibler die Intentionen hingegen werden, desto transintentionaler wird der Struktureffekt – sofern es keine eindeutige soziale Dominanz eines Akteurs oder einer Gruppe von Akteuren mit untereinander kompatiblen Intentionen gibt. Je größer nämlich die Einflußdifferenzen zwischen den interdependenten Akteuren sind, je stärker also ein Akteur oder eine Teilgruppe der Akteure die Konstellation dominiert, desto irrelevanter werden die Intentionen der übrigen Akteure für den Struktureffekt des Zusammenwirkens aller. Im Extremfall vermag ein einziger Akteur seine Intentionen vollständig zu realisieren, und die mit diesen nicht kompatiblen Intentionen der anderen bleiben für den Struktureffekt bedeutungslos, weil sie durch die Überlegenheit des einen neutralisiert werden. Je geringer hingegen die Einflußdifferenzen sind, je mehr der beteiligten Akteure also den Struktureffekt ihres Zusammenwirkens nennenswert mitbestimmen können, desto weniger fällt er – außer durch glücklichen Zufall – nach dem Willen irgendeines von ihnen aus.

9 In dieser Richtung hat Reinhard Wippler Elias' Konzept der „Figuration" weitergedacht (vgl. Wippler 1978: 158-161, 174/175).

Elias' Konzept der „Figuration" enthält somit eine allgemeine Aussage über das Ausmaß der Transintentionalität von Konstellationsdynamiken. Diese nimmt mit der Inkompatibilität der Intentionen zu, sofern zugleich die Einflußdifferenzen abnehmen. Elias stellt aber bereits sehr deutlich heraus, daß Transintentionalität alles andere als Irrelevanz der Intentionen bedeutet: „Elias' characterization of social reality ... unites two levels of the universe which are often sharply distinguished from each other: intentions and non-intentional structures." (Bogner 1986: 390) Das „blinde Spiel der Verflechtungsmechanismen" (Elias 1939: 316) wird eben dadurch vorangetrieben, daß Akteure Bestimmtes wollen; und was sie jeweils wollen, muß man wissen, um erklären zu können, was am Ende dabei herauskommt. Aus systemtheoretischer Perspektive hält Luhmann Akteurtheoretikern dies als „... Notlüge der unvorhergesehenen Effekte ..." vor (vgl. Luhmann 1989: 7). Doch gerade Elias' Konzept der „Figuration" stellt klar, daß Transintentionalität keine kleinlaute Verlegenheitsformel ist, die einen fatalen Schwachpunkt der akteurtheoretischen Herangehensweise überspielen soll. Transintentionalität ist ganz im Gegenteil die seit langem allseits bekannte zentrale Einsicht der akteurtheoretischen Herangehensweise. Ich erinnere nur an die oben zitierte Formel Fergusons, daß jede soziale Struktur „das Ergebnis menschlichen Handelns, doch nicht die Ausführung irgendeines menschlichen Entwurfs" ist. Ganz auf dieser Linie bestimmte Karl Popper die „main task of the theoretical social sciences" so: „It is to trace the unintended social repercussions of intentional human actions." (Popper 1948: 342, Hervorheb. weggel.)[10]

Diese im Konzept der „Figuration" festgehaltene generelle Leitvorstellung zur Erklärung gesellschaftlichen Strukturwandels wendet Elias konsequent auf alle ihn interessierenden Aspekte des

10 Luhmanns diesbezügliche grundlegende Fehleinschätzung der akteurtheoretischen Herangehensweise kommt auch in folgender, auf Steuerungshandeln bezogener Äußerung zum Ausdruck, in der er auf die seiner Ansicht nach bestehende Überlegenheit der systemtheoretischen Herangehensweise hinweist: „Man kann die Vorstellung fallen lassen, daß die Steuerung Intention und Resultat eines ‚Handelnden' sei." (Luhmann 1991: 145) Genau diese Vorstellung haben aber Akteurtheoretiker keineswegs. Zwar geht Steuerung wie jedes Handeln auf Intentionen von Akteuren zurück. Aber in der Regel ist eben – selbst wenn es nur einen einzigen Steuerungsakteur gibt – nicht bloß die Intention eines einzigen Akteurs von Bedeutung, weil zumindest auch der gesteuerte Akteur Intentionen verfolgt. Meistens liegt ohnehin eine Pluralität sowohl von Steuerungsakteuren als auch von gesteuerten Akteuren vor. Eben deshalb kann man auch nicht „Intention und Resultat" in einem Atemzug nennen, als ob das eine einfache Ursache-Wirkungs-Beziehung wäre.

Zivilisationsprozesses moderner Gesellschaften an. Vielleicht am augenfälligsten ist in dieser Hinsicht Elias' Erklärung dafür, wie sich im ausgehenden Mittelalter der moderne Zentralstaat herausbildete (vgl. Elias 1939: 123-311). Es geht also um einen ganz wichtigen Schritt bei der Ausdifferenzierung des modernen politischen Systems. Dieser Ausdifferenzierungsschritt umfaßte die Etablierung von zwei Monopolen: des Gewalt- und des Steuermonopols. Beides hängt eng miteinander zusammen:

> Die freie Verfügung über militärische Machtmittel ist dem Einzelnen genommen und einer Zentralgewalt vorbehalten, ... und ebenso ist die Erhebung der Steuerabgaben vom Besitz oder vom Einkommen der einzelnen Menschen in den Händen einer gesellschaftlichen Zentralgewalt konzentriert. Die finanziellen Mittel, die so zur Verfügung dieser Zentralgewalt zusammenströmen, halten das Gewaltmonopol aufrecht, das Gewaltmonopol hält das Abgabenmonopol aufrecht. (Elias 1939: 142)

Wie also wird aus der kleinflächig zersplitterten Herrschaftsstruktur der mittelalterlichen Feudalgesellschaft, in der zahllose lokale Grundherren über militärische Gewaltpotentiale verfügten und jeweils Abgaben von ihren Untertanen erhoben, der großflächige moderne Staat?

Elias' akteurtheoretisches Erklärungsmodell hierfür ist der „Monopolmechanismus". Darunter versteht Elias eine spezifische „Figuration" und die darin strukturell angelegte Dynamik. Abstrahiert von dem konkreten historischen Differenzierungsvorgang formuliert Elias den „Monopolmechanismus" so:

> Wenn in einer größeren gesellschaftlichen Einheit ... viele der kleineren gesellschaftlichen Einheiten, die die größere durch ihre Interdependenz bilden, relativ gleiche gesellschaftliche Stärke haben und dementsprechend frei – ungehindert durch schon vorhandene Monopole – miteinander um Chancen der gesellschaftlichen Stärke konkurrieren können, also vor allem um Subsistenz und Produktionsmittel, dann besteht eine sehr große Wahrscheinlichkeit dafür, daß einige siegen, andere unterliegen, und daß als Folge davon nach und nach immer weniger über immer mehr Chancen verfügen, daß immer mehr aus dem Konkurrenzkampf ausscheiden müssen und in direkte oder indirekte Abhängigkeit von einer immer kleineren Anzahl geraten. ... Das allgemeine Schema, nach dem sich dieser Ablauf vollzieht, ist recht einfach: In einem gesellschaftlichen Raum soll es eine bestimmte Anzahl von Menschen geben und eine bestimmte Anzahl von Chancen, die knapp oder unzureichend ist im Verhältnis zum Bedürfnis der Menschen. Angenommen, es kämpft in diesem Raum von allen diesen Menschen zunächst je einer mit je einem anderen um die vorhandenen Chancen, dann ist die Wahrscheinlichkeit, daß sie alle sich unendlich lange in dieser Gleichgewichtslage halten, und daß in

keinem dieser Paare ein Partner siegt, außerordentlich gering ...; siegen aber einige der Kämpfenden, so vermehren sich ihre Chancen; die der Besiegten verringern sich; in der Hand eines Teils der ursprünglich Kämpfenden sammeln sich größere Chancen; der andere Teil scheidet aus dem unmittelbaren Wettbewerb mit ihnen aus; angenommen, es kämpft von den Siegenden von neuem je einer mit je einem anderen, so wiederholt sich das Spiel: wiederum siegt ein Teil und gewinnt die Verfügungsgewalt über die Chancen der Besiegten; ein noch kleinerer Anteil von Menschen verfügt über eine noch größere Anzahl von Chancen; eine noch größere Anzahl von Menschen ist aus dem freien Konkurrenzkampf ausgeschieden; und der Vorgang wiederholt sich, bis schließlich im optimalen Fall ein Einzelner über alle Chancen verfügt und alle anderen von ihm abhängig sind. (Elias 1939: 144/145, Hervorheb. weggel.)

Dieser plastischen Schilderung der Dynamik ist nicht viel hinzuzufügen. Elias beschreibt hier, systemtheoretisch betrachtet, einen Vorgang der „second-order cybernetics“ (vgl. Maruyama 1963). Die „first-order cybernetics“ beschäftigt sich mit Vorgängen negativer Rückkopplung, bei denen äußere Störungen, die ein System aus dem Gleichgewicht bringen, durch systemeigene Kräfte neutralisiert werden. Der im Kapitel 3.2 angesprochene Thermostat ist das Standardbeispiel dafür. Bei „second-order cybernetics“ geht es demgegenüber um Vorgänge positiver Rückkopplung. Hier schaukeln sich die das System destabilisierenden Kräfte wechselseitig immer mehr auf, so daß sich das System sehr schnell immer weiter von seinem ursprünglichen Gleichgewichtszustand entfernt.

Auffällig an Dynamiken der Abweichungsverstärkung wie dem „Monopolmechanismus“ ist eine eigentümliche Verbindung von Zwangsläufigkeit und Zufälligkeit. Einerseits handelt es sich um einen „... gesellschaftlichen Mechanismus, der, einmal in Gang gesetzt, weiterarbeitet, wie ein Uhrwerk ...“. Elias vergleicht die Dynamik mit der Gesetzmäßigkeit naturwissenschaftlich analysierter Vorgänge. Andererseits bedeutet die anfängliche relative Gleichverteilung der Macht, daß es oftmals in erheblichem Maße zufallsabhängig ist, welche Akteure im Rennen bleiben und welche ausscheiden:

In diesen „Ausscheidungskämpfen“, diesem gesellschaftlichen Selektionsprozeß spielen ganz gewiß persönliche Qualitäten einzelner, ebenso wie andere „Zufälle“ mannigfacher Art, etwa der späte Tod eines Mannes oder das Fehlen männlicher Erben in einem Herrscherhaus für die Frage, welches Territorium siegt, aufrückt und sich vergrößert, zuweilen eine entscheidende Rolle. (Elias 1939: 134/135, Hervorheb. weggel.)

Dementsprechend unabsehbar ist am Anfang des Vorgangs, wer am Ende der Monopolist sein wird – hochgradig wahrscheinlich ist aber, daß der Vorgang auf ein Monopol bzw. zumindest ein Oligopol weniger hinauslaufen wird.

Der Ablauf des „Monopolmechanismus" ist somit in der geschilderten Weise zwangsläufig – jedoch erst ab dem Moment, in dem die Startbedingungen gegeben sind. Diese wiederum liegen keineswegs zwangsläufig vor und ergeben sich auch nicht in irgendeiner Weise zwangsläufig. Der Start einer derartigen Dynamik ist vielmehr kontingent. Das beweist allein schon die Tatsache, daß es im Wirtschaftssystem durchaus für viele Waren Märkte gibt, auf denen dauerhaft eine relativ gleiche Konkurrenz vieler Anbieter herrscht. Zwar hat auf bestimmten Warenmärkten in der Tat die von Elias geschilderte Monopolisierungstendenz zumindest soweit stattgefunden, daß nur noch ein Oligopol weniger, oftmals kartellartig koordinierter Anbieter vorhanden ist. Aber dies ist eben keineswegs eine universelle Entwicklung.

Elias selbst weist in seiner ausführlichen Analyse der Herausbildung des modernen Zentralstaats auf eine Reihe von Faktoren hin, die den „Monopolmechanismus" mit ausgelöst haben. Viele von ihnen bündeln sich in einem Faktor, der in ganz anderer Weise schon bei Durkheim eine wichtige Triebkraft gesellschaftlicher Differenzierung ist: dem zunehmenden gesellschaftlichen Konkurrenzdruck, der wiederum auf das Bevölkerungswachstum zurückgeht. Unter den Bedingungen einer feudalen Naturalwirtschaft, in der auch die Technologien der Nahrungsmittelproduktion nicht entscheidend verbessert wurden, führte die Bevölkerungszunahme zur Verarmung derer, die den Feudalherren Abgaben schuldeten. Das wiederum schmälerte deren Subsistenzbasis. Zwar boten insbesondere die Kreuzzüge sowie die Expansion nach Osteuropa gewisse Ventile, die den Konkurrenzdruck unter den Feudalherren milderten. Die Kreuzzüge eröffneten zusätzliche Einkommensquellen und reduzierten darüber hinaus die Anzahl der Feudalherren; und die Besiedelung Osteuropas verringerte den Bevölkerungsdruck in Westeuropa. Beides reichte jedoch nicht aus, so daß die Feudalherren, um ihren Lebensstandard halten zu können, auf Expansion angewiesen waren. Und das war die Auslösebedingung der durch den „Monopolmechanismus" modellierten Dynamik, die wiederum entscheidend zur Ausdifferenzierung des modernen politischen Systems und damit auch zur Herausbildung der funktional differenzierten modernen Gesellschaft beitrug.

Diese sehr verkürzte Schilderung der historischen Auslösebedingungen des „Monopolmechanismus" zeigt jedenfalls, daß es auch ganz anders hätte kommen können. Vielleicht hätte die Bevölkerung, etwa aufgrund von Seuchen oder Hungersnöten, nicht so wachsen müssen; oder man hätte die Expansion nach Osten in noch größerem Maßstab betreiben können; oder es hätte technologische Durchbrüche bei der landwirtschaftlichen Nahrungsmittelproduktion geben können. Noch vieles andere hätte anders laufen können, und der „Monopolmechanismus“ wäre nicht in Gang gesetzt worden – oder erst viel später, oder in einer anderen Region. Ebenso hätte es vielleicht auch ganz andere Auslösefaktoren für diese Dynamik geben können. All diese kontrafaktischen Überlegungen sind jedenfalls nicht von vornherein völlig unplausibel – was umgekehrt heißt: Die Ausdifferenzierung des modernen politischen Systems hätte auch anderswo oder zu einer anderen Zeit oder auf andere Weise – und vielleicht ja auch gar nicht – stattfinden können.

Mit alledem bestätigt Elias zunächst einmal Luhmanns Sichtweise, daß die Genese spezifischer Differenzierungsschritte hochgradig kontingent ist. Eine irgendwie geartete Zwangsläufigkeit gesellschaftlicher Differenzierung muß man jedenfalls auf der Basis solcher Analysen bestreiten. Auch hierin stimmt Elias mit Luhmann überein. Elias' „Monopolmechanismus“ ist freilich zugleich auch ein Beispiel dafür, wie komplexe und kontingente gesellschaftliche Differenzierungsvorgänge zumindest partiell theoretisierbar sind – was nichts anderes bedeutet, als daß Luhmanns diesbezüglicher Defätismus unangebracht ist. Elias' Analyse der Herausbildung des modernen Zentralstaates illustriert vielmehr sehr gut, was ich in Kapitel 1 als Boudons Sichtweise auf die Theoretisierbarkeit sozialen Wandels geschildert habe. Elias identifiziert mit dem „Monopolmechanismus“ ein Verlaufsmuster für ein wichtiges Teilmoment des komplexen historischen Vorgangs der Herausbildung der modernen Gesellschaft. Als Abstraktion dieses Teilmomentes ist der „Monopolmechanismus“ unweigerlich eine starke theoretische Reduktion dessen, was konkret bei der Herausbildung des modernen Zentralstaates alles geschah. Aber so, wie eine gute Zeichnung mit wenigen Strichen ein wesentliches Charakteristikum des Porträtierten festhält, dient auch der „Monopolmechanismus“ dazu, die Überfülle historischen Stoffs soziologisch zu bündeln.

Die Abstraktion erlaubt weiterhin, den Mechanismus auf ganz andere Phänomene zu übertragen. Monopolbildung aus ursprünglicher freier Konkurrenz einigermaßen gleich starker Akteure gibt es auch in anderen Gesellschaftsbereichen. Hier interessieren freilich nur solche Monopolbildungen, die Teilschritte eines Vorgangs gesellschaftlicher Differenzierung sind. Wenn sich z.B. in einem Warenmarkt die Vielzahl der Anbieter auf einen reduziert hat, ist das keine Ausdifferenzierung dieses Marktes. Elias mit Luhmann verknüpfend könnte man zu der These gelangen: Der „Monopolmechanismus“ trägt immer dann zur gesellschaftlichen Differenzierung bei, wenn der Monopolist ein höheres Maß an Spezialisierung bei der Produktion der jeweiligen Leistung zu realisieren vermag und bestrebt ist – insbesondere wenn dies einen Schritt in Richtung auf eine selbstreferentielle Schließung des betreffenden Handelns darstellt. Das war bei der Herausbildung des modernen Zentralstaates unzweifelhaft der Fall.

Ein anderes Beispiel, für dessen Analyse Elias' „Monopolmechanismus“ hilfreich sein könnte, stellt die Ausdifferenzierung des Kunstsystems, speziell im Bereich der Malerei, dar. Hierbei spielte die Monopolisierung der Künstlerausbildung durch die jeweils beherrschende Akademie eine entscheidende Rolle. Dieses Monopol ging vielerorts ebenfalls auf „Ausscheidungskämpfe“ zwischen zahlreichen Anbietern von Ausbildungsleistungen – lokale Kunstschulen sowie Werkstätten praktizierender Künstler – hervor. War das Ausbildungsmonopol der Akademie erst einmal etabliert, lag es für sie als eine Institution, der nichts anderes oblag, als über ästhetische Maßstäbe zu wachen, nur nahe, sich in der Spezialisierung darauf in Richtung selbstreferentieller Standards zu entwickeln. Ihr Monopol erlaubte der Akademie ein Ausmaß an Indifferenz gegenüber sonstigen Gesichtspunkten, wie es zuvor den hart miteinander konkurrierenden Anbietern von Künstlerausbildungen nicht möglich gewesen war. Gleichgültig, wie oft sich dies historisch so abgespielt haben mag: Die Erklärungsskizze dokumentiert die zumindest heuristische Fruchtbarkeit eines abstrakten akteurtheoretischen Modells, das einen bestimmten Vorgang gesellschaftlicher Differenzierung auf spezifische Interessen- und Einflußkonstellationen zurückführt.

Einen Hinweis von Elias selbst aufgreifend könnte man den „Monopolmechanismus“ im übrigen noch in Richtung auf Webers „bürokratische Herrschaft“ fortschreiben. Der „Monopolmechanismus“ etabliert zunächst einmal eine bestimmte Person, den König, als alleinigen Herrscher. Da die Kapazität einer einzelnen Person durch die Aufgaben, die eine solche Zentralisierung politischer Macht zusammenballt, hoffungslos überlastet ist, entwickelt sich die Machtmonopolisierung zwangsläufig in Richtung eines staatlichen Verwaltungsapparates:

Je umfassender und je arbeitsteiliger ... ein Monopolbesitz wird, desto sicherer und desto ausgeprägter strebt er einem Punkt zu, bei dem der oder die Monopolherren zu Funktionären eines funktionsteiligen Apparats werden, mächtiger vielleicht als andere Funktionäre, aber kaum weniger abhängig und gebunden als sie. ... Das Privatmonopol Einzelner vergesellschaftet sich; es wird zu einem Monopol ganzer Gesellschaftsschichten, zu einem öffentlichen Monopol, zum Zentralorgan eines Staates. (Elias 1939: 148)

Damit ist ein Bogen von Elias zu Weber gespannt. Das illustriert nochmals die Anschlußfähigkeit eines solchen theoretischen Modells. Insgesamt zeigt sich an diesem kleinen Ausschnitt aus Elias' Zivilisationstheorie jedenfalls, daß eine akteurtheoretische Herangehensweise zugleich historisch spezifische wie theoretisch abstrahierte Aussagen über gesellschaftliche Differenzierung zu formulieren vermag. Genau das wird die Behandlung der „Neofunktionalisten" und der neueren deutschen Differenzierungstheoretiker im folgenden noch weiter erweisen.

5.3 Die amerikanischen „Neofunktionalisten": Akteurtheoretische Revisionen von Parsons' Differenzierungstheorie

Seit Mitte der achtziger Jahres gibt es in der amerikanischen Soziologie die Gruppierung der „Neofunktionalisten", deren gemeinsames Anliegen es ist, Parsons' Soziologie in modifizierter Form weiterzuführen.[11] Der wichtigste Theoretiker dieser Gruppierung ist Jeffrey Alexander. Zur Differenzierungstheorie hat vor allem Paul Colomy wesentliche Beiträge beigesteuert. Die „Neofunktionalisten" verorten sich auf einer Linie mit einigen früheren „kritischen Sympathisanten" von Parsons. Dazu gehören insbesondere Neil Smelser, der in den fünfziger Jahren eng mit Parsons zusammenarbeitete, sowie Shmuel N. Eisenstadt, der sich in der ersten Hälfte der sechziger Jahre im Umfeld von Parsons bewegte. Als Dritten zähle ich noch Dietrich Rüschemeyer hinzu, der sich vor allem in den siebziger Jahren kritisch mit wichtigen differenzierungstheoretischen Vorstellungen von Parsons auseinandergesetzt hat. Ich werde zunächst kurz auf diese drei Vorreiter des „Neofunktionalismus" eingehen, um sodann dessen Revisionen von Parsons' differenzierungstheoretischen Überlegungen zu präsentieren.

---

11 Als allgemeine Selbstdarstellung des „Neofunktionalismus" siehe Alexander/Colomy (1990b).

Rüschemeyers zentraler Ausgangspunkt ist eine Kritik der „... shortcomings of what might be called the efficiency theory of differentiation..." (Rüschemeyer 1977:3).[12] Rüschemeyer kritisiert die Vorstellung, daß funktionale Differenzierung aufgrund von Effizienzvorteilen voranschreite, in doppelter Hinsicht. Zum einen verweist er darauf, daß solche Effizienzvorteile keineswegs immer gegeben und eindeutig im vorhinein feststellbar sind; und selbst wenn solche Vorteile bestehen, muß immer auch die Gegenrechnung, beispielsweise in Form eines erhöhten Koordinationsaufwandes, gemacht werden. Wichtiger als diese bereits in Kapitel 3 angeführten Punkte ist aber zum anderen eine grundsätzlich ansetzende Kritik:

Any judgement about efficiency hinges on a given set of ranked goals and on a given evaluation of alternative means to reach these goals. What is efficient in terms of one preference structure may be wasteful by other criteria. ... Once this formal character of the concept is recognized, efficiency cannot serve the central role in a functional explanation of structural differentiation it has been assigned in the past. (Rüschemeyer 1977: 5)

Parsons wollte diese Relativität des Effizienzkriteriums dadurch vermeiden, daß er es teils an geteilte Wertorientierungen einer Kollektivität, teils an übergreifende funktionale Erfordernisse der Systemreproduktion band. Aber damit überschätzte er sowohl das Ausmaß an gesellschaftlichem Wertkonsensus als auch die Möglichkeit, aus generellen Wertorientierungen spezifische Vergleichskriterien für Effizienzeinstufungen abzuleiten. Letzteres gilt ebenso für seine Bemühungen, die generellen funktionalen Bezugsprobleme des AGIL-Schemas für spezifische Effizienzvergleiche heranzuziehen.

Rüschemeyer setzt dem eine Erklärung für Differenzierungsvorgänge entgegen, die auf die *gesellschaftliche Macht und die Interessen von kollektiven und korporativen Akteuren* rekurriert:

The interests and reactions of the most powerful are thus a point of great leverage for any analysis of this kind. They are in fact treated in such a manner in many studies, but the strategy typically remains implicit and does not receive adequate theoretical recognition. (Rüschemeyer 1977: 6)

Vorgänge funktionaler Differenzierung gehen also darauf zurück, daß die neu entstandene Differenzierungsstruktur den Interessen mächtiger gesellschaftlicher Akteure besser entspricht. Rüschemeyer schränkt zwar ein, er wolle nicht behaupten, „... that social

12 Zum Folgenden siehe Rüschemeyer (1974; 1977; 1986).

power is the master variable controlling ... all aspects of structural differentiation.“ (Rüschemeyer 1977: 8) Aber er geht doch so weit, sein Erklärungsmodell als ein in vielen Fällen zutreffendes einzustufen. Mehr noch: Rüschemeyer weist darauf hin, daß bestimmte scheinbar auf Effizienzsteigerung rekurrierende Analysen gesellschaftlicher Differenzierung bei genauerem Hinsehen damit lediglich die Interessenlagen der jeweils mächtigsten gesellschaftlichen Akteure erfassen. Nicht zufälligerweise bezieht sich Rüschemeyer in diesem Zusammenhang auf gleich noch zur Sprache kommende ältere Untersuchungen von Eisenstadt und Smelser.

Rüschemeyer identifiziert weiterhin auch ein bestimmtes Interesse von Akteuren, aufgrund dessen diese – sofern sie hinreichend durchsetzungsfähig sind – auf eine weitergehende funktionale Differenzierung drängen werden. Dies ist das reflexive Interesse an *Domänenmonopolisierung und Autonomiewahrung*. Am folgenreichsten für die Differenzierung der modernen Gesellschaft hat sich ein solches Interesse bei der Ausdifferenzierung derjenigen Teilsysteme ausgewirkt, in denen die Leistungsrollen hochgradig professionalisiert sind – also vor allem beim Gesundheits-, Bildungs- und Rechtssystem. Man kann hier mit Rüschemeyers Hilfe eine akteurtheoretische Fundierung von Luhmanns Vorstellung der Selbstreferentialität teilsystemischer Codes vornehmen. Die Selbstreferentialität des medizinischen, rechtlichen oder pädagogischen Codes dient demzufolge dazu, Ärzte, Rechtsanwälte und Lehrer gegen Einmischungen von außen in ihre Arbeit und gegen unliebsame Konkurrenz durch andere Berufsgruppen abzusichern. Wenn beispielsweise gesellschaftlich anerkannt ist, daß allein Ärzte befugt sind, Krankheiten zu heilen, bedeutet das zum einen, daß andere gesundheitsbezogene Berufe verdrängt bzw. den Ärzten untergeordnet werden, und zum anderen, daß nur von der medizinischen Wissenschaft formulierte Gesichtspunkte für ärztliches Handeln relevant sind. Hier kann die Differenzierungstheorie fruchtbar mit Professionssoziologie verknüpft werden, was Rüschemeyer immer wieder getan hat. Damit stehen für ihn hinter den explizit vorgetragenen Effektivitäts- und Effizienzkriterien, die die Professionen für sich in Anspruch nehmen, implizit Gruppeninteressen.

Rüschemeyer tendiert so dazu, funktionale Erfordernisse und die Steigerung der Möglichkeiten zur Erfüllung solcher Erfordernisse auf dahinterstehende Akteurinteressen und Machtpotentiale zurückzuführen. Eisenstadt geht nicht so weit (vgl. Eisenstadt 1963; 1964). Er hält einerseits mit Parsons an einer Sichtweise fest, die bestimmte funktionale Erfordernisse gesellschaftlicher Reproduktion identifiziert und zunehmende funktionale Differenzierung auch darauf zurückführt, daß dadurch diese Erfordernisse besser erfüllt werden können. Andererseits bezieht Eisenstadt, unter Rückbezug vor allem auf Weber, Konstellationen kollektiver und korporativer Akteure systematisch in seine differenzierungstheoretischen Analysen ein. Dabei interessieren ihn insbesondere *„innovating elites"*.

Er stößt auf die Bedeutung solcher Akteure vor allem durch international und historisch vergleichende Untersuchungen. Denn dabei wird deutlich, daß ein gleichartiges funktionales Problem sehr unterschiedlich ausgeprägte Differenzierungsvorgänge auslösen kann. Diese Varianz widerlegt den funktionalistischen Fehlschluß, daß ein Problem das bei der Erfüllung eines bestimmten funktionalen Erfordernisses auftritt, automatisch und zwangsläufig eine ganz bestimmte Veränderung der Differenzierungsstruktur als Problembewältigung nach sich zieht. Eisenstadt betont demgegenüber, daß derartige Probleme von Akteuren wahrgenommen werden müssen, diese sodann Problembewältigungen konzipieren und sozial durchsetzen müssen:

> The crucial problem is the presence or absence ... of an active group of special „entrepreneurs", or an elite able to offer solutions to the new range of problems. (Eisenstadt 1964: 384)

Diese „innovating elite" darf allerdings nicht isoliert betrachtet werden. Ihr Verhältnis zu konkurrierenden gesellschaftlichen Eliten und zu anderen gesellschaftlichen Gruppen, deren Akzeptanz für die propagierte Art der Problembewältigung erforderlich ist, ist eine wichtige Bestimmungsgröße des Erfolgs dieser „Differenzierungspolitik".

Insbesondere in seiner Untersuchung der vormodernen Großreiche hat Eisenstadt diese akteurtheoretische Anreicherung von Parsons' systemtheoretischer Herangehensweise an gesellschaftliche Differenzierung exemplarisch vorgeführt. Erklärungsgegenstand der Untersuchung ist eine zumindest partiell vollzogene funktionale Differenzierung zwischen Politik und Verwaltung innerhalb des politischen Systems dieser Großreiche – Parsons' evolutionäres Universal der Entstehung bürokratischer Organisationen. Zur Erklärung dieses Differenzierungsvorgangs greift Eisenstadt auf zwei Gruppen von Argumenten zurück. Die eine Gruppe befaßt sich mit Differenzierungsvorgängen in der gesellschaftlichen Umwelt des politischen Systems, die erhöhte Interdependenzen zwischen gesellschaftlichen Teilbereichen und einen entsprechend erhöhten Regulationsbedarf hervorriefen, der die Selbstregelungsmechanismen der Gesellschaft überstieg und gesteigerte Anforderungen an politische Regelungen stellte. Diese Argumente sind eindeutig systemtheoretisch geprägt. Sie identifizieren funktionale Erfordernisse gesellschaftlicher Reproduktion. Eine zweite Gruppe von Argumenten befaßt sich demgegenüber mit den Interessen und Durchsetzungsstrategien verschiedener politischer Eliten und den teilweise entgegengesetzten Bestrebungen anderer gesellschaftlicher Gruppen. Erst die – hier nicht im einzelnen nachzuvollziehende – Zusammenführung beider Gruppen von Argumenten ermöglicht Eisenstadt eine befriedigende Bearbeitung seines theoretischen Problems.

Ursprünglich am nahesten an Parsons' differenzierungstheoretischen Vorstellungen war Smelser. Wie in Kapitel 3 dargestellt, diente Smelsers Analyse der Ausdifferenzierung von Familie, Industrie und Schule im England des 19. Jahrhunderts geradezu als paradigmatische Ausarbeitung einer systemtheoretischen Betrachtung fortschreitender funktionaler Differenzierung. Smelser setzte sich dann in der Folgezeit aber immer entschiedener von dieser Betrachtungsweise ab. Interessant sind in diesem Zusammenhang vor allem zwei Untersuchungen Smelsers. Die erste kommentiert eine von Parsons gemeinsam mit Gerald Platt erarbeitete Analyse von Veränderungstendenzen des amerikanischen Hochschulsystems nach dem Zweiten Weltkrieg (Parsons/Platt 1973; Smelser 1973; 1974). Smelser charakterisiert die analytische Herangehensweise von Parsons und Platt so:

> Parsons's and Platt's main mission ... is to clarify the nature of the cultural aspect of the cognitive complex, its relation to other cultural components, and, in turn, its relation to the social system. This mission takes precedence over the analysis of the shifting interests and tensions generated in the process of institutionalization and, in particular, in processes of institutional change.

Smelser positioniert seine eigene Analyse als Ergänzung der Analyse von Parsons und Platt:

> I am particularly concerned with analyzing the structural – that is, social as contrasted with the cultural – determinants of the recent history of higher education. I shall argue that the structural exigencies associated with the institutionalization of the values of cognitive rationality render higher education especially vulnerable to external and internal conflict. (Smelser 1973: 392, 396)

Smelser konzentriert sich in seiner Analyse der Wandlungen des amerikanischen Hochschulsystems dann auch, ganz entsprechend diesen programmatischen Formulierungen, auf Aspekte wie: das spannungsreiche Verhältnis der von Parsons und Platt hervorgehobenen kognitiven Rationalität, die an den Hochschulen als Teil des Treuhandsystems moderner Gesellschaften kultiviert wird, zu den verstärkten Leistungsbezügen der Hochschulausbildung zur Politik und zur Wirtschaft; die Bürokratisierungstendenzen der Hochschulen, die in Folge des massiven und rapiden Größenwachstums aufgetreten sind; das zunehmende Auseinanderdriften der Anforderungen von Forschung und Lehre; die Herausbildung neuer Leistungsrollen ohne entsprechenden Status, insbesondere der Assistenten, sowohl in der Lehre als auch in der Forschung, und die kollektiven Bemühungen dieser Rollenträger um Statusverbesserung. Diese stichwortartige Auflistung, die hier nicht weiter vertieft werden kann, läßt erkennen, daß auch Smelser Akteure, deren Interessen und Konstellationen analytisch hervorhebt und die funktionalen Erfordernisse der Systemreproduktion dadurch stark relativiert.

Die Konfrontation system- und akteurtheoretischer Herangehensweisen blieb in Smelsers Analysen des amerikanischen Hochschulsystems noch vergleichsweise zurückhaltend und beiläufig. Systematischer und tiefgehender führte Smelser diese Auseinandersetzungen anhand einer Wiederaufnahme seiner Untersuchungen zur Ausdifferenzierung schulischer Erziehung im England des 19. Jahrhunderts weiter (vgl. Smelser 1985; 1990; 1991). Diese Reanalyse läuft faktisch auf massive Korrekturen seiner ursprünglichen Analyse hinaus. Diese ging, wie im Kapitel 3.4 dargestellt, davon aus, daß die Ausdifferenzierung schulischer Erziehung gegenüber Familien auf der einen, Industrie auf der anderen Seite ihren Ursprung in Dysfunktionen der Sozialisation der Kinder und Jugendlichen hatte und diese Dysfunktionen sich in Unzufriedenheiten der betroffenen Akteure manifestierten. Rüschemeyer merkte hierzu bereits an:

> Smelser ... makes „dissatisfaction" the first of several phases in a development of structural differentiation without specifying theoretically whose dissatisfaction is relevant. In the empirical application of the theoretical framework this turns out to be the dissatisfaction of the early entrepreneurs and shop owners. (Rüschemeyer 1977: 6)

Dies ist aber nur der Anfang weitreichender, dann von Smelser selbst vorgenommener Ergänzungen und Modifikationen. Er betont beispielsweise gegenüber seiner früheren Analyse nunmehr die Pluralität sich wandelnder Werthorizonte, vor denen sich die auf schulische Erziehung bezogenen unterschiedlichen Interessen verschiedener gesellschaftlicher Gruppierungen bildeten: „... education can mean or promise different things to different groups and interests in society.“ (Smelser 1985: 117) Insbesondere kann es auch Gruppen geben, die ein Interesse daran haben, den für andere Gruppen unbefriedigenden Status quo zu erhalten. Die neu etablierte Differenzierungsstruktur darf dementsprechend auch nicht nur und nicht unbedingt als Leistungssteigerung bei der Erfüllung des betreffenden funktionalen Erfordernisses gegenüber der vorherigen Struktur gesehen werden, sondern ist ebensosehr als eine Neuverteilung von Gelegenheiten zur Interessenbefriedigung verschiedener gesellschaftlicher Gruppierungen zu sehen. Teils kann diese Neuverteilung von den betroffenen Akteuren antizipiert werden, woraus dann eine Unterstützung oder eine Bekämpfung des Differenzierungsvorgangs resultiert. Teils ergibt sich die Neuverteilung auch im nachhinein als von den Akteuren nicht vorausgesehener Effekt. Die Etablierung der allgemeinen Schulpflicht verschafft beispielsweise den Lehrern einen erheblichen gesellschaftlichen Prestige- und Einflußzuwachs sowie ganz neue Karrierechancen. Smelser bringt diese akteurtheoretische Ergänzung der systemtheoretischen Betrachtungsweise so auf den Punkt: „Thus, a principle of differentiation along ‚interest‘ lines is invoked in addition to a principle of differentiation along ‚performance‘ lines.“ (Smelser 1985: 124) Dementsprechend folgen Differenzierungsvorgänge auch keiner geradlinigen Logik der Leistungssteigerung in der Erfüllung funktionaler Erfordernisse, sondern sind geprägt durch eine jeweilige „distinctive combination of obstacles and opportunities“ (Smelser 1985: 125).

Damit haben Rüschemeyer, Eisenstadt und Smelser teils programmatisch, mehr aber noch in konkreten empirischen Untersuchungen bereits eine Menge dessen vorweggenommen, was die „Neofunktionalisten“ dann seit Mitte der achtziger Jahre weiter ausgearbeitet haben. Das Hauptaugenmerk der „neofunktionalistischen“ Analysen gesellschaftlicher Differenzierung liegt dabei bislang weiterhin auf empirischen Fallstudien (vgl. Alexander/Colomy 1990a). Das ist insofern durchaus sinnvoll, als gerade die Empirie gezeigt hat, in wievielen Hinsichten Parsons’ differenzierungstheoretische Vorstellungen zu einfach oder unzutreffend sind. Die empirischen Fälle legen dann jeweils spezifische Modifikationen von Parsons’ Überlegungen nahe. Der Nachteil einer solchen empirischen Vorgehensweise besteht darin, daß sie insgesamt nicht so systematisch geordnet und dokumentiert sein kann wie eine theoretisch entwickelte Argumentationslinie. Die Palette der behandelten empirischen Fälle ist dementsprechend auch ziemlich kunterbunt: z.B. traditionale Eskimogesellschaften im Sog wirtschaftlicher Modernisierung, zeitgenössischer religiöser Fundamentalismus, nordamerikanische Parteiensysteme im 19. Jahrhundert oder die Entwicklung der Massenmedien. Angesichts dessen ist es äußerst hilfreich, daß Colomy den Ertrag dieser fallstudienartigen Vorgehensweise theoretisch gebündelt hat (vgl. Colomy 1990a). Er tut dies, indem er Parsons' differenzierungstheoretische Überlegungen durch drei Leitvorstellungen charakterisiert und dann jede dieser Leitvorstellungen im Lichte dessen korrigiert und ergänzt, was empirische Untersuchungen verschiedenster Differenzierungsvorgänge erwiesen haben.

Parsons' erste Leitvorstellung besteht darin, daß fortschreitende funktionale Differenzierung den „master trend" gesellschaftlicher Entwicklung darstelle. Demgegenüber stellen die „Neofunktionalisten" verschiedene „.. patterned departures from the master trend ..." (Colomy 1990a: 470) fest: „blunted differentiation", „unequal differentiation", „uneven differentiation" und fundamentalistische Regressionen.

„*Blunted differentiation*" ist ein Differenzierungsvorgang, dem gleichsam die Spitze genommen ist, der also aufgrund von Widerständen bestimmter Akteure dauerhaft unvollständig bleibt. Das wichtigste Beispiel dafür stellten die sozialistischen Gesellschaften Osteuropas dar. Dies waren einerseits moderne Gesellschaften in dem Sinne, daß in ihnen die verschiedenen funktionalen Teilsysteme durchaus ausdifferenziert waren. Diese Ausdifferenzierungen mußten jedoch allesamt an einem bestimmten Punkt stoppen: nämlich dort, wo der gesamtgesellschaftliche Herrschaftsanspruch der kommunistischen Partei gefährdet worden wäre. Keines der Teilsysteme war letztlich autonom, weil der teilsystemische Code durch Gesichtspunkte politischer Opportunität überformt wurde. Organisatorisch fand das seinen Ausdruck darin, daß die Leistungsorganisationen in den verschiedenen Teilsystemen neben ihrer üblichen Hierarchie eine diese überwachende Struktur von Parteigremien aufwiesen. Deutlich wird an diesem Beispiel auch, daß „blunted differentiation" aus einer rein systemtheoretischen Sicht nicht adäquat verstanden werden kann. Erst wenn man die kommunistische Partei analytisch als korporativen Akteur einbezieht, der seine Herrschaft aufrecht erhalten will, wird klar, warum der teilsystemischen Ausdifferenzierung Grenzen gezogen werden.

„*Unequal differentiation*" bezeichnet den Sachverhalt, daß sich innerhalb einer Gesellschaft erhebliche Ungleichzeitigkeiten zwischen dem Grad der Ausdifferenzierung verschiedener Teilsysteme einstellen können. Dieses Konzept dürfte insbesondere bei der Analyse sich modernisierender traditionaler Gesellschaften äußerst fruchtbar sein. Typischerweise ist etwa die Ausdifferenzierung der Wirtschaft in solchen Ländern durch deren Integration in den kapitalistischen Weltmarkt sehr schnell weit vorangeschritten, während demgegenüber die Familienstrukturen über lange Zeit weit nachhinken können.

Aber auch innerhalb ein und desselben Teilsystems kann es derartige Ungleichzeitigkeiten geben. So existiert neben dem in den Weltmarkt integrierten hochgradig ausdifferenzierten Segment des Wirtschaftssystems in den sich modernisierenden Ländern auch noch eine traditionale Subsistenzökonomie, die weiterhin in familiale und andere soziale Zusammenhänge eingebettet ist und in der beispielsweise Gewinnstreben keine zentrale Bedeutung besitzt. Derartige Ungleichzeitigkeiten innerhalb desselben Teilsystems werden als „*uneven differentiation*" kategorisiert. Häufig geht dies mit der räumlichen Differenzierung ländlicher und städtischer Regionen einher. Viele teilsystemische Leistungszusammenhänge sind in den Städten, und hier insbesondere in den internationalen Metropolen, weit aufgefächerter spezialisiert und von andersartigen gesellschaftlichen Aktivitäten stärker separiert als auf dem Lande. Man denke nur an die städtische Vielfalt des Freizeit- oder Kulturangebotes, aber auch an die ländliche Verquickung kommunalpolitischer und wirtschaftlicher Interessen. Letzteres ist zwar auch in großen Städten keineswegs unüblich, jedoch längst nicht so selbstverständlich etabliert wie in kleinen ländlichen Gemeinden.

Für *fundamentalistische Regressionen*, also das Bemühen, ein bereits erreichtes hohes Niveau an funktionaler Differenzierung wieder zurückzuschrauben, ist in den letzten Jahren insbesondere der Islamismus ein markantes Beispiel. Die Revolution im Iran zeigt, daß überwunden geglaubte vormoderne gesellschaftliche Zustände zurückkehren können: dann nämlich, wenn es eine Elite gibt, die ihre alte Herrschaftsposition zurückerobern will, und größere Bevölkerungsgruppen aufgrund ihrer Unzufriedenheit mit den Auswirkungen funktionaler Differenzierung bereit sind, dies mitzutragen. Selbst wenn fortschreitende funktionale Differenzierung, was ja keineswegs gesagt ist, teilsystemische Leistungssteigerungen erbringt, bedeutet dies erstens noch nicht, daß das verbesserte Leistungsniveau allen Gesellschaftsmitgliedern zugute kommt. Gesteigerte wirtschaftliche Leistungsfähigkeit kann beispielsweise mit gleichbleibender oder sogar verschärfter Ungleichheit von Einkommen und Konsumchancen einhergehen. Zweitens kann fortschreitende funktionale Differenzierung auch traditionale identitätssichernde Bindungen der Gesellschaftsmitglieder zerstören; und dieser Verlust kann schwerer wiegen als die hinzugewonnenen teilsystemischen Leistungspotentiale. So mag z.B. ein ausdifferenziertes Bildungssystem zwar das Analphabetentum beseitigen, zugleich aber auch religiöse Gewißheiten erschüttern, die zuvor Lebenssinn vermittelt hatten. Insofern ist kein Vorgang funktionaler Differenzierung vor regressiver Entdifferenzierung sicher – und diese stellt keineswegs einen irrationalen Ausbruch dar, sondern entspricht durchaus rationalen Interessenlagen von Akteuren.

Parsons' zweite differenzierungstheoretische Leitvorstellung besteht darin, daß die Ursachen fortschreitender funktionaler Differenzierung immer nur in systemischen Leistungsdefiziten bei der Erfüllung der jeweiligen funktionalen Erfordernisse liegen. In dieser Hinsicht greifen die „Neofunktionalisten" vieles auf, was bereits von Smelser, Eisenstadt und Rüschemeyer herausgestellt worden ist. Differenzierungsvorgänge werden als das Ergebnis von Interessenauseinandersetzungen zwischen kollektiven und korporativen Akteuren gesehen. Dabei unterscheidet Colomy mehrere *„strategic groups"* (Colomy 1990a: 478/479). Erstens gibt es die „institutional entrepreneurs", die an einem bestimmten Differenzierungsvorgang interessiert sind und versuchen, ihn aktiv voranzutreiben. Ihnen zur Seite können ab einem bestimmten Punkt die „institutional followers" treten. Diesen beiden Gruppen stehen die „institutional conservatives" als diejenigen, die das gegebene Differenzierungsmuster aufrecht erhalten wollen, gegenüber. Eine Mittelstellung nehmen schließlich die „institional accomodationists" ein, die Kompromisse zwischen der bisherigen und der von den „institutional entrepreneurs" propagierten Differenzierungsstruktur suchen.[13]

Es ist offensichtlich, daß „... these revisions introduce a ‚political' element into the functionalist explanation of change." (Colomy 1990a: 480). Unklar bleibt allerdings bei den „Neofunktionalisten", ebenso wie schon bei Smelser und Eisenstadt, in welchem Verhältnis eine interessenbasierte Erklärung von Differen-

---

13 Siehe hierzu ausführlicher die empirische Fallstudie zur Herausbildung des amerikanischen Parteiensystems im letzten Jahrhundert von Colomy (1990b).

zierungsvorgängen zu einer auf funktionale Erfordernisse rekurrierenden Erklärung steht. Teilweise hat es den Anschein, also ob die Kategorie des funktionalen Erfordernisses völlig aufgelöst wird, wie das Rüschemeyer konsequent tut. Für ihn sind funktionale Erfordernisse allenfalls noch ideologische Bemäntelungen partikularer Interessen. Die Frage ist, ob man so weit gehen sollte. Zumindest sollte man zwischen solchen Interessen, die mit den funktionalen Erfordernissen des jeweiligen Teilsystems koinzidieren, und anderen Interessen, bei denen das nicht der Fall ist, unterscheiden. Es bleibt richtig, daß nur solche funktionalen Erfordernisse befriedigt werden können, die auf der Linie bestimmter Akteurinteressen liegen. Aber um das Verhältnis zwischen einem bestimmten funktionalen Erfordernis und bestimmten Akteurinteressen überhaupt feststellen zu können, muß man beide Faktoren zunächst einmal unabhängig voneinander ermitteln können. An diesem Punkt wird deutlich, daß die „Neofunktionalisten" möglicherweise in der Gefahr sind, das Kind mit dem Bade auszuschütten und die systemtheoretische Herangehensweise unter der Hand gänzlich aufzugeben.

Parsons' dritte differenzierungstheoretische Leitvorstellung besteht darin, daß der Effekt fortschreitender funktionaler Differenzierung in einer systemischen Leistungssteigerung besteht und dies begleitet wird von einer Reintegration der nunmehr ausdifferenzierten Strukturen und Prozesse. Da Leistungsdefizite nur eine der möglichen Ursachen von Differenzierungsvorgängen sind, gibt es keinen Grund mehr zu der Annahme, daß Differenzierungsvorgänge automatisch immer auf eine Leistungssteigerung hinauslaufen müßten. Dies kann und wird sicherlich oft, muß aber eben nicht zwangsläufig der Fall sein. Vor allem an Smelsers Analysen anknüpfend hebt Colomy hervor, daß „... differentiated institutions establish new bases of interests ..." (Colomy 1990a: 483).

Man kann sich dies an einem plastischen Beispiel aus Smelsers Untersuchung des amerikanischen Hochschulsystems verdeutlichen. Der enorme Anstieg der Forschungsförderung an den amerikanischen Hochschulen durch Drittmittel von staatlicher Seite führte nach dem Zweiten Weltkrieg dazu, daß sich ein neuer Typus von Hochschulmitarbeitern ausdifferenzierte: der auf Forschung spezialisierte Projektmitarbeiter. In dem Maße, wie diese Gruppe zahlenmäßig wuchs, entdeckte sie gemeinsame Interessen, die sich vor allem auf die Verbesserung des eigenen Status im Rahmen der Hochschulorganisation richteten. Die Verfolgung dieser Statusinteressen ist dann als wichtiger Faktor in die weitere

Entwicklungsdynamik der amerikanischen Hochschulen eingegangen. Das Beispiel zeigt sehr deutlich, daß ein Differenzierungsvorgang sowohl auf teilsystemische Leistungssteigerung als auch auf die *bessere Befriedigung oder Schaffung von Akteurinteressen* hinauslaufen kann. Die Projektmitarbeiter wurden mit dem Übergang zu immer größer angelegten Forschungsprojekten gerade in den Naturwissenschaften funktional unentbehrlich; aber gleichzeitig verkomplizierte ihr Auftreten die innerhochschulischen Interessenkonstellationen immens.

Damit habe ich zumindest die Konturen dessen skizziert, was die amerikanischen „Neofunktionalisten" zur Weiterentwicklung der differenzierungstheoretischen Perspektive bislang beigetragen haben. Da diese Gruppierung auch weiterhin an differenzierungstheoretischen Fragen arbeitet, kann man davon ausgehen, daß von dort in Zukunft noch weitere wichtige Beiträge hierzu kommen werden. Ohne im vorhinein wissen zu können, wie sich die „neofunktionalistischen" Untersuchungen genau fortsetzen werden, ist die Leitlinie dieses Unternehmens dennoch schon jetzt klar erkennbar:

> It has taken as the central issue ... the challenge of explaining how configurations of systemic conditions combine with patterns of corporate and individual action to produce historically specific outcomes of institutional change. (Colomy 1990a: 492)

Diese Zielsetzung provoziert zunächst einmal den Einwand, der auch schon gegenüber Elias erhoben worden ist. Richard Münch, der sehr viel orthodoxer an Parsons' systemtheoretischer Herangehensweise festhält als die „Neofunktionalisten", fragt, ob bei ihren Untersuchungen eigentlich „... anything remains to be done by the sociologists." (Münch 1985b: 226) In der Tat weisen die „neofunktionalistischen" Revisionen von Parsons' Leitvorstellungen immer auf dasselbe hin: daß empirisch sehr viel mehr möglich ist, als Parsons theoretisch vorsieht. Um noch einmal Schillers Begrifflichkeit aufzugreifen: Bei den „Neofunktionalisten" überwältigt der „Stoff-„ den „Formtrieb"; und es ist noch nicht absehbar, ob die neu einbezogene Fülle historischen Materials dann wieder durch theoretische Muster gebändigt werden kann. Falls das den „Neofunktionalisten" nicht gelingen sollte, lösen sie die differenzierungstheoretische Perspektive tatsächlich in Geschichtsschreibung auf.

Colomys Vorstellung darüber, wie dieses Dilemma zwischen empirischer Adäquanz und theoretischer Reduktion bewältigbar ist, sieht folgendermaßen aus:

> This approach maintains ... that within the broad limits established by systemic parameters, corporate action and group conflict specify the pattern of differentiation that ultimately obtains. Although this type of explanatory theory requires historically and empirically grounded research, it does not in any way mean that sociology has been supplanted by history. (Colomy 1990a: 492)

Ob dies die Lösung ist, kann man freilich bezweifeln. Hier wird eine Arbeitsteilung zwischen system- und akteurtheoretischer Herangehensweise ins Auge gefaßt, die der disziplinären Differenzierung zwischen Soziologie und Geschichtsschreibung sehr nahekommt. Die systemtheoretische Herangehensweise liefert für Colomy theoretische Muster, die zwar nicht genau abbilden, wie sich gesellschaftliche Differenzierung vollzieht, wohl aber eine grobe Richtung angeben; und die akteurtheoretische Betrachtung ist dann dafür zuständig, nachzuzeichnen, wie die konkreten Akteure sich innerhalb dieses systemischen Rahmens genau bewegt haben. Das erinnert durchaus an Luhmanns Vorstellung darüber, wie systemtheoretisch die gesellschaftliche Evolution gleichsam in sehr groben Zügen rekonstruiert werden kann, um dann die empirische Feinarbeit den Historikern zu überlassen. Der Unterschied ist nur der, daß Colomy letzteren Part nicht an die Historiker abtreten, sondern innerhalb der Soziologie halten will, ohne doch sagen zu können, mit welchem Recht. Wenn die akteurtheoretische Herangehensweise zu keinerlei abstrahierbaren und damit generalisierbaren Mustern führt, sondern in der empirischen Beschreibung verharrt und dabei allenfalls ad hoc anderswo in der Soziologie entwickelte Theoreme mitbenutzt, kann sie keinen Platz in der Soziologie beanspruchen.

Colomy plädiert im Grunde für eine simple Hintereinanderschaltung der system- und der akteurtheoretischen Herangehensweise. Dies entspricht durchaus der Anlage vieler der von den „Neofunktionalisten“ durchgeführten empirischen Untersuchungen. Oftmals wird eine bestimmte differenzierungstheoretische Behauptung, die Parsons auf systemtheoretischer Grundlage aufgestellt hat, mit einem empirischen Fall konfrontiert, dessen akteurtheoretisch angeleitete Analyse dann zu einer mehr oder weniger weitreichenden Modifikation der Behauptung führt. Die systemtheoretische Herangehensweise erschöpft sich hier darin, als Reservoir für spezifikationsbedürftige differenzierungstheoretische Behauptungen zu dienen. Irgendwann wird dieses Reservoir aber erschöpft sein. Denn die „Neofunktionalisten“ tun bislang ja auch selbst nichts dafür, die systemtheoretische Herangehensweise weiterzuentwickeln.

Münchs Vorwurf ist also nicht ohne weiteres von der Hand zu weisen. Das liegt allerdings nicht daran, daß eine akteurtheoretische Herangehensweise prinzipiell auf Geschichtsschreibung hinausläuft, sondern daran, daß die „Neofunktionalisten“ akteurtheoretische Konzepte und Modelle wenig theoriebewußt in ihre Untersuchungen einführen. Da sie aber gleichzeitig durch ihre Fallstudien das einzige theoretische Fundament, über das sie verfügen, nämlich Parsons' differenzierungstheoretische Vorstellungen, Stück für Stück demontieren, ziehen sie sich gleichsam selbst den soziologischen Boden unter den Füßen weg und versinken in Historie. Es wird jedenfalls interessant sein, zukünftig zu beobachten, ob und wie die „Neofunktionalisten“ mit diesem grundlegenden Problem ihrer differenzierungstheoretischen Untersuchungen umgehen werden.

5.4 Deutsche Auseinandersetzungen mit Luhmann: „Akteurzentrierter Institutionalismus“ und gesellschaftliche Differenzierung

So wie sich Mitte der achtziger Jahre die amerikanischen „Neofunktionalisten“ kritisch mit Parsons und dabei insbesondere auch mit dessen Vorstellungen über die Differenzierung der modernen Gesellschaft zu beschäftigen begannen, setzte zum selben Zeitpunkt in Deutschland eine intensivere Auseinandersetzung mit Luhmanns differenzierungstheoretischen Überlegungen ein. Dies wurde initiiert von Renate Mayntz, die als Direktorin des neugegründeten Kölner Max-Planck-Instituts für Gesellschaftsforschung eine Sichtung verschiedener soziologischer und politikwissenschaftlicher Herangehensweisen an die Frage der Eigendynamik und Steuerbarkeit zeitgenössischer komplexer Gesellschaften vornahm und dabei auch die Brauchbarkeit der differenzierungstheoretischen Perspektive prüfte (vgl. Mayntz et al. 1988). Ich selbst habe mich als Mitarbeiter dieses Instituts daran beteiligt und führe diese Beschäftigung auch noch weiter, während Mayntz mittlerweile andere Theorieperspektiven als ertragreicher für die Forschungsfragen des Kölner Instituts heranzieht.[14] Unsere Überle-

14 In dem von ihr und Fritz Scharpf entwickelten Ansatz des „akteurzentrierten Institutionalismus“, der sich in den empirischen Arbeiten des Kölner Instituts herausgebildet hat und im folgenden noch zur Sprache kommen wird, sind differenzierungstheoretische Vorstellungen fast nicht mehr erkennbar (vgl. Mayntz/Scharpf 1995c).

gungen sind in der Folgezeit von einigen Soziologen und Politologen in jeweils bereichsspezifischen Untersuchungen aufgegriffen und weitergetrieben worden. Hier sind vor allem Jürgen Gerhards' Analysen politischer Öffentlichkeit (vgl. Gerhards/Neidhardt 1990; Gerhards 1994), Dietmar Brauns Analysen forschungspolitischer Steuerung (vgl. Braun/Schimank 1992; Braun 1993a; 1993b; 1995) sowie Ilse Hartmann-Tews' Analysen der Breitensportentwicklung (vgl. Hartmann-Tews 1995) zu nennen. Aus einer anderen Richtung, nämlich stärker von der theoretischen Beschäftigung mit Max Weber angeregt, gelangt neuerdings Thomas Schwinn zu ähnlichen Vorstellungen (vgl. Schwinn 1995a; 1995b; 1995c).

Dietrich Rüschemeyer, Shmuel Eisenstadt und Neil Smelser, die die „Neofunktionalisten" entscheidend anstießen, waren auch für diese deutschen Diskussionen wichtige Impulsgeber. Es überrascht daher nicht, daß hier – zunächst ohne Kenntnis der „neofunktionalistischen" Modifikationen an Parsons' differenzierungstheoretischen Überlegungen – teilweise dieselben Einwände gegen Luhmann vorgebracht worden sind (vgl. Schimank 1985; Mayntz 1995a). Auch in den deutschen Diskussionen war der Ausgangspunkt eine Kritik am genetischen Erklärungsdefizit systemtheoretischer Analysen gesellschaftlicher Differenzierung; und um dieses Defizit zu beheben, wurde eine Ergänzung der systemtheoretischen durch eine akteurtheoretische Herangehensweise propagiert. Doch wenn man derart Akteure und ihre Interessen analytisch in die Triebkräfte gesellschaftlicher Differenzierung einbezieht, strahlt das auf die anderen Punkte der differenzierungstheoretischen Agenda aus. Man bekommt dann, wie schon bei der Darstellung der „Neofunktionalisten" deutlich geworden ist, weitere Effekte fortschreitender funktionaler Differenzierung in den Blick; und auch das Problem gesellschaftlicher Integration stellt sich ganz anders dar. Letzteres, das die „Neofunktionalisten" bislang wenig behandelt haben, ist zu einem Schwerpunkt der deutschen Diskussionen geworden. Das hängt damit zusammen, daß Fragen der „governance" zeitgenössischer Gesellschaften durch politische Steuerung auf der einen, teilsystemische Selbstregelung auf der anderen Seite Leitorientierung der Untersuchungen des Kölner Instituts waren und sind (vgl. Mayntz/Scharpf 1995a) und die neueren deutschen differenzierungstheoretischen Diskussionen dort begonnen wurden.

Diese andersartigen thematischen Schwerpunktsetzungen sind der eine Unterschied zwischen den ansonsten in vielen Hinsichten ähnlichen amerikanischen und deutschen Diskussionen gewesen. Der andere besteht darin, daß die deutschen Auseinandersetzungen mit Luhmann in dem Sinne theoriebedachter sind, daß bewußter versucht wird, der für die „Neofunktionalisten" angesprochenen Gefahr eines Abgleitens in Geschichtsschreibung zu entgehen. Auch wenn das Bemühen um die Theoretisierung der neu entdeckten Phänomene noch immer ganz am Anfang steht, will ich darauf in meiner Darstellung besonderen Wert legen. Denn Richard Münch hat natürlich völlig recht: Das Projekt einer akteurtheoretischen Ergänzung der systemtheoretischen Herangehensweise an gesellschaftliche Differenzierung steht und fällt mit den daraus hervorgehenden bzw. damit verknüpfbaren theoretischen Konzepten und Modellen.

Ich will dementsprechend damit beginnen, den analytischen Bezugsrahmen, der in der deutschen Diskussion allmählich Konturen angenommen hat, zu skizzieren. Dieser Bezugsrahmen verknüpft eine akteurtheoretisch rekonstruierte systemtheoretische Herangehensweise an gesellschaftliche Differenzierung (vgl. Schimank 1988b) mit dem am Kölner Institut entwickelten „akteurzentrierten Institutionalismus" (vgl. Mayntz/Scharpf 1995c). Auf diese Weise lassen sich drei gesellschaftliche Strukturdimensionen unterscheiden, erfassen und in einem *generellen Modell von Akteur-Struktur-Dynamiken* aufeinander beziehen: teilsystemische Orientierungshorizonte, institutionelle Ordnungen und Akteurkonstellationen.[15]

Gesellschaftliche Teilsysteme sind, akteurtheoretisch rekonstruiert, abgegrenzte Zusammenhänge hochgradig generalisierter sinnhafter Orientierungen, die den Akteuren als allgemein verbreitete situationsdefinierende Fiktionen gegenwärtig sind. Diese Rekonstruktion des systemtheoretischen Konzepts knüpft ersichtlich an Luhmanns frühe, ihrerseits anthropologisch fundierte Betrachtung an. *Teilsystemische Orientierungshorizonte* reduzieren für die Akteure die Komplexität der Welt – und zwar in um so stärkerem Maße, je mehr sich eine selbstreferentiell geschlossene teilsystemspezifische Handlungslogik herauskristallisiert. Diese ist um einen binären Code zentriert und in einer primär evaluativen Modalität gehalten. Aufgrund seiner Teilsystemzugehörigkeit weiß ein Akteur also vor allem, welcher Richtung des *Wollens* er sich zuwenden kann und welche anderen Richtungen er entsprechend nicht in den Blick zu nehmen braucht. Im Wirtschaftssystem geht

15 Das Folgende basiert auf Schimank (1992c: 168-173).

es eben beispielsweise um die eigene Zahlungsfähigkeit, und nicht um Wählerstimmen oder Liebesbeweise. Zugleich sagen einem Akteur die Teilsystemzugehörigkeiten seiner Gegenüber, wonach diese streben – und wonach nicht.

Der fiktionale Charakter der teilsystemischen Orientierungshorizonte ist darin begründet, daß sie einerseits das vielschichtige und vielerlei Einflüssen unterliegende Wollen der Akteure stets simplifizieren, diese Simplifikationen andererseits aber den Charakter sich selbst erfüllender Prophezeiungen besitzen. Weil jeder den anderen gemäß der jeweiligen teilsystemischen Handlungslogik behandelt, bleibt diesem normalerweise nichts anderes übrig, als sich selbst dieser Logik zu fügen. Die Wechselseitigkeit dieser Unterstellungen macht die teilsystemischen Handlungslogiken zu intersubjektiv stabilisierten Orientierungen. Wenn beispielsweise Ego Alter eine Ware anzubieten hat, geht ersterer im kapitalistischen Wirtschaftssystem davon aus, daß letzterer ihm Profitinteressen unterstellt und deshalb wohl versuchen wird, ihn herunterzuhandeln. Spätestens mit dieser der wirtschaftlichen Handlungslogik folgenden Erwartungshaltung gegenüber Alter hat Ego sich selbst dieser Logik unterworfen. Denn er wird alles, was Alter tut, so interpretieren und entsprechend reagieren – was wiederum Alter in derselben Logik festhält. Fiktionalität heißt also alles andere als: real nicht relevant. Die teilsystemischen Orientierungshorizonte sind gerade als fiktional produzierte und reproduzierte äußerst real.

Innerhalb gesellschaftlicher Teilsysteme und zwischen ihnen bestehen zahllose *Akteurkonstellationen.* Sie konstituieren sich, wie schon in Kapitel 5.1. ausgeführt, für den einzelnen Akteur ganz unmittelbar durch das Gewahrwerden der Tatsache, daß er bestimmte Intentionen nicht monologisch verfolgen kann, sondern auf die Koordination mit anderen angewiesen ist. In dieser Strukturdimension sind – im Unterschied zu den anderen beiden Dimensionen – Akteure die Strukturkomponenten. Handlungsfähige Entitäten prägen also wechselseitig ihr Handeln. Aus der Sicht jedes einzelnen Akteurs gilt in dieser Dimension, um ein bekanntes Diktum Jean Paul Sartres abzuwandeln: Die Struktur – das sind die anderen. Dieser Sachverhalt ruft auf seiten der Akteure eine generelle Haltung des strategisch kalkulierenden Miteinanderumgehens hervor. Ego faßt Alter genau deshalb als strukturell gebunden und damit als Bestandteil des eigenen strukturellen Kontextes auf, weil dieser eben nicht nur mit Ego, sondern auch mit Dritten in Beziehungen steht und durch diese im Umgang mit Ego eingeschränkt wird. Gerade weil Gesellschaft nicht aus isolierten Dyaden besteht, bilden sich somit Konstellationsstrukturen heraus.

Eine solche Betrachtung der jeweiligen Gegenüber als möglicher Hindernisse – in Gestalt von Gegenspielern, träger Masse, ausbleibender Unterstützung u.ä. – bei der Realisierung der eigenen Intentionen drückt die primär kognitive Modalität der Handlungsorientierungen in der Konstellationsdimension aus. Aus der Beobachtung der anderen, ihrer Situationsdeutung und ihres Handelns, erhält der Akteur Informationen darüber, was von ihnen zu erwarten ist, wie sie möglicherweise zu beeinflussen sind und welche Auswirkungen deren Handeln auf die Realisierung der eigenen Intentionen haben kann; und auf der Basis all dessen kann der Akteur sich bemühen, eine möglichst adäquate eigene Handlungswahl zu treffen. Diese Strukturdimension rückt also das *Können* der Akteure ins Zentrum ihrer Aufmerksamkeit.

Handeln wird allerdings nicht nur durch Wollen auf der einen, Können auf der anderen Seite geprägt. Hinzu treten vielmehr als Drittes gesellschaftliche Vorgaben des *Sollens.* Genau das leisten die *institutionellen Ordnungen.* Sie kommen in unterschiedlichen Formen vor: als informelle Regelungen wie etwa Sitten oder Umgangsformen, oder formalisiert als Rechtsnormen, Verfahrensregeln oder Mitgliedschaftserwartungen von Organisationen. Gemeinsam ist die primär normative Modalität. Jede institutionelle Regelung vermittelt zum einen demjenigen, der ihr unterliegt, was er in der jeweiligen Hinsicht zu tun bzw. zu lassen hat. Diese Vorgabe wird durch negative Sanktionen im Falle der Nichtbeachtung unterstrichen. Zum anderen wissen dadurch die Gegenüber des Betreffenden, was sie von ihm zu erwarten haben. Auf diese Weise schaffen auch institutionelle Ordnungen, wie teilsystemische Orientierungshorizonte, jedoch auf einem viel spezifischeren Niveau, wechselseitige Erwartungssicherheit der Akteure.

Während die teilsystemischen Orientierungshorizonte und die Akteurkonstellationen bereits explizit zur Sprache gekommen sind, habe ich die institutionelle Dimension zuvor nur beiläufig hier und da einbezogen. Das ist nicht zufällig so. Kommt man, wie ich es in Kapitel 5.1. getan habe, von der Dualität der „zwei Soziologien", also der akteur- und der systemtheoretischen Herangehensweise her, sind Institutionen etwas analytisch Sperriges in der Mitte. Um die Dualität zu wahren, hat man zumeist dazu geneigt, Institutionen entweder dem einen oder dem anderen Pol zuzuschlagen. Institutionen sind also auf der einen Seite als dem Zugriff der Akteure entrückte, zwar von ihnen geschaffene, aber sie dann durch strukturellen Zwang beherrschende und so zur gesellschaftlichen Ordnungswahrung beitragende Gegebenheiten angesehen worden. Auf der anderen Seite hat man Institutionen aber auch immer wieder als nur scheinbar starre und reglementierende, in Wirklichkeit hingegen von den Akteuren situativ modifizierbare, aushandelbare und sogar gänzlich ignorierbare Größen dargestellt – siehe nur den „new institutionalism" in der Organisationssoziologie (Powell/diMaggio 1991). Daß solche gegensätzlichen Sichtweisen auf ein und dasselbe Phänomen überhaupt möglich sind, deutet auf eine diesem innewohnende entsprechende Ambivalenz hin; und tatsächlich liegen institutionelle Ordnungen in mehreren Hinsichten zwischen den beiden anderen gesellschaftlichen Strukturdimensionen.

Wollens- und Sollensvorgaben sowie Könnenskalküle bestimmen vereint die Handlungssituation. Die evaluative Modalität der teilsystemischen Orientierungshorizonte geht in die normative Modalität der institutionellen Ordnungen und diese in die kognitive Modalität der Akteurkonstellationen über; und so geht das teilsystemisch geprägte Wollen in das institutionell geprägte Sollen und dieses in das konstellationsgeprägte Können der Akteure ein. Im Vergleich der drei Strukturdimensionen erkennt man einen Zusammenhang von Generalisierungsniveau, Anzahl der unterschiedlichen Strukturmuster und Rigidität:

- Die Wollensvorgaben der teilsystemischen Orientierungshorizonte sind hochgradig generalisiert; es gibt nur wenige, etwa ein Dutzend, Teilsysteme; und deren Handlungslogiken verändern sich in ihren grundlegenden Ausrichtungen, also im binären Code und in den teilsystemintern generierten Programmkomponenten, kaum.
- Die Sollensvorgaben der institutionellen Ordnungen liegen auf einem mittleren Generalisierungsniveau; es gibt viel mehr institutionelle Ordnungen als Teilsysteme; und institutionelle Regelungen verändern sich erheblich öfter als teilsystemische Handlungslogiken.
- Die Könnenskalküle in Akteurkonstellationen sind viel spezifischerer Natur als institutionelle Regelungen; Akteurkonstellationen sind weit zahlreicher als institutionelle Ordnungen; und Akteurkonstellationen verändern sich noch schneller als institutionelle Ordnungen.

Das Handeln der einzelnen Akteure, und infolgedessen auch deren handelndes Zusammenwirken, wird auf der einen Seite durch die drei gesellschaftlichen Strukturdimensionen geprägt. Auf der anderen Seite produziert und reproduziert das handelnde Zusammenwirken die Strukturen der Teilsysteme, Institutionen und Konstellationen (siehe Schaubild 4). Der Aufbau und die Veränderung dieser Strukturen, aber auch deren identische Bewahrung ist nichts anderes als das teils angestrebte, teils beiläufig oder unbemerkt hervorgebrachte Resultat der gesellschaftlichen Dynamik des handelnden Zusammenwirkens.[16]

Schaubild 4: Akteur-Struktur-Dynamiken

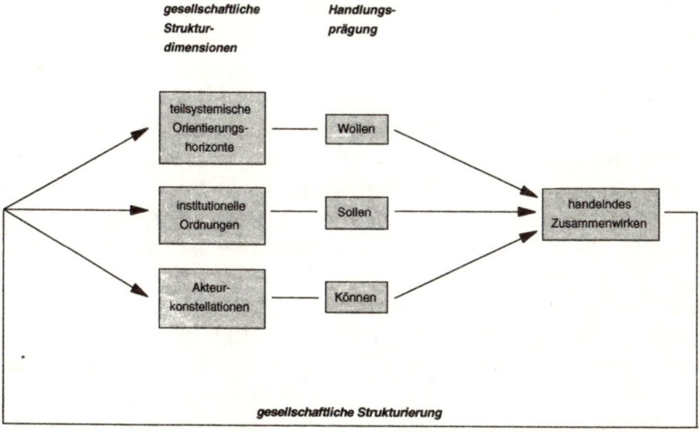

In diesem generellen theoretischen Modell von Akteur-Struktur-Dynamiken läßt sich die differenzierungstheoretische Perspektive so verorten, daß deren Schlüsselvariable – die gesellschaftliche Differenzierungsstruktur – in der teilsystemischen oder in der institutionellen Dimension zu finden ist. Dies hängt von der Ebene der Differenzierung ab. Die Ausdifferenzierung gesellschaftlicher Teilsysteme, also die Herausbildung und Kultivierung selbstreferentiell geschlossener binärer Codes und der sie flankierenden Programmstrukturen, findet in der teilsystemischen Dimension statt. Rollendifferenzierung ist demgegenüber in der institutionellen Dimension angesiedelt. Denn Rollen sind eine Form von institutionalisierten Erwartungszusammenhängen. Das Gleiche gilt für die noch anzusprechende Ebene der organisatorischen Differenzie-

16 Anthony Giddens faßt diese Grundeinsicht der Soziologie in seiner Theorie der „structuration“ sehr klar (vgl. Giddens 1984: 1-40).

rung. Damit läßt sich die differenzierungstheoretische Perspektive in diesem Bezugsrahmen so charakterisieren: Betrachtet werden Differenzierungsvorgänge in teilsystemischen Orientierungshorizonten oder institutionellen Ordnungen; und zur Erklärung dieser Vorgänge werden weiterhin Akteurkonstellationen hinzugezogen, die im Wechselspiel mit den anderen beiden Dimensionen diese Vorgänge erzeugen.

Der Bezugsrahmen, der natürlich in vielen Hinsichten weiter auszubauen ist, erfüllt so bereits in der skizzierten rudimentären Form eine sowohl ordnende als auch anleitende Funktion für differenzierungstheoretische Analysen. Legt man ihn zugrunde, muß man seine Variablen den verschiedenen Strukturdimensionen zuordnen, was die Variablen zugleich in bestimmten Hinsichten charakterisiert: hinsichtlich ihres Generalisierungsniveaus, ihrer Modalität der Handlungsprägung und ihrer Rigidität. Weiterhin wird man dazu angehalten, Variablen auf allen drei Ebenen in den Blick zu nehmen, z.B. institutionelle Variablen explizit zu berücksichtigen – was weder die systemtheoretische noch solche akteurtheoretischen Herangehensweisen tun, die nur auf Konstellationen blicken. Für die nun folgende Darstellung einiger wichtiger differenzierungstheoretischer Ideen, die in den neueren deutschen akteurtheoretischen Auseinandersetzungen mit Luhmann entwickelt worden sind, dient der Bezugsrahmen als Hintergrundfolie.

Kritisch unter die Lupe genommen wurde zunächst Luhmanns Vorstellung darüber, was ein gesellschaftliches Teilsystem ausmacht. Mayntz gelangt beim Durchdenken der diesbezüglichen systemtheoretischen Konzepte zu einer „‚empirischen Wende'“. Zwar geht es bei funktionaler Differenzierung stets um eine „sinnhafte Spezialisierung“. Aber „die Art des speziellen Sinns“ kann zwischen verschiedenen Teilsystemen oder bei demselben Teilsystem zu unterschiedlichen Zeiten variieren (vgl. Mayntz 1988: 19, Hervorheb. weggel.). Mehrere Arten sinnhafter Spezialisierung lassen sich empirisch auffinden. Zunächst gibt es in der Tat die systemtheoretisch allein ausgemachte Spezialisierung nach gesellschaftlichen Funktionen. Dies ist allerdings kaum im Alltagsbewußtsein der Gesellschaftsmitglieder – auch der jeweiligen teilsystemischen Leistungsrollenträger – präsent und daher eher eine soziologische Beobachtungskategorie. Stattdessen werden die meisten Teilsysteme von den gesellschaftlichen Akteuren durch *spezialisierte Leistungen* für andere Teilsysteme identifiziert. Dies ist sowohl bei Parsons als auch bei Luhmann nur an theoretisch untergeordneter Stelle vorgesehen, obwohl es gerade letzterer eigentlich konsequenterweise in den Mittelpunkt rücken müßte. Denn das Konzept der Leistung spezifiziert die kaum ausmachbaren Erfordernisse gesamtgesellschaftlicher Reproduktion für einzelne Teilsysteme, so daß man z.B. die Leistungen des Bildungssystems für die Wirtschaft, die Politik, das Gesundheitswesen usw. in den Blick nehmen kann. Das entspricht aber genau Luhmanns Bild der modernen Gesellschaft als einer, die im gesellschaftlichen Handeln selbst nur noch aus den Perspektiven ihrer einzelnen Teilsysteme betrachtet wird und keine substantielle übergreifende Identität mehr besitzt.[17]

Sieht man dementsprechend die Teilsysteme funktional differenzierter Gesellschaften gleichsam als Knotenpunkte komplexer Leistungszusammenhänge, kann man dann danach fragen, wie die Identität dieser Knoten gesellschaftlich markiert wird. Funktionszuschreibung ist dafür nur eine der empirisch realisierten Möglichkeiten. Zwei andere sind die der „Realisierung eines gesellschaftlich anerkannten Zentralwerts", was etwa beim Religionssystem vorliegt, oder der „Erfüllung eines verbreitet wahrgenommenen Bedürfnisses", was für das Sportsystem gilt (vgl. Mayntz 1988: 19).

Auffällig ist dabei auch, daß in manchen Fällen die Ausdifferenzierung historisch über die Propagierung der Selbstzweckhaftigkeit bestimmter wert- oder bedürfnisbezogener Handlungen verlief und dies erst später auf Leistungsbezüge umgestellt wurde. Einer dieser Fälle ist das Forschungssystem (vgl. Mayntz 1988: 39/40). Wissenschaftliche Wahrheitssuche wurde lange Zeit vorrangig um ihrer selbst willen betrieben, und viele Forscher würden diesen Elfenbeinturm wohl auch heute noch vorziehen, wenn sie nicht durch Ressourcenabhängigkeiten dazu gezwungen würden, sich mit ihren Forschungsarbeiten für andere Teilsysteme nützlich zu machen – oder zumindest so zu tun als ob. Das Beispiel zeigt weiterhin, daß man analytisch die intersystemischen Leistungsbezüge auf der einen und die Handlungsantriebe der teilsystemischen Leistungsrollenträger auseinanderhalten muß (vgl. Mayntz 1988: 30-32). Forscher interessieren sich oftmals nur dafür, interessante neue Wahrheitsbehauptungen aufzustellen und sich so wissenschaftliche Reputation zu erwerben; aber aus diesem Reputationswettstreit können Erkenntnisse hervorgehen, die z.B. militärisch höchst nützlich sind.

Ein sich aus intersystemischen Leistungsbezügen kristallisierender spezieller Handlungssinn, der dann als gesellschaftliche

---

17 Bereits Parsons hatte ja de facto die funktionalen Erfordernisse des AGIL-Schemas in Geflechte von „double interchanges" aufgelöst.

Funktion, gesellschaftlicher Zentralwert oder gesellschaftlich verbreitetes Bedürfnis symbolisch überhöht wird, reicht allerdings für Mayntz noch nicht aus, um ein gesellschaftliches Teilsystem zu konstituieren. Sie spricht erst dann von gesellschaftlichen Teilsystemen, wenn „... Handlungszusammenhänge ... über die Stufe der Ausdifferenzierung spezieller Funktionsrollen hinaus eine institutionelle Verfestigung erfahren haben." Dieser *„Gebildecharakter"* gesellschaftlicher Teilsysteme wird von ihr so näher umschrieben:

> Zu den typischen strukturellen Elementen gesellschaftlicher Teilsysteme gehören organisatorische Zusammenfassungen oder zumindest informelle Netzwerke bestimmter Kategorien von Rolleninhabern, Einrichtungen für die Übermittlung von Wissen und Fertigkeiten an die künftigen Rolleninhaber und nicht zuletzt formale Organisationen, die auf den betreffenden Handlungszweck spezialisiert sind. (Mayntz 1988: 20/21)

Damit bindet Mayntz das Konzept des gesellschaftlichen Teilsystems an die Durchorganisierung des betreffenden Handlungsfeldes, weshalb sie vor allem das Familienleben und Intimbeziehungen nicht als Teilsysteme der modernen Gesellschaft einstuft. Solche definitorischen Fragen kann man freilich so oder so entscheiden. Doch selbst wenn man Mayntz in diesem Punkt nicht folgt, sollte man den Sachverhalt, auf den sie mit ihrer Definition von Teilsystemen aufmerksam macht, ernst nehmen: daß der „Gebildecharakter" der gesellschaftlichen Handlungssphären variiert und in deren Charakterisierung einbezogen werden muß.

Mayntz mahnt damit an, neben der systemtheoretisch allein betrachteten Dimension teilsystemischer Orientierungshorizonte auch die Dimension institutioneller Ordnungen differenzierungstheoretisch systematisch zu berücksichtigen. Man muß dann u.a. fragen, ob und in welchem Maße in einem Teilsystem formale Organisationen vorkommen, und welcher Art diese sind (vgl. Mayntz 1988: 23-26). Neben den Leistungsorganisationen gibt es vor allem noch Interessenorganisationen und koordinierende Organisationen. Die letzteren beider dienen sowohl der teilsysteminternen Regulierung als auch der Regulierung von Beziehungen zu anderen Teilsystemen, insbesondere dem politischen Teilsystem. Die Art und das Ausmaß interorganisatorischer Zusammenhänge sowohl zwischen Leistungsorganisationen als auch bei der teilsystemischen Regulierung ist ein weiteres wichtiges Merkmal, das sehr unterschiedlich ausgeprägt sein kann und sich im Laufe der Zeit unter Umständen stark wandelt: Sind diese Zusammenhänge marktförmig, und mit wie starker Konkurrenz, gibt es Hierarchien, oder liegen Netzwerke vor (vgl. Mayntz/Scharpf 1995b: 16-27)?

Solche Fragen sind für die verschiedenen Teilsysteme durchaus behandelt worden, allerdings nicht im Rahmen differenzierungstheoretischer Untersuchungen. Hierzu könnte man differenzierungstheoretisch die Ergebnisse einschlägiger politikwissenschaftlicher und organisationssoziologischer Analysen aufarbeiten.

Ein weiterer Sachverhalt, der bei einer diese institutionellen Strukturen einbeziehenden Betrachtung ins Auge springt, sind vielfältige *organisatorische Koexistenzen* zwischen verschiedenen Teilsystemen – beispielsweise Rechts- oder Forschungsabteilungen von Unternehmen, Weiterbildungsabteilungen in Verwaltungen oder Militärkrankenhäuser (vgl. Braun/Schimank 1992). Die Durchorganisierung der modernen Gesellschaft folgt also nicht strikt der teilsystemischen Differenzierung. Zumeist nimmt so etwas die Form der organisatorischen Einbettung eines Teilsystems in ein anderes Teilsystem an. Dann wird das eingebettete Teilsystem vom anderen instrumentalisiert, wodurch eine klare Rangordnung der Orientierungshorizonte etabliert ist. Die Forschungsabteilung eines Unternehmens beispielsweise muß zuallererst den Forschungsbedarf der anderen Unternehmensabteilungen befriedigen und vermag ihre Forschungsziele nicht autonom zu setzen. In dieser Form der organisatorischen Koexistenz sind demnach strukturell Tendenzen einer Vereinnahmung des eingebetteten Teilsystems angelegt. Daneben gibt es seltene Fälle des organisatorischen Nebeneinanders wie Universitäten, die gleichermaßen dem Bildungs- wie dem Forschungssystem angehören. Hier können die beiden Teilsysteme immer wieder in eine strukturell angelegte Nullsummenkonkurrenz um die organisatorischen Ressourcen geraten. So kann die Lehre an den Hochschulen die Forschung verdrängen (vgl. Schimank 1995a).

Die differenzierungstheoretische Betrachtung der institutionellen Dimension zeigt weiterhin, daß es zwischen der Rollendifferenzierung und der teilsystemischen Differenzierung noch die Ebene der *organisatorischen Differenzierung* gibt. Neben der schon angesprochenen Differenzierung von Leistungs- und Regulierungsorganisationen findet auf der Organisationsebene, wie auch auf der Rollenebene, eine arbeitsteilige Differenzierung teilsystemischer Leistungsproduktion statt. Dabei sind zwei Facetten der Arbeitsteilung zu unterscheiden. Die eine, auf den ersten Blick ins Auge fallende Facette ist die Spezialisierung von Organisationen auf spezifische substantielle Ausprägungen der jeweiligen teilsystemischen Leistungen. Das zeigt sich z.B. als Branchendifferenzierung des Wirtschaftssystems oder als Spezialisierung von Forschungseinrichtungen auf bestimmte Disziplinen oder Forschungsfelder. Unabhängig davon gibt es aber noch eine zweite Facette arbeitsteiliger Differenzierung von Organisationen. Dies ist eine Differenzierung nach Leistungstypen, die oft mit spezifischen Adressatengruppen einhergehen. Das findet man etwa beim Forschungssystem als organisatorische Differenzierung von Forschungstypen vor (vgl. Hohn/Schimank 1990: 386-394). So sind die Hochschulen derjenige institutionelle Ort, wo anwendungsferne Grundlagenforschung am breitesten etabliert, allerdings dem Verdrängungsdruck der Lehre ausgesetzt ist. Das trug in Deutschland Anfang dieses Jahrhunderts zur Schaffung der Kaiser-Wilhelm-Gesellschaft, der späteren Max-Planck-Gesellschaft, bei, deren Forscher keinen Lehrverpflichtungen unterliegen. Aus dem zunehmenden Forschungsbedarf der Unternehmen entstand bereits im letzten Jahrhundert die Industrieforschung, und die staatlichen Ministerien legten sich mit wachsendem Bedarf an wissenschaftlicher Politikberatung Ressortforschungseinrichtungen zu. Für kleinere und mittlere Unternehmen, die sich kaum eigene Forschung leisten können, aber dennoch – und sei es sporadisch – auf Forschung angewiesen sind, wurden im Laufe der Zeit ebenfalls entsprechende Einrichtungen wie die Fraunhofer-Gesellschaft oder die industrielle Gemeinschaftsforschung institutionalisiert. Zwar ist die organisatorische Differenzierung etwa des deutschen Forschungssystems keineswegs säuberlich entlang einer Differenzierung von Forschungstypen zugeschnitten. Doch dies ist zumindest eine wichtige Facette dieses komplexen Differenzierungsvorgangs gewesen.

Damit hat die akteurtheoretische Auseinandersetzung mit Luhmann zum einen die Konstitution gesellschaftlicher Teilsysteme näher geklärt und zum anderen deren „Gebildecharakter“ institutionell unterfüttert. Wendet man sich nun der Frage nach den Triebkräften gesellschaftlicher Differenzierung zu, kann man für die deutsche Diskussion zunächst – wie schon erwähnt – eine breite Übereinstimmung mit den „Neofunktionalisten“ konstatieren. Neben den teilsystemischen Leistungsdefiziten[18] und dem von Weber hervorgehobenen Zu-Ende-denken kultureller Leitideen werden verschiedene Akteurinteressen als wichtige Triebkräfte hervorgehoben. Diese Interessen lassen sich in konkreten Fällen

18 Die nur dann, wenn sie von einflußreichen gesellschaftlichen Akteuren wahrgenommen werden, entsprechende Differenzierungsvorgänge auslösen können.

empirisch identifizieren, wie sich bei den „Neofunktionalisten" bereits gezeigt hat. Aber kann man die Vielfalt von Akteurinteressen, die bei Differenzierungsvorgängen mitspielen, auch theoretisch handhabbar machen?[19]

Mir scheint, daß dies mit Hilfe des bereits im Kapitel 2.1 kurz vorgestellten Konzepts der *reflexiven Interessen* möglich ist.[20] Unter dem in der Tat bunten Gewimmel vielfältigster substantieller Intentionen gesellschaftlicher Akteure lassen sich wenige, diesen zugrunde liegende reflexive Interessen theoretisch gut fassen. Reflexiv sind solche Interessen, die sich auf die generellen Bedingungen der Möglichkeit der Realisierung spezifischer substantieller Interessen beziehen.[21] Diese generellen Bedingungen können im Hinblick auf Differenzierungsvorgänge vor allem in zwei Richtungen ausgemacht werden. Akteure streben zum einen oftmals nach Dominanz in einer gegebenen substantiellen Interessensphäre. Solche Akteure haben ein Interesse am Wachstum dafür benötigter Ressourcen und an einer größtmöglichen Monopolisierung von Befugnissen in der entsprechenden Interessensphäre. Zum anderen streben Akteure oftmals danach, die Kontrolle über die eigene Interessenrealisierung zu erweitern. Solche Akteure haben vor allem ein Interesse daran, die eigene Entscheidungsautonomie zu vergrößern und andere Akteure, die der eigenen Interessenverfolgung im Wege stehen könnten, zu beherrschen. Wachstum, Monopolisierung, Autonomie, Kontrolle: Auf einen oder mehrere dieser generellen Begriffe lassen sich die meisten konkreten Akteurinteressen bringen, die Differenzierungsvorgängen zugrundeliegen.

Man kann dann Differenzierungsvorgänge als mehr oder weniger komplexes Zusammenwirken von Leistungsdefiziten, Akteurinteressen sowie kulturellen Legitimationen und Anstößen re-

---

19 Eine diesbezügliche Skepsis ist der Generaleinwand, den Luhmann einer akteurtheoretischen Fundierung differenzierungstheoretischer Untersuchungen entgegenhält: Wie will man theoretisch mit den „Milliarden von gleichzeitig (!) handelnden Akteuren" in der heutigen Weltgesellschaft umgehen? Daß für Differenzierungsvorgänge – so konzediert Luhmann – „... motiviertes Einzelhandeln unerläßlich ist, wird wohl niemand ... bestreiten. Nur ist es kaum möglich, diese mitwirkende Komponente in einer Form zu spezifizieren, die den Ansprüchen an eine erklärende Theorie genügen könnte." (Luhmann 1988c: 132, Fußn. 9).

20 Siehe hierzu ausführlich Schimank (1991: 507-509; 1992a: 261-268).

21 Der Tatbestand der Reflexivität ergibt sich hier somit daraus, daß Interessen bestehen, deren Gegenstand wiederum Interessen sind. Allgemein zu derartigen „reflexiven Mechanismen" siehe Luhmann (1967b).

konstruieren. Ein häufiges Muster besteht darin, daß eine gesteigerte Nachfrage nach teilsystemischen Leistungen den Leistungsrollenträgern Gelegenheit zur Verfolgung von Wachstums-, Domänenwahrungs- und Autonomieinteressen gibt und dies durch entsprechende semantische Weiterentwicklungen gerechtfertigt wird. Das Sportsystem hat z.B. seit den fünfziger Jahren die semantische Formel des „Sport für Alle" auf seine Fahnen geschrieben; und dies geht darauf zurück, daß vor allem politische Instanzen den Breitensport für gesundheitliche und sozialintegrative Belange einsetzen wollen, was wiederum den Wachstumsinteressen der Vereine und Verbände des Sports entgegenkommt (vgl. Hartmann-Tews 1995).

Die Interessen der Akteure müssen mit deren Einflußpotentialen zusammengesehen werden. Zwischen beiden besteht ein zirkulärer Zusammenhang. Auf der einen Seite bestimmt das Einflußpotential die Interessen. Man strebt – in einem handlungsrelevanten, also über bloße Tagträumereien hinausgehenden Sinne – nur an, was man auch, wie mühselig und langwierig auch immer, meint erreichen zu können. Auf der anderen Seite spezifiziert sich das Einflußpotential aber auch immer erst mit Bezug auf bestimmte Interessen. Nur dem, der weiß, was er will, erschließt sich, was er diesbezüglich bewirken kann bzw. nicht kann. Die Interessen heben gleichsam aus der Gesamtheit dessen, was einem Akteur prinzipiell möglich wäre, spezifische offenstehende oder verschlossene Handlungsmöglichkeiten hervor. So verbinden sich Interessen und Einflußpotentiale einer Mehrzahl von beteiligten Akteuren zu mehr oder weniger komplexen Konstellationen.

Die Theorien mittlerer Reichweite, die bislang – allerdings kaum im Kontext der differenzierungstheoretischen Perspektive – solche analytischen Muster der Dynamiken von Akteurkonstellationen herausgearbeitet haben, sind sehr disparat. Diese theoretischen Modelle reichen von der volkswirtschaftlichen Marktformenlehre (vgl. Ott 1980) über die Spieltheorie (vgl. Colman 1982) und Verhandlungs- und Koalitionstheorien (vgl. Crott u.a. 1977) bis hin zu soziologisch komplexeren Modellen, wie sie etwa bei Raymond Boudon, Thomas Schelling oder Mark Granovetter zu finden sind (vgl. Schelling 1978; Boudon 1978; Granovetter 1978); und natürlich sollte man auch die schon angesprochenen „Figurationen" Norbert Elias' nicht vergessen (vgl. Elias 1939). Die Analyse gesellschaftlicher Differenzierungsvorgänge sollte sich dieses bereits gut bestückten theoretischen Werkzeugkastens bedienen, um die Gefahr eines Abgleitens in Geschichtsschreibung zu vermeiden, der die „Neofunktionalisten" oft erlegen sind. Ziel müßte sein, derartige Modelle von Konstellationsdynamiken in die differenzierungstheoretische Perspektive einzubauen und so schrittweise, an empirischen Fällen ansetzend, zu abstrakteren Typen von Ursachenbündeln und Verlaufsfiguren gesellschaftlicher Differenzierung zu gelangen. Dabei dürfen freilich die zahlreichen „Cournot-Effekte", die in Differenzierungsvorgängen vorkommen und in der Tat nur historisch nacherzählt werden können, nicht überspielt werden. Aber inmitten all der *offenen* strukturellen Dynamiken, wie sie durch Koinzidenzen aller Art hervorgerufen werden, finden sich doch immer wieder auch theoretisierbare *geschlossene* strukturelle Dynamiken.[22]

Diese hier und zum jetzigen Zeitpunkt nur programmatisch verkündbare und durch stichwortartige Verweise andeutbare generelle Strategie der weiteren Ausarbeitung einer akteurtheoretischen Herangehensweise an gesellschaftliche Differenzierung gilt nicht nur für die genetischen Erklärungsprobleme, sondern für alle Punkte der differenzierungstheoretischen Agenda. Dabei ist insbesondere für die theoretische Fassung teilsystemischer Dynamiken auch eine noch weitergehendere Übernahme systemtheoretischer Konzepte und Modelle vorstellbar, wie ich am Beispiel der Verwissenschaftlichungsdynamik der modernen Gesellschaft verdeutlichen möchte (vgl. Schimank 1995b). Der Tatbestand, daß immer mehr gesellschaftliches Handeln von wissenschaftlichen Leistungen – die von Technologien über Beratungen bis hin zur Verfügbarmachung generellen Orientierungswissens reichen – abhängig geworden ist, läßt sich nur dann angemessen verstehen, wenn man ihn als Resultat sowohl von teilsysteminterner Evolution wissenschaftlicher Forschung, strukturell verkoppelt mit den Evolutionen anderer Teilsysteme, als auch

22 Eine akteurtheoretische Herangehensweise teilt mit Luhmann durchaus die lakonische Einschätzung, daß soziologische Differenzierungstheorie ein begrenztes kognitives Instrument zur Reduktion der Komplexität ihres Untersuchungsgegenstandes ist. Doch Luhmann zieht daraus den Schluß, die gesellschaftliche Differenzierung evolutionstheoretisch flächendeckend, aber in äußerster Abstraktion, zu erfassen, und überläßt alle Konkretionen der Geschichtsschreibung, will also eine nach Abstraktionsebenen geordnete Arbeitsteilung zwischen Soziologie und Geschichtsschreibung etablieren. Die hier propagierte akteurtheoretische Herangehensweise geht eher von einem Nebeneinander der beiden Disziplinen auf nicht so weit auseinanderklaffenden Abstraktionsebenen aus. Sie sieht – in einer schönen Wendung, die ich einmal irgendwo gelesen, aber nicht wiedergefunden habe – kleine Inseln der Theorie im unermeßlichen Ozean der Geschichte.

von Konstellationen strategischen Handelns innerhalb und außerhalb des Forschungssystems sowie zwischen dem Forschungssystem und seiner gesellschaftlichen Umwelt begreift.

Betrachtet man zunächst die relevanten Verkettungen strategischen Handelns, sieht man einander wechselseitig ermöglichende und voraussetzende Konkurrenzkonstellationen im Forschungssystem und in denjenigen gesellschaftlichen Teilsystemen, die wissenschaftliche Erkenntnisse anwenden – insbesondere im Wirtschaftssystem, im politischen System und im Militärsystem (vgl. Schimank 1990: 64-78). Forscher konkurrieren untereinander um wissenschaftliche Reputation, die sie einander wechselseitig für interessante neue Erkenntnisse zuteilen. Um in dieser Konkurrenz bestehen zu können, benötigt ein Forscher möglichst gute Forschungsbedingungen – und das setzt vor allem hinreichende Ressourcen voraus. Dieser Ressourcenbedarf hat mit der wissenschaftlichen Entwicklung sehr schnell zugenommen. Jede weitere Wahrheit kostet gleichsam immer mehr. Sehr schnell war das nicht mehr aus eigener Tasche oder von uneigennützigen privaten Mäzenen zu finanzieren, sondern machte enorme kontinuierliche Ressourcenflüsse aus anderen gesellschaftlichen Teilsystemen erforderlich. Das blieb nur selten uneigennützig. Politische, militärische oder wirtschaftliche Akteure stellten den Forschern vielmehr aufgrund eigener Nutzenerwägungen Ressourcen zur Verfügung.

Damit kommen die Konkurrenzkonstellationen in diesen anderen gesellschaftlichen Teilsystemen zum Tragen. Unternehmen auf Märkten, Politiker in der Demokratie und Militärs in internationalen Konflikten: Sie alle wollen sich Konkurrenzvorteile verschaffen, also bessere und preiswertere Waren anbieten, den gesellschaftlichen Bedarf an kollektiv bindenden Entscheidungen und an kollektiv verfügbarer Infrastruktur umfassender befriedigen oder ein schlagkräftigeres Waffenarsenal besitzen. Vor dem Hintergrund des neuzeitlichen Glaubens an die überlegene Rationalität wissenschaftlicher Problembearbeitung ist die Nutzung wissenschaftlicher Erkenntnisse zwar nicht die einzige, aber doch eine nur allzu naheliegende Konkurrenzstrategie. Diesem Rückgriff auf Wissenschaft zur Erzielung von Konkurrenzvorteilen wohnt darüber hinaus eine eskalatorische Eigendynamik inne. Sobald auch nur ein Akteur in einem bestimmten Handlungsfeld sich dieser Strategie bedient, müssen die anderen – so meinen sie jedenfalls – nachziehen, um nicht gänzlich ins Hintertreffen zu geraten. Auf diese Weise hat in immer mehr Bereichen ein unaufhörlicher Verwissenschaftlichungswettlauf eingesetzt.

Der Verwissenschaftlichung moderner Gesellschaften liegen also Konstellationen strategischen Handelns sowohl im Forschungssystem als auch in den anderen gesellschaftlichen Teilsystemen zugrunde. Die intersystemischen Tauschbezüge – Ressourcen gegen nützliche Erkenntnisse – stimulieren und ermöglichen anwendungsbezogene Forschung. Die Tauschbezüge setzen freilich voraus, daß entsprechendes wissenschaftliches Wissen in Gestalt wahrer Erkenntnisse vorhanden ist bzw. erzeugt wird. Die Tauschbezüge greifen nicht in den Wahrheitscode ein, „beugen" die Wahrheit nicht. Sehr wohl bestimmen sie aber darüber mit, welche potentiell auffindbaren Wahrheiten gesucht und auch gefunden werden. Auch und gerade außerwissenschaftlich nützliches Wissen muß zuallererst einmal wahr sein. Wahrheiten werden dabei außerwissenschaftlich völlig anders behandelt als innerwissenschaftlich: nicht als nach wie vor kontingente, dem generalisierten Skeptizismus unterliegende ewig vorläufige kognitive Festlegungen, sondern als nicht-kontingente, kognitive Stabilität verbürgende Entscheidungsgrundlagen. An die Stelle der wissenschaftsintern bewußt gehaltenen Riskanz von Wahrheitszuschreibungen tritt ein generalisiertes „Systemvertrauen" (vgl. Luhmann 1968a: 50-66) der Umwelt in das, was die Wissenschaft ihr als wahre Erkenntnisse liefert. Klar ist jedenfalls: Auch wenn die politischen, militärischen oder wirtschaftlichen Akteure wissenschaftliche Forschung im Sinne ihrer eigenen Nutzenkalküle strategisch zu beeinflussen versuchen, sind Erkenntnisse nicht etwa deshalb für sie wahr, weil sie ihnen nutzen, sondern nutzen ihnen, weil sie wahr sind.

Die durch intersystemisches strategisches Handeln auf Anwendungsbezüge ausgerichteten Forscher [23] können dann auch intrasystemisch die Durchsetzungschancen für ihre Forschungsprogramme strategisch zu verbessern versuchen. In dem Maße, wie dies gelingt, findet die außerwissenschaftlich induzierte Selektivität zugunsten anwendungsbezogener Forschungsprogramme ihre innerwissenschaftliche Fortsetzung. Der Umsetzungsmechanismus ist dabei der bereits erwähnte Zusammenhang zwischen von außen zur Verfügung gestellten Ressourcen und innerwissenschaftlicher Reputation. Auf der einen Seite wird der Reputationserwerb durch Ressourcen gefördert; auf der anderen Seite erleichtert das Vor-

23 Die im übrigen bekanntlich politische, militärische oder wirtschaftliche Ressourcenangebote keineswegs bloß passiv entgegennehmen, sondern oft eine eigene offensive Angebotsstrategie bezüglich für die Umwelt interessanter Forschungsleistungen verfolgen.

handensein von Reputation wiederum den Ressourcenerwerb. Auch dieses innerwissenschaftliche strategische Pushen von Forschungsprogrammen muß jedoch die Wahrheitsform durchlaufen. Reputation erzeugt nicht Wahrheit, sondern Wahrheit verschafft Reputation.

Zwar gibt es bei der Einschätzung des Wahrheitsgehalts von Erkenntnissen nicht selten kognitive Uneindeutigkeiten, die dann auch einen Spielraum für die strategische Durchsetzung von Wahrheitsansprüchen bieten. Wenn in einer solchen Situation Wahrheitsansprüche unterschiedlich reputierter Forscher miteinander konkurrieren, setzt sich oft – wenn auch keineswegs immer – der höher Reputierte durch, weil ihm mehr Aufmerksamkeit und ein größerer Vertrauenskredit gezollt wird. In diesem Fall kann Reputation gewissermaßen zwischen Wahrheitsansprüchen entscheiden. Aber selbst in solchen kognitiv uneindeutigen Situationen läßt sich ein Wahrheitsanspruch nicht einfach durch den Verweis auf die höhere Reputation des ihn verfechtenden Forschers begründen. Eine Erkenntnis muß sich vielmehr, um als wahr anerkannt zu werden, gleichsam Rückendeckung durch als vergleichsweise unkontrovers eingestufte Wahrheiten verschaffen; und aus ihr müssen im Laufe der Zeit weitere als wahr anerkannte Erkenntnisse hervorgehen, soll ihre Einstufung als wahr Bestand haben. Nicht die einzelne Erkenntnis ist für sich genommen wahr, sondern wahr ist erst der kognitive Verweisungszusammenhang von Erkenntnissen. Es handelt sich um eine selbsttragende Konstruktion einander wechselseitig stützender Wahrheiten. Dieser netzwerkartige Erkenntniszusammenhang, in dem Wahrheiten überhaupt erst konstituiert werden, ist aber nichts anderes als die kommunikative Autopoiesis wissenschaftlicher Forschung: Wahrheitsansprüche gründen sich auf andere Wahrheiten und begründen selbst weitere Wahrheitsansprüche.

Dieser autopoietische Kommunikationszusammenhang unterliegt einer evolutionären Dynamik, die so wie von Luhmann geschildert – siehe Kapitel 4.4 – abläuft. Forschungshandeln bringt neue Ideen hervor, von denen sich einige wenige als publikationswürdig erweisen, von denen einige wenige häufiger zitiert werden, von denen sich wiederum einige wenige als lehrbuchwürdig erweisen. Ein solcher evolutionärer Erkenntnisfortschritt wird durch das auf Anwendungsbezüge ausgerichtete inter- und intrasystemische strategische Handeln *kanalisiert* – wobei wohlgemerkt stets in Rechnung zu stellen ist, daß die Outcomes interdependenten strategischen Handelns mehrerer Akteure meist transintentional sind. Strategisches Handeln zwingt der Teilsystemevolution bestimmte Richtungen auf und versperrt andere. Dabei setzen die Konstellationen von Akteuren, die strategisch auf gesellschaftliche Dynamiken einwirken wollen, die evolutionäre Autopoiesis der betreffenden gesellschaftlichen Teilsysteme voraus. Entsprechend muß eine adäquate Erklärung teilsystemischer Dynamiken beide Arten von Determinanten – Teilsystemevolutionen und Akteurstrategien – berücksichtigen.

Die Sinnfälligkeit einer Verknüpfung bestimmter systemtheoretischer Vorstellungen mit einer akteurtheoretischen Herangehensweise zeigt sich auch bei demjenigen Punkt der differenzierungstheoretischen Agenda, mit dem die deutschen Akteurtheoretiker sich bisher hauptsächlich beschäftigt haben: der Frage nach den *Integrationsmechanismen* moderner Gesellschaften, wobei die Erforderlichkeit und die Möglichkeiten *politischer Gesellschaftssteuerung* hierbei besondere Aufmerksamkeit gefunden haben. Die in Kapitel 4.5 vorgestellten Überlegungen von Luhmann, Willke und Teubner über Ko-Evolution, Sachzwänge, Reflexion und Kontextsteuerung haben dabei als Ausgangspunkte gedient, die in verschiedenen Hinsichten kritisch unter die Lupe genommen und teils zurückgewiesen, teils aber auch in modifizierter Form übernommen worden sind.[24] Ich kann im Folgenden nur einige der dabei gewonnenen Einsichten herausgreifen und andeuten.[25]

Gegenüber der systemtheoretischen Betrachtung läßt sich zunächst einwenden, daß nicht alle Teilsysteme gleichermaßen starke und zwangsläufig zunehmende gesellschaftliche Integrationsprobleme aufwerfen, die dann Gegenstand politischer Steuerung werden können (vgl. Rosewitz/Schimank 1988: 305-307). Ausmaß und Art der gesellschaftlichen Folgenträchtigkeit teilsystemischen Handelns variieren je nachdem, wie bedeutsam und unersetzbar die Leistungen eines Teilsystems gesellschaftlich sind und welche negativen Externalitäten mit der teilsystemischen Leistungsproduktion mehr oder weniger zwangsläufig einhergehen. So sind etwa die Integrationsprobleme, die das kapitalistische Wirtschaftssystem produziert, durchgängig von der Art negativer Externalitäten, wobei lange Zeit sozialintegrative Probleme wie

24 Eine ausführliche Darstellung dieser steuerungstheoretischen Debatten, die letztlich den systemtheoretischen Standpunkt beibehält, findet sich in Ulrich (1994).

25 Siehe im einzelnen Mayntz (1987), Rosewitz/Schimank (1988), Schimank (1991; 1992a; 1992c), Scharpf (1988; 1989).

etwa Massenarbeitslosigkeit im Vordergrund standen, bis neuerdings ökologische Probleme hinzugetreten sind. Leistungsdefizite hat das Wirtschaftssystem hingegen kaum einmal gezeigt. Das ist beim Bildungssystem umgekehrt. Bei ihm dominieren immer wieder Leistungsdefizite, die von dem einen oder anderen Teilsystem beklagt werden: z.B. unzureichende Vermittlung berufsbezogener Fertigkeiten und Einstellungen von seiten des Wirtschaftssystems oder mangelnde Erziehung zum demokratischen Staatsbürger von seiten des politischen Systems. Das Forschungssystem wiederum war lange Zeit – wie es noch immer die Kunst ist – fast gar nicht gesellschaftlich folgenträchtig. Erst mit der Zunahme anwendungsbezogener Forschung konnten andere Teilsysteme wie die Wirtschaft, das Militär oder das Gesundheitswesen Leistungsdefizite der Forschung spüren; und mit der Verwissenschaftlichung von Technologien sind zunehmend gesellschaftliche Risiken – siehe etwa die Kernenergie oder die Gentechnologie – entstanden. Damit kann das Forschungssystem mittlerweile in beiden Hinsichten gesellschaftliche Integrationsprobleme aufwerfen.

Inwieweit derartige Probleme einen politischen Steuerungsbedarf aufwerfen und nicht durch direkte Abstimmungen zwischen dem verursachenden Teilsystem und den betroffenen Teilsystemen bewältigt werden können, ist ebenfalls variabel. Wenn sich beispielsweise Forschungsinstitute oder Hochschulen Kuratorien zulegen, in denen Wirtschaftsvertreter sitzen, die darauf hinwirken sollen, daß verstärkt wirtschaftsnahe Forschung betrieben und deren Erkenntnisse an Unternehmen weitergegeben werden, erübrigt das unter Umständen staatliche Steuerungsmaßnahmen. Für solche Möglichkeiten einer intersystemischen Abstimmung „am Staat vorbei" (Ronge 1980) sind häufig die Selbststeuerungskapazitäten der betreffenden Teilsysteme sowie vor allem die Chancen der von den Integrationsproblemen betroffenen Teilsysteme, auf das diese Probleme verursachende Teilsystem Druck auszuüben, wichtig. Um dies beides abschätzen zu können, muß man sich den institutionellen Ordnungen und Akteurkonstellationen zuwenden, kommt also nicht mit der Dimension der teilsystemischen Orientierungshorizonte aus.

Die teilsystemischen Selbststeuerungskapazitäten sind überdies eine äußerst bedeutsame Determinante der politischen Steuerbarkeit des betreffenden Teilsystems (vgl. Mayntz 1987: 103-107; Rosewitz/Schimank 1988: 314-319). Sind die Selbststeuerungskapazitäten zu groß, besteht die Gefahr, daß politische Steuerungsbestrebungen erfolgreich konterkariert werden können – siehe etwa das deutsche Gesundheitssystem, dessen dichtes Geflecht von Verbänden der Ärzte, Versicherten und Pharmaunternehmen lange Zeit fast unüberwindliche „Reformblockaden“ (Rosewitz/Webber 1990; Mayntz 1990) bildete. Eine solche Blockadewirkung erfordert nicht einmal eine Einigkeit der teilsystemischen gegen die staatlichen Steuerungsakteure, wie das Gesundheitssystem zeigt. Gerade große Uneinigkeit kann bei verteilter Vetomacht den Status quo gegen alle Änderungsversuche zementieren.

Aus diesen Gefahren hoher teilsystemischer Selbststeuerungskapazitäten darf aber nicht geschlossen werden, daß diese möglichst gering sein sollten, um politischer Steuerung Erfolgschancen zu bieten. Das Fehlen teilsystemischer Selbststeuerungskapazitäten hat nämlich zur Folge, daß politische Steuerung zur Erlangung steuerungsrelevanter Informationen ebenso wie zur Durchsetzung von Steuerungsmaßnahmen selbst bis zu den unmittelbaren Adressaten durchgreifen muß. Daraus können schnell Überlastungen der staatlichen Steuerungsakteure resultieren, was umgekehrt heißt: Politische Steuerung bedarf der Unterstützung durch teilsystemische Selbststeuerung. Genau deshalb haben staatliche Akteure in verschiedenen Teilsystemen initiiert und unterstützt, daß dort Selbststeuerungskapazitäten, vor allem in Gestalt verpflichtungsfähiger Interessenverbände, auf- und ausgebaut worden sind. Diese Verbände sind dann wichtige Ansprechpartner politischer Steuerung des betreffenden Teilsystems.

Schon hieran zeigt sich, daß die politische Steuerung gesellschaftlicher Teilsysteme, anders als Luhmann unterstellt, gar nicht unmittelbar in die Selbstreferentialität der codegeprägten Operationen, etwa ins Forschungshandeln, eingreifen will – was in der Tat auf unüberwindbare Barrieren teilsystemischer Intransparenz stieße. Aber Luhman erklärt hier etwas für unmöglich, was in der gesellschaftlichen Realität sowieso von niemandem zu tun beabsichtigt wird. Zugriffspunkte politischer Steuerung sind stattdessen in der Regel Organisationen des betreffenden Teilsystems – teils, wie schon angesprochen, Interessenorganisationen und koordinierende Organisationen, teils aber auch Leistungsorganisationen wie etwa Forschungseinrichtungen oder Schulen (vgl. Schimank 1991).

Leistungsorganisationen stellen, wie Luhmann hervorhebt – siehe Kapitel 4.3 – und eine akteurtheoretische Herangehensweise von ihm übernehmen kann, institutionelle Ordnungen dar, die die teilsystemische Handlungslogik durch normative Regelungen operationalisieren und zuverlässig durchsetzen können; und diese institutionellen Ordnungen kann politische Steuerung so mitzugestalten versuchen, daß gesellschaftlich desintegrative Tendenzen teilsystemischen Handelns abgewendet oder zumindest in Grenzen gehalten werden. Systematisiert man am Beispiel der Forschungspolitik die Arten des Steuerungszugriffs auf Leistungsorganisationen, kann man die Etablierung, die Alimentierung, die Programmierung und die Regulierung von Forschungseinrichtungen unterscheiden. Forschungspolitik kann bestimmte Forschungseinrichtungen schaffen bzw. wieder auflösen; Forschungspolitik kann Forschungseinrichtungen mit mehr oder weniger finanziellen und personellen Ressourcen ausstatten und dies regelmäßig u.a. je nach „Wohlverhalten" neu dosieren; Forschungspolitik kann sich mit mehr oder weniger starkem Gewicht an der Definition der Forschungsthemen und des Forschungstypus von Einrichtungen beteiligen; und Forschungspolitik kann Forschungseinrichtungen hinsichtlich ihrer Finanz-, Personal- und Organisationsstrukturen und hinsichtlich ihres Forschungshandelns regulieren. Welche dieser Zugriffsarten welchen staatlichen Steuerungsakteuren in welchem Maße zur Verfügung stehen, variiert wiederum erheblich zwischen verschiedenen gesellschaftlichen Teilsystemen, zwischen verschiedenen Organisationen innerhalb eines Teilsystems und bei derselben Organisation im Zeitverlauf.

Teilweise vermag sich eine solche staatliche Steuerung von Leistungsorganisationen hierarchischer Machtbefugnisse zu bedienen und kann sich dann auch über eventuelle Widerstände der Steuerungsobjekte hinwegsetzen. Oftmals ist aber keine so asymmetrische Einflußverteilung zugunsten des Steuerungssubjekts gegeben – und sei es deshalb, weil „Dienst nach Vorschrift" eine wirksame Gegenwehr sogar gegen hierarchisch auferlegte Steuerungsmaßnahmen ist. Immer, wenn die Steuerungsobjekte – Leistungsorganisationen ebenso wie Interessenorganisationen – über Möglichkeiten der Verweigerung verfügen, also ihre Fügsamkeit nicht erzwungen werden kann, bietet es sich an, sie auf ihre reflexiven Interessen anzusprechen. Hierzu stehen die bereits genannten Interessen an Domänenwahrung, -ausbau und -dominanz, an eigener Autonomie und an Kontrolle anderer bereit. Diese reflexiven Interessen sind für staatliche Steuerungsakteure gewissermaßen teilsystemunspezifische „Generalschlüssel", mit denen man sich – praktisch und theoretisch – auch dann einen Zugang zum Gegenüber verschaffen kann, wenn man über den dazu eigentlich erforderlichen „Spezialschlüssel", also ein detailliertes Wissen über dessen konkrete Situation, nicht verfügt. Die wechselseitige

Unterstellung solcher reflexiver Interessen schafft eine Verständigungsebene, auf der das kommunikative gegenseitige Abtasten daraufhin, was der jeweils andere will, meist sehr schnell auf sicheren Grund führt.

So mußten beispielsweise die staatlichen forschungspolitischen Akteure in der deutschen Kernforschungspolitik der fünfziger und sechziger Jahre nicht das für sie Unmögliche versuchen, en detail die Selbstreferentialität des Forschungshandelns in den scientific communities der Kernforschung nachzuvollziehen, um daraus Aufschlüsse für erfolgsträchtige Anknüpfungspunkte zwischen ihren eigenen Interessen und den Interessen der Forscher zu entdecken (vgl. Radkau 1983: 34-195). Den staatlichen Akteuren genügte vielmehr die mit hoher Wahrscheinlichkeit zutreffende und durch Beobachtung, etwa im Rahmen gemeinsamer Beratungsgremien, leicht weiter prüfbare Annahme, daß eine Forschungseinrichtung wie das neu gegründete Kernforschungszentrum Karlsruhe Wachstumsinteressen hat. Umgekehrt konnten die Kernforscher auch ohne intime Kenntnis der verwickelten politischen Interessenlagen davon ausgehen, daß ein Ministerium wie das neu gegründete Bundesministerium für Atomfragen innerhalb der föderalen Domänenkonkurrenz mit den Bundesländern und der Ressortkonkurrenz mit anderen Bundesministerien ein reflexives Interesse daran hat, in der Kernforschungspolitik eine dominante Position zu erlangen; dementsprechend ließen sich die Projektinteressen der Forscher gegenüber dem Ministerium darstellen. So kam die Ausdifferenzierung von Kernforschung als einer spezifischen Politikarena innerhalb des politischen Systems und als eines spezifischen Forschungsfeldes innerhalb des Forschungssystems durch eine solche Verschränkung reflexiver Interessen zustande.

Aus dem Gesagten wird bereits deutlich: Politische Gesellschaftssteuerung muß häufig mit den Steuerungsobjekten verhandeln. Solche Verhandlungen haben meist keinen zeitlich und sachlich punktuellen sowie sozial bilateralen Charakter, sondern konstituieren dauerhafte, eine Bandbreite von Themen bearbeitende und zumindest auf Seiten der Steuerungsobjekte, oft aber auch auf Seiten der Steuerungssubjekte eine Mehrzahl von korporativen Akteuren einbeziehende *intersystemische Politiknetzwerke* (vgl. Marin/Mayntz 1991; Mayntz 1993). Solche Netzwerke finden sich in der Gesundheits- ebenso wie in der Bildungs-, der Forschungs- oder der Wirtschaftspolitik. Diese Netzwerke sind institutionell fixierte Akteurkonstellationen, wobei allen Beteiligten die durch die institutionelle Ordnung gewährte wechselseitige Erwartungssicherheit – ein weiteres reflexives Interesse von Akteuren – meist äußerst wichtig ist. Das zeigt sich immer dann, wenn bestimmte Akteure sich etwa durch ein Abweichen von den institutionalisierten Domänenabgrenzungen Vorteile verschaffen könnten, dies aber vor allem deshalb nicht tun, weil das der Anfang vom Ende der Erwartungssicherheit sein könnte: Denn die Abweichung des einen zwingt auch die anderen, um nicht gänzlich übervorteilt zu werden, dazu, Gleiches zu tun, was leicht eine eigendynamisch eskalierende Zerrüttungsspirale in Gang setzen könnte. Die deutsche Vereinigung bot hierzu mit der Notwendigkeit, z.B. die ostdeutsche Forschung in das westdeutsche Forschungsystem einzugliedern, ein natürliches Experiment; und empirisch zeigte sich eindrucksvoll, daß kein Akteur des westdeutschen forschungspolitischen Netzwerks seinen eigenen Vorteil gegen die anderen suchte (vgl. Mayntz 1994).

Politiknetzwerke sind damit ein zunehmend wichtig gewordener Integrationsmechanismus moderner Gesellschaften geworden, der bei einer akteurtheoretischen Herangehensweise in den Blick kommt. So lassen sich die systemtheoretischen Konzepte der Kontextsteuerung und der Reflexion präziser und differenzierter fassen. Die akteurtheoretische Betrachtung von Politiknetzwerken zeigt überdies, daß es für gesellschaftliche Integration nicht unbedingt darauf ankommt, daß die involvierten Akteure die jeweiligen Integrationserfordernisse im Blick haben. Eine solche „Gemeinwohlorientierung" ist eher selten, weil sehr voraussetzungsvoll (vgl. Mayntz 1992); und überdies garantiert nichts, daß die Vorstellungen der Akteure darüber, was integrativ not tut, zutreffend sind. Gerade Politiknetzwerke können aber unter bestimmten Umständen transintentional integrativ wirken.[26] Aus dem Pluralismus von Interessenlagen und der Logik von Verhandlungen zwischen Akteuren, von denen keiner eine beherrschende und keiner eine völlig ohnmächtige Position innehat und die allesamt an längerfristiger Erwartungssicherheit interessiert sind, können als Wirkungen des aufeinander bezogenen Handelns Entscheidungen hervorgehen, die keiner von sich aus so gewollt hat, die aber gera-

26 Fritz Scharpf arbeitet, anknüpfend an Ideen von Charles Lindblom (vgl. Lindblom 1965), einige dieser Voraussetzungen heraus (vgl. Scharpf 1994). Einer systemtheoretischen Betrachtung kann dies schon deshalb nicht in den Blick geraten, weil sie durch das Ausblenden von Akteuren gar keine Divergenzen zwischen Akteurintentionen und systemischen Erfordernissen bemerken kann.

de deshalb gesellschaftlichen Integrationserfordernissen Rechnung tragen.

Eine Form von Akteurkonstellation, die einen derartigen transintentionalen gesellschaftlichen Integrationsmechanismus bildet und auch über Politiknetzwerke hinaus bestimmte intersystemische Leistungsbeziehungen prägt, ist der *funktionale Antagonismus*, wie man ihn etwa im Verhältnis zwischen dem deutschen Forschungssystem und seiner gesellschaftlichen Umwelt vorfindet (vgl. Schimank 1994). Dieses Verhältnis ist dadurch bestimmt, daß Forschungsakteure auf der einen, ihre außerwissenschaftlichen Gegenüber – staatliche forschungspolitische Akteure sowie an Auftragsforschung interessierte staatliche oder wirtschaftliche Akteure – auf der anderen Seite jeweils in mehrfachen Hinsichten keinen einseitigen Abhängigkeiten von einem Akteur der anderen Seite ausgesetzt sind:

- In inzwischen sechzehn Bundesländern existieren insgesamt etwa 80 wissenschaftliche Hochschulen. Das ermöglicht auf der einen Seite den Professoren, durch tatsächlichen oder angedrohten Wechsel ihre Forschungsbedingungen zu verbessern. Auf der anderen Seite können die zuständigen Länderministerien die finanziellen und personellen Ressourcen zwischen ihren Hochschulen, deren Fachbereichen und den einzelnen Professuren so verteilen und in gewissem Maße auch umverteilen, daß gute und außerwissenschaftlich relevante Forschung besonders gefördert wird.
- Drittmittel für Forschungsprojekte und Forschungsaufträge machen neben der institutionellen Finanzierung bei fast allen Forschungseinrichtungen einen erheblichen Anteil der Ressourcen aus. Diese zusätzlichen Ressourcen erlauben einerseits den Forschungsakteuren, ihre Forschungsmöglichkeiten zu verbessern. Andererseits können staatliche oder wirtschaftliche Akteure, die Drittmittel vergeben, das von der Beachtung bestimmter Gesichtspunkte außerwissenschaftlicher Nützlichkeit abhängig machen und so die Forschungsakteure stärker daran binden.
- Die Forschungsfelder und Forschungstypen der Hochschulen und der staatlich finanzierten außeruniversitären Forschungseinrichtungen überlappen einander trotz der weiter oben erwähnten funktionalen Differenzierung nach Forschungstypen immer noch erheblich. Das macht staatliche oder wirtschaftliche Nachfrager nach bestimmten anwendungsbezogenen Forschungsleistungen nicht von einem einzigen Forschungsak-

teur abhängig. Das Wissen der Forschungsakteure darüber hält sie gleichsam zur Beachtung der „Kundenwünsche" an.

- Die forschungspolitische Konkurrenz zwischen den Bundes- und Landesakteuren in der föderalen Politikverflechtung hat einer Reihe von Forschungsakteuren viele Möglichkeiten verschafft, ihre Forschungsbedingungen zu verbessern. Das Streben des Bundesforschungsministeriums, in dieses ursprünglich weitgehend den Ländern vorbehaltene Politikfeld einzudringen, vollzog sich in Gestalt großzügiger Ressourcengewährung. Sobald sich der Bund aber so formelle forschungspolitische Kompetenzen „erkauft" hatte, haben Bund und Länder einander wechselseitig bei der forschungspolitischen Steuerung der betreffenden Forschungseinrichtungen blokkiert, was diesen Autonomiespielräume sichert.

Zusammengenommen geben diese – hier nur angedeuteten – institutionellen Strukturen und Akteurkonstellationen sowohl den Forschungsakteuren als auch ihren außerwissenschaftlichen Bezugsakteuren vielfältige Möglichkeiten eines strategischen „divide et impera" (vgl. Baumgartner et al. 1975). Daß die Forschungsakteure ihre außerwissenschaftlichen Bezugsakteure gegeneinander ausspielen können, wirkt einer zu starken Vereinnahmung der Forschung durch außerwissenschaftliche Relevanzen entgegen, während umgekehrt das Gegeneinanderausspielen der Forschungsakteure durch ihre Bezugsakteure einer zu starken Verselbständigung der Forschung gegenüber deren Gesichtspunkten entgegenwirkt. Sofern beide Seiten einander einigermaßen das Gleichgewicht halten, wahrt jede eine der zwei spannungsreich zueinander stehenden Voraussetzungen gesellschaftlich funktionaler Forschung. Indem die Forschungsakteure ihrer „curiositas" frönen und wahre Erkenntnisse produzieren wollen, wird die Ausdifferenzierung der wissenschaftlichen Handlungslogik gesichert, was die Basis für außerwissenschaftliche Nützlichkeit ist; und die außerwissenschaftlichen Bezugsakteure, die auf diese Nützlichkeit dringen, sorgen dadurch dafür, daß die Leistungsbezüge der Forschung zu anderen Teilsystemen aufrechterhalten bleiben. Damit ist die gesellschaftliche Integration des Forschungssystems in dieser wichtigen Hinsicht das so von keiner von beiden Seiten gewollte Ergebnis ihres ständigen Gegeneinanders.

Dieses Modell eines Integrationsmechanismus regt weitere vergleichende Forschungen an. Wie sieht das Verhältnis zwischen Forschungsakteuren und ihren außerwissenschaftlichen Bezugsakteuren diesbezüglich in anderen Ländern aus?[27] War der funktionale Antagonismus in Deutschland immer so ausgeprägt wie er jetzt ist, und wird dies so bleiben? Oder, über das Forschungssystem hinausblickend: Gibt es bei anderen Teilsystemen ebenfalls gesellschaftlich integrative funktionale Antagonismen? Das Gegeneinander von Gewerkschaften und Unternehmen innerhalb des kapitalistischen Wirtschaftssystems dürfte beispielsweise ein weiterer Fall sein.

Ich will die Darlegung der neueren deutschen akteurtheoretischen Herangehensweise an gesellschaftliche Differenzierung an dieser Stelle relativ unvermittelt abbrechen, obwohl im einzelnen noch vieles Weitere angesprochen werden könnte. Aber sowohl bei diesen als auch bei den von den „Neofunktionalisten" geführten Diskussionen handelt es sich eben um die jüngsten und noch keineswegs abgerundeten Beiträge zur differenzierungstheoretischen Perspektive; und dies soll auch die Art ihrer Darstellung hier deutlich machen.

5.5 „Grounded theories" der mittleren Reichweite

Ein abschließendes Resümee der akteurtheoretischen Herangehensweisen an gesellschaftliche Differenzierung erübrigt sich aufgrund der gerade angesprochenen Unabgeschlossenheit der Diskussionen. Was sich allerdings bislang sagen läßt, ist, daß insbesondere der Versuch einer Kombination system- und akteurtheoretischer Herangehensweisen offensichtlich vielversprechend für die weitere Ausarbeitung der differenzierungstheoretischen Perspektive ist. Die Voraussetzung dafür besteht freilich darin, daß es akteurtheoretischen Herangehensweisen gelingt, auf dem Weg der vorsichtigen Abstraktion von empirischen Fällen zu theoretischen Konzepten und Modellen zu gelangen und nicht in Geschichtsschreibung abzugleiten. Ich will daher abschließend die mir aussichtsreich erscheinende und implizit bereits deutlich gewordene Strategie der Theoriebildung umreißen.

Akteurtheoretische Herangehensweisen sollten eine Strategie benutzen, die auf „Theorien mittlerer Reichweite" abzielt und diese als „grounded theories" gewinnt. *„Theorien mittlerer Reichwei-*

---

27 Dietmar Brauns Untersuchungen zeigen, daß es vergleichbare Strukturen auch anderswo gibt (Braun 1995).

te", wie sie bereits im Kapitel 1.3 zur Sprache gekommen sind, stellen spezifische theoretische Instrumente für einzelne Punkte der differenzierungstheoretischen Agenda dar – z.B. das Modell des funktionalen Antagonismus als ein gesellschaftlicher Integrationsmechanismus, der unter spezifizierbaren Umständen auf spezifizierbare Weise funktioniert, oder der „Monopolmechanismus" als eine ebenfalls klar umschreibbare Dynamik fortschreitender Differenzierung. Damit liegt der Schwerpunkt der akteurtheoretischen Herangehensweisen entgegengesetzt zu dem der systemtheoretischen. Letztere haben sich um möglichst generelle theoretische Bezugsrahmen bemüht, die gleichsam eine Antwort „aus einem Guß" auf sämtliche Punkte der differenzierungstheoretischen Agenda geben wollen. Die akteurtheoretischen Herangehensweisen sollten zwar auch einen solchen übergreifenden Bezugsrahmen besitzen, wie ich ihn im vorigen Abschnitt mit dem Modell gesellschaftlicher Strukturierung vorgestellt habe. Aber dieser Bezugsrahmen braucht nur sehr locker geknüpft zu sein; und nachdem Parsons und Luhmann im Anschluß an die Klassiker der ersten Generation die differenzierungstheoretische Perspektive als „orienting strategy" (Wagner/Berger 1985) breit entfaltet haben, kann die akteurtheoretische Hauptbeschäftigung vorerst in der weiteren Suche nach begrenzten, aber deshalb auch klar identifizierbaren und präzisierbaren Konzepten und Modellen wie den angeführten bestehen. So läßt sich allmählich ein immer reichhaltigeres theoretisches Instrumentarium erarbeiten.

Dafür wiederum bietet sich als Vorgehensweise die Konstruktion von „*grounded theories*" an. „Grounded theories" unterscheiden sich von rein deduktiv aus theoretischen Prämissen abgeleiteten Theorien ebenso wie von rein induktiv aus empirischen Beobachtungen gewonnenen Theorien (vgl. Glaser/Strauss 1968; Strauss/Corbin 1990). Die dargestellten akteurtheoretischen Herangehensweisen an Differenzierungsvorgänge gehen in der Tat von empirisch untersuchten Fällen aus und gewinnen genau daraus ihre Einschränkungen, Präzisierungen und Modifikationen der sehr generellen systemtheoretischen Vorstellungen. Aber natürlich wäre es überhaupt nicht möglich, sich bei der empirischen Arbeit von den einschlägigen bereits vorhandenen differenzierungstheoretischen Konzepten und Modellen frei zu machen. Ein derartiges „Sich-dumm-stellen" wäre überdies auch wenig fruchtbar, weil die vorhandenen theoretischen Instrumente schließlich den bisherigen Erkenntnisstand markieren und man im Sinne einer kumulativen Forschung an sie anschließen sollte. Daß das keine kritiklose

Übernahme des theoretischen Status quo bedeuten muß, haben nicht nur die „Neofunktionalisten“ nachdrücklich bewiesen. Vor diesem Hintergrund bietet es sich an, sowohl empirisch fundiertes Wissen über konkrete Fälle zu erarbeiten als auch dabei theoriegeleitet vorzugehen und dann keines von beidem gegeneinander auszuspielen, sondern Empirie und Theorie gleichsam ins Gespräch miteinander zu bringen: im wiederholten Wechselspiel empirische Befunde theoretisch aufzuschlüsseln und die theoretischen Konzepte und Modelle empirisch irritiert weiter zu entwickeln.

Kapitel 6
Das realitätserschließende Potential der differenzierungstheoretischen Perspektive

Ich habe in den vorausgegangenen Kapiteln die sukzessive Entfaltung der differenzierungstheoretischen Perspektive von den soziologischen Klassikern über Parsons und Luhmann bis zu den aktuellen Diskussionen nachgezeichnet. Ich will in diesem abschließenden Kapitel nun nicht daran gehen, all das kurz und bündig zusammenzufassen. Denn dabei ginge gerade die Differenziertheit der Überlegungen verloren, und übrig bliebe ein Zerrbild. Weiterhin werde ich jetzt auch keine vergleichende Gesamtbewertung der verschiedenen vorgestellten Differenzierungstheorien im Sinne einer Rangordnung vornehmen. Denn ich habe ja bereits im Einleitungskapitel darauf hingewiesen und auch beim Durchgang durch die verschiedenen Theorien immer wieder betont, daß jede von ihnen richtige und wichtige Einsichten enthält und es mir genau darauf, aber nicht auf ein penibles Aufrechnen der jeweiligen Stärken und Schwächen ankommt.

Ich will vielmehr in diesem Kapitel einige übergreifende, sich auf alle dargestellten Theorien beziehende Gesichtspunkte vorbringen. Dies erfolgt in drei Schritten. Als erstes werde ich stichwortartig noch einmal die wichtigsten theoretischen Konzepte und Modelle auflisten. Zweitens werde ich die grundlegenden Charakteristika der modernen Gesellschaft, wie sie sich aus differenzierungstheoretischer Perspektive darstellt, resümieren. Drittens schließlich werde ich das realitätserschließende Potential der differenzierungstheoretischen Perspektive in analytischer, integrativer und komparativer Hinsicht herausstellen.

6.1 Differenzierungstheoretische Konzepte und Modelle

Die nun folgende stichwortartige Zusammenstellung der wichtigsten theoretischen Konzepte und Modelle orientiert sich an der bereits bei den soziologischen Klassikern deutlich gewordenen und fortan weitergeführten thematischen Agenda der differenzierungstheoretischen Perspektive. Die Perspektive unterscheidet und charakterisiert Ebenen und Formen gesellschaftlicher Differenzierung, benennt Ursachen fortschreitender Differenzierung und identifiziert deren Folgewirkungen im Hinblick auf die einzelnen Gesellschaftsmitglieder und die Gesellschaft als Ganze.

Im einzelnen:

- Die moderne Gesellschaft wird als primär funktional differenzierte Gesellschaft gekennzeichnet. Diese *Differenzierungsform* unterscheidet sich von den anderen, ihr in der Moderne untergeordneten Formen der segmentären und stratifikatorischen Differenzierung sowie der Differenzierung in Zentren und Peripherien.
- Als *Ebenen funktionaler Differenzierung* werden erstens Rollen, zweitens Organisationen und drittens gesellschaftliche Teilsysteme identifiziert. Auf der Ebene der Rollen und der Organisationen ist funktionale Differenzierung eine Arbeitsteilung zwischen spezialisierten Einheiten. Die teilsystemische Differenzierung der modernen Gesellschaft stellt demgegenüber eine Spezialisierung von Orientierungshorizonten des Handelns dar.
- Der gemeinsame Nenner von Vorgängen teilsystemischer funktionaler Differenzierung kann als *Rationalisierung* gefaßt werden. Die Rationalisierung von Wertorientierungen stellt diese immer reiner als je eigen-sinnige Leitgesichtspunkte teilsystemischen Handelns heraus. Das erlaubt dann die Rationalisierung von Zweck-Mittel-Relationen. Die Zweck-Rationalität wiederum wird durch formale und theoretische Rationalisierung vorangetrieben.
- Die moderne Gesellschaft als Ganze wird als Ensemble von Teilsystemen betrachtet, zwischen denen mannigfaltige *intersystemische Leistungsbezüge* bestehen. Die Reproduktion der Gesellschaft vollzieht sich darüber, daß jedes Teilsystem seine Leistungsproduktion an spezifischen funktionalen Erfordernissen ausrichtet.
- Die Durchsetzung und das weitere Voranschreiten funktionaler Differenzierung gehen auf im einzelnen vielfältige *Triebkräfte* zurück, die sich in drei Gruppen zusammenstellen lassen. Die erste Gruppe bilden Faktoren der erwarteten oder sich einstellenden Leistungssteigerung durch funktionale Differenzierung. Die zweite Gruppe besteht aus kulturellen Impulsen einer immer rigoroseren Purifizierung und Perfektionierung sinnhafter Orientierungen. In die dritte Gruppe gehö-

ren Akteurinteressen an Konkurrenzvermeidung, Domänenausdehnung und Autonomiesicherung.

- Eine Betrachtung der modernen Gesellschaft als funktional differenzierter Gesellschaft unterscheidet verschiedene *Arten von gesellschaftlichen Strukturen*. Zentral sind die teilsystemspezifischen Erwartungsstrukturen in Form von binären Codes und diese spezifizierenden Programmen. Weiterhin werden spezifische institutionelle Regelungen, insbesondere Rollenerwartungen, Rechtsnormen und Organisationsregeln, sowie Konstellationen individueller, kollektiver und korporativer Akteure in den Blick genommen. Diese Konstellationen werden hinsichtlich der Interessenlagen und Einflußpotentiale der jeweiligen Akteure charakterisiert.
- So vollzieht sich gesellschaftliche Differenzierung im *Wechselspiel* von teilsystemischen Orientierungsmustern, institutionellen Ordnungen und Akteurkonstellationen. Dabei ist auf seiten der Akteure zwischen den Propagandisten neuer Differenzierungsmuster, der sich ihnen anschließenden Gefolgschaft, den am Status quo festhaltenden Gegnern sowie den nach Kompromissen suchenden Vermittlern zu unterscheiden.
- Als gesellschaftliche Strukturdynamik beruht fortschreitende Differenzierung teils auf dem koinzidentiellen Zusammenwirken der benannten Faktoren in Form historischer Zufälle oder in Form evolutionärer Variation. Teils treten neben solche *offenen Dynamiken* aber auch mehr oder weniger *geschlossene Dynamiken*, etwa eigendynamische Eskalationen. Eine Entwicklungslinie kontinuierlich in allen gesellschaftlichen Teilbereichen immer weiter voranschreitender funktionaler Differenzierung gibt es nicht. Funktionale Differenzierung ist vielmehr aufgrund der mitwirkenden koinzidentiellen Faktoren in mehrfacher Hinsicht kontingent. Ob eine gegebene gesellschaftliche Differenzierungsstruktur sich weiter differenziert, wie dies verläuft und worauf es hinausläuft, ist nicht zwingend vorgegeben.
- Fortschreitende funktionale Differenzierung hat *ambivalente Folgen* sowohl für die einzelnen Gesellschaftsmitglieder als auch für die Gesellschaft als Ganze. Neben die Vervielfachung realisierbarer Möglichkeiten spezialisierten Handelns und damit einhergehende Steigerungen gesellschaftlicher Leistungsproduktion, was den einzelnen Gesellschaftsmitgliedern eine Kultivierung ihrer Individualität ermöglicht, stehen ins Gewicht fallende Kosten. Auf seiten der einzelnen Gesell-

schaftsmitglieder nehmen Orientierungs- und Identitätsprobleme zu, weil teilsystemübergreifende sinnstiftende Bindungen erodieren. Für die Gesellschaft als Ganze wird die Integration der Teilsysteme untereinander zu einem immer schwierigeren Problem. Inkompatibilitäten zwischen teilsystemischen Orientierungsmustern nehmen zu; damit wird die Verselbständigung der Teilsysteme, die dann ihre jeweilige gesellschaftliche Umwelt mit negativen Externalitäten belasten, zu einer immer größeren Gefahr.

- Die *gesellschaftliche Integration* beruht unter diesen Umständen nicht mehr auf alle Teilsysteme überwölbenden Wertorientierungen, sondern auf dem Zusammenwirken teils evolutionärer, teils intentionaler integrativer Mechanismen. Evolutionär bilden sich strukturelle Kopplungen zwischen verschiedenen Teilsystemen heraus, die diesen wechselseitige Rücksichtnahmen aufeinander auferlegen. Dies wird allerdings zunehmend überformt durch eine intentionale Integration, die vor allem auf politischer Gesellschaftssteuerung beruht. Diese bedient sich verschiedener Mechanismen, die insbesondere auf das Reflexionspotential korporativer Akteure in intersystemischen Verhandlungsnetzwerken setzen.

Das sind gewissermaßen die Merkpunkte, die man sich vor Augen halten kann, wenn man sich fragt, wie man eine bestimmte gesellschaftstheoretische Frage aus differenzierungstheoretischer Perspektive betrachten könnte. Wenn man auch nur einen der hier stichwortartig aufgelisteten analytischen Aspekte für interessant hält, um das ins Auge gefaßte Analyseproblem bearbeiten zu können, lohnt sich der Blick in die einschlägigen differenzierungstheoretischen Arbeiten. Die vielfältigen empirischen Querbezüge zwischen den Konzepten und Modellen führen überdies, gleichgültig wo man einsteigt, schnell tiefer in die differenzierungstheoretische Perspektive hinein.

6.2 Die differenzierungstheoretische Charakterisierung der modernen Gesellschaft

Im vorausgegangenen Abschnitt habe ich gewissermaßen die einzelnen Gruppen von Werkzeugen aufgeführt, die sich im differenzierungstheoretischen Werkzeugkasten befinden. Eine solche Auflistung bringt zwangsläufig eine Zergliederung der Perspektive mit sich und läßt dadurch deren ganzheitliches Bild ihres Gegenstandes in den Hintergrund treten. Deshalb will ich nun letzteres noch einmal resümieren.

Die differenzierungstheoretische Perspektive arbeitet vor allem fünf grundlegende Charakteristika moderner Gesellschaften heraus. Das erste ist das für diese Theorieperspektive konstitutive: Moderne Gesellschaften sind *funktional differenzierte Gesellschaften.* Sie bestehen also aus einem Nebeneinander ungleichartiger, aber zumindest insoweit gleichrangiger Teilsysteme, daß sie alle gleichermaßen unverzichtbar sind. Bei jedem von ihnen haben sich im Laufe der Entwicklung die jeweiligen Orientierungsmuster immer prägnanter in ihrer Eigen-Sinnigkeit herausgebildet. Zwar gab es auch in vormodernen Gesellschaften bereits funktionale Differenzierung, aber nicht als primäre, die Identität der Gesellschaft prägende Differenzierungsform.

Vier weitere Charakteristika sind im Zusammenhang mit funktionaler Differenzierung immer wieder zur Sprache gekommen. Als zweites tritt hinzu, daß moderne Gesellschaften *Wachstumsgesellschaften* sind. Nicht nur das Wirtschaftssystem, auch alle anderen gesellschaftlichen Teilsysteme sind im Laufe ihrer Entwicklung in drei Hinsichten enorm gewachsen: hinsichtlich der Menge der jeweils für sich mobilisierten Ressourcen, insbesondere Finanzen und Personal; hinsichtlich der Menge der jeweils produzierten Leistungen; und hinsichtlich der Größe des jeweiligen gesellschaftlichen Adressatenkreises. Als globales Phänomen gibt es dies erst in modernen Gesellschaften, wenngleich auch vormoderne Gesellschaften immer wieder temporäre und punktuelle Wachstumsvorgänge kannten. Dieses Wachstum, das nicht nur in zahllosen quantitativen Indikatoren, sondern auch in der qualitativ bewertenden Semantik des gesellschaftlichen „Fortschritts“ (vgl. Koselleck/Meier 1975; Williams 1976: 205-207) zum Ausdruck kommt, wird wohl, allen Debatten „über Grenzen des Wachstums“ zum Trotz, weiterhin anhalten – wenn auch nicht unbedingt in allen drei Hinsichten, bei allen Teilsystemen und mit der bisherigen Geschwindigkeit.

Moderne Gesellschaften sind drittens *gesteuerte Gesellschaften.* Damit ist nicht gesagt, daß Gesellschaftssteuerung immer oder auch nur in der Mehrzahl der Fälle erfolgreich ist, also die selbstgesetzten Ziele erreicht. Jeder weiß, daß das nicht der Fall ist. Nichtsdestoweniger besteht auf seiten der gesellschaftlichen Akteure der in ebenso hohem Maße kontrafaktische wie verbindliche Anspruch an sich selbst, nicht bloß die faktischen Produzenten, sondern die bewußten Gestalter der gesellschaftlichen Strukturen zu sein: also steuernd auf den Aufbau, die Wahrung oder die Veränderung bestimmter Strukturen einzuwirken. Dieser erstmals von der Aufklärung formulierte, vormodernen Gesellschaften in seiner Vielfalt und Radikalität gänzlich fremde neuzeitliche Steuerungsanspruch manifestiert sich keineswegs ausschließlich, aber doch insbesondere in Maßnahmen politischer Gesellschaftssteuerung.

Moderne Gesellschaften sind viertens *Organisationsgesellschaften* (vgl. Gabriel 1979; Perrow 1989). Natürlich gab es auch in vormodernen Gesellschaften bereits formale Organisationen, die sogar teilweise sehr groß waren. Doch selbst in den verschiedenen „bürokratischen Großreichen" blieb die gesellschaftliche Durchorganisierung auf einzelne Teilbereiche insbesondere der Verwaltung und der Kirche beschränkt (vgl. Eisenstadt 1963). In der modernen Gesellschaft haben sich hingegen formale Organisationen und Interorganisationsnetze immer flächendeckender und dichter herausgebildet; und Organisationen sind in fast allen gesellschaftlichen Teilsystemen nicht nur zu faktisch vorhandenen, sondern auch zu unverzichtbaren und unübergehbaren Komponenten geworden.

Als fünftes, auf die einzelnen Gesellschaftsmitglieder als Personen bezogenes Charakteristikum moderner Gesellschaften muß weiterhin genannt werden, daß es sich um *individualisierte Gesellschaften* handelt. Jedes Gesellschaftsmitglied richtet an sich selbst und an seine Gegenüber den kognitiven und normativen Anspruch, sich als einzigartige und selbstbestimmte Person zu präsentieren. Individualität war in vormodernen Gesellschaften, soweit überhaupt vorhanden, wenigen Gesellschaftsmitgliedern vorbehalten – insbesondere charismatischen Führungspersonen. Ansonsten setzte sich Individualität dem Verdacht des Devianten aus. In modernen Gesellschaften ist Individualität demgegenüber universalisiert und positiv bewertet worden.

Zwischen diesen Charakteristika moderner Gesellschaften, wie sie in den behandelten Differenzierungstheorien, wenn auch mit unterschiedlicher Gewichtung, immer wieder zur Sprache gekommen sind, bestehen vielfältige und enge Wechselbeziehungen. Ich nenne nur noch einmal die wichtigsten, die in der einen oder anderen der angesprochenen Theorien identifiziert worden sind. So führt funktionale Differenzierung zu Wachstum, weil die binären Codes der Teilsysteme nicht-teleologisch angelegt sind und weil sich auch Spezialisierungsvorteile auszahlen. Umgekehrt kann Wachstum aber auch funktionale Differenzierung vorantreiben, weil es Spezialisierung als Strategie der Konkurrenzvermeidung zuläßt. Funktionale Differenzierung erfordert die Durchsetzung der Gesellschaft mit formalen Organisationen, die die teilsystemspezifischen Orientierungsmuster in Handlungsprogramme operationalisieren. Funktionale Differenzierung macht weiterhin Gesellschaftssteuerung als intentionale Integration immer nötiger. Gesellschaftssteuerung bedient sich wiederum formaler Organisationen als Akteuren und Zugriffspunkten von Steuerungsmaßnahmen in den verschiedenen gesellschaftlichen Teilsystemen. Auch die durch funktionale Differenzierung ausgelösten und ermöglichten Wachstumsvorgänge in den verschiedenen Teilsystemen bedürfen der Steuerung, die teilsystemisches Wachstum stabilisiert und mit den Belangen anderer Teilsysteme kompatibilisiert. Wachstum ist schließlich gebunden an formale Organisationen, die die ihnen spezifischen Vorteile der Leistungsproduktion einbringen.

Ein solches – sicher noch unvollständiges – Tableau der teils kausalen, teils funktionalen Beziehungen zwischen den fünf Charakteristika läßt bereits zwei unterschiedliche Paare erkennen. Das eine Paar – funktionale Differenzierung und Wachstum – weist gewissermaßen die Richtung, in der sich die moderne Gesellschaft entwickelt hat und weiter entwickeln wird. Das andere Paar – Steuerung und Durchorganisierung – stellt demgegenüber die diese Richtung ermöglichenden und absichernden Komponenten dar.[1] Das Zusammenwirken dieser beiden Paare von Charakteristika ermöglicht auf der einen Seite die Individualisierung der Personen in modernen Gesellschaften. Auf der anderen Seite benötigt aber auch eine durch diese vier Charakteristika gekennzeichnete Gesellschaft die Individualität ihrer Mitglieder.

Damit ergibt diese ganzheitlich angelegte Charakterisierung moderner Gesellschaften durch die differenzierungstheoretische Perspektive ebenfalls eine Liste von Merkpunkten, auf die man bei der Untersuchung spezifischer gesellschaftstheoretischer Fragen zurückgreifen kann. Man dürfte kaum eine solche Frage finden, die überhaupt nichts mit funktionaler Differenzierung, Gesellschaftssteuerung, Durchorganisierung, Wachstum und Individualisierung zu tun hat. Im Umkehrschluß bedeutet das, daß die differenzierungstheoretische Perspektive zur Analyse fast jeden gesell-

---

1 Beide Paare stehen somit zueinander in einem Verhältnis zueinander, das dem zwischen steuernden und ermöglichenden Faktoren in Parsons' kybernetischer Kontrollhierarchie entspricht – wobei gesellschaftliche Steuerung zu letzteren Faktoren gehört.

schaftstheoretischen Problems etwas beizutragen hat. Es mag sein, daß es nicht immer nötig ist, sich ihrer zu bedienen. Aber die fast immer gegebene Möglichkeit, es zu tun, sollte auch dazu anhalten, differenzierungstheoretische Überlegungen häufiger, bewußter und kundiger zu verwenden. Ob es um ökologische Probleme oder um Schwierigkeiten von Intimbeziehungen angesichts der Individualisierung geht, um die „Kostenexplosion" im Gesundheitssystem oder Strategien der Forschungssteuerung, um eine mangelnde Abstimmung zwischen dem Qualifikationsbedarf der Wirtschaft und den im Bildungssystem vermittelten Qualifikationen oder um Doping im Hochleistungssport: Zu all diesen äußerst heterogenen Problemen – die nur beispielhaft für ein weit größeres Spektrum stehen – vermag man aus differenzierungstheoretischer Perspektive erhellende Einsichten zu gewinnen, die keine andere Betrachtungsweise zu vermitteln vermag.

6.3 Analytisches, integratives und komparatives Potential

Ich habe nun zum einen differenzierungstheoretische Konzepte und Modelle aufgelistet und zum anderen die differenzierungstheoretische Charakterisierung moderner Gesellschaften resümiert. Beides zusammen gibt den geeigneten Hintergrund ab, um das realitätserschließende Potential der differenzierungstheoretischen Perspektive in analytischer, integrativer und komparativer Hinsicht abschließend zu umreißen.

1. Das *analytische Potential* dieser Perspektive wird insbesondere dann ausgeschöpft, wenn man system- und akteurtheoretische Herangehensweisen kombiniert. Es geht dabei wohlgemerkt nicht darum, zu versuchen, diese beiden völlig anders gerichteten Scheinwerfer auf gesellschaftliche Wirklichkeit zur Deckung zu bringen. Das müßte wohl darauf hinauslaufen, daß man den einen dem anderen unterordnet und angleicht. Statt dessen sollte man die fortbestehende Divergenz der Blickwinkel gerade als Chance nutzen, aus jedem etwas zu sehen, was der andere nicht sieht. Anstelle einer generellen Harmonisierung von system- und akteurtheoretischen Herangehensweisen plädiere ich also für spezifische Komplementaritäten – siehe etwa die beiden in Kapitel 5.1 skizzierten Beispiele. Das schließt nicht aus, daß man die systemtheo-

retischen Konzepte und Modelle akteurtheoretisch rekonstruiert, um sie konsistent in eine akteurtheoretische Herangehensweise einzubauen – oder auch umgekehrt. Aber es wäre fatal, wenn bei einer solchen Rekonstruktion die originären Einsichten der jeweils anderen Herangehensweise verlorengingen.

Eine derartige Kombination von Herangehensweisen könnte weiterhin wohl auch am besten dem Selbstanspruch der differenzierungstheoretischen Perspektive gerecht werden, analytisch sowohl die Referenz auf die Gesellschaft als Ganze als auch die Referenz auf einzelne Gesellschaftsmitglieder im Blick zu behalten. Mit David Lockwoods bekannter Unterscheidung formuliert: Differenzierungstheorie will und sollte sich weder auf Probleme und Erfordernisse der „Systemintegration" noch auf Probleme und Erfordernisse der „Sozialintegration" verengen (vgl. Lockwood 1964). Faktisch nehmen viele differenzierungstheoretische Analysen ihren Ausgang bei Fragen der „Systemintegration", wenn es etwa um die Verselbständigung gesellschaftlicher Teilsysteme geht. Aber oft haben diese Probleme auch eine „sozialintegrative" Seite – sei es, daß die einzelnen Gesellschaftsmitglieder die Probleme durch ihre Anspruchshaltungen mit hervorbringen (vgl. Schimank 1995c), sei es, daß die Probleme umgekehrt auf seiten der Gesellschaftsmitglieder z.B. anomische Erfahrungen hervorrufen. Wichtig ist, daß Differenzierungstheorie die Integrationsprobleme zwischen den gesellschaftlichen Teilsystemen und die Probleme der Integration einzelner Individuen in die Gesellschaft analytisch sinnfällig aufeinander zu beziehen vermag.

2. Das *integrative* Potential der differenzierungstheoretischen Perspektive zeigt sich in der hohen Anschlußfähigkeit ihrer Konzepte und Modelle für andere Theorien, seien es soziologische Teiltheorien, seien es Theorien aus anderen Sozialwissenschaften. Ich habe solche Anschlußmöglichkeiten an verschiedenen Stellen immer wieder explizit erwähnt; und implizit liegen sie an noch viel mehr Punkten der behandelten differenzierungstheoretischen Überlegungen nahe. Eine differenzierungstheoretische Analyse des Dopings im Hochleistungssport kann beispielsweise u.a. Professionssoziologie, Biographietheorie, Devianztheorie, Organisationssoziologie, politikwissenschaftliche Steuerungstheorie, Spieltheorie, die ökonomische „principal agent"-Theorie und die politikwissenschaftliche Verbändeforschung einbeziehen (vgl. Bette/Schimank 1995). Je nach Analyseproblem variieren diese Zugriffe auf weitere Theorien natürlich. Entscheidend ist, so etwas nicht negativ als Ergänzungsbedürftigkeit, sondern positiv als Ergänzungsfähigkeit

der differenzierungstheoretischen Perspektive einzustufen. Es ist theoriebautechnisch sehr viel ökonomischer, an vorhandene Theorien anknüpfen zu können, als immer alles vollständig mit differenzierungstheoretischen Mitteln bearbeiten zu müssen und dadurch eine Menge an theoretischer Doppelarbeit zu leisten.

Voraussetzung eines solchen integrativen Potentials ist, daß eine Theorieperspektive – in einer Managementanalogie – sowohl eine entsprechende „Führungsstärke" als auch eine entsprechende „Delegationsfähigkeit" besitzt. Ersteres ist durch die differenzierungstheoretischen Charakterisierungen der modernen Gesellschaft gewährleistet, die hinzugezogene andere Theorien gleichsam auf Leitlinien ausrichten. So kann man etwa biographie- oder spieltheoretisch bekanntlich Vieles in allen möglichen Hinsichten analysieren. Aber die differenzierungstheoretische Einbettung dieser Theorien gibt ihnen eine klare Problemorientierung vor. Zugleich wahren sie aber auch als differenzierungstheoretisch geführte ihre analytische Eigenständigkeit. Ihre Konzepte und Modelle werden differenzierungstheoretisch nicht gleichsam verbogen, sondern können so, wie sie sind, mit den differenzierungstheoretischen Konzepten und Modellen verknüpft werden.

3. Das *komparative* Potential der differenzierungstheoretischen Perspektive läßt sich in drei Richtungen entfalten. Die erste Richtung ist der Vergleich zwischen verschiedenen gesellschaftlichen Teilsystemen, z.B. Sport und Wirtschaft. Diese Vergleichsrichtung nutzt vor allem Luhmann immer wieder. Die zweite Richtung ist der Vergleich zwischen verschiedenen Ländern, und die dritte der Vergleich verschiedener historischer Phasen desselben Landes. Man kann dann beispielsweise sehen, daß die „Kostenexplosion" des Gesundheitssystems in Deutschland sehr viel ausgeprägter gewesen ist als in Großbritannien, oder daß die Kostensteigerungen innerhalb desselben Landes keineswegs linear verlaufen sind. Diese beiden Vergleichsrichtungen sind insbesondere dann wichtig, wenn man die Wirkung spezifischer institutioneller Regelungen und davon geprägter Akteurkonstellationen studieren will.

Vergleiche sind Ersatz für Experimente, die man in den meisten sozialwissenschaftlichen Feldern aus vielen Gründen nicht durchführen kann. Es geht also um die kontrollierte Variation einzelner Faktoren, um so deren kausale Wirkungen besser abschätzen zu können. Die vielfältigen Vergleichsmöglichkeiten, die in der differenzierungstheoretischen Perspektive angelegt sind, können den methodologisch mißlichen Umstand ein wenig ausgleichen, daß es auf der Welt nur eine höchst begrenzte Anzahl von

Gesellschaften und gesellschaftlichen Teilsystemen gibt, und daß diese Zahl noch weiter schrumpft, wenn man einen einigermaßen gleichen Entwicklungsstand zugrunde legen will.

Diese drei Potentiale noch reichhaltiger zu entfalten: Das muß die Aufgabe der zukünftigen Weiterarbeit an der differenzierungstheoretischen Perspektive sein. Es bleibt zweifellos noch sehr Vieles zu tun. Aber man kann dabei, wie ich gezeigt zu haben hoffe, auch schon auf nicht wenig bereits Geleistetes zurückgreifen.

Literatur

Abrams, Philip, 1982: Historical Sociology. Ithaca, NY.: Cornell University Press.

Ackerman, Charles/Talcott Parsons, 1966: Der Begriff „Sozialsystem" als theoretisches Instrument. In: Talcott Parsons, Zur Theorie sozialer Systeme. Opladen 1976: Westdeutscher Verlag, 69-84.

Adorno, Theodor W., 1953: Individuum und Organisation. In: Theodor W. Adorno, Gesammelte Schriften Bd. 8. Frankfurt a.M. 1972: Suhrkamp, 440-456.

Alber, Jens, 1989: Steuerung oder Eigendynamik von Gesundheitssystemen? In: Journal für Sozialforschung 29, 259-284.

Alexander, Jeffrey C./Paul Colomy (eds.), 1990a: Differentiation Theory and Social Change. Comparative and Historical Perspectives. New York: Columbia University Press.

Alexander, Jeffrey C./Paul Colomy, 1990b: Neofunctionalism Today: Reconstructing a Theoretical Tradition. In: George Ritzer (ed.), Frontiers of Social Theory. New York: Columbia University Press, 33-67.

Ashby, W. Ross, 1952: Design for a Brain. The Origin of Adaptive Behavior. 2. Ed., London 1960: Chapman & Hall.

Ashby, W. Ross, 1956: Einführung in die Kybernetik. Frankfurt a.M. 1974: Suhrkamp.

Axelrod, Robert, 1984: The Evolution of Cooperation. New York: Basic Books.

Bader, Veit Michael et al., 1975: Krise und Kapitalismus bei Marx. 2 Bde., Frankfurt a.M.: EVA.

Bader, Veit Michael et al., 1976: Einführung in die Gesellschaftstheorie. Gesellschaft, Wirtschaft und Staat bei Marx und Weber. Frankfurt a.M./New York 1980: Campus.

Banton, Michael, 1965: Roles. An Introduction to the Study of Social Relations. New York: Basic Books.

Baumgart, Ralf/Volker Eichener, 1991: Norbert Elias zur Einführung. Hamburg: Junius.

Baumgartner, Tom et al., 1975: Meta-Power and Relational Control in Social Life. In: Social Science Information 14 (1), 49-78.

Beck, Ulrich, 1986: Risikogesellschaft. Auf dem Weg in eine andere Moderne. Frankfurt a.M.: Suhrkamp.

Beck, Ulrich, 1992: Verkannte Propheten. Der Untergang des Kommunismus: drei frühe Voraussagen. In: Frankfurter Allgemeine Zeitung vom 23.9.1992

Bell, Daniel, 1973: Die nachindustrielle Gesellschaft. Frankfurt a.M./New York: Campus, 1976.

Bendix, Reinhard, 1960: Max Weber. An Intellectual Portrait. Berkeley, CA. 1977: University of California Press.

Berger, Peter L./Thomas Luckmann, 1966: The Social Construction of Reality. A Treatise in the Sociology of Knowledge. Harmondsworth 1972: Penguin Books.
Bershady, Harold J., 1973: Ideology and Social Knowledge. Oxford: Blackwell.
Bertalanffy, Ludwig von, 1968: General Systems Theory. Harmondsworth 1971: Penguin Books.
Bette, Karl-Heinrich/Uwe Schimank, 1995: Doping im Hochleistungssport. Frankfurt a.M.: Suhrkamp.
Bevers, Antonius M., 1985: Dynamik der Formen bei Georg Simmel. Berlin: Duncker & Humblot.
Bogner, Arthur, 1986: The Structure of Social Processes. A Commentary on the Sociology of Norbert Elias. In: Sociology 20, 387-411.
Bogner, Arthur, 1989: Zivilisation und Rationalisierung: Die Zivilisationstheorien Max Webers, Norbert Elias' und der Frankfurter Schule. Opladen: Westdeutscher Verlag.
Boudon, Raymond, 1978: Die Logik des gesellschaftlichen Handelns. Darmstadt/Neuwied 1980: Luchterhand.
Boudon, Raymond, 1983: Individual Action and Social Change. A No-Theory of Social Change. In: British Journal of Sociology 34, 1-18.
Boudon, Raymond, 1984: Theories of Social Change. A Critical Appraisal. Cambridge 1986: Polity Press.
Bourricaud, Francois, 1977: The Sociology of Talcott Parsons. Chicago, IL.: University of Chicago Press.
Braun, Dietmar, 1993a: Who Governs Intermediary Agencies? Principal-Agent Relations in Research Policy-Making. In: Journal for Public Politics 13, 135-162.
Braun, Dietmar, 1993b: Zur Steuerbarkeit funktionaler Teilsysteme: Akteurtheoretische Sichtweisen funktionaler Differenzierung moderner Gesellschaften. In: Adrienne Héritier (Hrsg.), Policy Analyse. Kritik und Neubewertung. Opladen: Westdeutscher Verlag, 199-222.
Braun, Dietmar, 1993c: Rezension: Helmut Willke, Ironie des Staates. In: Politische Vierteljahresschrift 33, 348-351.
Braun, Dietmar, 1995: Die forschungspolitische Steuerung der Wissenschaft – Ein Beitrag zum „kooperativen Staat“. Habilitationsschrift: Universität Heidelberg.
Braun, Dietmar/Uwe Schimank, 1992: Organisatorische Koexistenzen des Forschungssystems mit anderen gesellschaftlichen Teilsystemen. Die prekäre Autonomie wissenschaftlicher Forschung. In: Journal für Sozialforschung 32, 319-336.
Brubaker, Rogers, 1984: The Limits of Rationality. An Essay on the Social and Moral Thought of Max Weber. London: Allan & Unwin.

Burckhardt, Jacob, 1860: Die Kultur der Renaissance in Italien. Stuttgart 1966: Kröner.
Burke, Edmund, 1790: Reflections on the Revolution in France. Harmondsworth 1983: Penguin Books.
Burns, Tom/G.M. Stalker, 1961: The Management of Innovation. London: Tavistock.
Cadwallader, M.L., 1959: The Cybernetic Analysis of Change in Complex Social Organizations. In: American Journal of Sociology 65, 154-157.
Coleman, James, 1982: The Asymmetric Society. Syracuse, NY.: Syracuse University Press.
Coleman, James, 1990: Foundations of Social Theory. Cambridge, MA.: The Belknap Press.
Collins, Harry M. (ed.), 1981: Knowledge and Controversy. Social Studies of Science 11 (1), Special Issue.
Colman, Andrew M., 1982: Game Theory and Experimental Games. Oxford: Pergamon.
Colomy, Paul, 1990a: Divisions and Progress in Differentiation Theory. In: Jeffrey C. Alexander/Paul Colomy (eds.), Differentiation Theory and Social Change. Comparative and Historical Perspectives. New York: Columbia University Press, 465-495.
Colomy, Paul, 1990b: Strategic Groups and Political Differentiation in the Antebellum United States. In: Jeffrey C. Alexander/Paul Colomy (eds.), Differentiation Theory and Social Change. Comparative and Historical Perspectives. New York: Columbia University Press, 222-264.
Coser, Rose L., 1975: The Complexity of Roles as a Seedbed of Individual Autonomy. In: Lewis A. Coser (ed.), The Idea of Social Structure. Papers in Honor of Robert K. Merton. New York: Harcourt, 237-263.
Crott, Helmut et al., 1977: Verhandlungen I. Individuen und Gruppen als Konfliktparteien. Ergebnisse aus sozialpsychologischer Verhandlungsforschung. Stuttgart: Kohlhammer.
Crozier, Michel, 1970: La Societe Bloquee. Paris 1984: Du Seuil.
Dahrendorf, Ralf, 1955: Struktur und Funktion. Talcott Parsons und die Entwicklung der soziologischen Theorie. In: Ralf Dahrendorf, Pfade aus Utopia. Arbeiten zur Theorie und Methode der Soziologie. München 1968: Piper, 213-241.
Dahrendorf, Ralf, 1958: Pfade aus Utopia. Zu einer Neuorientierung der soziologischen Analyse. In: Ralf Dahrendorf, Pfade aus Utopia. Arbeiten zur Theorie und Methode der Soziologie. München 1968: Piper, 242-263.
Dahrendorf, Ralf, 1979: Lebenschancen. Anläufe zur sozialen und politischen Theorie. Frankfurt a.M.: Suhrkamp.
Darvas, György, et al., 1995: Transformation of the Science and Technological Development System in Hungary. In: Renate Mayntz/

Uwe Schimank/Peter Weingart (Hrsg.), Transformation mittel- und osteuropäischer Wissenschaftssysteme – Länderberichte. Opladen: Leske + Budrich, 853-976.
Dawe, Alan, 1970: The Two Sociologies. In: British Journal of Sociology 21, 207-218.
Dawe, Alan, 1978: Theories of Social Action. In: Tom Bottomore/Robert A. Nisbet (eds.), A History of Sociological Analysis. New York: Basic Books, 363-417.
Dörner, Dietrich, 1989: Die Logik des Mißlingens. Strategisches Denken in komplexen Situationen. Reinbek: Rowohlt.
Dreeben, Robert, 1968: Was wir in der Schule lernen. Frankfurt a.M. 1980: Suhrkamp.
Durkheim, Emile, 1885: Regeln der soziologischen Methode. Darmstadt/Neuwied 1970: Luchterhand.
Durkheim, Emile, 1893: Über soziale Arbeitsteilung. Studie über die Organisation höherer Gesellschaften. Frankfurt a.M. 1988: Suhrkamp.
Durkheim, Emile, 1897: Suicide. London 1975: Routledge.
Durkheim, Emile, 1902: Vorwort zur zweiten Auflage. Einige Bemerkungen über die Berufsgruppen. In: Emile Durkheim, Über soziale Arbeitsteilung. Studie über die Organisation höherer Gesellschaften. Frankfurt a.M. 1988: Suhrkamp, 41-75.
Easton, David, 1965: A Systems Analysis of Political Life. New York: Wiley.
Ebers, Nicola, 1995: „Individualisierung“: Georg Simmel, Norbert Elias, Ulrich Beck. Würzburg: Königshausen und Neumann.
Eisenstadt, Shmuel N., 1963: The Political Systems of Empires. The Rise and Fall of the Historical Bureaucratic Societies. New York: The Free Press.
Eisenstadt, Shmuel N., 1964: Social Change, Differentiation, and Evolution. In: American Sociological Review 29, 375-386.
Eisenstadt, Shmuel N./M. Curelaru, 1976: The Form of Sociology. Paradigms and Crises. New York: Wiley.
Elias, Norbert, 1939: Über den Prozeß der Zivilisation. 2 Bde. Frankfurt a.M. 1976: Suhrkamp.
Elias, Norbert, 1970: Was ist Soziologie? München: Juventa.
Engelhardt, H.T./A.L. Caplan (eds.), 1987: Scientific Controversies. Case Studies in the Resolution and Closure of Disputes in Science and Technology. Cambridge, MA.: Cambridge University Press.
Freidson, Eliot, 1982: Professional Powers. A Study of the Institutionalization of Formal Knowledge. Chicago, IL.: Chicago University Press.
Foerster, Heinz von, 1984: Principles of Self-Organization – in a Socio-Managerial Context. In: H. Ulrich/G.J.B. Probst (eds.),

Self-Organization and Management of Social Systems. Insights, Promises, Doubts, and Questions. Berlin: Springer, 2-24.

Fuchs, Peter, 1992: Niklas Luhmann – beobachtet. Opladen: Westdeutscher Verlag.

Gabriel, Karl, 1979: Analysen der Organisationsgesellschaft. Ein kritischer Vergleich der Gesellschaftstheorien Max Webers, Niklas Luhmanns und der phänomenologischen Soziologie. Frankfurt a.M./New York: Campus.

Galbraith, James K., 1958: The Affluent Society. Harmondsworth 1979: Penguin Books.

Galbraith, James K., 1973: Economics and the Public Purpose. Harmondsworth 1977: Penguin Books

Garfinkel, Harold, 1967: Studies on the Routine Grounds of Everyday Activities. In: Harold Garfinkel, Studies in Ethnomethodology. Englewood Cliffs: Prentice-Hall, 35-75.

Gehlen, Arnold, 1940: Der Mensch. Seine Natur und seine Stellung in der Welt. Wiesbaden 1976: Athenaion.

Geißler, Rainer, 1992: Die Sozialstruktur Deutschlands. Opladen: Leske + Budrich.

Gerhards, Jürgen, 1994: Politische Öffentlichkeit: Ein system- und akteurtheoretischer Bestimmungsversuch. In: Friedhelm Neidhardt (Hrsg.), Öffentlichkeit, öffentliche Meinung, soziale Bewegung. Opladen: Westdeutscher Verlag, 77-105.

Gerhards, Jürgen/Friedhelm Neidhardt, 1990: Strukturen und Funktionen moderner Öffentlichkeit. Fragestellungen und Ansätze. Berlin: Wissenschaftszentum Berlin.

Giddens, Anthony, 1978: Durkheim. Glasgow: Fontana.

Giddens, Anthony, 1984: The Constitution of Society. Cambridge: Polity Press.

Glaser, Barney/Anselm Strauss, 1968: The Discovery of Grounded Theory. Strategies for Qualitative Research. New York 1980: Aldine.

Goffman, Erving, 1961: Asyle. Über die soziale Situation psychiatrischer Patienten und anderer Insassen. Frankfurt a.M. 1973: Suhrkamp.

Goffman, Erving, 1971: Relations in Public. Microstudies of the Public Order. Harmondsworth 1972: Penguin Books.

Granovetter, Mark, 1978: Threshold Models of Collective Behavior. In: American Journal of Sociology 83, 1420-1443.

Griffith, Belver C./H. Small, 1974: The Structure of Scientific Literatures I. Identifying and Graphing Specialities. In: Science Studies 4, 411-420.

Griffith, Belver C. et al., 1974: The Structure of Scientific Literatures II. Toward a Macro- and Microstructur of Science. In: Science Studies 4, 339-365.

Gross, Peter, 1994: Die Multioptionsgesellschaft. Frankfurt a.M.: Suhrkamp.
Günther, Gotthard, 1973: Life as Poly-Contexturality. In: Gotthard Günther, Beiträge zur Grundlegung einer operationsfähigen Dialektik. Bd. 2: Wirklichkeit als Poly-Kontexturalität. Hamburg 1979: Meiner, 283-306.
Habermas, Jürgen, 1971: Theorie der Gesellschaft oder Sozialtechnologie – Eine Auseinandersetzung mit Niklas Luhmann. In: Jürgen Habermas/Niklas Luhmann, Theorie der Gesellschaft oder Sozialtechnologie – Was leistet die Systemforschung? Frankfurt a.M.: Suhrkamp, 142-290.
Habermas, Jürgen/Niklas Luhmann, 1971: Theorie der Gesellschaft oder Sozialtechnologie – Was leistet die Systemforschung? Frankfurt a.M.: Suhrkamp.
Hartmann-Tews, Ilse, 1995: Sport für alle – Variationen einer Idee im internationalen Vergleich. Eine komparative Analyse zur Realisation des Inklusionsprinzips gesellschaftlicher Teilsysteme. Habilitationsschrift: Deutsche Sporthochschule Köln.
Harvey, John H./Gifford Weary (eds.), 1985: Attribution. Basic Issues and Applications. Orlando: Academic Press.
Hayek, Friedrich August von, 1967: Die Ergebnisse menschlichen Handelns, aber nicht menschlichen Entwurfs. In: Friedrich August von Hayek, Freiburger Studien. Tübingen 1969: Mohr, 97-107.
Hejl, Peter M., 1984: Towards a Theory of Social Systems: Self-Organization and Self-Maintenance, Self-Reference and Syn-Reference. In: H. Ulrich/G.J.B. Probst (eds.), Self-Organization and Management of Social Systems. Insights, Promises, Doubts, and Questions. Berlin: Springer, 60-78.
Hempel, Carl G., 1959: The Logic of Functional Analysis. In: Carl G. Hempel, Aspects of Scientific Explanation and Other Essays in the Philosophy of Science. New York, 1970: The Free Press, 297-330.
Herder-Dorneich, Philipp, 1983: Sich selbst verstärkende Anspruchsdynamik und ihre Einordnung in sich selbst steuernde Regelkreissysteme. In: Philipp Herder-Dorneich/A. Schuller (Hrsg.), Die Anspruchsspirale. Stuttgart: Kohlhammer, 10-27.
Herkner, Werner (Hrsg.), 1980: Attribution: Psychologie der Kausalität. Bern: Huber.
Hitzler, Ronald, 1992: Der Goffmensch. In: Soziale Welt 43, 449-461.
Hobbes, Thomas, 1651: Leviathan. London 1973: Dent.
Hohn, Hans-Willy/Uwe Schimank, 1990: Konflikte und Gleichgewichte im deutschen Forschungssystem: Akteurkonstellationen und Entwicklungspfade der staatlich finanzierten außeruniversitären Forschung in Deutschland. Frankfurt a.M./New York: Campus.

Homans, George C., 1961: Social Behavior: Its Elementary Forms. New York: Harcourt.

Horkheimer, Max, 1947: Zur Kritik der instrumentellen Vernunft. In: Max Horkheimer, Zur Kritik der instrumentellen Vernunft. Frankfurt a.M. 1974: Fischer Athenäum, 11-174.

Hradil, Stefan, 1987: Sozialstrukturanalyse in einer fortgeschrittenen Gesellschaft. Von Klassen und Schichten zu Lagen und Milieus. Opladen: Leske + Budrich.

Jansen, Dorothea, 1988: Parallelen in Sozial- und Rechtspolitik: Ein Vergleich der Diskussion zur Selbsthilfe und zu Alternativen zum Recht. In: Zeitschrift für Rechtssoziologie 9, 1-35.

Jensen, Stefan, 1976: Einleitung. In: Talcott Parsons, Zur Theorie sozialer Systeme. Opladen: Westdeutscher Verlag, 9-67.

Jones, John H. et al. (eds.), 1987: Attribution: Perceiving the Causes of Behavior. Hillsdale: Erlbaum.

Kalberg, Stephen, 1981: Max Webers Typen der Rationalität: Grundsteine für die Analyse von Rationalisierungsprozessen in der Geschichte. In: Walter M. Sprondel/Constans Seyfarth (Hrsg.), Max Weber und die Rationalisierung sozialen Handelns. Stuttgart: Enke, 9-38.

Kallscheuer, Otto, 1995: Kommunitarismus. In: Dieter Nohlen/Rainer-Olaf Schultze (Hrsg.), Lexikon der Politik, Bd. 1: Politische Theorien. München: Beck, 257-267.

Kapp, K. William, 1950: Soziale Kosten der Marktwirtschaft. Frankfurt a.M. 1977: Fischer.

Keck, Otto/Gert Wagner, 1990: Asymmetrische Information als Ursache von Doping im Hochleistungssport. Eine Analyse auf Basis der Spieltheorie. In: Zeitschrift für Soziologie 19, 108-116.

Kirsch, Guy, 1983: Haben Zusammenschlüsse eine Biographie? In: Jahrbuch für Neue Politische Ökonomie 2, 102-134.

Kliemt, Hartmut, 1986: Antagonistische Kooperation. Elementare spieltheoretische Modelle spontaner Ordnungsentstehung. Freiburg: Albert.

Kneer, Georg/Nassehi, Armin, 1994: Niklas Luhmanns Theorie sozialer Systeme. 2. Aufl., Stuttgart: Fink.

Knigge, Adolph Freiherr von, 1788: Über den Umgang mit Menschen. München 1975: Lichtenberg.

Knorr-Cetina, Karin, 1984: Die Fabrikation von Erkenntnis. Zur Anthropologie der Naturwissenschaft. Frankfurt a.M.: Suhrkamp.

Knorr-Cetina, Karin, 1992: Zur Unterkomplexität der Differenzierungstheorie. Empirische Anfragen an die Systemtheorie. In: Zeitschrift für Soziologie 21, 406-419.

Koselleck, Reinhart/Christian Meier, 1975: Fortschritt. In: Otto Brunner et al. (Hrsg.), Geschichtliche Grundbegriffe. Historisches Lexikon zur politisch-sozialen Sprache in Deutschland, Bd. 2. Stuttgart: Klett-Cotta, 351-423.

Krappmann, Lothar, 1969: Soziologische Dimensionen der Identität. Strukturelle Bedingungen für die Teilnahme an Interaktionsprozessen. Stuttgart: Klett.
Kreckel, Reinhard, 1992: Politische Soziologie der sozialen Ungleichheit. Frankfurt a.M./New York: Campus.
Kreibich, Rolf, 1986: Die Wissenschaftsgesellschaft. Von Galilei zur High-Tech-Revolution. Frankfurt a.M.: Suhrkamp.
Lawrence, Paul R./Jay W. Lorsch, 1967: Organization and Environment. Managing Differentiation and Integration. Boston 1979: Harvard University Press.
Levy, Marion J., 1952a: Some Sources of the Vulnerability of the Structures of Relatively Non-industrialized Societies to Those of Highly Industrialized Societies. In: Berthold F. Hoselitz (ed.), The Progress of Underdeveloped Countries. Chicago, IL.: The University of Chicago Press.
Levy, Marion J., 1952b: The Structure of Society. Princeton 1971: Princeton University Press.
Lindblom, Charles E. 1965: The Intelligence of Democracy. Decision Making through Mutual Adjustment. New York: The Free Press.
Lockwood, David, 1964: Soziale Integration und Systemintegration. In: Wolfgang Zapf (Hrsg.), Theorien des sozialen Wandels. Köln/ Berlin 1969: Kiepenheuer & Witsch, 124-137.
Luhmann, Niklas, 1962: Funktion und Kausalität. In: Niklas Luhmann, Soziologische Aufklärung 1. Aufsätze zur Theorie sozialer Systeme. Opladen 1970: Westdeutscher Verlag, 9-30.
Luhmann, Niklas, 1964: Funktionen und Folgen formaler Organisation. Berlin: Duncker & Humblot.
Luhmann, Niklas, 1965a: Grundrechte als Institution. Berlin: Duncker & Humblot.
Luhmann, Niklas 1965b: Die Gewissensfreiheit und das Gewissen. In: Archiv des öffentlichen Rechts 90, 257-286.
Luhmann, Niklas, 1967a: Soziologie als Theorie sozialer Systeme. In: Niklas Luhmann, Soziologische Aufklärung 1. Aufsätze zur Theorie sozialer Systeme. Opladen 1970: Westdeutscher Verlag, 113-136.
Luhmann, Niklas, 1967b: Reflexive Mechanismen. In: Niklas Luhmann, Soziologische Aufklärung 1. Aufsätze zur Theorie sozialer Systeme. Opladen 1970: Westdeutscher Verlag, 92-112.
Luhmann, Niklas 1967c: Soziologische Aufklärung. In: Niklas Luhmann, Soziologische Aufklärung 1. Aufsätze zur Theorie sozialer Systeme. Opladen 1970: Westdeutscher Verlag, 66-91.
Luhmann, Niklas, 1968a: Vertrauen. Ein Mechanismus der Reduktion sozialer Komplexität. 2. Aufl., Stuttgart 1973: Enke.
Luhmann, Niklas, 1968b: Soziologie des politischen Systems. In: Niklas Luhmann, Soziologische Aufklärung 1. Aufsätze zur Theorie sozialer Systeme. Opladen 1970: Westdeutscher Verlag, 154-177.

Luhmann, Niklas, 1968c: Status quo als Argument. In: Horst Baier (Hrsg.), Studenten in Opposition. Bielefeld: Bertelsmann.
Luhmann, Niklas, 1968d: Zweckbegriff und Systemrationalität. Über die Funktion von Zwecken in sozialen Systemen. Frankfurt a.M.: Suhrkamp.
Luhmann, Niklas, 1970a: Evolution des Rechts. In: Niklas Luhmann, Ausdifferenzierung des Rechts. Beiträge zur Rechtssoziologie und Rechtstheorie. Frankfurt a.M., 1981: Suhrkamp, 11-34.
Luhmann, Niklas, 1970b: Gesellschaft. In: Niklas Luhmann, Soziologische Aufklärung 1. Aufsätze zur Theorie sozialer Systeme. Opladen 1970: Westdeutscher Verlag, 137-153.
Luhmann, Niklas, 1970c: Wirtschaft als soziales System. In: Niklas Luhmann, Soziologische Aufklärung 1. Aufsätze zur Theorie sozialer Systeme. Opladen 1970: Westdeutscher Verlag, 204-231.
Luhmann, Niklas, 1971a: Sinn als Grundbegriff der Soziologie. In: Jürgen Habermas/Niklas Luhmann, Theorie der Gesellschaft oder Sozialtechnologie – Was leistet die Systemforschung? Frankfurt a.M.: Suhrkamp, 25-100.
Luhmann, Niklas, 1971b: Die Weltgesellschaft. In: Niklas Luhmann, Soziologische Aufklärung 2. Aufsätze zur Theorie der Gesellschaft. Opladen 1975: Westdeutscher Verlag, 51-71.
Luhmann, Niklas, 1971c: Systemtheoretische Argumentationen. Eine Entgegnung auf Jürgen Habermas. In: Jürgen Habermas/Niklas Luhmann, Theorie der Gesellschaft oder Sozialtechnologie – Was leistet die Systemforschung? Frankfurt a.M.: Suhrkamp, 291-405.
Luhmann, Niklas, 1972: Rechtssoziologie. 2 Bde. Reinbek: Rowohlt.
Luhmann, Niklas, 1973: Das Phänomen des Gewissens und die normative Selbstbestimmung der Persönlichkeit. In: Hans-Eckehard Bahr (Hrsg.), Zur gesellschaftlichen Rolle der Religion. Darmstadt/Neuwied: Luchterhand, 95-119.
Luhmann, Niklas, 1974: Einführende Bemerkungen zu einer Theorie symbolisch generalisierter Kommunikationmedien. In: Niklas Luhmann, Soziologische Aufklärung 2. Aufsätze zur Theorie der Gesellschaft. Opladen 1975: Westdeutscher Verlag, 170-192.
Luhmann, Niklas, 1975a: Interaktion, Organisation, Gesellschaft. Anwendungen der Systemtheorie. In: Niklas Luhmann, Soziologische Aufklärung 2. Aufsätze zur Theorie der Gesellschaft. Opladen: Westdeutscher Verlag, 9-19.
Luhmann, Niklas, 1975b: Macht. Stuttgart: Enke.
Luhmann, Niklas, 1975c: Evolution und Geschichte. In: Niklas Luhmann, Soziologische Aufklärung 2. Aufsätze zur Theorie der Gesellschaft. Opladen: Westdeutscher Verlag, 150-169.
Luhmann, Niklas, 1976: Generalized Media and the Problem of Contingency. In: Jan J. Loubser et al. (eds.), Explorations in the Gen-

eral Theory in Social Science: Essays in Honor of Talcott Parsons, Vol. 2. New York: The Free Press, 507-532.
Luhmann, Niklas, 1977a: Differentiation of Society. In: Canadian Journal of Sociology 2, 29-53.
Luhmann, Niklas, 1977b: Funktion der Religion. Frankfurt a.M.: Suhrkamp.
Luhmann, Niklas, 1978a: Soziologie der Moral. In: Niklas Luhmann/Stephan H. Pfürtner (Hrsg.), Theorietechnik und Moral. Frankfurt a.M.: Suhrkamp, 8-116.
Luhmann, Niklas, 1978b: Geschichte als Prozeß und die Theorie sozio-kultureller Evolution. In: Niklas Luhmann, Soziologische Aufklärung 3. Soziales System, Gesellschaft, Organisation. Opladen 1981: Westdeutscher Verlag, 178-197.
Luhmann, Niklas, 1979: Erleben und Handeln. In: Niklas Luhmann, Soziologische Aufklärung 3. Soziales System, Gesellschaft, Organisation. Opladen 1981: Westdeutscher Verlag, 67-80.
Luhmann, Niklas, 1980: Gesellschaftsstruktur und Semantik. Bd. 1, Frankfurt a.M.: Suhrkamp.
Luhmann, Niklas, 1981: Politische Theorie im Wohlfahrtsstaat. München: Olzog.
Luhmann, Niklas, 1983: Anspruchsinflation im Krankheitssystem. Eine Stellungnahme aus gesellschaftstheoretischer Sicht. In: Philipp Herder-Dorneich/A. Schuller (Hrsg.), Die Anspruchsspirale. Stuttgart: Kohlhammer, 28-49.
Luhmann, Niklas, 1984a: Soziale Systeme. Grundriß einer allgemeinen Theorie. Frankfurt a.M.: Suhrkamp.
Luhmann, Niklas, 1984b: Die Wirtschaft der Gesellschaft als autopoietisches System. In: Zeitschrift für Soziologie 13, 308-327.
Luhmann, Niklas, 1985a: Zum Begriff der sozialen Klasse. In: Niklas Luhmann (Hrsg.), Soziale Differenzierung. Zur Geschichte einer Idee. Opladen: Westdeutscher Verlag, 119-162.
Luhmann, Niklas, 1985b: Die Soziologie und der Mensch. In: Neue Sammlung 25, 33-41.
Luhmann, Niklas, 1986a: Ökologische Kommunikation. Kann die moderne Gesellschaft sich auf ökologische Gefährdungen einstellen? Opladen: Westdeutscher Verlag.
Luhmann, Niklas, 1986b: „Distinction Directrices". Über Codierung von Semantiken und Systemen. In: Friedhelm Neidhardt/Rainer Lepsius (Hrsg.), Kultur und Gesellschaft. Opladen: Westdeutscher Verlag, 145-161.
Luhmann, Niklas, 1987a: Archimedes und wir. Berlin: Merve.
Luhmann, Niklas, 1987b: Die Differenzierung von Politik und Wirtschaft und ihre gesellschaftlichen Grundlagen. In: Niklas Luhmann, Soziologische Aufklärung 4. Beiträge zur funktionalen Differenzierung der Gesellschaft. Opladen: Westdeutscher Verlag, 32-48.

Luhmann, Niklas, 1987c: Die gesellschaftliche Differenzierung und das Individuum. In: Niklas Luhmann, Soziologische Aufklärung 6. Die Soziologie und der Mensch. Opladen 1995: Westdeutscher Verlag, 125-141.

Luhmann, Niklas, 1988a: Die Wirtschaft der Gesellschaft. Frankfurt a.M.: Suhrkamp.

Luhmann, Niklas, 1988b: Warum AGIL? In: Kölner Zeitschrift für Soziologie und Sozialpsychologie 40, 127-139.

Luhmann, Niklas, 1989a: Politische Steuerung. Ein Diskussionsbeitrag. In: Politische Vierteljahresschrift 30, 4-9.

Luhmann, Niklas, 1989b: Theorie der politischen Opposition. In: Zeitschrift für Politik 36, 13-26.

Luhmann, Niklas, 1990a: Die Wissenschaft der Gesellschaft. Frankfurt a.M.: Suhrkamp.

Luhmann, Niklas, 1990b: The Paradox of System Differentiation and the Evolution of Society. In: Jeffrey C. Alexander/Paul Colomy (eds.), Differentiation Theory and Social Change. Comparative and Historical Perspectives. New York: Columbia University Press, 409-440.

Luhmann, Niklas, 1991: Steuerung durch Recht? Einige klarstellende Bemerkungen. In: Zeitschrift für Rechtssoziologie 12, 142-146.

Luhmann, Niklas, 1993: Das Recht der Gesellschaft. Frankfurt a.M.: Suhrkamp.

Luhmann, Niklas, 1994: Die Gesellschaft und ihre Organisationen. In: Hans-Ulrich Derlien/Uta Gerhardt/Fritz W. Scharpf (Hrsg.), Systemrationalität und Partialinteresse. Festschrift für Renate Mayntz. Baden-Baden: Nomos, 189-201.

Luhmann, Niklas/Karl-Eberhard Schorr, 1979: Reflexionsprobleme im Erziehungssystem. Stuttgart: Klett-Cotta.

Lukes, Steven, 1973: Individualism. Oxford: Blackwell.

MacKay, Donald M., 1967: Freedom of Action in a Mechanistic Universe. Cambridge, MA.: Cambridge University Press.

Mandel, Ernest, 1972: Der Spätkapitalismus. Frankfurt a.M. 1973: Suhrkamp.

Marin, Bernd/Renate Mayntz (eds.), 1991: Policy Networks. Empirical Evidence and Theoretical Considerations. Frankfurt a.M./ Boulder, CO.: Campus/Westview.

Maruyama, Masuro, 1963: The Second Cybernetics: Deviation-Amplifying Mutual Causal Processes. In: General Systems Yearbook, 233-241.

Marx, Karl, 1844: Ökonomisch-philosophische Manuskripte. Leipzig 1974: Reclam.

Marx, Karl, 1867: Das Kapital, Bd. 1. Frankfurt a.M. 1972: Verlag Marxistische Blätter.

Marx, Karl/Friedrich Engels, 1845/46: Die Deutsche Ideologie. In: Karl Marx/Friedrich Engels, Werke Bd. 3. Berlin (DDR), 1973: Dietz, 9-530.

Marx, Karl/Friedrich Engels, 1848: Manifest der kommunistischen Partei. Berlin 1973: Dietz.

Maturana, Humberto/Francisco J. Varela, 1975: Autopoietische Systeme: Eine Bestimmung der lebendigen Organisation. In: Humberto Maturana, Erkennen: Die Organisation und Verkörperung von Wirklichkeit. Braunschweig/Wiesbaden 1982: Vieweg, 170-235.

Mayntz, Renate, 1984: Die gesellschaftliche Dynamik als theoretische Herausforderung. In: Burkart Lutz (Hrsg.), Soziologie und gesellschaftliche Entwicklung: Verhandlungen des 22. Deutschen Soziologentages in Dortmund 1984. Frankfurt a.M./New York: Campus, 27-44.

Mayntz, Renate, 1987: Politische Steuerung und gesellschaftliche Steuerungsprobleme – Anmerkungen zu einem theoretischen Paradigma. In: Thomas Ellwein et al. (Hrsg.), Jahrbuch zur Staats- und Verwaltungswissenschaft 1. Baden-Baden: Nomos, 89-110.

Mayntz, Renate, 1988: Funktionelle Teilsysteme in der Theorie sozialer Differenzierung. In: Renate Mayntz et al., Differenzierung und Verselbständigung. Zur Entwicklung gesellschaftlicher Teilsysteme. Frankfurt a.M./New York: Campus, 11-44.

Mayntz, Renate, 1990: Politische Steuerbarkeit und Reformblockaden. Überlegungen am Beispiel des Gesundheitssystems. In: Staatswissenschaft und Staatspraxis 1, 283-307.

Mayntz, Renate, 1992: Interessenverbände und Gemeinwohl – Die Verbändestudie der Bertelsmann Stiftung. In: Renate Mayntz (Hrsg.), Verbände zwischen Mitgliederinteresse und Gemeinwohl. Gütersloh: Bertelsmann Stiftung, 11-35.

Mayntz, Renate, 1993: Policy-Netzwerke und die Logik von Verhandlungssystemen. In: Adrienne Héritier (Hrsg.), Policy Analyse. Kritik und Neubewertung. Opladen: Westdeutscher Verlag, 39-55.

Mayntz, Renate, 1994: Deutsche Forschung im Einigungsprozess. Die Transformation der Akademie der Wissenschaften der DDR 1989-92. Frankfurt a.M./New York: Campus.

Mayntz, Renate, 1995a: Zum Status der Theorie sozialer Differenzierung als Theorie sozialen Wandels. In: Hans-Peter Müller/Michael Schmid (Hrsg.), Sozialer Wandel. Frankfurt a.M.: Suhrkamp, 139-150.

Mayntz, Renate, 1995b: Historische Überraschungen und das Erklärungspotential der Sozialwissenschaften. Heidelberg: Müller.

Mayntz, Renate et al., 1988: Differenzierung und Verselbständigung. Zur Entwicklung gesellschaftlicher Teilsysteme. Frankfurt a.M./ New York: Campus

Mayntz, Renate/Fritz W. Scharpf (Hrsg.), 1995a: Gesellschaftliche Selbstregelung und politische Steuerung. Frankfurt a.M./New York: Campus.

Mayntz, Renate/Fritz W. Scharpf, 1995b: Steuerung und Selbstorganisation in staatsnahen Sektoren. In: Renate Mayntz/Fritz W. Scharpf (Hrsg.), Gesellschaftliche Selbstregelung und politische Steuerung. Frankfurt a.M./New York: Campus, 9-38.

Mayntz, Renate/Fritz W. Scharpf, 1995c: Der Ansatz des akteurzentrierten Institutionalismus. In: Renate Mayntz/Fritz W. Scharpf (Hrsg.), Gesellschaftliche Selbstregelung und politische Steuerung. Frankfurt a.M./New York: Campus, 39-72.

Meier, Kurt, 1987: Emile Durkheims Konzeption der Berufsgruppen: Eine Rekonstruktion und Diskussion ihrer Bedeutung für die Neokorporatismus-Debatte. Berlin: Duncker & Humblot.

Merton, Robert K., 1949a: Funktionale Analyse. In: Heinz Hartmann (Hrsg.), Moderne amerikanische Soziologie. Neuere Beiträge zur soziologischen Theorie. Stuttgart 1973: Enke, 169-214.

Merton, Robert K., 1949b: Social Structure and Anomie. In: Robert K. Merton, Social Theory and Social Structure. New York 1968 (3rd ed.): The Free Press, 185-214.

Merton, Robert K., 1949c: Discussion: The Position of Sociological Theory. In: American Sociological Review 13, 164-168.

Merton, Robert K., 1968: On Sociological Theories of the Middle Range. In: Robert K. Merton, Social Theory and Social Structure. New York 1968 (3rd. ed.): The Free Press, 39-72.

Meusel, Ernst-Joachim, 1977: Die Zerwaltung der Forschung. In: Wissenschaftsrecht, Wissenschaftsverwaltung, Wissenschaftsförderung 10, 118-137.

Mulkay, Michael J. et al., 1983: Why an Analysis of Scientific Discourse Is Needed. In: Karin Knorr-Cetina/Michael J. Mulkay (eds.), Science Observed. Perspectives on the Social Study of Science. London: Sage, 171-204.

Müller, Hans-Peter, 1992: Sozialstruktur und Lebensstile. Frankfurt a.M.: Suhrkamp.

Münch, Richard, 1980: Über Parsons zu Weber: Von der Theorie der Rationalisierung zur Theorie der Interpenetration. In: Zeitschrift für Soziologie 9, 18-53.

Münch, Richard, 1985a: Die sprachlose Systemtheorie. Systemdifferenzierung, reflexives Recht, reflexive Selbststeuerung und Integration durch Indifferenz. Anmerkungen zu Gunther Teubner und Helmut Willke. In: Zeitschrift für Rechtssoziologie 6, 19-28.

Münch, Richard, 1985b: Commentary: Differentiation, Consensus, and Conflict. In: Jeffrey Alexander (ed.), Neofunctionalism. Beverly Hills, CA.: Sage, 225-237.

Münch, Richard, 1986: Die Kultur der Moderne. 2 Bde. Frankfurt a.M.: Suhrkamp.

Münch, Richard, 1990: Differentiation, Rationalization, Interpenetration: The Emergence of Modern Society. In: Jeffrey Alexander/Paul Colomy (eds.), Differentiation Theory and Social Change. Comparative and Historical Perspectives. New York: Columbia University Press, 441-464.

Münch, Richard, 1991a: Dialektik der Kommunikationsgesellschaft. Frankfurt a.M.: Suhrkamp.

Münch, Richard, 1991b: Modernisierung als Differenzierung? Empirische Anfragen an die Theorie der funktionalen Differenzierung. In: Wolfgang Glatzer (Hrsg.), 25. Deutscher Soziologentag 1990. Die Modernisierung moderner Gesellschaften. Opladen: Westdeutscher Verlag, 375-377.

Münch, Richard, 1994: Sociological Theory. Vol. 2: From the 1920s to the 1960s. Chicago, IL.: Nelson-Hall.

Münch, Richard, 1995: Dynamik der Kommunikationsgesellschaft. Frankfurt a.M.: Suhrkamp.

Nagel, Ernest, 1956: A Formalization of Functionalism. With Special Reference to Its Application in the Social Sciences. In: Nicolas J. Demerath/Richard A. Peterson (eds.), System, Change and Conflict. A Reader on Contemporary Sociological Theory and the Debate over Functionalism. New York 1967: The Free Press, 77-94.

Negt, Oskar, 1963: Die Konstituierung der Soziologie als Ordnungswissenschaft. Strukturbeziehungen zwischen den Gesellschaftslehren Comtes und Hegels. Frankfurt a.M. 1974: EVA.

Nelson, Richard R./Sidney G. Winter, 1982: An Evolutionary Theory of Economic Change. Cambridge, MA.: Belknap.

Nisbet, Robert, 1975: The Sociology of Emile Durkheim. London: Heinemann.

Novalis, 1799: Die Christenheit oder Europa. In: Novalis, Dichtungen. Reinbek 1977: Rowohlt, 35-52.

Ott, Alfred Eugen, 1980: Marktformen. In: Handwörterbuch der Wirtschaftswissenschaften Bd. 5. Stuttgart: Fischer, 104-113.

Parsons, Talcott, 1937: The Structure of Social Action. New York 1949: The Free Press.

Parsons, Talcott, 1951: The Social System. London: Routledge.

Parsons, Talcott, 1960: Durkheim's Contribution to the Theory of Integration of Social Systems. In: Talcott Parsons, Sociological Theory and Modern Society. New York 1967: The Free Press, 3-34.

Parsons, Talcott, 1961a: Some Considerations on the Theory of Social Change. In: Rural Sociology 26, 219-239.

Parsons, Talcott, 1961b: Grundzüge des Sozialsystems. In: Stefan Jensen (Hrsg.), Talcott Parsons, Zur Theorie sozialer Systeme. Opladen 1976: Westdeutscher Verlag, 161-274.

Parsons, Talcott, 1963a: On the Concept of Influence. In: Talcott Parsons, Sociological Theory and Modern Society. New York 1967: The Free Press, 355-382.

Parsons, Talcott, 1963b: On the Concept of Political Power. In: Talcott Parsons, Sociological Theory and Modern Society. New York 1967: The Free Press, 297-354.

Parsons, Talcott, 1964a: Evolutionäre Universalien der Gesellschaft. In: Wolfgang Zapf (Hrsg.), Theorien des sozialen Wandels. Köln/Berlin: Kiepenheuer & Witsch, 55-73.

Parsons, Talcott, 1964b: Some Reflections on the Place of Force in Social Process. In: Talcott Parsons, Sociological Theory and Modern Society. New York 1967: The Free Press, 264-296.

Parsons, Talcott, 1965: Full Citizenship for the Negro American? In: Talcott Parsons, Sociological Theory and Modern Society. New York 1967: The Free Press, 422-465.

Parsons, Talcott, 1966: Gesellschaften. Frankfurt a.M. 1975: Suhrkamp.

Parsons, Talcott, 1969: On the Concept of Value-Commitments. In: Talcott Parsons, Politics and Social Structure. New York: The Free Press: 439-472.

Parsons, Talcott, 1970: Equality and Inequality in Modern Society or Social Stratification Revisited. In: Talcott Parsons, Social Systems and the Evolution of Action Theory. London 1977: Macmillan, 321-380.

Parsons, Talcott, 1971: Das System moderner Gesellschaften. München 1972: Juventa.

Parsons, Talcott, 1973: Some Afterthoughts on Gemeinschaft and Gesellschaft. In: Werner J. Cahnmann (ed.), Ferdinand Toennies – A New Evaluation. Leiden: Brill, 150-159.

Parsons, Talcott, 1974: Religion in Postindustrial America: The Problem of Secularization. In: Talcott Parsons, Action Theory and the Human Condition. New York, 1978: The Free Press, 300-322.

Parsons, Talcott, 1978: A Paradigm of the Human Condition. In: Talcott Parsons, Action Theory and the Human Condition. New York: The Free Press, 352-433.

Parsons, Talcott/Robert F. Bales, 1953: The Dimensions of Action-Space. In: Talcott Parsons et al., Working Papers in the Theory of Action. Westport 1981: Greenwood, 63-109.

Parsons, Talcott/Gerald M. Platt, 1973: The American University. Cambridge, MA.: Harvard University Press.

Parsons, Talcott/Edward A. Shils/Gordon W. Allport, 1951: The General Theory of Action. In: Talcott Parsons et al., Towards a General Theory of Action. New York: Evanston, 3-29.

Parsons, Talcott/Neil J. Smelser, 1956: Economy and Society. London: Routledge.

Perrow, Charles, 1989: A Society of Organizations. In: Max Haller et al. (Hrsg.), Kultur und Gesellschaft. Verhandlungen des 24. Deutschen Soziologentags, des 11. Österreichischen Soziologentags und des 8. Kongresses der Schweizerischen Gesellschaft für Soziologie in Zürich 1988. Frankfurt a.M./New York: Campus, 265-276.

Plessner, Helmuth, 1928: Die Stufen des Organischen und der Mensch. Berlin 1975: De Gruyter.

Pohlmann, Friedrich, 1987: Individualität, Geld und Rationalität. Georg Simmel zwischen Karl Marx und Max Weber. Stuttgart: Enke.

Polanyi, Karl, 1944: The Great Transformation. Frankfurt a.M., 1978: Suhrkamp.

Polanyi, Michael, 1962: The Republic of Science. In: Minerva 1, 54-73.

Pollack, Detlev, 1990: Das Ende einer Organisationsgesellschaft. Systemtheoretische Überlegungen zum gesellschaftlichen Umbruch in der DDR. In: Zeitschrift für Soziologie 19, 292-307.

Popper, Karl Raimund, 1948: Prediction and Prophecy in the Social Sciences. In: Karl Raimund Popper, Conjectures and Refutations. London 1972: Routledge, 336-346.

Popper, Karl Raimund, 1957: Das Elend des Historizismus. Tübingen, 1987: Mohr.

Poulantzas, Nicos, 1968: Politische Macht und gesellschaftliche Klassen. Frankfurt a.M. 1975: Fischer Athenäum.

Powell, Walter W./Paul J. DiMaggio (eds.), 1991: New Institutionalism in Organizational Analyses. Chicago, IL.: University of Chicago Press.

Radkau, Joachim, 1983: Aufstieg und Krise der deutschen Atomwirtschaft 1945-1975. Reinbek: Rowohlt.

Reese-Schäfer, Walter, 1992: Luhmann zur Einführung. Hamburg: Junius.

Rhodes, Richard, 1986: The Making of the Atomic Bomb. New York: Simon and Schuster.

Ronge, Volker (Hrsg.), 1980: Am Staat vorbei: Politik der Selbstregulierung von Kapital und Arbeit. Frankfurt a.M./New York: Campus.

Rosewitz, Bernd/Uwe Schimank, 1988: Verselbständigung und politische Steuerbarkeit gesellschaftlicher Teilsysteme. In: Renate Mayntz et al., Differenzierung und Verselbständigung. Zur Entwicklung gesellschaftlicher Teilsysteme. Frankfurt a.M./New York: Campus, 295-329.

Rosewitz, Bernd/Douglas Webber, 1990: Reformversuche und Reformblockaden im deutschen Gesundheitswesen. Frankfurt a.M./New York: Campus.

Rüschemeyer, Dietrich, 1974: Reflections on Structural Differentiation. In: Zeitschrift für Soziologie 3, 279-294.

Rüschemeyer, Dietrich, 1977: Structural Differentiation, Efficiency, and Power. In: American Journal of Sociology 83, 1-25.

Rüschemeyer, Dietrich, 1985: Spencer und Durkheim über Arbeitsteilung und Differenzierung: Kontinuität oder Bruch? In: Niklas Luhmann (Hrsg.), Soziale Differenzierung. Zur Geschichte einer Idee. Opladen: Westdeutscher Verlag, 163-180.

Rüschemeyer, Dietrich, 1986: Power and the Division of Labour. Cambridge: Polity Press.

Sartre, Jean Paul, 1960a: Marxismus und Existentialismus. Reinbek 1964: Rowohlt.

Sartre, Jean Paul, 1960b: Kritik der dialektischen Vernunft. Reinbek 1967: Rowohlt.

Scharpf, Fritz W., 1972: Komplexität als Schranke der politischen Planung. In: Fritz Scharpf, Planung als politischer Prozeß. Frankfurt a.M. 1973: Suhrkamp, 73-113.

Scharpf, Fritz W., 1988: Verhandlungssysteme, Verteilungskonflikte und Pathologien der politischen Steuerung. MPIFG Discussion Paper 88/1, Köln: Max-Planck-Institut für Gesellschaftsforschung.

Scharpf, Fritz W., 1989: Politische Steuerung und politische Institutionen. In: Politische Vierteljahresschrift 30, 10-21.

Scharpf, Fritz W., 1994: Politiknetzwerke als Steuerungssubjekte. In: Hans-Ulrich Derlien/Uta Gerhardt/Fritz W. Scharpf (Hrsg.), Systemrationalität und Partialinteresse, Festschrift für Renate Mayntz. Baden-Baden: Nomos, 381-407.

Scheler, Max, 1928: Die Stellung des Menschen im Kosmos. Bern 1975: Francke.

Schelling, Thomas C., 1978: Micromotives and Macrobehavior. Toronto: Norton.

Schelsky, Helmut, 1961: Der Mensch in der wissenschaftlichen Zivilisation. In: Helmut Schelsky, Auf der Suche nach Wirklichkeit. Düsseldorf: Diederichs, 439-480.

Schiller, Friedrich, 1795: Über die ästhetische Erziehung des Menschen. Stuttgart, 1975: Reclam.

Schimank, Uwe, 1983: Neoromantischer Protest im Spätkapitalismus – Der Widerstand gegen die Stadt- und Landschaftsverödung. Bielefeld: AJZ.

Schimank, Uwe, 1985: Der mangelnde Akteurbezug systemtheoretischer Erklärungen gesellschaftlicher Differenzierung – Ein Diskussionsvorschlag. In: Zeitschrift für Soziologie 14, 421-434.

Schimank, Uwe, 1988a: Die Entwicklung des Sports zum gesellschaftlichen Teilsystem. In: Renate Mayntz et al., Differenzierung und Verselbständigung. Zur Entwicklung gesellschaftlicher Teilsysteme. Frankfurt a.M./New York: Campus, 181-232.

Schimank, Uwe, 1988b: Gesellschaftliche Teilsysteme als Akteurfiktionen. In: Kölner Zeitschrift für Soziologie und Sozialpsychologie 40, 619-639.
Schimank, Uwe, 1990: Dynamiken wissenschaftlich-technischer Innovation und Risikoproduktion. In: Jost Halfmann/Klaus Peter Japp (Hrsg.), Riskante Entscheidungen und Risikopotentiale. Elemente einer soziologischen Risikoforschung. Opladen: Westdeutscher Verlag, 61-88.
Schimank, Uwe, 1991: Politische Steuerung in der Organisationsgesellschaft – am Beispiel der Forschungspolitik. In: Wolfgang Zapf (Hrsg.), Die Modernisierung moderner Gesellschaften. Verhandlungen des 25. Deutschen Soziologentages in Frankfurt am Main 1990. Frankfurt a.M./New York: Campus, 505-516.
Schimank, Uwe, 1992a: Spezifische Interessenkonsense trotz generellem Orientierungsdissens: Ein Integrationsmechanismus polyzentrischer Gesellschaften. In: Hans-Joachim Giegel (Hrsg.), Kommunikation und Konsens in modernen Gesellschaften. Frankfurt a.M.: Suhrkamp, 236-275.
Schimank, Uwe, 1992b: Erwartungssicherheit und Zielverfolgung. Sozialität zwischen Prisoner's Dilemma und Battle of the Sexes. In: Soziale Welt 43, 182-200.
Schimank, Uwe, 1992c: Determinanten sozialer Steuerung – akteurtheoretisch betrachtet. Ein Themenkatalog. In: Heinrich Bußhoff (Hrsg.), Steuerbarkeit und Steuerungsfähigkeit. Baden-Baden: Nomos, 165-192.
Schimank, Uwe, 1994: Autonomie und Steuerung wissenschaftlicher Forschung: Ein gesellschaftlich funktionaler Antagonismus. In: Hans-Ulrich Derlien/Uta Gerhardt/Fritz W. Scharpf (Hrsg.), Systemrationalität und Partialinteresse. Festschrift für Renate Mayntz. Baden-Baden: Nomos, 409-432.
Schimank, Uwe, 1995a: Hochschulforschung im Schatten der Lehre. Frankfurt a.M./New York: Campus.
Schimank, Uwe, 1995b: Teilsystemevolutionen und Akteurstrategien: Die zwei Seiten struktureller Dynamiken moderner Gesellschaften. In: Soziale Systeme 1, 73-100.
Schimank, Uwe, 1995c: Funktionale Differenzierung und soziale Ungleichheit: Die zwei Gesellschaftstheorien und ihre konflikttheoretische Verknüpfung. Köln: Unveröffentlichtes Manuskript.
Schimank, Uwe/Manfred Glagow, 1984: Formen politischer Steuerung: Etatismus, Subsidiarität, Delegation und Neokorporatismus. In: Manfred Glagow (Hrsg.), Gesellschaftssteuerung zwischen Korporatismus und Subsidiarität. Bielefeld: AJZ, 4-28.
Schimank, Uwe/Andreas Stucke, 1994: A Theoretical Examination of the Cases. Why Coping is Often Difficult and Defective. In: Uwe Schimank/Andreas Stucke (eds.), Coping with Trouble. How

Science Reacts to Political Disturbances of Research Conditions. Frankfurt a.M./New York: Campus/St. Martin's Press, 357-400.
Schluchter, Wolfgang, 1988a: Religion und Lebensführung. Bd. 1: Studien zu Max Webers Kultur- und Werttheorie. Frankfurt a.M.: Suhrkamp.
Schluchter, Wolfgang, 1988b: Religion und Lebensführung. Bd. 2: Studien zu Max Webers Religions- und Herrschaftssoziologie, Frankfurt a.M.: Suhrkamp.
Schmid, Michael, 1989: Arbeitsteilung und Solidarität. Eine Untersuchung zu Emile Durkheims Theorie sozialer Arbeitsteilung. In: Kölner Zeitschrift für Soziologie und Sozialpsychologie 41, 619-643.
Schmitt Glaeser, W., 1974: Die Freiheit der Forschung. In: Wissenschaftsrecht, Wissenschaftsverwaltung, Wissenschaftsförderung 7, 107-192.
Schneider, Wolfgang Ludwig, 1995: Objektive Hermeneutik als Forschungsmethode der Systemtheorie. In: Soziale Systeme 1, 129-152.
Schwinn, Thomas, 1995a: Funktion und Gesellschaft. Konstante Probleme trotz Paradigmenwechsel in der Systemtheorie Niklas Luhmanns. In: Zeitschrift für Soziologie 24, 196-214.
Schwinn, Thomas, 1995b: Zum Integrationsmodus moderner Ordnungen. Eine kritische Auseinandersetzung mit Richard Münch. Heidelberg: Unveröffentlichtes Manuskript.
Schwinn, Thomas, 1995c: Funktionale Differenzierung – wohin? Eine aktualisierte Bestandsaufnahme. In: Berliner Journal für Soziologie 5, 25-40.
Simmel, Georg, 1900: Philosophie des Geldes. Berlin 1977: Duncker & Humblot.
Simmel, Georg, 1908: Soziologie. Untersuchungen über die Formen der Versellschaftung. Berlin 1968: Duncker & Humblot.
Simon, Herbert A., 1962: The Architecture of Complexity. In: Proceedings of the American Philosophical Society 106, 467-482.
Smelser, Neil J., 1959: Social Change in the Industrial Revolution. An Application of Theory on the Lancashire Cotton Industry 1770-1840. London: Routledge.
Smelser, Neil J., 1968: Toward a General Theory of Social Change. In: Neil J. Smelser, Essays in Sociological Explanation, Englewood Cliffs: Prentice-Hall, 192-280.
Smelser, Neil J., 1973: Epilogue: Social-Structural Dimensions of Higher Education. In: Talcott Parsons/Gerald M. Platt, The American University. Cambridge, MA.: Harvard University Press, 389-422.
Smelser, Neil J., 1974: Growth, Structural Change, and Conflict in California Public Higher Education, 1950-1970. In: Neil J. Smel-

ser/Gabriel Almond (eds.), Public Higher Education in California. Berkeley, CA.: University of California Press, 9-141.
Smelser, Neil J. 1985: Evaluating the Model of Structural Differentiation in Relation to the Educational Change in the Nineteenth Century. In: Jeffrey Alexander (ed.), Neofunctionalism. Beverly Hills, CA.: Sage, 113-130.
Smelser, Neil J., 1990: The Contest Between Family and Schooling in Nineteenth-Century Britain. In: Jeffrey Alexander/Paul Colomy (eds.), Differentiation Theory and Social Change. Comparative and Historical Perspectives. New York: Columbia University Press, 165-186.
Smelser, Neil J., 1991: Social Paralysis and Social Change. British Working-Class Education in the Nineteenth Century. Berkeley, CA.: University of California Press.
Smith, Adam, 1776: Eine Untersuchung über das Wesen und die Ursachen des Reichtums der Nationen. Bd. I. Berlin (DDR), 1963: Akademie-Verlag.
Spencer, Herbert, 1857: Progress: Its Law and Cause. In: J.D.Y. Peel (ed.), Herbert Spencer and Social Evolution. Chicago, IL.: The University of Chicago Press, 38-52.
Stehr, Nico, 1994: Arbeit, Eigentum und Wissen: Zur Theorie von Wissensgesellschaften. Frankfurt a.M.: Suhrkamp.
Stichweh, Rudolf, 1987: Die Autopoiesis der Wissenschaft. In: Dirk Baecker et al. (Hrsg.), Theorie als Passion. Niklas Luhmann zum sechzigsten Geburtstag. Frankfurt a.M.: Suhrkamp, 447-481.
Stichweh, Rudolf, 1988a: Inklusion in Funktionssysteme der modernen Gesellschaft. In: Renate Mayntz et al., Differenzierung und Verselbständigung. Zur Entwicklung gesellschaftlicher Teilsysteme. Frankfurt a.M.: Campus, 261-293.
Stichweh, Rudolf, 1988b: Differenzierung des Wissenschaftssystems. In: Renate Mayntz et al., Differenzierung und Verselbständigung. Zur Entwicklung gesellschaftlicher Teilsysteme. Frankfurt a.M.: Campus, 45-115.
Stichweh, Rudolf, 1991: Systemtheorie und historische Wissenschaftsforschung. In: Clemens Burrichter (Hrsg.), Sozialgeschichte der Wissenschaften. Zur Methodologie einer historischen Wissenschaftsforschung. Erlangen: Deutsche Gesellschaft für zeitgeschichtliche Fragen, 39-50.
Stinchcombe, Arthur L., 1959: Bürokratische und gewerbliche Verwaltung. In: Renate Mayntz (Hrsg.), Bürokratische Organisation. Köln/Berlin 1971: Kiepenheuer & Witsch, 135-146.
Stock, W.G., 1985: Die Bedeutung der Zitatenanalyse für die Wissenschaftsforschung. In: Zeitschrift für allgemeine Wissenschaftstheorie 16, 304-314.
Stokes, R./J.P. Hewitt, 1976: Aligning Actions. In: American Sociological Review 41, 838-849.

Strauss, Anselm L./Juliet Corbin, 1990: Grounded Theory Research: Procedures, Canons and Evaluative Criteria. In: Zeitschrift für Soziologie 19, 418-427.

Tenbruck, Friedrich H., 1975: Das Werk Max Webers. In: Kölner Zeitschrift für Soziologie und Sozialpsychologie 27, 663-702.

Terreberry, Shirley, 1968: The Evolution of Organizational Environments. In: Koya Azumi/Jerald Hage (eds.), Organizational Systems. Lexington, MA. 1972: Heath, 75-90.

Teubner, Gunther, 1989: Recht als autopoietisches System. Frankfurt a.M.: Suhrkamp.

Teubner, Gunther, 1991: Steuerung durch plurales Recht. Oder: Wie die Politik den normativen Mehrwert der Geldzirkulation abschöpft. In: Wolfgang Zapf (Hrsg.), Die Modernisierung moderner Gesellschaften. Verhandlungen des 25. Deutschen Soziologentages in Frankfurt am Main 1990. Frankfurt a.M.: Campus, 528-551.

Teubner, Gunther/Helmut Willke, 1984: Kontext und Autonomie. Gesellschaftliche Selbststeuerung durch reflexives Recht. EUI-Working Paper 93, Florence: European University Institute.

Tönnies, Ferdinand, 1891: Gemeinschaft und Gesellschaft. Grundbegriffe der reinen Soziologie. Darmstadt 1991: Wissenschaftliche Buchgesellschaft.

Türk, Klaus, 1995: Organisation und gesellschaftliche Differenzierung. In: Klaus Türk, „Die Organisation der Welt“: Herrschaft durch Organisation in der modernen Gesellschaft. Opladen: Westdeutscher Verlag, 155-216.

Turner, Jonathan H., 1990: Emile Durkheim's Theory of Social Organization. In: Social Forces 68, 1089-1103.

Tyrell, Hartmann, 1978: Anfragen an die Theorie der gesellschaftlichen Differenzierung. In: Zeitschrift für Soziologie 7, 175-193.

Tyrell, Hartmann, 1985: Emile Durkheim – Das Dilemma der organischen Solidarität. In: Niklas Luhmann (Hrsg.), Soziale Differenzierung. Zur Geschichte einer Idee. Opladen: Westdeutscher Verlag, 181-250.

Ulrich, Günter, 1994: Staatliche Intervention aus systemtheoretischer Sicht. Opladen: Leske + Budrich.

Wagner, David G./Joseph Berger, 1985: Do Sociological Theories Grow? In: American Journal of Sociology 90, 697-728.

Weber, Max, 1905: Die protestantische Ethik und der Geist des Kapitalismus. In: Max Weber, Die protestantische Ethik 1. Eine Aufsatzsammlung. Hamburg 1975: Siebenstern, 27-278.

Weber, Max, 1919: Wissenschaft als Beruf. Berlin 1967: Duncker & Humblot.

Weber, Max, 1920: Gesammelte Aufsätze zur Religionssoziologie Bd. 1. Tübingen 1978: Mohr.

Weber, Max, 1922: Wirtschaft und Gesellschaft. Tübingen 1972: Mohr.

Williams, Raymond, 1976: Keywords. A Vocabulary of Culture and Society. Glasgow: Fontana/Croom Helm.

Willke, Helmut, 1983: Entzauberung des Staates. Überlegungen zu einer sozietalen Steuerungstheorie. Königstein/Ts.: Hain.

Willke, Helmut, 1984: Gesellschaftssteuerung. In: Manfred Glagow (Hrsg.), Gesellschaftssteuerung zwischen Korporatismus und Subsidiarität. Bielefeld: AJZ, 29-53.

Willke 1987: Kontextsteuerung durch Recht? Zur Steuerungsfunktion des Rechts in polyzentrischen Gesellschaften. In: Manfred Glagow/Helmut Willke (Hrsg.), Dezentrale Gesellschaftssteuerung. Probleme der Integration polyzentrischer Gesellschaften. Pfaffenweiler: Centaurus, 3-26.

Willke, Helmut, 1989: Systemtheorie entwickelter Gesellschaften. Dynamik und Riskanz moderner gesellschaftlicher Selbstorganisation. Weinheim: Juventa.

Willke, Helmut, 1992: Ironie des Staates. Frankfurt a.M.: Suhrkamp.

Wippler, Reinhard, 1978: Nicht-intendierte soziale Folgen individueller Handlungen. In: Soziale Welt 29, 155-179.

Zeleny, Milan, 1981: What is Autopoiesis? In: Milan Zeleny (ed.), Autopoiesis. A Theory of Living Organizations. New York: North-Holland, 4-17.

Zetterberg, Hans L., 1963: On Theory and Verification in Sociology. 3. Ed., Totowa 1965: The Bedminster Press.

Zinn, Karl Georg, 1980: Die Selbstzerstörung der Wachstumsgesellschaft. Reinbek: Rowohlt.

Zurcher, Louis A., 1983: Social Roles – Conformity, Conflict, and Creativity. Beverly Hills: Sage.

Personen- und Sachregister

C

D

E

R

S